Buch

Die Vorträge dieses Bandes gehören dem Teil von Rudolf Steiners Vortragswerk an, mit dem er sich an die Öffentlichkeit wandte. Die in diesem Band vorliegenden 1903/04 gehaltenen 18 Vorträge bilden den Auftakt zu den öffentlichen Vortragsreihen, die Rudolf Steiner regelmäßig bis 1918 vornehmlich im Berliner Architektenhaus durchführte.

Die erste der fünf Vortragsreihen dieses Buches behandelt den ewigen Wesenskern des Menschen, die Seele, den Gottesbegriff und das Christentum in der theosophischen Anschauung und in der naturwissenschaftlichen Diskussion. Anschließend zeigt Steiner die Ausweglosigkeit und die Konsequenzen der Kantschen Philosophie auf und weist den Weg zu einer Erkenntnis aus dem Geist. Es folgt die Darstellung des Verhältnisses der Seele zum Leib, zum Schicksal und zum Geist. Die historischen Seelenlehren werden mit den zeitgenössischen verglichen. Die Ausführungen über die Seele in der Hypnose weisen schon auf die vierte Vortragsreihe hin, die das Suchen nach übersinnlichen Erfahrungen in Spiritismus, Hypnotismus und Somnabulismus behandelt. Dabei zeigt Rudolf Steiner die berechtigten Berührungspunkte und die notwendigen Unterschiede zwischen diesen Bewegungen und der Theosophie. Vier Vorträge zu Herausforderungen der Theosophie durch die Fragen der Menschen und durch die Kritik der Wissenschaft beschließen diesen Band.

Autor

Rudolf Steiner, 1861 geboren, leitete ab 1902 die deutsche Sektion der Theosophischen Gesellschaft, geriet mit ihr 1912 wegen der Berufung Krishnamurtis zum neuen Weltlehrer in Konflikt und wandte sich der Anthroposophischen Gesellschaft zu, die 1923 ihre Neugründung erfuhr. Neben reger Lehr- und Vortragstätigkeit errichtete er in Dornach das Goetheanum. Steiner ist auch der Begründer der Waldorfschulen.

Rudolf Steiner

Spirituelle Seelenlehre und Weltbetrachtung

GOLDMANN VERLAG

Der Goldmann Verlag
ist ein Unternehmen der Verlagsgruppe Bertelsmann

Made in Germany · 1/91 · 1. Auflage
Genehmigte Taschenbuchausgabe
© 1991 Rudolf Steiner-Nachlaßverwaltung, Dornach/Schweiz
Dem vorliegenden Band liegt der Text der Gesamtausgabe (GA)
Dornach 1986, Bibl.-Nr. 52, zugrunde.
Lizenzausgabe mit Genehmigung der Rudolf Steiner-
Nachlaßverwaltung, Dornach/Schweiz
Umschlaggestaltung: Design Team München
Umschlagillustration: Gerhard Wagner
Druck: Elsnerdruck, Berlin
Verlagsnummer: 12116
BL · Herstellung: Heidrun Nawrot
ISBN 3-442-12116-7

INHALT

ren Entwicklungsstufe. Die Ansicht der Naturwissenschaft der Seelenerscheinungen als bloße Funktionen mineralischer Vorgänge.

X. Theosophische Seelenlehre III

Sokrates' Abschiedsgespräch über die Unsterblichkeit. Mathematik als Schule für vorurteilslose Erkenntnis, für Denken jenseits von Lust und Leid. Das Vernehmen des Fleisch gewordenen Wortes. Die Ausschaltung der Seele in der Hypnose. Die Seele als Vermittlerin zwischen Körper und Geist. Das Verhältnis des Hypnotisierten zum Geist des Hypnotiseurs und das Verhältnis des wachen Menschen zum Geist der Welt. Hellsehen heißt lust- und leidfreies Wahrnehmen der Welt. Hellsehen und geistiges Heilen. Die Ausschaltung der Persönlichkeit. Theosophie und Erziehung.

IV

XI. Theosophie und Spiritismus

Der Gegensatz der Naturwissenschaften und der Geisteswissenschaften seit dem 16. Jahrhundert. Seelenlehre ohne Seele. Spiritismus als notwendige Gegenströmung zum Materialismus. Die Entstehung der Theosophischen Gesellschaft aus dem Spiritismus. Große Seelen als Führer in der geistigen Entwicklung. Der Erkenntnisweg des Spiritismus und der Theosophie: Rückschritt zu medialem Bewußtsein und Höherentwicklung des Bewußtseins. Das frühere astrale Hellsehen. Das heutige bewußte Hellsehen der Theosophie. Förderung der Menschheit durch Theosophie und Spiritismus.

XII. Theosophie und Somnambulismus

Die unterschiedliche Bewertung des Somnambulismus in der Antike, im ausgehenden Mittelalter und im 19. Jahrhundert. Magnetiseur und magnetischer Schlafzustand. Traumbewußtsein und Traumerlebnisse. Traumhandlungen. Physischer Körper, Ätherdoppelkörper, astraler Leib und Ich.

Ihre Beziehungen beim wachen und beim schlafenden Menschen. Die Weisheit im menschlichen Ich und in der Welt. Die Verläßlichkeit somnambuler Erscheinungen. Die Bewußtseinsstufen in der Menschheitsentwicklung. Die Gefahr der somnambulen Wahrnehmung. Die Beurteilung des Somnambulismus durch die Theosophie.

Der Spiritismus als Ausgangspunkt für Blavatsky und Olcott. Der moderne Spiritismus und die Mysterien des Altertums. Die Kirche und die Mysterienwahrheit im Mittelalter. Christian Rosenkreutz. Robert Fludd. Moralische und intellektuelle Entwicklung. Das mittelalterliche und das kopernikanische Weltbild. Die Geburtsstunde des modernen Spiritismus. Swedenborg. Was der Mensch in spiritistischen Erfahrungen sieht, ist begründet in seinen eigenen Anschauungen. Oetinger. Jung-Stilling. Ennemoser. Kerner. D. F. Strauß. Naturwissenschaft und Spiritismus. Der Sieg des Spiritismus in Amerika: Andrew Jackson Davis. Die Zuwendung hervorragender Gelehrter zum Spiritismus. Entlarvungen von Medien. Die Gründung der Theosophischen Gesellschaft. Geisteswissenschaft als Ziel aller geistigen Bewegungen. Meister Eckhart über Gotterkenntnis.

Athanasius Kirchers Bericht über Hypnose bei Tieren. Experimente mit Hypnose. Die Befähigung zum Hypnotiseur. Franz Anton Mesmer. Wilhelm Preyer. Der tierische Magnetismus. Ein Gutachten über den Mesmerismus. Betrug und Schwindel bei Schausteller-Hypnotiseuren. Die Technik der Hypnose. Hypnose als Schmerzstillung. Die Auseinandersetzung des Materialismus mit der Tatsache der Hypnose. Wilhelm Wundt. Gefahren der Hypnose. Moralische, spirituelle und intellektuelle Höherentwicklung. Wissen ist Macht.

Leblosen aus dem Lebendigen. Das Wahrnehmungsvermögen für die seelische und die geistige Welt. Die Logik des
Theosophen und die Logik des Naturforschers. Die Entwicklung der Menschheit. Atlantis. Unsere Wurzelrasse und die
sieben Unterrassen. Die Trennung der ursprünglichen Einheit von Wissenschaft, Kunst, Philosophie, Religion und
Ethik. Goethes und Wagners Versuche zur Wiedervereini-
gung. Die große Einheit der Mysterien. Theosophie. Das
Entweder-Oder der Naturwissenschaft und die Toleranz der
Theosophie.

Der Unterschied zwischen Buddhismus und Budhismus.
Exoterisch und esoterisch. Vorgerückte Individualitäten als
wichtige Führer der Menschheit. Die Einflüsse derselben auf
die Theosophie. Theosophie und Christentum. Die Rosenkreuzer. Chakravarti. Esoterik im Buddhismus. Angebliche
Lebensflucht im Buddhismus. Nirwana. Die lebendige Geistesströmung in der Theosophie. Im wahren Theosophen
leben nicht Worte und nicht Begriffe, in ihm lebt der Geist.
Theosophie hat kein Dogma. Theosophie als Selbsterkenntnis.

Die Vorträge dieses Bandes gehören dem Teil von Rudolf Steiners Vortragswerk an, mit dem er sich an die Öffentlichkeit wandte. «Berlin war der Ausgangspunkt für diese öffentliche Vortragstätigkeit gewesen. Was in anderen Städten mehr in einzelnen Vorträgen behandelt wurde, konnte hier in einer zusammenhängenden Vortragsreihe zum Ausdruck gebracht werden, deren Themen ineinander übergriffen. Sie erhielten dadurch den Charakter einer sorgfältig fundierten methodischen Einführung in die Geisteswissenschaft und konnten auf ein regelmäßig wiederkehrendes Publikum rechnen, dem es darauf ankam, immer tiefer in die neu sich erschließenden Wissensgebiete einzudringen, während den neu Hinzukommenden die Grundlagen für das Verständnis des Gebotenen immer wieder gegeben wurden.» (Marie Steiner)

Die vorliegenden 1903/04 gehaltenen 18 Vorträge bilden den Auftakt zu den öffentlichen Vortragsreihen, die Rudolf Steiner regelmäßig bis 1917/18 vornehmlich im Berliner Architektenhaus durchführte.

Die erste der fünf Vortragsreihen dieses Bandes behandelt den ewigen Wesenskern des Menschen, die Seele, den Gottesbegriff und das Christentum in der theosophischen Anschauung und in der naturwissenschaftlichen Diskussion. In der zweiten Vortragsreihe zeigt Rudolf Steiner – wie in seiner «Philosophie der Freiheit» – die Auswegslosigkeit und die Konsequenzen der Kantschen Philosophie auf und weist den Weg zu einer Erkenntnis aus dem Geist. Es folgt die Darstellung des Verhältnisses der Seele zum Leib, zum Schicksal und zum Geist. Die historischen Seelenlehren werden mit den zeitgenössischen verglichen. Die Ausführungen über die Seele in der Hypnose weisen schon auf die vierte Vortragsreihe hin, die das Suchen nach übersinnlichen Erfahrungen in Spiritismus, Hypnotismus und Somnambulismus behandeln. Dabei zeigt Rudolf Steiner die berechtigten Berührungspunkte und die notwendigen Unterschiede zwischen diesen Bewegungen und der Theosophie. Vier Vorträge zu Herausforderungen der Theosophie durch die Fragen der Menschen und durch die Kritik der Wissenschaft beschließen den Band.

DAS EWIGE UND DAS VERGÄNGLICHE
DES MENSCHEN

Berlin, 6. September 1903

Der Gegenstand, über den hier gesprochen werden soll, ist zweifellos einer, an dem das Interesse aller Menschen hängt. Wer könnte sagen, daß er nicht an der Frage der Unsterblichkeit mit allen seinen Gedanken interessiert sei? Wir brauchen uns nur klar zu machen, daß der Mensch bei dem Gedanken an den Tod ein Grauen empfindet. Und selbst die wenigen, die des Lebens überdrüssig sind, die im Tode Ruhe suchen vor dem Leben, können dieses Grauen nicht ganz verwinden.

Man hat versucht, diese Frage auf die verschiedenste Weise zu beantworten. Denken Sie aber daran, daß niemand über etwas unbefangen sprechen kann, woran er mit seinem Interesse hängt. Wird er dann unbefangen über diese Frage sprechen können, die für sein ganzes Leben das tiefste Interesse hat? Und noch etwas müssen Sie dabei bedenken: wieviel für die Kultur davon abhängt. Wie diese Frage beantwortet wird, davon ist die Entwickelung unserer ganzen Kultur abhängig. Ganz anders wird die Stellung desjenigen zu allen Kulturfragen sein, der an ein Ewiges im Menschen glaubt.

Man hört sagen, daß es ein Unrecht sei, daß dem Menschen diese Jenseitshoffnung gegeben wurde. Der Arme werde damit auf das Jenseits vertröstet und werde dadurch verhindert, sich hier ein besseres Leben zu schaffen. Andere sagen wieder, nur auf diese Weise sei das Dasein überhaupt zu ertragen. Wenn bei einer Sache die Wünsche der Menschen so stark mit in Betracht kommen, werden alle Gründe dafür hervorgesucht. Es hätte dem Menschen wenig ausgemacht, zu beweisen, daß zwei mal zwei nicht vier sei, wenn sein Glück von diesem Beweise hätte abhängen sollen. Und weil der Mensch nicht unterlassen konnte, bei dieser Frage nach der Unsterblichkeit seine Wünsche mitsprechen zu lassen, deshalb mußte sie immer wieder und wieder aufgeworfen werden. Denn des Menschen subjektives Glücksempfinden ist in diese Frage mit hereingezogen.

Gerade dieser Umstand aber hat sie der modernen Naturwissenschaft so verdächtig gemacht. Und mit Recht. Gerade die bedeutendsten Männer dieser Wissenschaft haben sich gegen die Unsterblichkeit des Menschen ausgesprochen. *Ludwig Feuerbach* sagt: «Man hat die Unsterblichkeit erst geglaubt und dann bewiesen.» Damit deutet er an, daß der Mensch Beweise dafür zu finden gesucht hat, weil er sie wünscht. Ähnlich sprechen sich *David Friedrich Strauß* und neuerdings *Ernst Haeckel* in seinen «Welträtseln» aus. Wenn ich nun hier etwas sagen müßte, was gegen die moderne Naturwissenschaft verstößt, würde ich über diese Frage nicht sprechen können. Aber gerade die Verehrung von Haeckels großen Errungenschaften auf seinem Gebiete und für Haeckel als einem der monumentalsten Geister der Gegenwart läßt mich in seinem Sinne *gegen* seine Schlußfolgerungen Stellung nehmen. Etwas ganz anderes als die Bekämpfung der Naturwissenschaften ist heute meine Aufgabe.

Nicht gegen die Naturwissenschaft, sondern mit den Naturwissenschaften geht auch die Theosophie. Aber sie bleibt dabei nicht stehen. Sie glaubt nicht, daß wir erst im 19. Jahrhundert es so herrlich weit gebracht haben; während in all den Jahrhunderten vorher nur Unverstand und Aberglauben geherrscht hätten, sei nun erst durch die Wissenschaft unserer Zeit die Wahrheit ans Licht gebracht worden. Stünde die Wahrheit auf so schwachen Füßen, so könnte man wenig Vertrauen dazu haben. Wir wissen aber, daß die Wahrheit den Wesenskern bildete auch in den Weisheitslehren des Buddha, der jüdischen Priester und so weiter. Diesen Wesenskern in all den verschiedenen Theorien zu suchen, ist die Aufgabe der Theosophie. Aber sie macht auch nicht halt vor der Wissenschaft des 19. Jahrhunderts. Und weil das so ist, dürfen wir zweifellos die Frage auch vom Standpunkt der Wissenschaft aus behandeln. So kann sie die Grundlage bilden, von der wir ausgehen, wenn wir das Ewige im Menschen suchen.

Feuerbach hat zweifellos Recht mit seinem vorher zitierten Ausspruch, wenn er sich gegen die Methode der Wissenschaft der letzten etwa vierzehn Jahrhunderte wendet. Unrecht aber hat er der Weisheit noch früherer Zeiten gegenüber. Denn grundverschieden war die Art, wie in den alten Weisheitsschulen zu der Erkenntnis der Wahrheit hingeführt wurde. Erst in den späteren Jahrhunderten des Christentums wurde zuerst der Glaube gefordert, zu dem dann die Gelehrten die Beweise erbrachten. Nicht so war es in den Mysterien des Altertums. Jene Weisheit, die nicht ohne weiteres verbreitet wurde, die ein Besitz von wenigen blieb, die an heiligen Tempelstätten dem Eingeweihten durch Unterweisungen der Priester überliefert ward, hatte einen anderen Weg, ihre Schüler zur Wahrheit zu führen. Geheim hielt man dies Wissen vor der Menge der nicht Vorbereiteten; für profaniert würde man es gehalten haben, wenn man es allen ohne Auswahl mitgeteilt hätte. Nur den hielt man für würdig, der sich durch lange Übung herauforganisiert hatte in seinem Geistesleben, um die Wahrheit in höherem Sinne zu verstehen.

Es wird in den Überlieferungen des Judentums erzählt,

daß, als einst ein Rabbi etwas von den geheimen Erkenntnissen aussprach, ihm von seinen Zuhörern Vorwürfe gemacht wurden: «O Greis, hättest du geschwiegen! Was hast
du getan! Du verwirrest das Volk.» – Eine große Gefahr
sah man in dem Verrat der Mysterien, wenn sie entweiht
und entstellt in aller Munde wären. Nur in heiliger Scheu
trat man an sie heran. Die Prüfung war strenge, die die
Jünger der Mysterien durchzumachen hatten. Unsere Zeit
kann sich die schweren Prüfungen kaum vorstellen, die man
dem Schüler auferlegte. Bei den Pythagoreern finden wir,
daß die Schüler sich Hörer nennen. Jahrelang sind sie nur
schweigende Zuhörer, und es ist ganz im Geiste dieser Zeit,
daß dies Schweigen sich bis zu fünf Jahren ausdehnte.
Schweigend sind sie in dieser Zeit. Schweigen, das heißt in
diesem Falle: Verzicht auf jede Auseinandersetzung, jegliche Kritik. Heute, wo der Grundsatz gilt: «Prüfet alles
und behaltet das Beste» –, wo jeder glaubt, über alles urteilen zu können, wo mit Hilfe des Journalismus sich jeder
schnell sein Urteil auch über dasjenige bildet, was er gar
nicht versteht, hat man keine Ahnung von dem, was man
damals von einem Schüler forderte. Jedes Urteil sollte
schweigen; man mußte erst sich fähig machen, alles in sich
aufzunehmen. Wenn einer ohne diese Vorbedingung ein
Urteil fällt, anfängt Kritik zu üben, lehnt er sich auf gegen
jede weitere Belehrung. Derjenige, der etwas davon versteht, der weiß, daß er nötig hat, jahrelang nur zu lernen
und lange Zeit darüber hingehen zu lassen. Heute will man
das nicht glauben. Aber nur der, der innerlich schon die
Dinge begriffen hat, wird zu einem richtigen eigenen Urteil
kommen.

Es war damals nicht die Aufgabe, jemandem den Glauben durch Unterricht beizubringen; man führte ihn hinauf
zu dem Wesen der Dinge. Zum Anschauen wurde ihm das

geistige Auge gegeben; wollte er, so mochte er hingehen und es erproben. Vor allem war der Unterricht ein reinigender; die reinigenden Tugenden waren es, die man von dem Schüler verlangte. Die Sympathien und Antipathien des täglichen Lebens, die dort berechtigt sind, mußte er erst ablegen. Alle persönlichen Wünsche mußten vorher ausgetilgt sein. Keiner wurde zum Unterrichte eingeführt, der nicht auch den Wunsch nach dem Fortleben seiner Seele von sich abgestreift hatte. Deshalb gilt der Satz Feuerbachs für diese Zeit nicht. Nein, erst wurde der Glaube an die profane Unsterblichkeit in den Schülern ausgetilgt, ehe sie zu den höheren Problemen fortschreiten konnten. So angesehen wird es verständlich, weshalb sich die moderne Naturwissenschaft mit einem gewissen Recht gegen die Unsterblichkeitslehre wendet. Doch nur so weit.

David Friedrich Strauß sagt, der Augenschein widerspräche dem Gedanken der Unsterblichkeit. Nun, dem Augenschein widerspricht vieles, was eine anerkannte wissenschaftliche Wahrheit ist. Solange man die Bewegung der Erde und der Sonne nach dem Augenschein beurteilte, kam man zu keinem richtigen Urteil darüber. Wir haben sie erst im richtigen Sinne erkannt, als man nicht dem Auge allein mehr traute. Und vielleicht ist eben der Augenschein gar nicht das, an das wir uns in dieser Frage zu halten haben.

Wir müssen uns klar werden: Ist es das Ewige im Menschen, was wir in ihm sich vererben und sich wandeln sehen? Oder finden wir es draußen? Die einzelne Blume blüht und vergeht, aber nur das, was sich in jeder Blume der Gattung wieder ausprägt, bleibt bestehen. Ebensowenig finden wir das Ewige draußen in der Geschichte der Staaten. Dasjenige, was einst die äußeren Formen des Staates ausmachte, ist vergangen, das, was als leitende Idee sich darstellte, ist geblieben.

Prüfen wir, wie Vergängliches und Ewiges sich in der Natur ausweist. Sie alle wissen, daß vor sieben bis acht Jahren alle die Stoffe, die heute Ihren Körper bilden, nicht in Ihrem Körper darin waren. Dasjenige, was vor acht Jahren meinen Körper bildete, ist zerstreut durch die Welt und hat ganz andere Aufgaben zu erfüllen. Und doch stehe ich vor Ihnen, derselbe, der ich war. Wenn Sie nun fragen: Was ist geblieben von dem, was auf das Auge einen Eindruck machte? – Nichts. Geblieben ist das, was Sie nicht sehen und was doch den Menschen zu dem macht, was er ist. Was bleibt von menschlichen Einrichtungen, von den Staaten? Die Individuen, die sie geschaffen, sind verschwunden, der Staat ist geblieben. So sehen Sie, daß wir unrecht tun, wenn wir das Auge für das Wesentliche halten, das nur sieht, was sich verändert, während das Wesentliche das Ewige ist. Und dieses Ewige zu verstehen, ist das Amt des Geistigen. Was ich war, erfüllt andere Aufgaben. Auch die Stoffe, die heute meinen Körper bilden, bleiben nicht dieselben, gehen andere Verbindungen ein und sind doch das, was heute meinen physischen Körper ausmacht. Das, was sie zusammenhält, ist das Geistige. Wenn wir diesen Gedanken festhalten, werden wir das erkennen, was das Ewige im Menschen bildet.

In anderer Weise zeigt sich uns das Ewige im Tier-, Pflanzen- und Mineralreich. Aber auch dort können wir das Dauernde betrachten. Zerstoßen wir eine Kristallbildung, zum Beispiel Kochsalz, zu Pulver, geben es in eine entsprechende Lösung und lassen wir das wieder auskristallisieren, so nehmen die Teile von selbst wieder die ihnen eigentümliche Form an. Die ihnen innewohnende Gestaltungskraft war das Dauernde; sie ist gleichsam wie keimend geblieben, um zu neuem Wirken zu erwachen, wenn die Veranlassung dazu gegeben ist. So sehen wir auch aus der Pflanze unzählige Samenkörner entstehen, aus denen, wenn sie dem Acker anvertraut werden, neue Pflanzen hervorgehen. Die ganze Gestaltungskraft ruhte unsichtbar im Samenkorn. Diese Kraft war imstande, die Pflanzen zu neuem Leben zu erwecken. Und das geht herauf durch Tier- und Menschenwelt. Auch das, was sich uns als Menschengestalt darstellt, kommt aus einer winzigen Zelle. Es führt uns aber nicht zu dem, was wir als menschliche Unsterblichkeit ansprechen. Und doch, bei näherem Betrachten werden wir auch hier Ähnliches finden. Leben entwickelt sich aus Leben; hindurch geht der unsichtbare Strom. Indessen wird sich wohl niemand mit der Unsterblichkeit der Art begnügen. In ihr geht von Geschlecht zu Geschlecht das Prinzip des Menschentums. Aber sie ist nur eine der Arten, wie sich das Dauernde erhält. Es gibt auch noch andere Arten, wo sich die Wechselbeziehung zeigt. Nehmen wir, um dies zu veranschaulichen, ein Beispiel aus der Pflanzenwelt.

Ungarischer Weizen, den man nach Mähren gebracht und dort ausgesät hat, wird bald dem dort heimischen ganz ähnlich. Das Gesetz der Anpassung tritt hier in Kraft. Er behält nun auch fernerhin die einmal erworbenen Eigenschaften. Wir sehen, wie hier etwas Neues eintritt: Der Begriff der Entwickelung. Die gesamte Welt der Organismen untersteht diesem Gesetz. Eine Idee der Entwickelung liegt hier zugrunde, nach der sich die unvollkommenen Lebewesen zu vollkommeneren umbilden. Sie verändern sich ihrer äußeren Beschaffenheit nach, erhalten andere Organe, so daß sich das, was sich erhält, fortschreitend entwickelt.

Sie sehen, daß wir zu einer neuen Art des Dauernden gekommen sind. Wenn der Naturforscher heute eine Lebensform erklärt, gibt er sich nicht die Antwort der Naturforscher des 18. Jahrhunderts, die sagten: Es gibt so viele Arten von Lebewesen, als einst von Gott geschaffen worden sind. – Das war eine leichte Antwort. Alles, was entstanden war, war durch ein Schöpfungswunder ins Leben gerufen. Die Naturwissenschaft des 19. Jahrhunderts hat uns auf ihrem Gebiete vom Begriffe des Wunders befreit. Die Naturformen verdanken ihre Entstehung der Entwickelung. Wir verstehen heute, wie sich die Tiere bis zum Affen hinauf zu höheren Daseinsformen umwandelten. Wenn wir die verschiedenen Tierformen als zeitliche Aufeinanderfolge betrachten, so erkennen wir, daß sie nicht als solche erschaffen, sondern durch Entwickelung auseinander entstanden sind. Wir sehen aber noch mehr.

Die Blüten mancher Pflanzen erleiden unter Umständen so beträchtliche Umwandlungen, daß man sie gar nicht mehr als der gleichen Art angehörig bezeichnen möchte. Die Natur macht eben doch Sprünge, und so läßt sie auch unter gegebenen Umständen eine Art aus der anderen hervorgehen. Aber in jeder Art bleibt etwas, was an das Vorhergehende erinnert; wir verstehen sie nur auseinander, nicht aus sich selbst, sondern aus ihren Vorfahren. Wenn man die zeitliche Entwickelung der Arten verfolgt, so versteht man, was im Raume vor uns steht. Wir sehen die Entwickelung durch Millionen von Jahren und wissen, daß in Millionen von Jahren alles wieder anders aussehen wird. Die Stoffe werden fortwährend ausgewechselt; fortwährend ändern sie sich. In Tausenden von Jahren entwickelte sich der Affe aus dem Beuteltier. Aber etwas bleibt, was den Affen mit dem Beuteltier verbindet. Es ist dasselbe, was den Menschen zusammenhält. Es ist das unsichtbare Prinzip, was wir als Dauerndes in uns sahen, das tätig war vor Jahrtausenden und heute noch unter uns fortwirkt. Die äußere Ähnlichkeit der Organismen entspricht dem Prinzip der Vererbung. Wir sehen nun aber auch, wie sich die Form der Lebewesen nicht nur vererbt, sondern auch verändert. Wir sagen: Etwas vererbt, etwas verändert sich; es gibt etwas Vergängliches und etwas, das sich im Wechsel der Zeiten erhält.

Sie wissen, daß der Mensch, was seine physischen Eigenschaften betrifft, seinen Vorfahren entspricht. Gestalt, Gesicht, Temperament, auch Leidenschaften gehen zurück auf Vorfahren. Die Handbewegung, die mir eigen ist, verdanke ich einem Vorfahren. So ragt das Gesetz der Vererbung aus Tier- und Pflanzenreich hinein in die Menschenwelt. Kann nun dieses Gesetz in gleicher Weise auch auf *allen* Gebieten der Menschenwelt angewendet werden? Wir müssen auf jedem Gebiete die eigenen Gesetze suchen. Würde Haeckel seine großartigen Entdeckungen auf biologischem Gebiete gemacht haben, hätte er sich darauf beschränkt, etwa nur chemisch die Gehirne der verschiedenen Tiere zu untersuchen?

Die großen Gesetze sind überall vorhanden, aber auf jedem Gebiete auf eigene Weise. Übertragen Sie diese Frage auf das menschliche Leben, auf das Gebiet, auf dem die Menschen noch heute die schlimmsten Wundergläubigen sind. Bei den Affen weiß heute ein jeder, daß er sich aus unvollkommeneren Daseinsformen entwickelt hat. Nur bei der Menschenseele stehen die Menschen noch heute auf dem Boden des blühendsten Wunderglaubens. Wir sehen verschiedene Menschenseelen; wir wissen, daß es unmöglich ist, die Seele durch physische Vererbung zu erklären. Wer könnte zum Beispiel das Genie Michelangelos aus seinen Vorfahren erklären wollen? Wer seine Kopfform, seine Gestalt erklären wollte, möchte wohl aus den Bildern seiner Vorfahren gute Aufschlüsse ziehen. Was aber deutet an ihnen auf das Genie Michelangelos? Und dies gilt nicht nur für das Genie, für alle Menschen gilt es in gleicher Weise, wenn man auch das Genie wählt, um am deutlichsten daran zu beweisen, daß seine Eigenschaften nicht der physischen Vererbung zu verdanken sind.

Goethe selbst hat so empfunden, wenn er in dem bekannten Verse davon spricht, was er seinen Eltern verdanke:

> Vom Vater hab' ich die Statur,
> Des Lebens ernstes Führen,
> Von Mütterchen die Frohnatur
> Und Lust zu fabulieren.

Es sind, selbst das Fabuliertalent, im Grunde alles äußere Eigenschaften. Unmöglich aber konnte er sein Genie von Vater oder Mutter herleiten, sonst müßte man dieses auch an ihnen spüren. Temperament, Neigungen, Leidenschaften mögen wir unseren Eltern verdanken. Das, was dem Menschen am wesentlichsten ist, was ihn zu seiner eigentlichen Individualität macht, können wir nicht bei seinen leiblichen Vorfahren suchen. Unsere Naturwissenschaft kennt aber nur die äußerlichen Eigenschaften des Menschen. Diese nur sucht sie zu erforschen. So kommt sie zu dem Wunderglauben von der menschlichen Seele. Sie untersucht, wie des Menschen Gehirn beschaffen ist. Kann sie aber aus der physischen Beschaffenheit des Gehirns und so weiter die menschliche Seele erklären? Ist nun Goethes Seele deshalb ein Wunder? Unsere Ästhetik möchte am liebsten diesen Standpunkt für den allein richtigen ansehen, den man dem Genie gegenüber einnehmen darf, und meint, allen Zauber würde das Genie durch das Erklären verlieren. Aber wir können uns mit dieser Auskunft nicht zufriedengeben.

Versuchen wir, in derselben Art die Natur der Seele zu erklären, wie wir die Pflanzen- und Tierarten erforschten; das heißt, zu erklären, wie sich die Seele von Niederem zu Höherem entwickelt. Goethes Seele stammt ebenso von einem Vorfahren ab wie sein physischer Körper. Wie wollte jemand sonst den Unterschied etwa einer Hottentottenseele von der Seele Goethes erklären? Jede Menschenseele führt zurück auf ihre Vorfahren, aus denen sie sich entwickelt. Und sie wird Nachfolger haben, die aus ihr entstehen. Diese Seelenfortentwickelung aber fällt nicht zusammen mit dem Gesetz der physischen Vererbung. Jede Seele ist der Vorfahr späterer Seelennachfolger. Wir werden verstehen, daß das Gesetz der Vererbung, das im Raume herrscht, nicht in gleicher Weise auf die Seele angewendet werden kann. Die niedere Gesetzmäßigkeit bleibt aber neben den höheren Gesetzen bestehen. Die chemisch-physikalischen Gesetze, die im Raume herrschen, bestimmen den äußeren Organismus. Auch wir sind mit unserem Körper eingesponnen in dieses Leben. Mitten in der organischen Entwickelung stehend, unterliegen wir denselben Gesetzen wie Tier und Pflanze.

Unabhängig davon aber vollzieht sich das Gesetz der seelischen Veredlung. So muß Goethes Seele einmal dagewesen sein in einer anderen Form und hat sich aus dieser Seelenform weiter entwickelt, unabhängig von der äußeren Form, wie das Samenkorn sich zu einer anderen Art entwickelt, abhängig von dem Gesetze der Veränderung. Ebenso aber wie die Pflanze ein Bleibendes hat, das die Veränderung überdauert, ebenso ist das, was in der Seele Bleibendes war, in einen Keimzustand eingegangen, wie das Korn in der Ackerkrume, um, wenn die Bedingungen dazu gekommen sind, in neuer Form zu erscheinen. Dies ist die Lehre von der Reinkarnation. Und nun werden wir die Naturforscher besser verstehen.

Wie soll das bleibend sein, was früher noch nicht war? Aber was ist das Bleibende? Alles, was des Menschen Persönlichkeit ausmacht, sein Temperament, seine Leidenschaften, können wir nicht als das Bleibende betrachten; nur das eigentlich Individuelle, das vor seiner physischen Erscheinung war und daher auch nach seinem Tode bleibt. Die menschliche Seele zieht ein in den Körper und verläßt ihn wieder, um nach der Zeit der Reife sich wieder einen neuen Körper zu schaffen und in ihn einzuziehen. Was physischen Ursachen entstammt, wird mit unserer Persönlichkeit, mit dem Tode vergehen; das, wofür wir keine physischen Ursachen zu finden vermögen, werden wir als die Wirkung einer früheren Vergangenheit ansehen müssen. Das Dauernde des Menschen ist seine Seele, die aus tiefstem Inneren heraus wirkt und alle Veränderungen überlebt. Der Mensch ist ein Bürger der Ewigkeit, weil er in sich selbst etwas Ewiges trägt. Der menschliche Geist nährt sich von den ewigen Gesetzen des Weltalls, und nur dadurch ist er imstande, die ewigen Gesetze der Natur zu verstehen. Der Mensch würde nur das Vergängliche in der Welt erkennen, wenn er nicht selbst ein Bleibender wäre. Das wird bleiben von dem, was wir heute sind, was wir unserem Unvergänglichen einverleiben. Die Pflanzen wandeln sich unter gegebenen Bedingungen. Auch die Seele hat sich angepaßt; sie hat vieles in sich aufgenommen und sich veredelt. Das, was wir als Ewiges erleben, werden wir weitertragen in eine andere Verkörperung. Nur, wenn die Seele zum erstenmal eintritt in einen Körper, gleicht sie einem unbeschriebenen Blatt, und wir übertragen auf sie das, was wir tun und in uns aufnehmen. So wahr das Gesetz der physischen Vererbung in der Natur herrscht, so wahr herrscht das Gesetz der seelischen Vererbung auf geistigem Gebiet. Und so wenig die physischen Gesetze für das Geistige gelten, so wenig herrschen die Gesetze der körperlichen Vererbung für das Fortbestehen der Seele. Die alten Weisen, die nicht das Glauben forderten, ehe sie es durch Erkenntnis begründet hatten, waren sich dieser Tatsache voll bewußt.

Die Frage: Wie verhält sich in ihrem jetzigen Zustande die Seele zu ihrem früheren Zustand? –, die sich einem hier aufdrängen könnte, möchte ich Ihnen in folgender Weise beantworten. Die Seelen befinden sich in fortwährender Entwickelung. Dadurch ergeben sich Unterschiede zwischen den einzelnen Seelen. Eine höhere Individualität kann sich nur dadurch entwickeln, daß sie durch viele Verkörperungen geht. Im gewöhnlichen Bewußtseinszustande haben die Menschen keine Erinnerung an die früheren Zustände ihrer Seele, aber nur deshalb, weil diese Erinnerung noch nicht erworben ist. Die Möglichkeit dafür ist gegeben. Spricht doch selbst Haeckel von einer Art unbewußtem Gedächtnis, das durch die Welt der Organismen gehe und ohne welches eine Reihe von Naturerscheinungen unerklärlich sei. Daher ist dieses Erinnern nur eine Frage der Entwickelung. Der Mensch denkt bewußt und handelt danach, während der Affe unbewußt handelt. Und wie er sich allmählich von dem Bewußtseinsstadium des Affen zu bewußtem Denken erhoben hat, so wird er sich später bei fortschreitender Vervollkommnung des Bewußtseins an die früheren Verkörperungen erinnern. So wie Buddha von sich sagt: Ich blicke zurück auf unzählige Verkörperungen –, ebenso wie es wahr ist, daß in der Zukunft einst jeder Mensch das Gedächtnis von so und so viel früheren Verkörperungen haben wird, wenn sich dieses Ich-Bewußtsein bei jedem einzelnen entwickelt hat, ebenso gewiß ist das bei einzelnen Fortgeschrittenen schon heute vorhanden. Diese Fähigkeit wird sich bei fortschreitender Vervollkommnung immer mehr Menschen mitteilen.

Dies ist der Begriff von Unsterblichkeit, wie ihn der Theosoph gibt. Das ist ein neuer und ein alter Begriff. So haben einst die gelehrt, die nicht bloß Glauben, sondern Wissen lehren wollten. Wir wollen nicht glauben und dann beweisen, sondern wir wollen die Menschen fähig machen, die Beweise selbst zu suchen und zu finden. Nur der, der an der Entwickelung seiner Seele mitarbeiten will, wird dazu gelangen. Er wird von Leben zu Leben zur Vervollkommnung schreiten, denn weder ist die Seele bei der Geburt entstanden, noch wird sie daher beim Tode verschwinden.

Einer der Einwände, die oft gegen diese Anschauung erhoben werden, ist der, sie mache den Menschen untüchtig für das Leben. Lassen Sie mich noch mit einigen Worten darauf eingehen. Nein, nicht untüchtig macht die Theosophie zum Leben, sondern tüchtiger, gerade weil wir wissen, was das Dauernde und was das Vergängliche ist. Freilich, wer denkt, daß der Körper ein Kleid ist, das die Seele nur anzieht und wieder auszieht, wie es manchmal gesagt wird, der wird untüchtig zum Leben werden. Aber das ist ein falsches Bild, das von keinem Forscher gebraucht werden sollte. Nicht Kleid, sondern Werkzeug ist der Körper für die Seele. Ein Werkzeug, dessen sich die Seele bedient, um mit ihm in der Welt zu wirken. Und der, der das Dauernde kennt und in sich stärkt, wird besser das Werkzeug führen als derjenige, der nur das Vergängliche kennt. Er wird sich bestreben, durch unausgesetzte Tätigkeit das Ewige in sich zu stärken. Diese Tätigkeit wird er hinübertragen in ein anderes Leben, und er wird immer tüchtiger werden. Durch dieses Bild wird der Gedanke in nichts verschwinden, daß der Mensch durch die Erkenntnis untüchtig zum Leben werde. Wir verstehen erst um so tüchtiger und dauernder zu wirken, wenn wir erkennen, daß wir nicht nur für dieses eine kurze Leben, sondern für alle künftigen Zeiten arbeiten.

Die Kraft, die aus diesem Ewigkeitsbewußtsein erwächst, lassen Sie mich ausdrücken durch die Worte, die *Lessing* an den Schluß seiner bedeutsamen Abhandlung über «Die Erziehung des Menschengeschlechts» stellte: «Ist nicht die ganze Ewigkeit mein?»

DER URSPRUNG DER SEELE

Berlin, 3. Oktober 1903

Wer heute über das Wesen der Seele spricht, setzt sich von zwei Seiten Mißverständnissen und Angriffen aus. Vor allen Dingen wird der Theosoph, der von seinem Standpunkt, also vom Standpunkte des Wissens und des Erkennens aus spricht, diese Angriffe erfahren von der offiziellen Seite der Wissenschaft aus, andererseits aber auch von den Anhängern der verschiedenen Religionsbekenntnisse.

Die Wissenschaft will heute wenig von der Seele wissen, selbst jene Wissenschaft nicht, die ihren Namen von der Seele trägt, die Psychologie oder Seelenkunde. Selbst die Psychologen möchten am liebsten ganz absehen von dem, was man eigentlich die Seele nennt. So konnte man das Schlagwort prägen: Seelenkunde ohne Seele. – Die Seele soll etwas so Fragwürdiges, etwas so Unbestimmtes sein, daß man einfach zum Beispiel nur die Erscheinung verschiedener Vorstellungen untersucht, wie man einen Naturvorgang auch untersucht; aber man will nichts wissen von der Seele selbst. Die heutige Naturwissenschaft kann unmöglich so etwas annehmen wie eine Seele. Sie sagt, die menschlichen Vorstellungen unterliegen ebenso den Naturgesetzen wie alles andere in der Natur, der Mensch sei nichts anderes als ein höhergeartetes Naturprodukt. So sollen wir nicht fragen, was die Seele sei. Dabei beruft man sich auf *Goethes* Wort:

> Nach ewigen, ehrnen,
> Großen Gesetzen
> Müssen wir alle

Unseres Daseins
Kreise vollenden.

Wie der Stein sich bewegt, der ins Rollen kommt, so muß der Mensch sich entwickeln nach ewigen Gesetzen. – Dem stehen auf der anderen Seite die Religionsbekenntnisse gegenüber, die sich auf Tradition und Offenbarung stützen.

Die Theosophie steht weder der Religion noch der Wissenschaft feindlich gegenüber. Sie will gleich den Forschern durch Erkenntnis zur Wahrheit kommen, und sie bestreitet nicht die Grundwahrheiten der Religionsbekenntnisse.

Wenig verstanden werden diese Grundwahrheiten oft von denen, die die Religionsbekenntnisse vertreten. Ursprüngliche, ewige Wahrheiten liegen allen Religionen zugrunde. Daraus haben sich die heute bestehenden Bekenntnisse entwickelt. Sie sind dann aber überwuchert worden von späteren Zutaten. Ihre tiefere Wahrheit ist ihnen verlorengegangen. Der Wahrheitskern liegt hinter ihnen. Die Wissenschaft aber ist noch nicht so weit gediehen, daß sie von der Materie zum Geiste aufgestiegen ist. Noch ist sie nicht so weit, daß sie ihre Forschung mit demselben Eifer an dem Geistigen betätigt, wie sie es den Naturerscheinungen gegenüber tut. Der Wahrheitskern der Wissenschaft liegt in der Zukunft. So ist diese höhere Wahrheit der Religion verlorengegangen und von der Wissenschaft noch nicht gefunden worden. Zwischen ihnen steht heute die Theosophie. Sie greift zurück in die Vergangenheit, auf das Verlorene, und sie sucht in der Zukunft zu erforschen, was noch nicht gefunden ist. Dafür erntet sie Angriffe von beiden Seiten. Die Gewohnheiten und die äußeren Sitten sind heute verschieden von denen der früheren Zeiten, aber trotz der vielgepriesenen Toleranz der heutigen Zeit wird noch immer versucht, denjenigen einzuschüchtern, der eine unbequeme Meinung vertritt. Derjenige, der heute ebenso von der Seele spricht, wie der Naturforscher von den äußeren Tatsachen, wird zwar nicht mehr verbrannt, aber es finden sich heute ebenso Mittel, um ihn zu bedrängen und zu unterdrücken.

Und doch bietet sich dem Blick in die Zukunft ein gewisser Trost, wenn wir die heutigen Verhältnisse an den Ereignissen der Vergangenheit messen. Als im 17. Jahrhundert der italienische Forscher *Redi* die Behauptung aufstellte, daß die niederen Lebewesen nicht ohne weiteres aus Leblosem hervorgingen, entging er nur mit Mühe und Not dem Schicksal Giordano Brunos. Damals war man allgemein der Ansicht, daß sich die niederen Lebewesen aus Unorganischem entwickelten. Heute ist die Ansicht Redis allgemein gültig, und derjenige, der den Satz leugnete: Nichts Lebendiges aus Nichtlebendigem –, würde für rückständig gelten. Allgemein gilt heute der Satz *Virchows:* Nur Leben aus Leben. – Doch der Satz: Seelisches nur aus Seelischem – findet heute noch keinen Glauben. Doch wie die Erkenntnis fortgeschritten ist zu der Einsicht, daß Lebendes nur aus Lebendem entstehen könne, so wird einst die Wissenschaft den Satz übernehmen: Nichts Seelisches aus Seelenlosem. – Dann wird man auf die beschränkte Wissenschaft unserer Tage ebenso herabsehen, wie es heute in Hinsicht auf die Meinung der Zeitgenossen Redis geschieht. Wir stehen ja heute in bezug auf die Seele auf demselben Standpunkt wie die Naturwissenschafter des 17. Jahrhunderts in bezug auf das Lebendige. Nach dieser heutigen Ansicht soll sich das Geistige aus dem bloß Lebendigen herausentwickeln; aus dem Tierwesen soll das Seelische ohne weiteres hervorgehen. Mit mitleidigem Lächeln wird man in späteren Zeiten auf diese Ansicht herabsehen, wie man heute die Ansicht belächelt, daß Lebendiges aus Leblosem hervorgehe.

Die Seele ist nicht erwachsen aus dem Urgrund des nur Lebendigen, die Seele ist hervorgegangen aus Geistigem. Und wie das Leben nur die Form des Tieres ergreift, um sich darzustellen, so hat einstmals das Seelische die tierische Form ergriffen, um sich auszubreiten. Unser Wissen ist eingewoben in den Strom des äußeren Tatsächlichen, und wir vergessen darüber, was uns am meisten beschäftigen sollte. Das Seelische steht uns unendlich nahe. Wir sind es selbst. Wenn wir in uns hineinblicken, sehen wir das Seelische. Das begreifen die Menschen so schwer. Unsere Beobachtung richtet sich überwiegend auf das, was außer uns ist. Aber: was wir draußen erblicken, sollte es uns näher sein als das, was wir selbst sind? Klar sind sich heute die Menschen über die äußere Forschung, fremd sind sie sich selbst gegenüber. Wie kommt es, daß die Menschen so leicht die Wahrheiten der äußeren Forschung begreifen und das übersehen, was ihnen am nächsten ist? Die Seele ist ihnen doch weit vertrauter und näher. Jede Naturerscheinung muß erst den Weg durch die Sinne nehmen. Diese ändern und fälschen oft das Bild. Der Farbenblinde sieht die Farben ganz anders, als sie wirklich sind. Und abgesehen von so exzeptionellen Erscheinungen wissen wir, daß alle Augen verschieden sind; nicht zwei Menschen sehen die Farben in den ganz gleichen Nuancen. Je nach dem Auge des Sehenden, nach dem Ohre des Hörenden, sind die Eindrücke verschieden. Das Seelische aber sind wir selbst; wir sind in jedem Augenblicke imstande, es zu suchen. Es ist eigentümlich, daß auf dieser Erkenntnis: wieviel näher uns unser Seelisches berührt als alles, was außer uns ist, der Einfluß eines großen Dichters hauptsächlich beruht. *Tolstojs* Pathos gründet sich auf diese ihn erschütternde Erkenntnis. Aus dieser Anschauung führt er den Kampf gegen Kultur, Moden und Launen.

Wir sehen nur deshalb unsere Seele nicht, weil wir uns gewöhnt haben, sie nicht in ihrer eigenen Gestalt zu betrachten. Unser Glaube wird heute gestärkt für das Materielle, während unsere Denkgewohnheiten heute stumpf geworden sind für das Seelische. Und selbst diejenigen, die nicht an Religionsbekenntnissen hängen, machen sich das Forschen bequem. Zu ihrer Rechtfertigung wird mit Vorliebe Goethe zitiert. Man solle nur möglichst wenig denken und forschen. «Gefühl ist alles; Name ist Schall und Rauch.» Mit diesem Goethe-Worte will man die Gründe der Seelenforscher zu Paaren treiben. Jeder soll alles in seinem Gefühl finden; in einer Unklarheit, einem darüber Hinweggehen glaubt man sich erhalten zu müssen. Eine Art von lyrischer Betrachtungsweise scheint man dem Seelischen gegenüber für am geeignetsten zu halten. Weil jeder der Seele so nahe ist, glaubt jeder alles aus dem Gefühl heraus verstehen zu können. – Sollten es wirklich Goethes eigene Anschauungen sein, die er Faust in diesen Worten aussprechen läßt? Dem Dramatiker muß das Recht zustehen, seine Personen aus der Situation heraus sprechen zu lassen. Und wenn diese Worte, die Faust dem kindlichen Gretchen gegenüber anwendet, sein Glaubensbekenntnis sein sollten, würde dann Goethe erst den Faust alle Weisheit der Welt durchforschen lassen? «Habe nun, ach! Philosophie» und so weiter. Es wäre eine merkwürdige Verleugnung seines Forschens, seiner Zweifelsucht. Wenn wir uns der Seele gegenüber mit lauter unklaren Gefühlen abfinden wollten, glichen wir dann nicht einem Maler, der auf seinem Bilde keine klaren Umrisse, kein Abbild dessen böte, was er draußen erschaut hat, sondern sich damit begnügte, nur sein Gefühl auszudrükken? Nein, die Seele läßt sich nicht aus unbestimmtem Gefühl erklären.

Die Theosophie will echte wissenschaftliche Weisheit verkünden und wendet sich dabei ebensowenig ausschließlich an das Gefühl, wie die Wissenschaft es tut, wenn sie die Elektrizität darstellt. Nicht in gefühlsschwelgerischer Weise sucht die Theosophie das Erkennen des Seelischen zu fördern. Nein, sie wendet sich an aufrichtiges Erkenntnisstreben. Wer versucht, seine eigene Seele zu erforschen, den führt sie zu denen, die zu Füßen der Meister gesessen haben.

Seitdem die Theosophische Gesellschaft im Jahre 1875 gegründet wurde, hat sie echte Seelenwissenschaft gepflegt. Sie will die Menschen lehren, die Seele zu schauen. Jeder will heute über die Seele und den Geist reden, ohne sich ernstlich darum bemüht zu haben, sie zu erkennen, will hinweggleiten über die Schwierigkeiten, die sich in den Weg stellen, und die dilettantischsten Bestrebungen machen sich breit. Theosophie will denen helfen, die lechzen nach seelischer Weisheit, und will die Seelenkunde ebenso ernst betreiben, wie man die Natur wissenschaftlich erforscht. Das sind die Schwierigkeiten, die sich dem Seelenforscher entgegenstellen, daß heute, wo jedem verboten ist, über die Naturwissenschaften zu reden, der nicht Naturwissenschaft studiert hat, doch ein jeder über Seelisches redet, der nicht die Seele erforscht hat.

Freilich ist da die Methode des Forschens eine ganz andere. Der Naturwissenschafter arbeitet mit physikalischen Apparaten. Damit dringt er immer tiefer ein in die Geheimnisse der uns umgebenden Natur. Für die Seelenforschung gilt das Wort, daß sich die Geheimnisse nicht mit Hebeln und mit Schrauben erschließen lassen. Je mehr sich das Feld der Beobachtung erweitert, desto mehr kann die Naturwissenschaft fortschreiten. Es bedarf zu diesen Beobachtungen nur des gewöhnlichen gesunden Menschenverstandes. Aber das, was der Forscher im Laboratorium an

Verstand anwendet, ist nichts wesentlich anderes als das, was im kaufmännischen oder technischen Betriebe auch erforderlich ist, es ist nur etwas komplizierter, ist aber kein anderes Verfahren.

Die geistige Wahrheit hat es nicht allein mit dem gesunden Menschenverstande zu tun, sie wendet sich an andere Kräfte, die in der Tiefe der menschlichen Seele ruhen. Sie erfordert eine Entwickelung des Erkenntnisvermögens. Die Möglichkeit dieser Entwickelung war immer vorhanden. Auf sie führt der Ursprung aller Religionen zurück. Was Buddha, was Konfuzius, was alle die großen Stifter der verschiedenen Religionen lehrten, führt auf diese tiefere geistige Wahrheit zurück. In dem Augenblick, wo die Menschenrasse so da war, wie sie ähnlich jetzt noch besteht, war auch die Seele da, und sie konnte erforscht werden durch Entwickelung des Erkenntnisvermögens. Weniger notwendig war es dabei, das Wissen zu erweitern, als das innere Erkennen zu entwickeln, um zu sehen, was in der Seele ruht. Auf dem Gebiete der äußeren Wissenschaften hängt jeder ab von der Zeit, in der er lebt. *Aristoteles*, der große Gelehrte des Altertums, konnte im 4. Jahrhundert vor Christus manche naturwissenschaftliche Beobachtungen noch gar nicht machen, die erst heute durch die Hilfsmittel der modernen Naturwissenschaft möglich sind. Aber die Seele war immer ganz da, und man steht heute dieser Erkenntnis nur dadurch ferner als unsere Vorfahren im grauen Altertum, daß man die eigene Seele nicht erforschen will. Diesen guten Willen zu entwickeln, ist die Theosophische Gesellschaft da. Sie tut damit nichts Neues. Das ist vielmehr zu allen Zeiten geschehen. Aber wie es leichter ist, das zu erforschen, was sich uns körperlich darstellt, so sind auch Seele und Geist schwerer zu erkennen und nicht so leicht zugänglich und jedem handgreiflich. Aber schon im grauen Altertum haben die Menschen diese Vielgestaltigkeit, die Vielgliederung der Seele beobachtet.

Was ist die Seele? Solange wir glauben, daß die Seele etwas ist, was im Körper nur wohnt und ihn dann wieder verläßt, können wir zu einer Erkenntnis der Seele nicht kommen. Nein, sie ist etwas, das in uns tätig ist und lebt und alle Verrichtungen des Körpers durchdringt. In der Bewegung, in der Atmung, in der Verdauung lebt sie. Aber sie ist nicht gleichmäßig in all unserem Tun darin.

Wir sind aus einer kleinen Zelle hervorgegangen, wie die Pflanze aus dem Samenkorn. Und wie die Pflanze sich aufbaut aus den organischen Kräften, aus dem Keim, so entwickelt sich auch der Mensch aus organischen Kräften, aus der kleinen Keimzelle. Er bildet die Organe seines Körpers, wie die Pflanze ihre Blätter und Blüten bildet, und es ist das Wachsen des Menschen gleich dem der Pflanze. Deshalb sprachen die alten Forscher auch den Pflanzen eine Seele zu. Sie sprachen von der Pflanzenseele. Und sie fanden, daß den Menschen diese Tätigkeit des Aufbauens der Organe mit allen Pflanzenwesen gemeinsam sei. Das, was im Menschen all die Organe aufbaut, ist etwas, was der Pflanzenseele entspricht. Sie nannten es die vegetative Seele und sahen durch sie den Menschen verwandt mit der Natur, mit allem Organischen. Das erste, was den Menschen bildet, ist Pflanzenartiges. Daher betrachtete man die Pflanzenseele als die erste Stufe des Seelischen. Sie schuf den menschlichen Organismus. Sie hat unseren Leib mit seinen Gliedern, mit Augen, Ohren, Muskeln, sie hatte unseren ganzen Körper aufgebaut. In alldem was das Wachsen, den Aufbau unseres Körpers betrifft, gleichen wir der Pflanze, wie jedes organische Wesen.

Wenn wir aber nur die Pflanzenseele hätten, würden wir es nicht über das bloß organische Leben hinausbringen. Aber wir besitzen die Fähigkeit des Wahrnehmens, des Empfindens. Wir erleiden Schmerz, wenn wir eines unserer Glieder mit einer Nadel durchbohren, während die Pflanze von einer Durchbohrung, etwa eines Blattes unberührt bleibt. Es weist dies auf den zweiten Grad des Seelischen hin, auf die animalische Seele. Sie gibt uns das Empfindungs-, Begehrungs-, das Bewegungsvermögen, das, was wir mit dem ganzen Reiche des Tierischen teilen und deshalb Tierseele nennen. Dadurch ist uns die Möglichkeit gegeben, nicht nur pflanzengleich zu wachsen, sondern zum Spiegel für das ganze Weltall zu werden. Mit der vegetativen Seele kommt das Aufnehmen der Stoffe, die den Organismus bilden, mit der animalischen Seele das Aufnehmen des untergeordneten Seelenlebens. Aus Lust und Schmerz baut sich das Empfindungsleben auf. Wie unsere vegetative Seele nicht Organe ausbilden könnte, wenn es nicht in der Welt Stoffe um uns gäbe, ebenso kann die animalische Seele das Empfinden, das Begehren nur aus der Welt des Begierdenhaften, des Triebhaften um uns schöpfen. Wie ohne die Triebkraft des Keimes sich keine Pflanze aus ihrem Samen entwickeln könnte, ebensowenig könnte ein animalisches Wesen entstehen, wenn es nicht seine Organe mit Eindrücken erfüllen, wenn es nicht sein Leben mit Lust und Schmerz anfüllen könnte. Unsere vegetative Seele baut den organischen Leib aus der Welt des Stofflichen auf. Aus der Welt der Begierden, der Kamawelt oder dem Kamaloka, nimmt die animalische Seele die Begierdenstoffe in sich auf. Würde dem Körper die Fähigkeit, die Begierden in sich aufzunehmen, fehlen, dann würde Lust und Schmerz der Pflanzenseele ewig fernbleiben. Aus nichts wird nichts.

Die begierdenhafte Seele hat der Mensch mit dem Tiere gemeinsam. Die Naturforscher haben recht, auch dem Tiere die niederen seelischen Eigenschaften zuzuschreiben. Es handelt sich hierbei aber um eine Verschiedenheit des Grades. Die wunderbaren Einrichtungen des Bienen- und des Ameisenstaates, die Bauten der Biber, deren regelmäßige Anordnung komplizierten mathematischen Berechnungen entspricht, bringen hierfür den Beweis. Aber auch in anderer Weise steigert sich im Tiere die Seele bis zu etwas dem Ähnlichen, was wir im Menschen Vernunft nennen. Durch die Dressur können besonders bei unseren Haustieren Kunstfertigkeiten erweckt werden, wie sie der Mensch bewußt übt. Es ist dabei aber ein großer Abstand vorhanden; bei den niedersten Tierstufen ist nur ein dumpfes Gefühl des Empfindens, auf den entwickeltesten Stufen aber schon ein hoher Ansatz dessen vorhanden, was bei dem Menschen der Verstand ist.

Diese dritte Stufe des menschlichen Seelenlebens bildet nun die Verstandesseele. Wir würden steckenbleiben im Tierischen, wenn wir bloß eine animalische Seele hätten, wie wir bei einer nur vegetativen nicht über die Pflanze herausgekommen wären. Deswegen ist die Frage so wichtig: Unterscheidet sich der Mensch wirklich nicht von den höheren Tieren? Gibt es keinen Unterschied?

Wer sich diese Frage vorlegt und sie rückhaltlos prüft, der wird finden, daß des Menschen Geist doch hinausragt über alle Tiere. Wenn die Pythagoreer das Vorhandensein der höheren Seele bei den Menschen beweisen wollten, betonten sie, daß einzig den Menschen die Fähigkeit des Zählens gegeben sei. Und wenn sich auch bei gewissen Tieren etwas Ähnliches findet, so tritt doch hier der gewaltige Unterschied zwischen Tier und Mensch klar hervor, da wir es beim Menschen mit einer ursprünglichen Fähigkeit seiner Seelenorgane, beim Tier mit Dressur zu tun haben. Dadurch, daß der Mensch zählen kann, unterscheidet er sich von dem Tiere, aber auch dadurch, daß er hinausgeht über das, was das Tier erreichen kann, daß er hinausgeht über das unmittelbare Bedürfnis. Kein Tier geht hinaus über das nächstliegende unmittelbare Bedürfnis des Zeitlichen und des Vergänglichen. Kein Tier erhebt sich zu dem Wirklichen und Wahren, über die unmittelbare sinnliche Wahrheit hinaus. Der Satz: Zwei mal zwei ist vier –, muß unter allen Umständen gelten, mögen die vergänglichen Wahrheiten der Sinne auch unter anderen Verhältnissen ihre Gültigkeit verlieren. Mögen auf dem Planeten Mars Wesen welcher Art immer leben, mögen sie durch ihre Organe die Töne anders hören, die Farben anders wahrnehmen, die Richtigkeit der Rechnung zwei mal zwei ist vier müssen denkende Wesen auf allen Planeten gleichmäßig anerkennen. Was der Mensch aus seiner Seele gewinnt, gilt für alle Zeiten. Vor Jahrmillionen hat es gegolten und wird in Jahrmillionen gelten, weil es dem Unvergänglichen entstammt.

So ruht in unserem Vergänglichen, in dem Animalischen, das Unvergängliche, durch das wir Bürger der Ewigkeit sind. Wie die animalische Seele aus den Stoffen des Kama sich aufbaut, so baut aus dem Geistigen sich die höhere Geistseele auf.

Aus nichts wird nichts. Aristoteles, der Meister derer, die da wußten, der aber kein Eingeweihter, kein Initiierter war, er kommt da, wo er vom Geistigen spricht, zum Begriffe des Wunders. Er baut streng gesetzmäßig aus der Natur den Körper auf, aber er läßt durch ein Wunder des Schöpfers die Seele jedesmal aufs neue entstehen. Eine Schöpfung aus dem Nichts ist für Aristoteles die Seele. Eine Neuschöpfung ist jede Seele auch für das exoterische Christentum der späteren Jahrhunderte. Wir aber wollen das jedesmalige Wunder der Seelenschöpfung nicht annehmen. Wie der Ursprung der Organseele im Pflanzlichen, der Tierseele aus der Welt des Trieblebens sich ergeben hat, so muß die Geistseele, wenn nicht nichts aus dem Nichts entstehen soll, entstehen aus dem Geistigen der Welt. Und so werden wir zu dem Geistigen, zu dem Seelischen des Universums geführt, wie *Giordano Bruno* es ausdrückt in seinem Werk: Über die organischen Kräfte des Kosmos und über die seelischen Kräfte des Kosmos.

Warum haben wir nun jeder eine besondere Seele? Warum hat jede Seele ihre besonderen Eigenschaften? Die besonderen Eigenschaften der Tiere erklärt die Wissenschaft durch die natürliche Entwickelung von Art aus Art. Aber jede Tierart trägt noch Eigenschaften an sich, die auf ihre Entstehung aus anderen Tiergattungen hindeuten.

Die geistige Seele kann sich nur aus dem Individuell-Geistigen entwickeln. Und ebenso wie es niemandem einfallen würde zu glauben, daß ein Löwe direkt aus den kosmischen Kräften des Weltalls entstünde, ebenso absurd wäre es anzunehmen, daß die einzelne Seele sich aus dem allgemeinen geistigen Inhalt des Universums entwickelte, aus den geistigen Reservoiren des Kosmos. Die Theosophie steht da auf dem Boden, der ebenfalls einer naturwissenschaftlichen Anschauung entspricht. Wie die Naturwissenschaft Art aus Art, so läßt sie Seele aus Seele sich entwickeln. Auch sie läßt aus Untergeordnetem das Höhere hervorgehen. Aus der Allseele heraus entwickelt sich das Einzelseelische, wie das Tier sich aus dem allgemeinen Prinzip des Tierischen gebildet hat. Nach dem Prinzip des Seelischen entsteht Seele aus Seele. Jede Seele ist Ergebnis von Seelischem und ist selbst wieder Ursache von Seelischem. Aus dem ewigen Ursprung erhebt sich die Seele, die selbst ewig ist. Die Theosophie geht dabei zurück bis zu dem sogenannten dritten Menschengeschlecht, bei dessen Erscheinen das höhere Seelische erst als Einschlag in das Organische hervortreten konnte. Man nennt dieses Menschengeschlecht

Lemurier. Vorher hatte das Seelische seine Wohnung im Tierischen. Denn auch die Tierwelt stammt aus Seelischem. Das Seelische hat sich des Tierischen erst bemächtigt, um seine Funktionen zu erfüllen. Von da aus wirkt es weiter von Seele zu Seele.

Erziehen heißt daher: dasjenige entwickeln, was als Individuelles im Menschen ruht. Diese in jedem Menschen ruhende höhere Seele zu erwecken, ist das erste Erziehungsprinzip. Bei den Tieren fällt das einzelne Tier mit dem Begriff der Gattung zusammen; ein Tiger ist dem anderen in allem Wesentlichen gleich. Kein Mensch kann aber mit der gleichen Berechtigung als dem anderen gleichartig bezeichnet werden. Jedes Menschen Seele ist verschieden von der des anderen. Um das Seelische im Menschen zu erwecken, muß auch die Erziehungskunst für jeden einzelnen verschieden sein. Und da die Erweckung der Seelenkräfte der Beginn aller Erziehung war, so mußten schon damals höhere Naturen da sein, als jene dritte Menschenrasse sich zu geistigem Leben erhob. Nicht aus Wildheit, nicht aus Ignoranz hat sich das Seelische entwickelt. Vor Jahrmillionen, als sich die Menschen erhoben aus dem bloß triebhaften Zustand, geschah das nicht durch sich selbst, sondern durch die großen Lehrer, die ihnen zur Seite standen.

Immer muß es große Lehrer geben, die hinausragen über die sie umgebende Menschheit, die sie hinaufziehen zu höherem Standpunkt. Auch heute gibt es Lehrer, die hinausragen über das Gegenwartswissen, die den Seelenkeim fortpflanzen. Woher diese Lehrer kommen, soll in einem weiteren Vortrage erörtert werden. Gewußt hat man zu allen Zeiten von diesen Leitern der Menschheit. Einer der hervorragendsten Philosophen, *Schelling*, der selbst kein Theosoph war, spricht in einem seiner vielfach mißverstandenen Werke auch von ihnen.

Diese großen Lehrer, die da Auskunft geben können über das Geistige, die da Sachverständige in dem Seelischen sind, deren Weisheit ätherischer Art ist, seelisches Erkennen ist, sie haben die Menschheit gefördert und geleitet. Zu diesen Seelenforschern will die Theosophische Gesellschaft die Menschen wieder führen. In ihrer Mitte sind diese, die Auskunft geben können über das Wesen der Seele. Sie können nicht hervortreten in die Welt, sie können nicht sagen: Nehmt unsere Wahrheiten an –, denn die Menschen würden ihre Sprache nicht verstehen. Verborgen liegt den meisten die große Wahrheit. Hinzuführen die Menschen zu den Quellen der Weisheit, das ist die Aufgabe der Theosophischen Gesellschaft. In leuchtender Klarheit liegen diese Ziele vor uns.

Unsere Zeit hat es so herrlich weit gebracht, daß sie das Dasein der eigenen Seele leugnet. Dieser Zeit den Glauben an sich selbst zurückzugeben, ihr den Glauben an das Ewige und Unvergängliche in uns, an den göttlichen Wesenskern, neu zu beleben, das soll die Aufgabe unserer Bewegung sein.

DAS WESEN DER GOTTHEIT
VOM THEOSOPHISCHEN STANDPUNKT

Berlin, 7. November 1903

Das Wissen von dem Urquell aller Dinge ist etwas, wovon der Theosoph nicht so ohne weiteres zu sprechen sich erkühnt. Die Theosophie soll ja der Weg sein, der uns dahin führt, endlich diesen Begriff mit unserem Denkvermögen fassen zu können; sie soll uns den Weg zeigen, der uns dahin führt, Klarheit, soweit sie zu gewinnen ist, über diese Vorstellung zu gewinnen. Dieser Weg ist lang und führt über manche Stationen, und jede einzelne Station will nicht bloß passiert sein, sondern auf jeder müssen wir stehen und lernen.

Aber nicht nur der Ausgangspunkt, sondern auch der Schlußstein ist wichtig. Wenn wir uns das vorhalten, so müssen wir vor allen Dingen ein wenig auf die Natur des theosophischen Lebens eingehen, um zu sehen, wie die Theosophie zu dem Gottesbegriff steht. Die Theosophie ist, so wie sie seit dem Jahre 1875 in der von Frau *Blavatsky* gegründeten Gesellschaft angestrebt wird, etwas anderes, als was man abendländische Wissenschaft nennt, etwas anderes, als was unsere abendländische Kultur und ihre Gelehrsamkeit im äußeren Leben anstrebt. Die Art und Weise, wie das abendländische Wissen beschaffen ist, unterscheidet sich gründlich von dem, was theosophische Weisheit ist. Theosophische Weisheit ist uralt, so alt wie das Menschengeschlecht, und derjenige, welcher sich in den Entwickelungsgang des Menschen vertieft, der wird immer mehr über den

Ausgangspunkt des Menschen zu erfahren wünschen als das, was unsere Kulturgeschichte der letzten Jahrzehnte so leichthin geglaubt hat, daß die Menschen ausgegangen seien von Unkultur und Nichtwissen. Sehen wir zu, wie es wirklich ist, wenn wir uns in das Leben der Urzeiten vertiefen. Da sehen wir, daß die menschliche Geistesentwickelung ausgegangen ist von einer hohen geistigen Kraft des Schauens, daß im Anfange der Menschheitsentwickelung allüberall wirkliche Gottesweisheit vorhanden war. Wer die Urreligionen studiert, empfängt das Licht dieser Weisheit. Unsere Zeit, gemäß dem Sinne unseres Lebens, gibt nun dem Theosophen eine Erneuerung dieses Geisteslebens, das die ganze Menschheit durchströmt.

Unser abendländisches Geistesleben beruht zunächst auf unserem Verstande. Es beruht auf der einseitigen Denkkraft. Gehen Sie unsere ganze Kultur im Abendlande durch, so stoßen Sie auf unsere großen Entdeckungen und Erfindungen, auf unsere Wissenschaften und auf das, was sie zur Aufklärung der Welträtsel getan haben. Sie stoßen auf Denken, verständiges Denken, auf Beobachtung mit den Sinnen und so weiter. Auf diese Weise breitet der abendländische Verstand sein Wissen nach allen Seiten aus. Er untersucht mit Instrumenten, mit dem Teleskop den Himmelsraum und dringt mit dem Mikroskop in die kleinste Körperwelt ein. Das alles verbindet er mit dem Verstande. Dadurch verbreitet sich unser abendländisches Wissen nach allen Seiten. Wir wissen immer mehr und mehr von dem, was uns umgibt, aber wir erreichen niemals eine Vertiefung unseres Wissens, nämlich ein Vordringen zum eigentlichen Wesen der Dinge. Deshalb darf es uns nicht wundern, wenn die abendländische Wissenschaft nicht zurechtkommt mit dem Gottesbegriff. Wir müssen zum Quell des Daseins, zu dem geistigen Wesen vordringen. Sie können nicht kombiniert und nicht durch die Sinne wahrgenommen werden; sie müssen auf andere Weise wahrgenommen werden.

Diejenigen, welche wissen, daß es einen anderen Weg gibt als den, den unser Abendland geht, suchen die Weisheit auf ganz andere Weise zu erlangen. Gehen Sie zurück auf die ägyptische Priesterweisheit, zurück auf die griechischen Mysterien, zurück nach Indien, gehen Sie zurück auf alle diese Religionen und Weltanschauungen und Sie werden finden, daß diejenigen, welche nach Weisheit suchten, dies auf ganz anderem Wege taten als die europäische Gelehrsamkeit. Selbsterziehung, Selbstentwickelung war es, was vor allen Dingen gesucht wurde von den Weisheitsschülern. Selbsterziehung durch ehrliches Ringen der menschlichen Seele suchten sie, und durch sie suchten sie die höhere Weisheit zu erringen. Von vornherein waren sie überzeugt, daß der Mensch, so wie er in die Welt hineingeboren ist, bestimmt ist zum Aufstieg, zur Höherentwickelung. Sie waren überzeugt davon, daß der Mensch nicht fertig ist, daß er den höchsten Grad von Vollkommenheit nicht unmittelbar in einem einzigen Leben erreichen kann, daß eine Entwickelung des Menschen und seiner Seelenfähigkeiten stattfinden muß, ähnlich wie bei der Pflanze, bei der die Wurzel bleibt, wenn auch Blatt und Blüte verdorren. So ähnlich ist es, wenn wir die Selbsterziehung richtig in die Hand nehmen, die im Erdenleben Blüte und Frucht hervorbringt, wenn gehörig darin gearbeitet wird. So strebte der Weisheitsschüler. Er suchte sich einen Führer. Dieser gab ihm Anhaltspunkte, wie er durch ein entsprechendes Leben seine astralischen Organe entwickeln konnte. Dann entwickelte er sich stufenweise nach aufwärts. Seine Seele wurde immer weiter- und weiterschauend, immer empfindender und empfindender für die Urquellen des Daseins. Auf jeder neuen Stufe gewann er neue Einsichten. Mit jeder Stufe näherte er sich dem Wesen, dessen Begriff wir heute zu besprechen haben. Er sah, daß er mit dem Verstande nicht den Gott erfassen kann. So suchte er vor allen Dingen, sich selbst zu erheben. Er war überzeugt, daß in der ganzen Natur und auch in der menschlichen Seele das Gotteswesen zu finden ist. Dieses Gotteswesen ist niemals ein fertig Abgeschlossenes; es ist als Entwickelung in allem Lebenden, in allen Dingen. Wir selbst sind dieses Gotteswesen. Wir sind nicht das Ganze, aber wir sind ein Tröpfchen von derselben Qualität, von derselben Essenz. Tief unter uns in verborgenen Abgründen und Untergründen, die nicht an der Oberfläche des Tages liegen, liegt unser eigentliches göttliches Wesen. Wir müssen es suchen und es heraufholen. Dann holen wir auch etwas herauf, was über unserem gewöhnlichen Dasein steht, dann holen wir auch das in uns herauf, was göttlich in uns ist. Jeder von uns ist gleichsam ein Strahl der Gottheit oder, sagen wir, ein Spiegelbild der Gottheit. Wenn wir uns die Gottheit als Sonne vorstellen würden, so ist jeder von uns wie ein Spiegelbild der Sonne im Wassertropfen. Wie der Wassertropfen die Sonne ganz und gar abspiegelt, so ist jeder Mensch ein wahres, echtes Spiegelbild des göttlichen Wesens. Das Gotteswesen ruht in uns, nur wissen wir nichts davon; wir müssen es aus uns selbst herausholen. Wir müssen uns ihm erst nähern. *Goethe* sagt: Er könne nicht verstehen, wie einer unmittelbar zur Gottheit vordringen wolle. – Wir müssen uns immer mehr und mehr ihr nähern. Selbstentwickelung führt uns nach und nach zum Begreifen des Lebensgrundes.

Wenn wir uns auf diese Weise entwickeln, dann treiben wir nichts anderes als theosophisches Leben. Alles dasjenige, was die Geisteswissenschaft lehrt und zu leben empfiehlt, all die großen Gesetze, die sie uns klarmacht und die ihre Schüler, die wirklich mitarbeiten wollen, in sich zur lebendigen Wahrheit machen, die Lehren von Wiederverkörperung und von Karma, dem Schicksalsgesetz, von den Zwischenwesen, von dem Urgrunde und Allwesen, das das ganze Universum beherrscht, das ist innere Welt, die wir die astrale und die gedankliche, die Budhiwelt und die Atmawelt nennen. Von all jenen Welten erfahren wir etwas, und das, was wir von jenen Welten erfahren, sind Stufen zur Weisheit, die uns zum Höchsten hinführen. Wenn wir diese Stufen zu erklimmen suchen, dann ist dies ein weiter Weg. Nur diejenigen, welche auf dem höchsten Gipfel menschlicher Entwickelung angelangt sind, werden einmal sehen können, daß sie vielleicht eine Ahnung haben von dem Umfange jenes Begriffes, den wir heute andeutungsweise besprechen wollen.

Daher die Scheu, mit welcher die Theosophie über den Gottesbegriff spricht. Der Theosoph spricht über diese Begriffe ungefähr in derselben Gesinnung, in der ein Hindu von Brahma spricht. Wenn Sie ihn fragen: Was ist Brahma? – dann nennt er Ihnen vielleicht: Mahadeva, Wishnu und Brahma. Brahma ist eine der göttlichen Wesenheiten oder vielmehr ein Ausdruck der göttlichen Wesenheit. Aber hinter alledem ruht für den Hindu noch etwas anderes. Hinter all den Wesen, denen er die Urtat der Welt zuschreibt, ruht etwas, was er bezeichnet als Brahma oder als Brahman. Brahman ist sächlich. Und fragen Sie ihn, was hinter den Wesenheiten ist, von denen er spricht, so sagt er nichts darüber. Er sagt nichts darüber, denn über dieses kann man nicht mehr sprechen. Alles, was der Mensch sagen kann nach dieser Richtung, sind Fingerzeige, Fingerzeige in jene Perspektive hinein, an deren Endpunkt die göttliche Wesenheit für uns ist. – Dahin führt auch dasjenige, was wir den Wahlspruch unserer Theosophischen Gesellschaft nennen. Sie kennen ihn vielleicht, diesen Wahlspruch. Er drückt nichts anderes aus als das, was ich jetzt mit einigen Worten anzudeuten versuchte. Gewöhnlich wird dieser Wahlspruch übersetzt mit den Worten: Keine Religion ist höher als die Wahrheit. – Wir wollen einmal sehen, inwiefern das ganze theosophische Streben dahin geht. – Was wissen wir über das menschliche Streben? Menschliches Wissen muß immer darauf ausgehen, in den verschiedenen Philosophien und Weltanschauungen in die Geheimnisse des Daseins zu dringen und die Urquellen des Lebens zu finden.

Sehen wir uns die verschiedenen Religionen einmal an. Scheinbar widersprechen sie einander; sie widersprechen sich aber nur, wenn man sie oberflächlich betrachtet. Wenn wir sie tiefer betrachten, so hängen sie zusammen. Sie haben zwar nicht den gleichen Inhalt. Nicht den gleichen Inhalt haben: Christentum, Hinduismus, Brahmanismus, Zarathustrismus, und nicht den gleichen Inhalt hat die heutige Naturwissenschaft. Und dennoch – alle diese verschiedenen Weltanschauungen stellen nichts anderes dar als Versuche des menschlichen Geistes, sich dem Urgrund des Daseins zu nähern. Auf verschiedenen Wegen kann man zum Gipfel eines Berges hinkommen. Von verschiedenen Standpunkten aus sieht eine Gegend verschieden aus, und so nimmt sich auch die Urwahrheit von verschiedenen Standpunkten gesehen verschieden aus. Wir alle sind voneinander verschieden. Der eine hat diesen, der andere hat jenen Charakter, diese oder jene geistige Entwickelung. Wir alle gehören aber auch einer Rasse, einem Stamme, einem Zeitalter an. So war es immer. Aber dadurch, daß wir einem Stamme, einer Rasse, einem Zeitalter angehören und einen Charakter haben, dadurch haben wir bei den Menschen eine Summe von verschiedenen Empfindungen und Gefühlen. Die bilden die verschiedenen Sprachen, in denen sich die Menschen Fragen vorlegen und sich über die Rätselfragen des Lebens verständigen. Der

Grieche konnte sich nicht dieselben Vorstellungen machen wie der moderne Mensch, weil der Blick, mit dem er die Welt sah, ein ganz anderer war. So sieht der Theosoph überall verschiedene Aspekte, verschiedene Arten der Weisheit. Suchen wir den Grund dafür, dann sehen wir, daß wir eine verborgene, aber sich immer und immer wieder offenbarende Urweisheit in uns haben, die identisch ist mit der göttlichen Weisheit.

Was haben die Menschen sich also gebildet im Laufe der Zeiten, und was werden sie sich immer bilden? Meinungen werden sie sich bilden. Meinungen sind es, mit denen wir es zu tun haben. Die eine Meinung ist anders als die andere; die eine steht höher als die andere. Und wir haben die Verpflichtung, zu immer höheren und höheren Meinungen aufzusteigen. Aber wir müssen uns klar sein, daß wir über das Meer der Meinungen hinauskommen müssen. Die Wahrheit selbst ist in den Meinungen zur Zeit noch verborgen, sie ist noch verhüllt, sie zeigt sich noch in verschiedenen Formen und Aspekten. Wir können aber durchaus diese Meinungen in uns haben, wenn wir nur zu den Meinungen und Wahrheiten selbst den richtigen Standpunkt, den richtigen Gesichtspunkt einnehmen. Niemals dürfen wir uns zu glauben vermessen, die Wahrheit – die Goethe mit dem Göttlichen identisch nennt – mit unseren beschränkten Fähigkeiten erfassen zu können. Niemals dürfen wir uns vermessen zu glauben, daß ein Gedankenabschluß möglich sei. Sind wir uns aber dessen bewußt, dann fühlen wir etwas, das darüber hinausgeht, dann haben wir etwas von dem, was die Theosophie im höheren Sinne des Wortes weisheitsvolle Bescheidenheit nennt.

Der Theosoph geht mit seinen Empfindungen und seinem Denken aus sich heraus. Er sagt sich: Ich muß Meinungen haben, denn ich bin bloß ein Mensch, und es ist meine geistige Verpflichtung, mir Gedanken und Begriffe von den Rätselfragen des Daseins zu bilden; aber ich habe etwas in mir, was nicht in einen begrenzten Begriff gebracht werden kann; ich habe etwas in mir, was mehr ist als Denken, was hinausgeht über das Denken: das ist das Leben. Und dieses Leben ist das göttliche Leben, das alle Dinge durchströmt, das auch mich durchströmt. – Es ist dasjenige, das uns weiterträgt, dasjenige, das wir niemals umfassen können. Wir werden es nie umfassen können. Wenn wir aber zugestehen, daß wir in den fernsten Zeiten Höheres und Höheres erreicht haben werden, als wir jetzt haben, dann müssen wir auch zugestehen, daß wir in den fernsten Zeiten noch andere Meinungen haben werden, die höher sind als die, welche wir jetzt haben. Aber Sie können nicht das lebendige Leben, das in uns ist, anders haben. Das können Sie nicht anders haben; denn dieses Leben ist das göttliche Leben selbst, das hinführt zu den höheren Gedanken, die uns noch kommen, die wir einstmals auch haben werden. Haben wir diese Empfindung gegenüber unseren Begriffen, und haben wir sie vor allen Dingen den Begriffen des göttlichen Wesens gegenüber, dann sagen wir uns: Das Wahre ist mit dem Göttlichen identisch; das Göttliche lebt in meinen Adern. Es lebt in allen Dingen und es lebt auch in mir. – Und wenn wir diesen Gedanken in uns denken, so ist er göttlich, aber er ist nicht Gott selbst und kann die Gottheit nicht umspannen. Da müssen wir uns sagen: über jede menschliche Meinung hinaus, über jede Zeit- und Volksmeinung hinaus geht die Urwahrheit, die sich in Ihnen allen offenbart, die wir empfinden müssen und die wir aufstrebend suchen müssen. Aber keine menschliche Meinung steht uns höher als diese lebendige Empfindung für die unergründliche Weisheit und Göttlichkeit, die sich in dem ausdrückt, was ich jetzt aussprach. Seien wir überzeugt, daß wir in der Gottheit begriffen sind, daß Gott in uns wirkt, wenn wir lebendige Wesen sind. Das ist der Sinn des theosophischen Wahlspruches: Keine menschliche Meinung steht höher als die lebendige Empfindung der sich immer wandelnden und in ihrer Ganzheit niemals darstellenden göttlichen Weisheit. – Dann dürfen wir uns auch nicht wundern, wenn wir die Sache so ansehen, daß der Goethe-Ausspruch richtig ist:

> Wie einer ist, so ist sein Gott;
> Darum ward Gott so oft zu Spott.

Gewiß, wir Menschen können uns keinen anderen Begriff von dem göttlichen Wesen machen als einen solchen, der unseren jeweiligen Fähigkeiten angepaßt ist. Aber sehen wir uns die Sache so an, wie wir sie eben angesehen haben, so müssen wir sagen: Wir haben aber auch ein Recht, uns einen entsprechenden Begriff von dem Göttlichen zu machen. Nur eins ist nötig, und das ist: den guten Willen haben, nicht dabei stehenzubleiben. Zu glauben, daß wir die Urweisheit erreicht haben, das wäre vermessen. Vermessen ist es auch von der Wissenschaft, wenn sie jetzt den Gottesbegriff erklärt zu haben glaubt. In dieser Beziehung steht unsere gegenwärtige Zeitkultur tatsächlich wieder einmal auf einem jener Tiefpunkte, auf dem die Menschheit manchmal steht. Unsere Zeitkultur ist gegenüber dem Gottesbegriff, wie Sie wissen, etwas vermessen. Und gerade diejenigen, welche eine neue Bibel, eine sogenannte natürliche Schöpfungsgeschichte haben wollen, gerade die sind oftmals in einem vermessenen Sinn befunden worden, der sie nicht weiterkommen läßt. Es gibt eine Schrift von *David Friedrich Strauß* mit dem Titel «Alter und neuer Glaube», welche 1872 erschienen ist und direkt auftritt mit der Meinung, daß sie eine neue Bibel sei gegenüber der alten Bibel, daß das, was aus der Naturwissenschaft heraus kommt, wahr sei. Denn das, was die Bibel erzählt, erschüttere sie so, daß diese Begriffe fortgeworfen werden müssen.

Glauben Sie mir, daß es die Besten sind, die heute in einem solchen Wahn befangen sind, daß die Besten es sind, die in gutem Glauben meinen, daß wir aus der Verbreitung des menschlichen Wissens, daß wir aus dem, was uns als Stoff und Kraft entgegentritt, zum Urwesen des Daseins kommen. Was ist dieser materialistische Gottesglaube, der uns da entgegentritt? Es sind oft hervorragende Persönlichkeiten, die dahin gekommen sind, zu sagen: Die Materie ist unser Gott. – Diese durcheinanderwirbelnden Atome, die sich gegenseitig anziehen und abstoßen, sie sollen dasjenige bewirken, was unsere eigene Seele ausmacht. Was ist der materialistische Gottesglaube? Es ist Atheismus! Dieser läßt sich vergleichen mit einer Religionsstufe, die sonst auch in der Welt vorhanden ist, die wir aber nur dann richtig auffinden können, wenn wir die charakteristischen Begriffe aus dem materialistischen neuen Glauben haben. Toter Stoff und tote Kraft ist es, was der Materialist anbietet und anbetet. Sehen wir zurück in die Zeiten des alten Griechentums, und nehmen wir nicht die tiefen Mysterienreligionen, sondern die Volksreligion der Griechen. Ihre Götter waren menschlich, waren idealisierte Menschen. Gehen wir zurück auf andere Stufen des Daseins, so finden wir da, daß die Menschen Tiere angebetet haben, daß ihnen Pflanzen Sinnbilder des Göttlichen waren. Aber alles dieses waren Wesen, welche Leben in sich hatten. Das waren höhere Stufen als das, was die ganz Wilden hatten, die einem Steinklotz entgegentraten und ihn als belebt anbeteten. Der Steinklotz unterscheidet sich in nichts von dem, was Kraft und Stoff ist. So unglaublich es klingt, die Materialisten stehen auf der Stufe solcher Fetischanbeter. Sie sagen freilich, sie beten aber

Kraft und Stoff gar nicht an. Wenn sie das sagen, dann entgegnen wir ihnen: Sie haben keinen richtigen Begriff davon, was der Fetischanbeter seinem Fetisch gegenüber empfindet. Die Fetischanbeter vermögen noch nicht, sich zu einer höheren Gottesvorstellung emporzuschwingen. Ihre Kultur ermöglicht es ihnen nicht. Es ist für sie eine berechtigte Meinung, ein Bild, das sie sich selbst machen, anzubeten. Dieser Meinung sind ja heute nicht nur die Wilden, sondern auch die Materialisten. Wer aber heute wissenschaftlicher Fetischanbeter ist, sich selbst das Bild von Stoff und Kraft macht und es anbetet, der verschuldet etwas. Er könnte kraft der von uns erreichten Kulturstufe einsehen, wenn er nur wollte, auf welch niedriger Stufe er stehengeblieben ist.

Wenn wir heute umgeben sind von dieser geradezu lähmenden Gottesvorstellung, so sagen wir uns: Das ist ein Grund, von der Gottesvorstellung zu sprechen. – Daher darf ich vielleicht auf ein Buch hinweisen. Man sagt, es ist ein großes Verdienst *Feuerbachs,* des Philosophen, daß er einen sogenannten «phantastischen» Gott vertreten hat. Feuerbach hat nämlich im Jahre 1841 ein Buch erscheinen lassen und darin den Standpunkt vertreten, daß wir den Satz: Gott hat den Menschen erschaffen nach seinem Bilde – umdrehen und sagen müssen: Die Menschen haben sich den Gott nach ihrem Ebenbild geschaffen. – Wir müssen uns klar sein darüber, daß des Menschen Wünsche und Bedürfnisse so sind, daß er gern etwas über sich sieht. So schafft dann seine Phantasie sich ein Ebenbild von sich selbst. Die Götter werden Ebenbilder des Menschen. – Damit soll Feuerbach eine hohe, erhabene Weisheit ausgesprochen haben. Gehen wir aber zurück in die Zeiten des alten Griechentums, zurück zum Ägyptertum und so weiter, immer und immer wieder haben die Menschen die Götter vorge-

stellt so, wie sie selbst waren. So konnten sie sich auch Stier-
und Löwenvorstellungen von Göttern bilden, waren die
Menschen in ihren Seelen stierähnlich, dann wurden die
Stiere ihre Götter, sie wurden stierähnlich; waren sie löwen-
ähnlich, dann wurden die Löwen und löwenähnliche Bilder
ihre Götter. Das ist also keine neue Weisheit. Es ist eine
Weisheit, die in unserer Zeit sich nur wieder breitmacht.

Aber ist es denn nicht wahr, daß tatsächlich der Mensch
sich seine Götter erschafft? Ist es nicht wahr, daß unsere
Meinungen über die Götter aus unserer eigenen Brust entspringen? Ist es nicht wahr, daß wenn wir uns umsehen in
der Welt, wir das Göttliche ja nicht mit den Augen, nicht
mit den Sinnen um uns sehen? Derjenige, der mit den Sinnen schauen und mit dem Verstand begreifen will, der wird
so sprechen wie etwa *Du Bois-Reymond*, der große Physiologe: Ich würde an einen Weltenlenker glauben, wenn ich
ihn nachweisen könnte; wenn ich ihn nachweisen könnte
wie das menschliche Gehirn. Dann müßte ich aber, so wie
ich im menschlichen Körper Nervenstränge nachweisen
kann, auch draußen in der Welt solche nachweisen können. –
In der Außenwelt, so wie Du Bois-Reymond und die neueren es wollen, können wir die Gottheit nicht finden. Diese
ihre Meinungen sind schon aus der eigenen Brust geschaffen,
wie Feuerbach sagt.

Aber ebenso kann man sagen: Was spricht denn in der
menschlichen Seele, wenn diese menschliche Seele sich Meinungen, Gedanken macht? – Wir wissen es, daß wir selbst
ein Teil dieser göttlichen Wesenheit sind, wir wissen, daß
Gott in uns lebt. Wir wissen, daß wir Menschen von allen
Dingen, welche uns in dieser physischen Welt umgeben,
sozusagen das Endglied sind, das edelste und vollkommenste Wesen innerhalb dieser Welt. Müssen wir da nicht sagen,
daß der Mensch, insofern er sich physisch ausgestaltet, sich

nach Gott als dem vollkommensten Wesen ausgestaltet? Wer wird Goethe nicht recht geben, wenn er seiner Meinung mit den schönen Worten Ausdruck gibt: «Wenn die gesunde Natur des Menschen als ein Ganzes wirkt, wenn er sich in der Welt als in einem großen, schönen, würdigen und werten Ganzen fühlt, wenn das harmonische Behagen ihm ein reines, freies Entzücken gewährt: dann würde das Weltall, wenn es sich selbst empfinden könnte, als an sein Ziel gelangt aufjauchzen und den Gipfel des eigenen Werdens und Wesens bewundern.»

Der Mensch bildet sich Gedanken; aus der Menschenbrust heraus quellen die Gedanken. Aber was spricht aus der Menschenbrust? Aus ihr spricht Gott selbst – ist der Mensch nur geneigt, diese seine innere Stimme selbstlos zu hören, sie nicht durch seine Interessen und Neigungen des Alltags übertönen zu lassen. Das ist es: zwar ist es Menschenstimme, aber in der Menschenstimme ist Gottes Stimme. Daher ist es nicht zu verwundern, wenn wir in der Menschenstimme verschiedene Aspekte, verschiedene Anschauungen über die urgöttliche Weisheit haben. Eine höhere, eine geistige Bescheidenheit ist dasjenige, was den Theosophen durchdringen muß, wenn er sich diesen Gottesbegriff aneignen will. Vor allen Dingen muß er sich klar sein, daß das Leben ein ewiges Lernen ist, daß er niemals mit einer Meinung abschließt; daß alles in Entwickelung ist. Auch die menschliche Seele ist in Entwickelung. Dann ergibt sich von selbst, daß es tieferstehende und höherstehende Seelen gibt. Dann gibt es auch Seelen, welche noch nicht weit vorgeschritten sind in ihrer Gottesvorstellung, und dann wieder gibt es Seelen, welche längst hinausgeschritten sind über das Gewöhnliche und mit hohen Weltbegriffen auch erhabene Gottesbegriffe sich angeeignet haben.

Es ist europäisches und amerikanisches Wissen, das sich

weise und erhaben dünkt, so weise und erhaben, daß darüber nichts hinausgeht. Jeder glaubt, daß er die Summe aller Weisheit hat. Ganz anders ist derjenige, der an orientalischer und derjenige, der an theosophischer Weisheit hängt. Er sagt sich: Was du erreicht hast, das kannst du jeden Tag überholen, wenn du den Weg weiter gehst. Alles, was du erreicht hast, ist dein inneres Gut. Aber du darfst nicht ruhen, du mußt weiter gehen und hören auf die Stimme in der Natur und in deiner eigenen Brust.

Nichts ist so verderblich für die abendländische Geistkultur als unsere überhandnehmende Kritik. Denn sie ist niemals unter dem Gesichtspunkte gefaßt, daß man sich weiterentwickeln muß, daß man nie ein abgeschlossenes Urteil haben darf über eine Sache. Der Theosoph wird dies niemals haben. Er wird mit Kühnheit und mit Mut sich sagen, was er als wahr erkannt hat: Ich rufe bei allen, die mich hören wollen, dieselbe Empfindung hervor, daß ich mich sehne und immer wieder sehne nach höheren Stufen und höheren Gipfeln des Daseins und der Weisheit. – So wird sich der Theosoph sagen. Niemals werden wir da ankommen, wo das Ende der Seelenentwickelung ist; niemals werden wir eine abgeschlossene Welt haben. Wir werden den Weg suchen, der uns führt zu Erkenntnissen über unsere Sinne hinaus zu den höheren Welten, der uns vor allen Dingen aber eine richtige Empfindung gibt. Wäre jeder von uns ein noch so hoch entwickeltes Wesen, wir müssen immer tiefer in die Welt hineinschauen, tiefer erkennen die Quellen des Lebens, als wir es heute können, wenn wir innerhalb des abendländischen Lebens und Empfindens stehen. Wir sollen uns als höherstehende menschliche Wesenheiten verhalten. Deshalb ist es aber auch so schwer, dem zu entsprechen, was uns von hochentwickelten Wesenheiten eingeströmt wird an Weisheiten, eingeströmt wird von Wesen, welche auf der Entwickelungsleiter der Menschen schon einen höheren Grad erreicht haben als der gewöhnliche Mensch. Das sind Wesenheiten, die viel zu sagen haben. Wir müssen eine Empfindung haben dafür, wo Erhabenheit ist; dann werden wir lernen, hinzuhören und hinzuhorchen.

In dieser Gesinnung will die Theosophie eine geistige Strömung aufbauen, um dadurch einen Kern der Menschheit heranzuziehen, welcher wieder ehrlich und wahrhaft glaubt, daß die menschliche Seele ein Entwickelungsprodukt ist. Hätte vor Jahrmillionen der Wurm, der damals lebte, gesagt, ich bin auf dem höchsten Gipfel des Daseins angekommen, dann hätte sich der Wurm nicht zum Fisch, der Fisch nicht zum Säugetier, nicht zum Affen und nicht zum Menschen entwickeln können. Unbewußt haben sie daran geglaubt, daß sie darüber hinauswachsen, daß sie zu immer höheren und höheren Höhen heranwachsen müssen. Sie haben an etwas sie über ihre Wesenheit Hinaufführendes geglaubt, und das ist das, was die Kraft ihres Werdens ist. Wir Menschen können eigentlich nicht gegen die Natur empfinden. Wir sollten mit der Natur empfinden. Dasjenige, was die Natur unbewußt als die Kraft des Werdens in sich hat, was wir immer mehr und mehr uns bewußt machen sollen, dieses Bewußtsein soll die Kraft unserer Entwickelung sein. Darüber müssen wir uns klar sein, daß wir über uns hinaus uns entwickeln müssen. Genau ebenso wie draußen in der Welt der tierischen Lebewesen das unvollkommene Säugetier neben dem vollkommenen lebt, wie das eine gleichsam zurückgeblieben ist auf einer niederen Stufe, das andere schon früher eine höhere Stufe erreicht hat und doch neben dem niedrigen lebt, genau ebenso ist es mit den Menschen. In der Menschheit leben die verschiedenen Menschen auf verschiedenen Entwicklungsstufen nebeneinander.

Wir müssen zugeben, daß unser Gottesbegriff ein kleinlicher ist gegenüber demjenigen, den ein erhabenes Wesen hat. Wir müssen auch zugeben, daß unser heutiger Gottesbegriff ein kleinlicher sein wird gegenüber demjenigen, welchen sich die Menschheit in Jahrmillionen machen wird, wenn sie sich weiterentwickelt haben wird. Deshalb müssen wir den Gottesbegriff in eine unendliche Perspektive rükken, ihn als ein lebendiges Leben in uns tragen. Daß wir uns dem nähern, daß wir uns dahin bemühen müssen, das unterscheidet den theosophischen Gottesbegriff von allen anderen. Keinen von diesen Begriffen leugnen wir. Wir sind uns klar darüber, daß sie alle berechtigt sind, je nach den menschlichen Fähigkeiten. Aber wir sind uns auch klar darüber, daß keiner erschöpfend ist. Wir sind uns klar darüber, daß wir uns nicht anschließen können denjenigen, welche Unfrieden stiften zwischen den verschiedenen Meinungen. Nebeneinander, nicht gegeneinander, haben die verschiedenen religiösen Richtungen zu sein.

Und nun kommen wir dazu zu sagen, was wir den Gottesbegriff nennen. Es ist kein Pantheismus, kein pantheistischer Begriff, kein anthropomorphischer Begriff, kein umrissener Begriff. Wir beten nicht diesen oder jenen Gott an, wir beten hinter Brahma Brahman an, das der Hindu verehrt, der noch eine Empfindung von den Dingen hat, denen gegenüber er nur Schweigen kennt. Wir sind uns klar darüber, daß wir dieses Gotteswesen erleben können im Leben. Wir können es uns nicht vorstellen, aber es lebt in uns als das Leben. Das ist nicht Gotteserkenntnis, nicht Gotteswissenschaft; die Theosophie ist auch nicht Theologie. Die Theosophie will den Weg finden; sie ist das Suchen nach Gott.

Ein deutscher Philosoph hat nur kurze, aber treffende Worte gesagt gegenüber dieser Sache. *Schelling* hat gesagt:

Kann man denn das Dasein des Daseins beweisen? – Die verschiedenen Beweise für das Dasein Gottes können keine Führer zu Gott sein, sie bringen uns höchstens zu einem Vorstellen der Gottheit. Ein wirklicher Beweis ist nur da notwendig, wo ein Ding durch unseren Begriff erst erreicht werden muß. Gott lebt in unseren Taten, in unseren Worten. Es kann sich also nicht darum handeln, das Dasein Gottes zu beweisen, sondern nur darum, Meinungen von demselben zu gewinnen und sich zu bemühen, daß sie immer vollkommener werden. Das ist es, worum es sich handelt und wobei mitzuwirken sich die «Theosophische Gesellschaft» zum Ziel gesetzt hat.

Diejenigen, welche heute auf dem theologischen Standpunkte stehen, haben keine Empfindung, keine Ahnung davon, was es in den verflossenen Zeiten an richtunggebenden Empfindungen in dieser Beziehung gegeben hat. Ich möchte Sie an einen tonangebenden Geist des 15. Jahrhunderts erinnern, welcher schon damals eigentlich Theosoph war, Theosoph ganz in unserem Sinne. Er war katholischer Kardinal. Erinnern möchte ich an den feinsinnigen Theosophen *Nikolaus Cusanus,* weil er für uns heutige Theosophen ein Vorbild sein kann. Er hat es ausgesprochen, daß in allen Religionen ein Kern liegt, daß sie verschiedene Aspekte einer Urreligion sind, daß sie sich versöhnen sollen, daß sie vertieft werden sollen. Wahrheit soll man in ihnen suchen, nicht aber sich anmaßen, gleich die Urwahrheit selbst greifen zu können.

Den Gottesbegriff sucht sich Cusanus in einer tiefsinnigen Weise klarzumachen. Wenn Sie diese Anschauung des Cusanus verstehen, bekommen Sie einen Begriff davon, daß das Christentum auch innerhalb des Mittelalters bedeutende, tiefe Geister gehabt hat, Geister von einer Art, daß man sich von ihnen heute mit unseren Vorstellungen gar keinen Begriff machen kann. So sagt Cusanus – und auch noch manche andere Vorgänger vor ihm: Wir haben unsere Begriffe, unsere Gedanken. Woher sind alle unsere menschlichen Vorstellungen? Von dem, was uns umgibt, was wir erfahren haben. Was wir erfahren haben, ist aber doch nur eine kleine Ausgestaltung des Unendlichen. Und gehen wir zum Höchsten, nehmen wir den Begriff des Seins selbst. Ist das nicht auch ein menschlicher Begriff? Woher haben wir den Begriff des Seins? Wir leben in der Welt. Sie macht einen Eindruck auf unsere Tastorgane, auf unsere Augen. Und von dem, was wir sehen, hören, sagen wir: es *ist*. Wir legen dem das Sein bei. Im Grunde genommen bedeutet «ein Ding ist» soviel wie: ich habe es gesehen. – *Sein* hat dieselbe Wurzel wie «sehen». Wenn wir sagen, Gott ist, legen wir damit der Gotteswesenheit eine Vorstellung bei, die wir nur aus unserer Erfahrung gewonnen haben. Wir sagen damit nichts anderes als, Gott hat eine Eigenschaft, die wir an verschiedenen Dingen wahrgenommen haben. Deshalb hat Cusanus ein Wort ausgesprochen, das tief bezeichnend ist. Er sagt: Gott kommt nicht das Sein, ihm kommt das Übersein zu. – Das ist nicht eine Vorstellung, die wir mit unseren Sinnen gewinnen können. Deshalb lebt auch in Cusanus' Seele die Empfindung des Unendlichen. Es ist tief ergreifend, wie dieser Kardinal sagt: Ich habe in meinem ganzen Leben Theologie studiert, auch die Wissenschaften der Welt betrieben und – soweit sie zu erkennen sind mit dem Verstande – auch verstanden. Aber dann wurde ich in mir gewahr, und dadurch habe ich erfahren: in der menschlichen Seele lebt ein Selbst, das immer mehr von der menschlichen Seele aufgeweckt wird. – Solches lesen Sie bei Cusanus. Die Bedeutung dessen, was er sagt, geht weit hinaus über das, was wir heute denken und vorstellen.

So notwendig es ist, daß wir gegenüber alledem, was wir in der Welt erfahren, zu klaren und scharf umrissenen Begriffen kommen, so notwendig ist es auch, daß wir uns gegenüber der Gottesvorstellung in jedem Momente bewußt sind, daß unsere Empfindung hinausgehen muß über alles, was wir mit dem Verstande und mit den Sinnen wahrnehmen. Dann werden wir uns klar darüber sein, daß wir Gott nicht erkennen, sondern Gott suchen sollen. Dann werden wir immer mehr sehen, was der Weg der Gotteserkenntnis ist, und uns dann zu dieser hin entwickeln. Wenn Gott in uns nicht abgeschlossenes Leben, sondern lebendiges Leben selbst ist, dann werden wir warten, bis durch die von der Theosophie eingeschlagenen Wege höhere geistige Kräfte entwickelt sind. Gott herrscht nicht nur in dieser Welt, sondern auch in jenen Welten, die nur derjenige schauen kann, dessen seelisches Auge geöffnet ist für alle jene Welten, von denen die Theosophie spricht. Und sie spricht von sieben Stufen des menschlichen Bewußtseins. Sie weiß, daß menschliche Entwickelung heißt: Nicht auf der physischen Stufe des Bewußtseins stehenbleiben, sondern hinaufschreiten zu höheren und immer höheren Stufen.

Wer das tut, der erlebt zunächst nur einen untergeordneten Begriff davon. Dennoch dürfen wir niemals verzagen, sondern müssen uns klar sein darüber, daß wir die Berechtigung haben, uns Meinungen und immer höhere Meinungen von dem Gotteswesen zu machen, daß es aber Vermessenheit ist, zu glauben, daß jemals eine Meinung den Gegenstand erschöpfen wird. Wir müssen uns klar darüber sein, daß wir die richtigen Empfindungen und Gefühle in uns haben müssen, dann wird das Gefühl aus dem Schauen heraus wieder andächtig werden, dann werden wir wieder ehrfürchtig werden. Ehrfürchtig zu sein, haben wir nur durch die europäischen Gedanken verloren. Ehrfurcht und

Andacht ist etwas, was es neu zu erwecken gilt. Was soll denn aber mehr unsere Ehrfurcht erwecken als dasjenige, was als göttliche Wesenheit, als Urquell des Daseins vorhanden ist! Lernen wir wieder Andacht entwickeln, dann wird unsere Seele von etwas ganz anderem durchwärmt und durchglüht werden, nämlich von dem, was als Lebensblut das Universum durchströmt. Das wird in uns ein Teil unseres Wesens.

Davon spricht auch *Spinoza*. Spinoza hat in seiner «Ethik» Begriffe von der Gottheit entwickelt, und er schließt seine «Ethik» mit einem Hymnus auf die Gottheit. Er schließt sie in diesem Sinne: Nur derjenige Mensch hat Freiheit erreicht, nur derjenige Mensch schafft sich auch ein tiefes Gefühl, ein Fühlen, das die Gottheit in ihn strömen läßt, dessen Erkenntnis sich verbindet in Liebe. Amor dei intellectualis – erkennende Liebe zu Gott –, das heißt: die in der Erkenntnis ruhende Liebe des Geistes zu Gott ist Gottes Liebe selbst. Das ist nicht ein Begriff, nicht eine begrenzte Vorstellung, sondern lebendiges Leben.

So ist unser Gottesbegriff nicht eine Gotteswissenschaft, sondern das Einmünden alles dessen, was wir als Wissenschaft erfahren können, die Verbindung alles dessen in einem lebendigen Gefühl, in dem Leben im Gefühl des Göttlichen. Nicht als «Gottesweisheit» sollte das Wort Theosophie übersetzt werden, sondern als «Göttliche Weisheit» oder noch besser: Das Suchen eines Weges nach Gott, das Suchen nach einer immer zunehmenden Vergöttlichung. «Weisheitsuche», das ist es.

Mehr oder weniger sind immer diejenigen, welche sich zu höheren Höhen des Daseins emporgerungen haben, auf diesem Boden gestanden. Unter anderen auch Goethe, der viel mehr Theosoph war, als man gewöhnlich ahnt, der vor allem der theosophische Dichter der Deutschen ist. Er kann erst ganz verstanden werden, wenn er mit der Leuchte der Theosophie erhellt wird. Unter vielen anderen Wahrheiten, die verborgen in Goethes Werken ruhen, ruht dort auch der Wahrspruch der Theosophie selbst. An hervorragender Stelle hat Goethe ausgesprochen: Keine Religion ist höher als die Wahrheit! – Davon war Goethe tief durchdrungen. So wie alles Dasein eine Gestalt hat, so sind auch unsere Gedanken gestaltet. Wie jedes gestaltete Wesen ein Gleichnis ist, so sind auch unsere Gottesvorstellungen ein Gleichnis des Gottes – aber niemals das Göttliche selbst. Auch dem Gottesbegriff gegenüber, der ein vergänglicher ist, auch dem Bilde dessen gegenüber, das ein Unvergängliches ist, gilt das Goethe-Wort:

Alles Vergängliche ist nur ein Gleichnis.

THEOSOPHIE UND CHRISTENTUM

Berlin, 4. Januar 1904

Oft verwechselt man heute noch das, was die Theosophische Gesellschaft ist, mit buddhistischer Weltanschauung. Öfters habe ich mir in diesen monatlichen Versammlungen schon die Bemerkung erlaubt, daß bei dem Theosophischen Kongreß in Chicago 1893 der indische Brahmane *G. N. Chakravarti* selbst gesagt hat, daß auch für ihn die Theosophie etwas völlig Neues oder wenigstens eine völlige Erneuerung der Weltanschauung gebracht habe. Er sprach damals aus, daß alle spirituelle Weltanschauung, auch seines Volkes in Indien, dem Materialismus gewichen sei, und daß es die Theosophische Gesellschaft war, welche die geistige Weltanschauung in Indien erneuert habe. – Man kann schon daraus schließen, daß wir die Theosophie nicht aus Indien geholt haben, so wie man andererseits, wenn man die theosophische Bewegung verfolgt, wie sie sich in den letzten Jahrzehnten entwickelt hat, zugeben muß, daß sie sich immer mehr und mehr bemüht hat, auch die Erklärerin aller anderen Religionssysteme zu sein, daß sie sich immer mehr und mehr bemüht hat, den Wahrheitskern nicht nur orientalischer, sondern auch der abendländischen Religionsbekenntnisse an den Tag zu bringen.

Heute soll es lediglich meine Aufgabe sein, mit einigen Strichen zu zeigen, wie im richtig verstandenen Christentum wahre, echte Theosophie zu finden ist, oder vielmehr, ich muß die Aufgabe der Theosophischen Gesellschaft gegenüber dem Christentum charakterisieren.

Eine Dienerin, nichts anderes, will die theosophische Bewegung auch gegenüber dem Christentum sein. Dienen will sie dadurch, daß sie den tiefsten Kern, das eigentliche Wesen aus dem christlichen Religionsbekenntnisse herauszuschälen sucht. Dadurch erhofft sie, niemandem, welcher an dem Christentum hängt, dessen Herz mit dem Christentum verbunden ist, irgend etwas zu nehmen. Im Gegenteil, diejenigen, welche die theosophische Bewegung verstehen, wissen, daß gerade durch sie der Christ unendlich viel erhalten kann, daß unendlich viele der Streitigkeiten, welche sich heute allüberall in den christlichen Bekenntnissen gebildet haben, verschwinden müssen, wenn der wahre Kern, der doch nur der *eine* Kern sein kann, mit an den Tag kommt.

Ich kann natürlich nicht in aller Breite und Ausführlichkeit dieses große Thema erschöpfen, und ich bitte Sie daher, mit den wenigen Strichen vorliebzunehmen, die ich zu geben in der Lage bin. Aber es ist doch wohl an der Zeit, gerade in der Gegenwart das zu geben, was ich zu geben vermag.

Diese unsere Gegenwart ist ja nicht eine Zeit, die es liebt, sich zu dem Geiste in seiner Lebendigkeit zu erheben. Es gibt zwar Ideale, zu denen die Menschen aufschauen, und von Idealen sprechen sie viel, aber daß sie die Ideale verwirklichen könnten, daß der Geist wirkend vorhanden sein könnte und daß es die Aufgabe ist, ihn zu erkennen, davon will das 19. und der Beginn des 20. Jahrhunderts nicht viel wissen. Dadurch unterscheidet sich diese unsere Zeit ganz wesentlich von der Zeit der großen Geister, welche in Anlehnung an den Stifter des Christentums das Christentum ursprünglich ausgebildet haben. Gehen Sie zurück in die früheren Zeiten des Christentums, etwa zu *Clemens von Alexandrien,* und Sie werden finden, daß damals alle Gelehrsamkeit, alles Wissen nur dazu da war, um eines zu verstehen: um zu verstehen, wie das lebendige Wort, das Licht der Welt, hat Fleisch werden können. Unsere Zeit liebt es nicht, sich in solche Höhen der geistigen Anschauung zu erheben. So wie wir in bezug auf die naturwissenschaftliche Anschauung uns darauf beschränkt haben, das rein Tatsächliche zu sehen, das, was Augen sehen, was die Sinne vernehmen können, so sind tatsächlich auch die Religionsbekenntnisse voll von solchen materialistischen Anschauungen. Und gerade die Vertreter solcher materialistischer Anschauungen werden glauben, das Bekenntnis am besten zu verstehen. Sie wissen nicht, wie stark da unbewußt materialistische Gedanken Platz gegriffen haben. Nur einzelnes lassen Sie mich zeigen.

Das 19. Jahrhundert hat versucht, in ernster Arbeit sich mit dem Christentum abzufinden. Kritisch ging man vor allen Dingen zu Werke und versuchte, in streng wissenschaftlicher Weise die Urkunden daraufhin zu untersuchen, inwiefern in denselben historisch-tatsächliche Wahrheit vorhanden ist. Ja, «tatsächliche» Wahrheit, das ist dasjenige, worauf auch Religionsgelehrte heute ausgehen. Dem Buchstaben nach wurde in jeder Weise untersucht, ob der eine oder andere Evangelist die reine, tatsächliche Wahrheit spricht darüber, was sich wirklich ereignet haben könnte, was sich vor den Augen der Menschen einst abgespielt haben könnte. Das zu untersuchen, ist die Aufgabe der sogenannten historisch-kritischen Theologie. Wir sehen, wie unter diesen Aufgaben allmählich das Bild des Fleisch gewordenen Gottes eine materialistische Färbung angenommen hat. Eine Sache lassen Sie mich anführen, die immer von neuem diejenigen, welche Wahrheit suchen, in Anspruch nimmt.

David Friedrich Strauß hat in den dreißiger Jahren des 19. Jahrhunderts damit den Anfang gemacht, historisch den tatsächlichen Kern der Evangelien zu untersuchen. Und nachdem er versucht hatte klarzulegen, was ein solcher historischer Wahrheitskern ist, da suchte er selbständig ein

Bild des Christentums zu entwerfen. Dieses Bild, das er entworfen hat, ist nun tatsächlich aus dem Geiste seiner Zeit heraus, aus dem Geiste heraus, der nicht glauben konnte, daß sich einmal etwas weit über den Menschen Hinausragendes, etwas aus der Höhe des Geistigen Her-stammendes in der Welt verwirklicht haben könnte; etwas, das aus dem eigentlichen Geiste heraus geboren ist. Was David Friedrich Strauß fand, ist nun dieses: Nicht in einer einzelnen Persönlichkeit kann sich der wirkliche Gottessohn darstellen. Nein, nur die ganze Menschheit, die Menschen-art, die Gattung allein kann die wirkliche Darstellung des Gottes auf der Erde sein. Das Ringen der ganzen Mensch-heit, symbolisch aufgefaßt, das ist der lebendige Gott, aber nicht ein einzelnes Individuum. Und alles dasjenige, was sich in den Zeiten, in denen das Christentum entstanden ist, an Erzählungen über die Person Christi gebildet hat, alles das sind nichts anderes als Mythen, welche die Volks-phantasie erschaffen hat. – Durch das Bemühen, den Gottes-sohn als das Ringen und Streben der ganzen menschlichen Gattung darzustellen, ist bei David Friedrich Strauß der Gottessohn verflüchtigt zu einem göttlichen Ideal.

Sehen Sie sich nun aber in den Evangelien um, suchen Sie in den christlichen Bekenntnissen – *ein* Wort werden Sie niemals darin finden, und *eine* Vorstellung werden Sie bei Jesu nirgends finden: das ist die Vorstellung des idealen Menschen in der Art und Weise, wie Strauß ihn konstruiert hat. Die Menschengattung, abstrakt gedacht, die findet sich nirgends in den Evangelien. Das ist bezeichnend, daß das 19. Jahrhundert zu einem Jesus-Bild gekommen ist von einer Vorstellung aus, die Jesus niemals in seinem Leben angedeutet oder ausgesprochen hat.

Nach und nach sind auch noch andere an die Aufgabe herangetreten, kritisch den Gehalt der Evangelien zu prüfen. Die verschiedenen Phasen kann ich Ihnen hier nicht anführen; das würde zu weit gehen. Aber es ist in den letzten Jahren oft ein Wort gefallen, das so richtig zeigt, wie wenig sympathisch es unserer Zeit ist, zu dem Gott, zu dem Geistwesen, das sich in einer Persönlichkeit verwirklicht haben soll, in ähnlicher Art hinaufzuschauen wie im ersten christlichen Jahrhundert, wo alle Gelehrsamkeit, alle Weisheit, alles Wissen lediglich dazu zu verwenden war, diese einzigartige Erscheinung zu begreifen und zu verstehen. Ein Wort ist da gefallen, und dieses Wort ist: Der schlichte Mann aus Nazareth. Den Gottesbegriff ließ man fallen. Man will – das ist letztlich die Tendenz, die in diesen Worten liegt –, man will diese Persönlichkeit, die am Anfange des Christentums steht, bloß als Menschen gelten lassen und will alles dasjenige, was man als Dogmenkram ansieht, als eine in den Wolken schwebende Phantasie auffassen. Alles das will man entfernen und die Persönlichkeit Jesu als reinen Menschen betrachten, als einen Menschen, der zwar höher geartet ist als die übrigen Menschen, der aber Mensch unter Menschen ist, der doch in gewisser Hinsicht gleich ist den anderen Menschen. So will man auch von theologischer Seite her das Christus-Bild herunterziehen in das Gebiet des rein Tatsächlichen.

Das sind zwei Extreme, die ich Ihnen vorgeführt habe, auf der einen Seite der das Gottesbild verflüchtigende Gottesbegriff des David Friedrich Strauß, auf der anderen Seite der schlichte Mann aus Nazareth, der nichts enthält als eine reine Lehre des allgemeinen Menschentums. Dies ist im Grunde nichts anderes, als was auch diejenigen anerkennen können, welche gar nichts wissen wollen von einem Stifter des Christentums. Auch das haben wir gesehen, wie Anhänger einer allgemeinen Sittenlehre sich herauskonstruieren, daß Jesus im Grunde dieselbe Sittenlehre gehabt und gelehrt habe, wie sie heute auch gepredigt wird von der «Gesellschaft für ethische Kultur». Und sie glauben, Jesus dadurch erheben zu können, wenn sie zeigen, daß auch schon vor dem 19. Jahrhundert Menschen sich bekannt haben zu dem, wozu wir es gebracht haben durch die Kantsche Spekulation oder durch die Aufklärung. – In Wahrheit handelt es sich aber um Lehren, welche einstmals das höchste Mysterium waren, und der Inhalt dieser Weisheit wurde nur gegeben für diejenigen, welche sich zu den Höhen des Menschlichen erhoben haben.

Fragen wir uns, stehen wir denn, wenn wir den einen oder den anderen dieser Christus-Begriffe nehmen, noch irgendwie auf dem Boden der Evangelien? Ich kann heute nicht ausführen, warum ich nicht der Anschauung sein kann, welcher viele der gelehrten Theologen sind, warum das vierte Evangelium weniger autoritativ und weniger authentisch sein soll als die drei ersten. Derjenige, welcher klar und deutlich den Hergang prüft und untersucht, sieht keinen Grund, warum das Evangelium von Johannes, welches gerade dasjenige ist, das uns so sehr erhebt, sozusagen abgesetzt worden ist im Streben nach reiner Tatsächlichkeit. Man glaubt, daß die drei ersten Evangelien: Matthäus, Markus, Lukas, mehr den Menschen, den reinen, schlichten Mann aus Nazareth darstellen, während das Johannes-Evangelium allerdings den Anspruch macht, das Fleisch gewordene Wort in Jesus zu erkennen. Hier wurde der unbewußte Wunsch, der in den Seelen lebt, zum Vater des Gedankens. Wenn aber das Johannes-Evangelium weniger Anspruch hat auf Authentizität, so ist es unmöglich, das Christentum zu halten. Dann ist es unmöglich, von der christlichen Lehre der Persönlichkeit Jesu etwas anderes zu sagen als, er sei der schlichte Mann aus Nazareth. Aber niemand, weder ich noch andere, die sich die alten Bekenntnisschriften vor Augen halten, kann etwas anderes sagen, als daß diejenigen, welche ursprünglich von Jesus Christus sprachen, wirklich von dem Fleisch gewordenen Gott, von dem höheren Gottesgeist sprachen, der in dieser Persönlichkeit des Jesus von Nazareth sich verwirklich hat.

Da ist es nun die Aufgabe vor allen Dingen der Theosophie, zu zeigen, wie wir dieses vor allem von Johannes gebrauchte Wort von dem Fleisch gewordenen Wort zu verstehen haben. Denn auch die übrigen Evangelien versteht man in Wahrheit nicht, wenn man nicht von dem Johannes-Evangelium ausgeht. Was die anderen Evangelisten erzählen, es wird licht und hell und klar, wenn man die Worte des Johannes-Evangeliums als eine Interpretation, als eine Erklärung dazunimmt.

Ich kann nicht in allen Einzelheiten schildern, was zu den einzelnen Aufstellungen führt, die ich heute machen werde. Aber ich kann wenigstens hindeuten auf die Hauptsache, die vor allen Dingen dem materialistisch gesinnten Theologen anstößig ist. Dazu gehört schon die Geburtsgeschichte, die sagt, daß Jesus nicht wie andere Menschen geboren sein soll. Das ist ja etwas, was auch David Friedrich Strauß gegen die Wahrheit der Evangelien geltend gemacht hat.

Was wurde gemeint mit der höheren Geburt? Es wird uns ohne weiteres klar, wenn wir das Johannes-Evangelium richtig verstehen. Die ersten Sätze des Johannes-Evangeliums, der eigentlichen Botschaft von dem Fleisch gewordenen Wort, teilen mit: «Im Urbeginne war das Wort, und das Wort war bei Gott, und ein Gott war das Wort. Alles ist durch das Wort geworden, und außer durch das Wort ist nichts geworden.» Es wird mitgeteilt, daß das Wort immer da war in anderer Weise, daß es sich aber in dieser Persönlichkeit äußerlich sichtbar verwirklicht hat. Und wir hören, daß durch dasselbe Wort, oder sagen wir, durch denselben Gottesgeist, der in Jesus lebte, die Welt selbst entstanden ist. «Und in diesem Wort war das Leben, und das Leben war das Licht der Menschen. Und das Licht schien in die Finsternis, aber die Finsternis hat es nicht begriffen. Es ward ein Mensch gesandt mit Namen Johannes, auf daß sie alle glauben sollten. Er war nicht das Licht, aber er sollte davon zeugen, denn das wahre Licht sollte erst in die Welt kommen.» – Was sollte kommen in Jesus Christ? Aber gleich hören wir, daß es schon da war. «Es war in der Welt. Aber die Welt hat es nicht erkannt. In die einzelnen Menschen kam es, aber die einzelnen Menschen nahmen es nicht auf. Die es aber aufnahmen, die konnten sich durch dasselbe als Gottes Kinder offenbaren. Die, die seinem Namen vertrauten, sind nicht aus Blut, nicht aus dem Willen des Fleisches, nicht aus menschlichem Willen, sondern aus Gott geworden.»

Hier haben Sie in einer, wie ich glaube, einigermaßen richtigen und sinngemäßen Übersetzung die Bedeutung des Fleisch gewordenen Gottes und zu gleicher Zeit die Bedeutung dessen, was es heißt: «Und Christus ist nicht auf menschliche Art geboren.» Das «Wort» war immer da, und jeder einzelne Mensch sollte in seinem Inneren, in seinem Urbeginn, einen Christus gebären. In unserem Herzen haben wir alle die Anwartschaft auf Christus. Aber während dieses lebendige Wort, dieser Christus in jedem einzelnen Platz haben sollte, haben die Menschen an diesem Platz ihn nicht gewahrt, ihn nicht wahrgenommen. Das ist es ja gerade, was uns durch das Evangelium gezeigt wird, daß immerdar das Wort *war*, daß der Mensch es annehmen konnte und es nicht annahm. Und weiter wird uns gesagt, einzelne nahmen es an. Immer waren einzelne da, welche in sich den lebendigen Geist, den lebendigen Christus, das lebendige

Wort erweckten, und die, welche sich nach seinem Namen benannten, sind nicht aus Blut, nicht aus dem Willen des Fleisches, nicht aus menschlichem Willen, sondern sie waren immer aus Gott geworden.

Das wirft erst das richtige Licht auf das Matthäus-Evangelium. Jetzt verstehen wir, warum die Geburt Christi «aus Gott» genannt wird. Das widerlegt am besten das, was David Friedrich Strauß will. Nicht die ganze menschliche Gattung ist imstande gewesen, den Christus in sich aufzunehmen; obwohl er für die ganze menschliche Gattung und für die ganze Menschheit war. Und nun sollte einer kommen, der in sich die ganze Fülle der Unendlichkeit des Geistes einmal dargestellt hat. Dadurch bekam diese Persönlichkeit ihre einzigartige Bedeutung für die ersten christlichen Lehrer, die verstanden, um was es sich da handelt. Sie verstanden, daß es sich weder um einen abstrakten, schattenhaften Begriff handelt noch daß es sich handelt um den einen einzelnen Menschen in seiner Tatsächlichkeit, sondern wahrhaft und wirklich um den Gottmenschen, um eine Einzelpersönlichkeit in der Fülle der Wahrheit.

Nun, so können wir es verstehen, daß alle diejenigen, die in den ersten Zeiten der Frohbotschaft von dem Christus verkündigten, nicht nur an der Lehre und an der tatsächlichen Person, sondern vor allen Dingen an der Anschauung von der Gottmenschheit festhielten, daß sie die Überzeugung davon sich bildeten, daß er, den sie gesehen haben, ein hoher, ein wirklicher Gottmensch war. Nicht die Lehre hielt die ersten Christen zusammen, nicht das, was Christus gelehrt hat; das war es nicht, worin sich die ersten Christen verbunden glaubten. – Schon das allein spricht auch gegen diejenigen, welche eine abstrakte ethische Sittenlehre an die Stelle des Christentums setzen wollten. Dann aber sind sie nicht mehr Christen.

Nicht gleichgültig war es, wer diese Lehre in die Welt gebracht hat, sondern deren Stifter war in der Welt wirklich Fleisch geworden. Daher wird im Anfange des Christentums weniger auf Beweise als auf die lebendige Erinnerung an den Herrn Wert gelegt. Dies wird fortwährend betont. Es ist die Persönlichkeit, die gotterfüllte Persönlichkeit, welche die größten Gemeinschaften zusammenhält. Deshalb sagen uns die ersten christlichen Kirchenlehrer immer und immer wieder, daß es das Verdienst des historischen Ereignisses ist, von dem das Christentum seinen Ausgang genommen hat. Wir haben von *Irenäus* den Hinweis darauf, daß er noch selbst Menschen gekannt habe, die ihrerseits noch Apostel gekannt hatten, jene, die den Herrn von Angesicht zu Angesicht gesehen haben. Und er betont, daß der vierte Papst, Clemens Romanus, noch viele Apostel gekannt hat, die auch den Herrn von Angesicht zu Angesicht gesehen hatten. Das ist so. Und warum betont er das? Die ersten Lehrer wollten nicht allein von der Lehre, nicht allein von logischen Beweisen sprechen, sondern sie wollten vor allen Dingen davon sprechen, daß sie das, was von oben her in die Erdenwelt eingetreten war, selbst mit Augen gesehen, mit Händen gefühlt haben; daß sie nicht dazu da seien, um etwas zu beweisen, sondern um Zeugnis abzulegen von dem lebendigen Wort. Das war aber nicht die Persönlichkeit, die man mit Augen sehen, mit Sinnen wahrnehmen konnte. Nicht die Persönlichkeit, die dann der schlichte Mann aus Nazareth genannt werden konnte, ist es, die die erste Lehre des Christentums verkündigt. Ein einziges Wort eines gewiß maßgebenden Zeugen muß dafür sprechen, daß etwas Höheres zugrunde liegt. Und dieses Wort des Paulus, es kann nicht genug betont werden: «Ist Christus nicht auferstanden, dann ist nichtig unsere Botschaft und eitel unser Glaube.» Als Grundlage des Christentums nennt Paulus den auferstandenen Christus, nicht den Christus, der in Galiläa und Jerusalem gewandert ist. Eitel ist der Glaube, wenn der Christus nicht auferstanden ist. Eitel ist der Christ, wenn er sich nicht bekennen kann zum auferstandenen Christus.

Was verstanden sie unter dem auferstandenen Christus? Auch das können wir von Paulus lernen. Er sagt es uns klar und deutlich, worauf sich das Bekenntnis zur Auferstehung bei ihm gründet. Das wissen ja alle; alle wissen, daß Paulus sozusagen ein nachgeborener Apostel ist, daß er die Bekehrung zum Christen der Erscheinung des längst nicht mehr auf Erden weilenden Christus verdankt. Diese Erscheinung einer hohen geistigen Wesenheit kann nur der Theosoph in ihrer Wahrheit erkennen. Nur er weiß, was ein Eingeweihter, wie Paulus, meint, wenn er davon spricht, daß ihm lebendig der auferstandene Christus erschienen ist. Und Paulus sagt uns noch mehr, und das müssen wir wohl beherzigen. Er sagt uns im 1. Korinther 15, 3–8: «Ich habe euch überliefert in erster Linie, wie ich es selbst bekommen habe, daß der Christus gekommen ist um unserer Sünden willen, daß er gestorben ist und auferweckt am dritten Tage, und daß er erschienen ist dem Kephas und den Zwölfen, und nach dieser Erscheinung mehr als fünfhundert Brüdern, von denen die meisten noch leben, einige aber sind entschlafen. Zuletzt ward mir als dem zur Unzeit Geborenen die Erscheinung.»

Gleich stellte er da seine Erscheinung derjenigen, auf welche der höhere Glaube der anderen Apostel sich gründete. Er stellte sie gleich der Erscheinung, welche die Apostel von Christus überhaupt hatten, nachdem er gestorben war. Wir haben es also zu tun mit einer geistigen Erscheinung; mit einer Geist-Erscheinung, die wir uns nicht in schattenhafter Weise zu denken haben, als schattenhaft ideell, sondern als Wirklichkeit, wie sich der Theosoph den Geist vorstellt; mit einer Erscheinung des Geistes, die zwar nicht körperlich ist, aber doch wirklicher und wahrhaftiger als jede äußere, durch die Sinne wahrnehmbare Wirklichkeit. Wenn wir das uns vorhalten, dann sind wir uns klar, daß es gar nicht anders sein kann, als daß man es in den ersten christlichen Jahrhunderten zu tun hat mit dem Fleisch gewordenen Wort, daß der Gottmensch nicht der schlichte Mann aus Nazareth ist, sondern der wirklich realisierte höhere Gottesgeist. Wenn wir das betrachten, dann stehen wir völlig auf dem Boden der Theosophie. Und niemand ist vielleicht im wahren Sinne des Wortes mehr ein Theosoph zu nennen als der Verkündiger des Auferstehungswunders: der Apostel Paulus. Keinem Theosophen kann es einfallen, den Apostel Paulus als etwas anderes anzusehen, als einen tief Eingeweihten, als einen derjenigen, die da wissen, um was es sich handelt.

Eines muß ich da noch hervorheben, und das ist, daß es nicht zulässig ist, herunterzuziehen diese erhabene Erscheinung, die einzig in der Welt dasteht, in die materialistische Weltanschauung; daß der Weg zum Verständnis des Stifters des Christentums nicht in den Regionen verläuft, wo nur «schlichte Menschen», wo nur Ideale sind, sondern daß er hinaufführen muß dahin, wo der hohe Christus-Geist selber ist. Und das haben die ersten Christen getan, diesen Weg haben sie gehen wollen, um zu begreifen das lebendige Wort.

Sie können nun sagen, Sie glauben, jetzt sei allmählich alles anders geworden, und das ist gut begründet. Nur dadurch, daß im Laufe der Jahrhunderte der Tatsachensinn sich ausgebildet hat, daß der Mensch vor allen Dingen lernte, die Sinne auszubilden, sie mit Instrumenten zu bewaffnen, dadurch hat er seine Fortschritte in der äußeren Welterkenntnis gemacht. Aber diese ungeheuren Fortschritte in unserem Weltverkehr, das Durchdringen des Sternenhimmels mit der Kopernikanischen Weltanschauung, das Durchdringen der kleinsten Lebewesen mit dem Mikroskop, sie alle haben uns, wie ein jegliches Ding seine Schatten wirft, auch ihre Schattenseiten gebracht. Sie haben uns ganz bestimmte Denkgewohnheiten gebracht; Denkgewohnheiten, die vor allen Dingen hängen an dem tatsächlich Wirklichen, an dem sinnlich Wahrnehmbaren. Und so ist es dann gekommen, daß auf die natürlichste Weise von der Welt dieses an das rein Sinnliche sich hinwendende Denken Gewohnheit geworden ist, daß es sich auch an die höchsten religiösen Wahrheiten herangemacht und den Geist und seinen Inhalt so zu begreifen versucht hat, wie der Naturforscher mit seinen Sinnen die äußere Natur zu begreifen versucht.

Ideale, welche abstrakte Begriffe enthalten, kann sich allenfalls der materialistische Naturforscher noch vorstellen. Er spricht dann von Wahrheit, Schönheit, Güte, welche sich in der Welt immer mehr und mehr verwirklichen wollen. Er stellt sich schattenhafte Begriffe vor. Er kann sich noch zu einer «Schlichtheit» erheben im menschlichen Vorstellen, aber zu etwas noch Höherem, zum Ergreifen einer wirklichen Geistigkeit kann es dieser naturwissenschaftliche Sinn mit seiner durch Jahrhunderte anerzogenen Denkgewohnheit nicht bringen. Diese Gedankengewohnheiten sind nun heute auf ihre höchste Höhe gekommen. Und wie alles das, was sich einseitig ausgebildet hat, einer Ergänzung bedarf, so bedarf auch der berechtigte materialistische Sinn auf der anderen Seite der spirituellen Vertiefung. Er bedarf derjenigen Erkenntnis, die uns erhebt zu den Höhen der Geistigkeit. Und dieses Erheben zu dem Geiste und seiner Wirklichkeit, das will die Theosophie.

Deshalb will sie sich vor allen Dingen an das halten, wovon man nicht in materialistischen Anschauungen spricht, sondern an das, was sich erhebt zu den höchsten Stufen menschlicher Erkenntnis. Von daher ist zu verstehen, was es heißt, das Wort ist Fleisch geworden; was es heißt, den Geist aus dem Göttlichen in dem menschlichen Körper zu erfassen.

Was Christus meinte, das konnte er nicht immer unumwunden aussprechen. Sie alle kennen das Wort: Vor dem Volke sprach er in Gleichnissen, wenn er aber mit den Jüngern zusammen war, da legte er ihnen diese Gleichnisse aus. – Woraus entsprang diese Absicht des Stifters des Christentums, sozusagen zwei Sprachen zu sprechen? Die einfache Vergleichung kann es uns sagen, woraus das entspringt. Wenn Sie irgendeinen Gegenstand, einen Tisch brauchen, dann gehen Sie nicht zu jedem beliebigen Menschen, sondern zu demjenigen, der versteht, einen Tisch zu machen. Und wenn dieser ihn gemacht hat, dann maßen Sie sich nicht an, den Tisch selbst gemacht zu haben. Sie gestehen ruhig zu, ein Laie zu sein im Tischemachen. Das aber wollen die Menschen nicht zugestehen, daß man auch ein Laie sein kann in bezug auf die höchsten Dinge, die es gibt, daß der schlichte Verstand, der sozusagen im Naturzustande ist, die höchsten Höhen erst erklimmen muß. Daraus ist die Sehnsucht entsprungen, herunterzuziehen diese höchste Wahrheit auf das Niveau des allgemeinen Menschenverstandes. Aber ebenso wie wir als Laien im Tischemachen wissen, wenn ein Tisch gut ist, wie wir ihn in unseren Dienst zu stellen haben, so wissen wir, wenn wir das Wahre gehört haben, ob es zu unseren Herzen spricht, ob unser Herz es gebrauchen kann. Aber wir müssen uns nicht anmaßen, aus dem bloßen Herzen, aus dem schlichten Menschenverstande heraus auch selbst die Erkenntnis erzeugen zu wollen. Aus dieser Anschauung ist die Unterscheidung entsprungen, die in alten Zeiten immerdar gemacht worden ist zwischen Priestern und Laien. Mit Priesterweisen haben wir es in alten Zeiten zu tun, und mit höchsten Wahrheiten, die nicht draußen auf den Straßen verkündet wurden, sondern drinnen in den Mysterientempeln.

Höchste Weisheiten wurden nur denjenigen ausgelegt, die genügend dazu vorbereitet waren. Die Reichen des Geistes, die bekamen sie zu hören, weil sie die tiefere Wahrheit über die Welt, die Menschenseele und über Gott sind. Man mußte ein Eingeweihter werden, ein Meister, dann bekam man den Begriff, die unmittelbare Vorstellung davon, welches der Inhalt der höchsten Weisheit ist. Es war so, daß durch Jahrhunderte hindurch die Weisheit eingeflossen war in die Mysterientempel. Draußen aber stand die Menge und bekam nichts zu hören als dasjenige, was die Priesterweisheit mitzuteilen für gut fand. Immer größer und größer war die Kluft geworden zwischen dem Priestertum und dem Laientum. Initiierte nennt man diejenigen, welche wußten um die Weisheit des lebendigen Gottes. Viele Stufen hatte man zu steigen, bis man hinaufgeführt wurde zu dem Altar, an dem einem verkündigt wurde, was die Weisesten erkundet hatten und geoffenbart hatten über die Weisheit des lebendigen Gottes.

Das war durch Jahrhunderte hindurch Brauch. Dann kam eine Zeit, und dies ist die Zeit der Entstehung des Christentums, in der sich auf dem großen Schauplatz der Weltgeschichte als historische Tatsache abspielte vor den Augen der Welt, für alle Menschen das, was sich vorher nur abgespielt hatte für die Reichen im Geiste, für diejenigen, welche eingeweiht wurden in die Mysterien. Nur diejenigen, die da schauten in den Mysterientempeln die Geheimnisse des Daseins, die konnten in alten Zeiten, nach der Anschauung der Priesterweisen, zu einer wirklichen Seligkeit kommen. In dem Stifter des Christentums lebte aber das höhere Erbarmen, mit der ganzen Menschheit einen anderen Weg zu gehen, und auch selig werden zu lassen diejenigen, die da nicht schauten, das heißt, die nicht eindringen konnten in die Mysterientempel, die, welche nur durch das schwache Gefühl, bloß durch den Glauben zu dieser Seligkeit geführt werden sollen.

Und so mußte ein neues Bekenntnis, eine neue Frohbotschaft ertönen nach den Absichten des Stifters des Christentums, welche in anderen Worten spricht, als die alten Priesterweisen gesprochen hatten; eine Botschaft, welche herausgesprochen ist aus der tiefsten Weisheit und dem unmittelbaren spirituellen Erkennen, welche aber zu gleicher Zeit Widerhall finden konnte in dem schlichtesten Menschenherzen. Heranziehen wollte sich daher dieser Stifter des Christentums Jünger und Apostel. Überall, wo es Steine gab, das heißt Menschenherzen, um Funken herauszuschlagen, sollten sie eingeweiht werden in das Mysterium. So mußten sie das Höchste erleben, das ist der Sieg des Wortes. Zu dem Volke sprach er in Gleichnissen, aber wenn er mit ihnen allein war, legte er sie ihnen aus.

Lassen Sie uns nur ein paar Beispiele anführen, wie der Christus das lebendige Wort zu entzünden versuchte, wie er das Leben herausschlagen wollte aus den einzelnen Menschenherzen. Wir hören, daß der Christus seine Jünger Petrus, Jakobus und Johannes hinaufführt auf den Berg und daß er dort eine Metamorphose durchmacht vor den Augen seiner Jünger. Wir hören, daß Moses und Elias zu beiden Seiten des Jesus waren.

Der Theosoph weiß, was der mystische Ausspruch bedeutet: auf den Berg hinaufführen. Solche Ausdrücke muß man kennen, fachmännisch kennen, genau ebenso wie man die Sprache kennen muß, bevor man den Geist eines Volkes zu studieren in der Lage ist. Was heißt es, auf den Berg führen? Es heißt nichts anderes als, in den Mysterientempel hineingeführt werden, wo man durch Anschauen, durch mystisches Anschauen die unmittelbare Überzeugung schöpfen kann von der Ewigkeit der Menschenseele, von der Wirklichkeit des geistigen Daseins.

Diese drei Jünger hatten eine noch höhere Erkenntnis als die anderen durch ihren Meister zu gewinnen. Sie hatten vor allen Dingen hier auf dem Berge die Überzeugung zu gewinnen, daß der Christus wirklich war das lebendige, das Fleisch gewordene Wort. Deshalb zeigt er sich in seiner Geistigkeit, in jener Geistigkeit, welche erhaben ist über Raum und Zeit; in jener Geistigkeit, für welche es kein Vorher und kein Nachher gibt, in der alles Gegenwart ist. Auch das Vergangene ist Gegenwart. Da ist das Vergangene wesenhaft, als Elias und Moses neben der Gegenwart des Jesus erschienen. Und jetzt glauben die Jünger an den Gottesgeist. Aber sie sagen: Es steht doch geschrieben, daß, bevor der Christus kommt, noch der Elias kommt und ihn vorher verkündigt. Und nun lesen Sie das Evangelium. Es sind wirklich die Worte, welche auf das folgen, was ich erzählt habe. Sie sind im höchsten Grade bedeutend: «Elias ist gekommen, aber sie haben ihn nicht erkannt, und sie haben mit ihm gemacht, was sie mit ihm haben machen wollen.» – «Elias ist gekommen», halten wir die Worte fest. Und dann heißt es weiter: «Da merkten die Jünger, daß er von Johannes dem Täufer geredet hatte.» Und Jesus hatte vorher gesagt: «Teilet niemandem mit, was ihr heute erfahren habt, bevor der Menschensohn auferstanden ist.» In ein Mysterium sind wir geführt. Drei Jünger hat der Christus nur für würdig gehalten, dieses Mysterium zu erfahren. Und welches ist dieses Mysterium? Mitgeteilt hat er, daß der Johannes der reinkarnierte Elias ist.

Die Wiederverkörperung wurde zu allen Zeiten gelehrt innerhalb der Mysterientempel. Und keine andere als diese okkulte theosophische Lehre hat der Christus seinen vertrauten Jüngern mitgeteilt. Sie sollten sie kennenlernen, diese Reinkarnationslehre. Aber gewinnen sollten sie auch das lebendige Wort, das aus ihrem Munde kommen muß, wenn es belebt und durchgeistigt ist von dieser Überzeugung, bis ein anderes eingetreten ist. Erst sollten sie die unmittelbare Überzeugung haben, daß der Geist auferstanden ist. Wenn sie dieses hinter sich haben, dann sollen sie hinausgehen in alle Welt und aus schlichten Herzen die Funken schlagen, die in ihnen angezündet worden sind. Das war eine der Einweihungen, das war eines der Gleichnisse, die der Christus seinen Vertrauten gegeben und ausgelegt hat.

Hören wir ein anderes. Auch das Abendmahl ist nichts anderes als eine Einweihung, eine Einweihung in die tiefste Bedeutung der ganzen christlichen Lehre. Wer das Abendmahl in seiner wahren Bedeutung versteht, der erst versteht die christliche Lehre in ihrer Geistigkeit und in ihrer Wahrheit. Gewagt ist es, diese Lehre auszusprechen, die ich Ihnen jetzt vortragen will, und ich weiß wohl, daß sie Angriffe erfahren kann von allen Seiten, weil sie dem Buchstaben widerspricht. Der Buchstabe tötet, der Geist macht lebendig. Nur mühsam kann man sich hinaufringen zu der Einsicht von der wahren Bedeutung des Abendmahls. Nicht im einzelnen hören Sie darüber heute, aber andeuten lassen Sie mich, was dieses zu den tiefsten Mysterien des Christentums Gehörige eigentlich bezeichnet. Der Christus versammelt seine Apostel, um mit ihnen die Einsetzung des unblutigen Opfers zu feiern. Das wollen wir verstehen.

Um uns einen Weg zu bahnen, dieses Ereignis zu verstehen, lassen Sie uns einmal auf eine andere, wenig beachtete Tatsache zurückkommen, die uns zeigen soll, wie wir das Abendmahl aufzufassen haben. Wir hören im Evangelium, daß der Christus vorbeikam an einem Blindgeborenen. Und die um ihn waren, die fragten: «Hat dieser gesündigt oder seine Eltern, daß er blind geboren ist zur Strafe?» Der Christus antwortete: «Nicht dieser selbst hat gesündigt und auch nicht seine Eltern, aber er ist blind geboren, damit die Werke der Gottheit offenbar werden», oder noch besser, «damit die göttliche Art, die Welt zu regieren, offenbar werde». Also, es wird mit den Worten «in der göttlichen Art die Welt zu regieren» begründet, daß dieser blind geboren ist. Da er nicht gesündigt hat in diesem Leben und seine Eltern auch nicht, so muß der Grund woanders gesucht werden. Wir können nicht stehenbleiben bei der einzelnen Persönlichkeit und nicht bei den Eltern und Vorektern, sondern wir müssen uns das Innere der Seele des Blindgeborenen ewig denken, wir müssen uns dazu verstehen, die Ursache in den vorher existierenden Seelen zu suchen, die Seelen, die die Wirkung erfahren haben eines früheren Lebens. Das, was wir Karma nennen, ist hier angedeutet, nicht ausgesprochen. Und gleich werden wir hören, warum solches nicht ausgesprochen ist. Daß die Sünden der Väter gerächt werden an den Kindern und Kindeskindern, das ist eine Lehre bei denjenigen, in welche der Christus hineinversetzt worden ist. Die Sünden der Väter werden an Kindern und Kindeskindern gesühnt. Das ist eine Lehre, die nicht stimmt zu der Anschauung, die der Christus gegenüber dem Blindgeborenen ausgesprochen hat. Hält man an der Lehre fest, daß es nur Sünde der Väter sein könne, daß es nur innerhalb der physischen Welt Schuld und Sühne gibt, dann müßte er leiden für das, was seine Väter begangen haben.

Das zeigt uns, daß der Christus die Seinen hinaufhebt zu

einem ganz neuen Begriff von Schuld und Sühne, zu einem Begriff, der nichts zu tun haben wollte mit dem, was in der physischen Welt vor sich geht, zu einem Begriff, der nicht in der realen, durch die Augen offenbaren Wirklichkeit seine Geltung haben kann. Den alten Sündenbegriff, den wollte Christus bei den Seinen überwinden, den Begriff, der sich an die physische Vererbung und an die physische Tatsächlichkeit heftet. Und war es nicht ein solcher Schuldbegriff, der sich an das Physisch-Tatsächliche hält, der den alten Opfern zugrunde lag? Gingen sie nicht hin, die Sünder, zu dem Altar und brachten ihre Sühnopfer dar, brachten sie nicht ein rein physisches Ereignis vor, um die Sünden abzustreifen? Die alten Opfer waren physische Tatsächlichkeiten. Aber in der physischen Tatsächlichkeit, das lehrte der Christus, kann Schuld und Sühne nicht gesucht werden. Deshalb kann selbst das Höchste, selbst der Gottesgeist, das lebendige Wort, der Tatsächlichkeit verfallen bis zum Tode, dem der Christus verfallen ist, ohne schuldig zu sein. Alles äußere Opfer kann sich nicht decken mit dem Begriff von Schuld und Sühne. Das Lamm Gottes war das Unschuldigste, es kann den Opfertod sterben.

Damit sollte auf dem Schauplatz der Geschichte vor aller Welt bezeugt werden, daß Schuld und Sühne nicht in der Tatsächlichkeit ihre Verkörperung hat, nicht in der physischen Tatsächlichkeit existieren kann, sondern auf einem höheren Gebiete, auf dem Gebiete des geistigen Lebens zu suchen ist. Wenn der Schuldige nur im physischen Leben der tatsächlichen Strafe verfallen könnte, wenn der Schuldige nur Opfer zu bringen brauchte, dann müßte nicht das unschuldige Lamm am Kreuze sterben. Damit Menschen erlöst werden von dem Glauben, daß in äußerer Tatsächlichkeit Schuld und Sühne gefunden werde, daß sie eine Folge der äußerlich vererbten Sünde sein soll, darum nahm der

Christus das Opfer des Kreuzes auf sich. Und so ist er wirklich für den Glauben aller Menschen gestorben, um ein Zeugnis dafür zu geben, daß nicht im physischen Bewußtsein das Bewußtsein für Schuld und Sühne zu suchen ist. Darum sollten sich alle daran erinnern: Selbst das Opfer am Kreuze ist nicht dasjenige, worauf es ankommt, sondern dann, wenn sich der Mensch erhebt über Schuld und Sühne, um Ursache und Wirkung für seine Taten auf dem Gebiete des Geistigen zu suchen, dann hat er erst die Wahrheit erreicht.

Deshalb ist das letzte Opfer, das unblutige Opfer, zugleich auch der Beweis von der Unmöglichkeit des äußeren Opfers, so daß das unblutige Opfer eingesetzt wird, so daß der Mensch Schuld und Sühne, das Bewußtsein von dem Zusammenhang seiner Taten, auf geistigem Gebiete zu suchen hat. Das soll im Gedächtnis bleiben. Deshalb soll nicht der Opfertod als dasjenige angesehen werden, auf das es ankommt, sondern an die Stelle des blutigen Opfers soll das unblutige, das geistige Opfer, das Abendmahl treten als Symbol dafür, daß auf dem geistigen Felde Schuld und Sühne für menschliche Taten leben. Dies ist aber die theosophische Lehre vom Karma, daß alles dasjenige, was der Mensch irgendwie in seinen Handlungen verursacht hat, seine Wirkungen nach sich zieht durch rein geistige Gesetze, daß Karma nichts zu tun hat mit physischer Vererbung. Dafür ist ein äußeres Zeichen das unblutige Opfer, das Abendmahl.

Aber nicht in Worten ausgesprochen liegt im christlichen Bekenntnis dieses, daß das Abendmahl das Symbol für Karma ist. Das Christentum hatte eben eine andere Aufgabe. Ich habe sie bereits angedeutet. Karma und Reinkarnation, Schicksalsverkettung auf geistigem Gebiete und Wiederverkörperung der menschlichen Seele, das waren tiefe esoterische Wahrheiten, die im Inneren der esoterischen Tempel gelehrt worden sind. Sie hat Christus, wie alle großen Lehrer, die Seinen im Inneren der Tempel gelehrt. Dann aber sollten sie hinausgehen in alle Welt, nachdem in ihnen entzündet war die Kraft und das Feuer des Gottes, damit auch diejenigen, die nicht schauen, doch glauben konnten und selig werden.

Deshalb rief er die Seinen noch zusammen, gleich am Anfang, um ihnen zu sagen, daß sie nicht allein Lehrer im Reiche des Geistes sind, sondern daß sie etwas anderes sein sollen. Und das ist der tiefere Sinn der ersten Worte der Bergpredigt: «Selig sind, die da Bettler sind um Geist, denn sie finden in sich selbst die Reiche der Himmel.» Nur so ist es zu verstehen, wenn richtig übersetzt ist, wie es möglich ist, aus dem lebendigen Anschauen zur Erkenntnis zu kommen. Jetzt aber sollen die, die da Bettler sind um Geist, durch ihr schlichtes Herz die Wege zum Reiche im Geiste, im Himmel finden.

Nicht sollten die Apostel draußen reden von den höchsten Erkenntnissen; in schlichte Worte sollten sie diese Erkenntnis kleiden. Aber sie selbst sollten vollkommen sein. Deshalb sehen wir diejenigen, welche Träger sein sollten des Wortes Gottes, eine wahrhafte Theosophie lehren, eine wahrhafte theosophische Lehre ausgeben. Nehmen Sie und verstehen Sie die Worte des Paulus, verstehen Sie die Worte des *Dionysios des Areopagiten* und dann des *Scotus Erigena,* der in seinem Buche «Über die Einteilung der Natur» die Siebenteilung des Menschen lehrte wie alle Theosophen, dann werden Sie wissen, daß deren Auslegung des Christentums dieselbe war, welche ihm die Theosophie heute angedeihen läßt. Nichts anderes als das, was die christlichen Lehrer in den ersten Jahrhunderten gelehrt haben, das will die Theosophie wieder an den Tag bringen. Dienen will sie der christlichen Botschaft, auslegen will sie sie im Geiste und in der Wahrheit. Das ist die Aufgabe der Theosophie gegenüber dem Christentum. Nicht das Christentum zu überwinden, sondern es in seiner Wahrheit zu erkennen, dazu ist die Theosophie da.

Und Sie brauchen nichts anderes, als das Christentum in seiner Wahrheit zu verstehen, dann haben Sie die Theosophie in ihrem vollen Umfange. Zu einer anderen Religion brauchen Sie nicht zu gehen. Sie können Christen bleiben und brauchen nichts anderes zu tun, als was wirkliche christliche Lehrer getan haben: nämlich hinaufzusteigen, um die geistigen Tiefen des Christentums auszuschöpfen. Dann sind auch diejenigen Theologen widerlegt, die den Glauben hegen, daß die Theosophie eine buddhistische Lehre sei, aber es ist widerlegt auch der Glaube, daß man die tiefen Lehren des Christentums nicht durch Hinaufsteigen in die Höhen, sondern durch Herunterziehen in die Tiefen erkennen soll. Theosophie kann nur zu dem immer besseren Begreifen des Mysteriums der Fleischwerdung führen, um dann zu verstehen das Wort, das, trotz aller rationalistischen Ableugnungsversuche, in der Bibel liegt. Wer sich in die Bibel versenkt, der kann sich nicht zu dem Rationalismus, nicht zu David Friedrich Strauß und nicht zu seinen Nachbetern bekennen. Er kann sich einzig und allein zu dem Worte bekennen, welches *Goethe* ausgesprochen hat, der in diesen Dingen tiefer sah als mancher andere. Er sagt: Die Bibel bleibt doch das Buch der Bücher, das Weltbuch, welches gehörig verstanden, zum christlichen Erziehungsmittel der Menschheit werden muß in der Hand nicht der naseweisen, sondern der weisen Menschen.

Eine Dienerin des Wortes ist in dieser Beziehung die Theosophie, und sie will hervorbringen den Geist, der willig ist, hinaufzusteigen dahin, wo der Stifter des Christentums gestanden hat; zu erzeugen jenen Geist, der nicht bloß menschliche, sondern der kosmische Bedeutung hat, jenen Geist, der Verständnis hatte nicht allein für das schlichte Menschenherz, das sich im Alltäglichen bewegt, sondern der gerade deshalb für das Menschenherz ein so tiefes Verständnis hatte, weil sein Blick in die Tiefen der Weltgeheimnisse drang. Es gibt kein besseres Wort, das zu zeigen, als ein Wort, das zwar nicht in unseren Evangelien steht, aber in anderer Weise überliefert wurde. Jesus kam mit seinen Jüngern an einem toten Hunde vorbei, der schon in Fäulnis übergegangen war. Da wendeten sich die Jünger ab. Aber Jesus sah mit Wohlgefallen das Tier an und bewunderte seine schönen Zähne. Paradox mag das Gleichnis sein, zum tieferen Verständnis der Wesenheit Christi führt es uns aber. Es ist ein Zeugnis, daß der Mensch das Wort lebendig in sich fühlt, wenn er an keinem Ding der Welt ohne Verständnis vorbeigeht, wenn er sich zu vertiefen und zu versenken weiß in alles, was da ist, und selbst an scheinbar Ekelhaftem nicht vorbeigehen kann, ohne Duldsamkeit, ohne Verständnis zu üben; das Verständnis, welches uns hineinsehen läßt in das Kleinste und uns erhebt zu dem Höchsten, das Verständnis für den Blick, dem nichts verborgen ist, der an nichts vorübergeht, der alles an sich herankommen läßt in vollkommener Duldsamkeit, der in seinem Herzen die Überzeugung trägt, daß wahrhaft alles, was da ist, «Fleisch von unserem Fleisch, Blut von unserem Blut» in irgendeiner Form ist: Wer zu diesem Verständnis sich hindurchgerungen hat, der erst weiß und versteht, was es heißt: der lebendige Gottesgeist war verwirklicht in einer einzigen Person, der lebendige Gottesgeist, aus dem alle Welt gemacht ist.

Das ist der Sinn, den der Theosoph wieder beleben will. Jener Sinn, der übrigens in verflossenen Jahrhunderten keineswegs ganz ausgestorben war, jener Sinn, der nicht von dem Durchschnittsverstande, von einem untergeordneten Standpunkte aus den Maßstab sucht für das Höchste, sondern der vor allen Dingen sich selbst zu erhöhen sucht, der in sich zu steigern sucht, auszubilden sucht die höchsten Erkenntnisse, weil er der Überzeugung ist: wenn er sich selbst gereinigt, vergeistigt hat, neige der Geist sich zu ihm hinab. «Wird Christus tausendmal in Bethlehem geboren und nicht in dir, du bleibst noch ewiglich verloren.» Das sagte der große Mystiker *Angelus Silesius.* Derselbe wußte auch, was eine Lehre bedeutet, wenn sie höchste Erkenntnis, wenn sie Leben wird. Zu Nikodemus sagte Jesus: Wer wiedergeboren ist, wer von oben geboren ist, der spricht das, was er sagt, nicht mehr nur aus der menschlichen Erfahrung heraus, er spricht es «von oben» her aus. – Er spricht Worte, wie sie Angelus Silesius gesprochen hat am Schlusse des «Cherubinischen Wandersmann»: «Im Fall du mehr willst lesen, so geh' und werde selbst die Schrift und selbst das Wesen.»

Das ist die Anforderung, die derjenige stellt, aus dem der Geist spricht. Nicht ihn soll man hören, nicht auf seine Worte nur hören, sondern in sich anklingen lassen dasjenige, was aus ihm spricht.

Zu solchem Worte, zu solch froher Botschaft hat Jesus diejenigen auserkoren, die da sagten: Was von Anbeginn gewesen ist, das ewige Weltgesetz, was wir mit eigenen Augen gesehen, mit Händen gefühlt haben von dem Worte des Lebens, das künden wir euch. – Er war es, der ein einzelner Mensch war, und der zu gleicher Zeit lebte in dem Worte der Jünger.

Aber eines hat er noch gesagt, dessen müssen sich vor allen Dingen Theosophen bewußt sein, daß er nicht bloß da war in der Zeit, in der er gelehrt und gelebt hat, sondern das bedeutungsvolle Wort ist uns überliefert: «Ich bleibe bei euch alle Tage bis an das Ende der Welt.» Und die Theosophie weiß, daß er bei uns ist, daß er heute so wie damals unsere Worte prägen, unsere Worte beflügeln kann, daß er heute wie damals uns auch führen kann, daß unsere Worte das aussprechen, was er selbst ist. Eines aber will die Theosophie verhindern. Sie will verhindern, daß gesagt werden muß: Er ist gekommen, er ist da, sie haben ihn aber nicht erkannt. Die Menschen haben mit ihm machen wollen, was in ihrem Belieben steht. – Nein, an seine eigenen Quellen will der Theosoph gehen. Die Theosophie soll geistig erheben zur Geistigkeit, damit die Menschen erkennen, daß er da ist, damit sie wissen, wo sie ihn zu finden haben, und damit sie hören das lebendige Wort dessen, der da gesagt hat:

«Ich bin bei euch alle Tage bis ans Ende der Welt.»

DIE ERKENNTNISTHEORETISCHEN GRUNDLAGEN
DER THEOSOPHIE I

Berlin, 27. November 1903

Es wird gewiß vielen unter Ihnen nichts Fremdes sein, daß man bei vielen unserer Zeitgenossen, wenn das Wort Theosophie ausgesprochen wird, nichts anderes finden kann als ein Lächeln. Auch wird es vielen nicht unbekannt sein, daß gerade diejenigen, welche in der Gegenwart auf Wissenschaftlichkeit oder, sagen wir, auf philosophische Bildung Anspruch machen, die Theosophie als etwas betrachten, was man mit dem Namen eines dilettantischen Treibens, eines phantastischen Glaubens bezeichnen müsse. Man kann insbesondere in Gelehrtenkreisen finden, daß der Theosoph als eine Art phantastischer Schwärmer angesehen wird, der sich nur deshalb zu seinen eigentümlichen Vorstellungswelten bekennt, weil er niemals die Bekanntschaft gemacht hat mit dem, was Grundlegung der Erkenntnis ist. Sie werden besonders in den Kreisen, welche sich zu den wissenschaftlichen rechnen, finden, daß sie ohne weiteres voraussetzen, der Theosoph sei im Grunde genommen ohne alle philosophische Bildung, und wenn er sich auch eine solche angeeignet habe, oder von einer solchen spreche, sei es doch eine dilettantenhafte, aufgelesene Sache.

Diese Vorträge sollen nicht der Theosophie direkt gewidmet sein. Dazu sind genügend andere da. Es soll eine Auseinandersetzung sein mit der abendländischen philosophischen Bildung, eine Auseinandersetzung darüber, wie sich die wissenschaftliche Welt zu der Theosophie verhält, und wie sie sich eigentlich verhalten könnte. Sie sollen eine

Widerlegung des Vorurteils sein, als ob der Theosoph in bezug auf die Wissenschaft ein ungebildeter, laienhafter Mensch sein müsse. Wer hat nicht oft genug gehört, daß Philosophen der verschiedensten Schulen – und es gibt ja genügend Philosophenschulen – behaupten, daß die Mystik eine unklare und von allerlei Allegorien und Gefühlselementen durchdrungene Vorstellung sei, und daß die Theosophie nicht dazu gekommen sei, das zu pflegen, was streng methodisches Denken ist. Wenn sie dies täte, dann würde sie einsehen, auf welch nebulosen Wegen sie wandelt. Sie würde einsehen, daß die Mystik nur im Kopfe verschrobener Menschen Wurzel fassen könne. Das ist ein bekanntes Vorurteil.

Ich will aber nicht mit einem Tadel beginnen. Nicht weil es der theosophischen Überzeugung nicht entsprechen würde, sondern weil ich aus eigener philosophischer Bildung heraus die Theosophie nicht als laienhaft betrachte und doch aus den Tiefen ihrer Überzeugung heraus spreche. Ich kann es durchaus verstehen, daß derjenige, welcher die abendländische Philosophie in sich aufgenommen hat, der also mit dem ganzen wissenschaftlichen Rüstzeug ausgerüstet ist, es schwer hat, in der Theosophie etwas anderes zu sehen als das, was eben bekannt ist. Für denjenigen, der heute von Philosophie und Wissenschaft herkommt, ist es wirklich unendlich viel schwieriger, sich in die Theosophie hineinzufinden, als für denjenigen, der mit einem naiven Menschenverstand, mit einem natürlichen, vielleicht religiösen Gefühl und mit einem Bedürfnis nach Lösung gewisser Lebensrätselfragen an die Theosophie herangeht. Denn diese abendländische Philosophie legt ihrem Jünger so viele Hindernisse in den Weg, bietet ihm so viele Urteile, die der Theosophie zu widersprechen scheinen, daß sie es scheinbar unmöglich macht, sich mit Theosophie einzulassen.

Und in der Tat, wahr ist es ja, daß die theosophische Literatur wenig aufweist von dem, was einer Auseinandersetzung mit unserer zeitgenössischen Wissenschaft gleicht und das man philosophisch nennen könnte. Deshalb habe ich mich entschlossen, eine Reihe von Vorträgen darüber zu halten. Sie sollen sein eine erkenntnistheoretische Grundlegung der Theosophie. Sie werden im Laufe derselben bekanntwerden mit den Begriffen der zeitgenössischen Philosophie und ihrem Inhalte. Und wenn Sie diese in einem echten, wahren und tiefen Sinne betrachten, so werden Sie dann zuletzt – aber Sie müssen tatsächlich warten bis zuletzt – die Grundlegung der theosophischen Erkenntnis aus dieser abendländischen Philosophie hervorsprießen sehen. Das soll nicht geschehen etwa durch eine Art von geschicktem dialektischem Herumwerfen von Begriffen, sondern es soll geschehen, soweit man es in einigen Vorträgen kann, mit allem Rüstzeug, welches uns das Wissen unserer Zeitgenossen an die Hand gibt; es soll geschehen mit allem, was in der Lage ist, auch denjenigen, die das nicht wissen wollen, von dem Erfahrbaren einer höheren Weltanschauung etwas zu geben.

Was ich auseinanderzusetzen habe, würde in einem anderen Zeitalter nicht möglich gewesen sein, in derselben Weise auseinanderzusetzen. Aber es ist nötig gewesen, vielleicht gerade in unserer Zeit, bei Kant, Locke, Schopenhauer sich umzusehen oder bei anderen Schriftstellern der Gegenwart, sagen wir bei Eduard von Hartmann und dem Schüler von Eduard von Hartmann, Arthur Drews, oder dem genialen Erkenntnistheoretiker Volkelt oder Otto Liebmann, oder bei dem etwas feuilletonistischen, aber deshalb rationell nicht minder strengen Eucken. Wer sich da umgesehen hat, wer sich bekanntgemacht hat mit dieser oder jener der Schattierungen, welche die philosophisch-wissenschaftlichen

Anschauungen der Gegenwart und der jüngsten Vergangenheit angenommen haben, der wird verstehen und begreifen – das ist meine innigste Überzeugung –, daß ein wirkliches, echtes Verständnis dieser philosophischen Entwickelung nicht von der Theosophie hinweg, sondern zu der Theosophie hinführen muß. Gerade derjenige, welcher sich in gründlicher Weise mit den philosophischen Lehren auseinandergesetzt hat, der muß zur Theosophie kommen.

Ich hätte diese Rede vielleicht nicht nötig zu halten, wenn nicht das ganze Denken unserer Zeit gerade unter dem Einfluß *eines* Philosophen stünde. Es wird gesagt, daß durch die große Geistestat *Immanuel Kants* der Philosophie eine wissenschaftliche Grundlage gegeben worden ist. Es wird gesagt, daß das, was er geleistet hat zur Festlegung des Erkenntnisproblems, etwas Unerschütterliches sei. Sie werden hören, daß derjenige, welcher sich nicht mit Kant auseinandergesetzt hat, kein Recht habe, in der Philosophie mitzusprechen. Sie können durch die verschiedenen Strömungen durchgehen: Herbart, Fichte, Schelling, Hegel, durch die Strömung von Schopenhauer bis zu Eduard von Hartmann – in allen diesen Gedankengängen kann sich nur derjenige zurechtfinden, der sich an Kant orientiert hat. Nachdem verschiedenes in der Philosophie des 19. Jahrhunderts erstrebt worden ist, erklingt in der Mitte der siebziger Jahre der Ruf, von Zeller, dann von Liebmann, dann von Friedrich Albert Lange, der Ruf: Zurück zu Kant! – Und die Dozenten der Philosophie sind der Meinung, daß man sich an Kant orientieren müsse, und nur derjenige, der das tue, könne mitreden in der Philosophie.

Kant hat dem ganzen Philosophieren des 19. Jahrhunderts und der Gegenwart den Stempel aufgedrückt. Er hat aber etwas ganz anderes hervorgerufen, als er selbst wollte.

Er hat es ausgedrückt mit den Worten: Er glaube, eine ähnliche Tat vollbracht zu haben wie Kopernikus. Kopernikus hat die ganze astronomische Weltanschauung umgekehrt. Er hat die Erde aus dem Mittelpunkt herausgerückt und hat einen anderen Körper, der früher in Bewegung gedacht war, die Sonne, zum Mittelpunkte gemacht. Kant aber macht den Menschen mit seinem Erkenntnisvermögen zum Mittelpunkt der physischen Weltbetrachtung. Er kehrt geradezu die ganze physische Weltbetrachtung um. Daß man diese Umkehrung machen müsse, das ist die Meinung der meisten Philosophen des 19. Jahrhunderts. Man kann diese Philosophie nur verstehen, wenn man sie aus ihren Voraussetzungen heraus begreift. Man kann dasjenige, was aus der Kantschen Philosophie geflossen ist, nur verstehen, wenn man es aus seinen Grundlagen heraus begreift. Wer versteht, wie Kant zu seiner Überzeugung gekommen ist, daß wir im Grunde genommen die Dinge niemals «an sich» erkennen können, da alles, was wir erkennen, nur Erscheinungen sind, wer das versteht, der versteht auch den Verlauf der Entwickelung der Philosophie des 19. Jahrhunderts, der versteht auch die Einwände, die gegen die Theosophie gemacht werden können, und auch, wie er sich denselben gegenüber zu verhalten hat.

Sie werden wissen, daß die Theosophie sich auf eine höhere Erfahrung stützt. Der Theosoph sagt, daß die Quelle seiner Erkenntnis eine Erfahrung ist, die über die sinnliche Erfahrung hinausreicht. Sie können sehen, daß diese dieselbe Gültigkeit hat wie die der Sinne, daß dasjenige, was der Theosoph erzählt von astralen Welten und so weiter, ebenso wirklich ist wie die Dinge, die wir mit unseren Sinnen um uns herum wahrnehmen als sinnliche Erfahrung. Das, was der Theosoph als seine Erkenntnisquelle zu haben glaubt, ist eine höhere Erfahrung. Lesen Sie *Leadbeaters*

«Astral-Ebene», so werden Sie finden, daß die Dinge in der astralen Welt so wirklich sind wie die Droschken und Pferde in den Londoner Straßen. Damit soll gesagt werden, wie wirklich diese Welt ist für denjenigen, der sie kennt. Der Philosoph der Gegenwart wird sofort einwenden: Ja, aber du irrst, indem du glaubst, daß das eine wahre Wirklichkeit ist. Hat dir nicht die Philosophie des 19. Jahrhunderts bewiesen, daß das, was wir unsere Erfahrung nennen, nichts weiter ist als unsere Vorstellung? Und daß auch der gestirnte Himmel nichts weiter ist als unsere Vorstellung in uns? – Das betrachtet er als die gewisseste Erkenntnis, die es überhaupt nur geben kann. *Eduard von Hartmann* betrachtet es als die selbstverständlichste Wahrheit, daß das meine Vorstellung ist, und daß man nicht wissen kann, was es außerdem ist. Glaubst du, daß du Erfahrung als «wirklich» bezeichnen kannst, dann bist du das, was man einen naiven Realisten nennt. Kannst du überhaupt etwas entscheiden darüber, was Erfahrung für einen Wert hat, wenn du der Welt in dieser Weise gegenüberstehst? Das ist das große Resultat, zu dem der Kantianismus gekommen ist, daß die Welt um uns herum unsere Vorstellung sein muß.

Wie ist die Kantsche Weltanschauung dazu gekommen? Sie ist hervorgegangen aus den Philosophien der Vorgänger. Damals, als Kant noch jung war, da herrschte in allen Schulen die Philosophie *Christian Wolffs*. Sie unterschied die sogenannte Erfahrungserkenntnis, die wir uns durch die Sinneseindrücke erwerben, und dann unterschied Wolff dasjenige, was aus reiner Vernunft stammt. Während wir über die Dinge des gewöhnlichen Lebens nur durch Erfahrung etwas ausmachen können, haben wir nach ihm Dinge, welche höchste Erkenntnisgegenstände sind, aus reiner Vernunft. Diese Dinge sind die menschlichen Seelen, der freie

Wille des Menschen, die Fragen, die sich auf die Unsterblichkeit und auf das göttliche Wesen beziehen.

Die sogenannten empirischen Wissenschaften beschäftigen sich mit dem, was in der Naturgeschichte, in der Physik, in der Geschichte und so weiter geboten wird. Wodurch verschafft sich der Astronom seine Erkenntnis? Dadurch, daß er sein Auge nach den Sternen richtet, daß er die Gesetze bestimmt nach den Beobachtungen. Das lernen wir dadurch, daß wir die Sinne der Außenwelt öffnen. Niemand kann sagen, daß das aus reiner Vernunft geschöpft sei. Der Mensch weiß dieses, weil er es sieht. Das sind empirische Erkenntnisse, die wir aus dem Leben, aus der Erfahrung in uns aufnehmen, gleichgültig ob wir sie in ein wissenschaftliches System bringen oder nicht; es ist Erfahrungserkenntnis. Niemand kann einen Löwen beschreiben aus seiner bloßen Vernunft heraus. Dagegen nimmt Wolff an, daß man das, was man ist, aus reiner Vernunft schöpfen kann. Wolff nimmt an, daß wir eine Seelenlehre aus reiner Vernunft haben, auch daß die Seele freien Willen haben muß, daß sie Vernunft haben muß und so weiter. Daher nennt Wolff die Wissenschaften, welche sich mit dem höheren der Seelenlehre beschäftigen, rationale Psychologie. Die Frage: ob die Welt einen Anfang genommen hat und ein Ende nehmen wird, ist eine Frage, die man nur aus reiner Vernunft entscheiden soll. Diese Frage nennt er einen Gegenstand rationaler Kosmologie. Niemand kann über die Zweckmäßigkeit der Welt aus der Erfahrung heraus entscheiden; niemand kann dieselbe durch Beobachtung untersuchen. Dies sind lauter Fragen der rationalen Kosmologie. Dann gibt es eine Wissenschaft von Gott, von einem göttlichen Plan. Das ist eine Wissenschaft, die ebenfalls aus der Vernunft geschöpft wird. Das ist die sogenannte rationale Theologie, das ist das, was man die Metaphysik nennt.

Kant war in einer Zeit aufgewachsen, wo die Philosophie in diesem Sinne gelehrt worden ist. Sie werden ihn in seinen ersten Schriften als einen Anhänger der Wolffschen Philosophie finden. Sie werden ihn überzeugt finden, daß es eine rationale Psychologie, eine rationale Theologie und so weiter gibt. Er führt einen Beweis an, den er den einzig möglichen Beweis vom Dasein Gottes nennt. Dann wurde er bekannt mit einer philosophischen Strömung, die erschütternd auf ihn wirkte. Er wurde mit der Philosophie des *David Hume* bekannt. Die, sagte er, hat ihn aus seinem dogmatischen Schlummer geweckt. – Was bietet diese Philosophie? Hume sagt folgendes: Wir sehen, daß die Sonne aufgeht am Morgen und dann abends untergeht. Wir haben dies viele Tage gesehen. Wir wissen auch, daß alle Völker den Sonnenauf- und -untergang gesehen haben, daß sie dieselbe Erfahrung gemacht haben, und wir gewöhnen uns daran zu glauben, daß dieses für alle Zeiten so vor sich gehen muß.

Und jetzt ein anderes Beispiel: Wir sehen, daß die Sonnenwärme auf einen Stein fällt. Wir meinen, die Sonnenwärme ist es, die den Stein erwärmt. Was sehen wir? Wir nehmen zuerst Sonnenwärme und dann den erwärmten Stein wahr. Was nehmen wir da wahr? Nur, daß eine Tatsache der anderen folgt. Und wenn wir die Erfahrung machen, daß die Sonnenstrahlen den Stein erwärmen, dann haben wir schon das Urteil gebildet, daß die Sonnenwärme die Ursache ist, daß der Stein warm wird. So sagt Hume: Es gibt gar nichts, das uns mehr zeigt als eine Aufeinanderfolge von Tatsachen. Wir gewöhnen uns an den Glauben, daß da ein ursächlicher Zusammenhang bestehe. Aber dieser Glaube ist eben nur eine Gewöhnung und alles, was der Mensch erdenkt an ursächlichen Begriffen, das besteht nur in jener Erfahrung. Der Mensch sieht, daß eine Kugel die andere stößt, er sieht, daß eine Bewegung dadurch erfolgt, und gewöhnt sich dann zu sagen, daß darin eine Gesetz-mäßigkeit bestehe. In Wahrheit haben wir es mit keiner wirklichen Einsicht zu tun.

Was ist es, was der Mensch als eine Erkenntnis aus reiner Vernunft betrachtet? Das ist nichts weiter – so sagt Hume – als eine Zusammenfassung von Tatsachen. Wir haben die Tatsachen der Welt in einen Zusammenhang zu bringen. Es entspricht dieses der menschlichen Denkgewohn-heit, dem Hang des menschlichen Denkens. Und wir haben kein Recht, über dieses Denken hinauszugehen. Wir dürfen nicht sagen, es ist etwas in den Dingen, das ihnen eine Ge-setzmäßigkeit gegeben hat. Wir können nur sagen, die Dinge und Ereignisse fluten an uns vorbei. Aber bei dem «an sich» der Dinge können wir nicht von einem solchen Zusammenhang sprechen.

Wie können wir nun davon sprechen, daß in den Dingen sich uns irgend etwas offenbart, was über die Erfahrung hinausgeht? Wie können wir von einem Zusammenhang in der Erfahrung sprechen, der herrührt von einem gött-lichen Wesen, der hinausgeht über die Erfahrung, wenn wir uns nicht nach etwas anderem als nach Denkgewohnheiten zu richten geneigt sind?

Diese Anschauung wirkte auf Kant so, daß sie ihn aus dem dogmatischen Schlummer geweckt hat. Er fragt: Kann es denn etwas geben, was über die Erfahrung hinausgeht? Was gibt uns denn die Erfahrung für Erkenntnisse? Gibt uns dieselbe eine sichere Erkenntnis? Diese Frage hat Kant natürlich sofort verneint. Er sagt: Habt ihr auch hundert-tausendmal die Sonne aufgehen sehen, so könnt ihr daraus nicht schließen, sie werde auch morgen wieder aufgehen. Es könnte auch anders kommen. Wenn ihr nur aus der Erfahrung geschlossen habt, so könnte es sich auch einmal herausstellen, daß die Erfahrung euch von irgend etwas anderem überzeugt. Die Erfahrung kann niemals eine sichere, notwendige Erkenntnis geben.

Daß die Sonne den Stein erwärmt, weiß ich aus Erfahrung. Daß sie ihn aber erwärmen muß, das darf ich nicht behaupten. Wenn alle unsere Erkenntnisse aus der Erfahrung stammen, so können sie niemals über den Stand der Unsicherheit hinauskommen; dann kann es keine notwendige empirische Erkenntnis geben. Nun sucht Kant hinter diese Sache zu kommen. Er sucht einen Ausweg. Er hatte sich sein ganzes Jugendalter hindurch gewöhnt, an Erkenntnis zu glauben. Er hat sich durch die Humesche Philosophie überzeugen lassen müssen, daß es nichts Sicheres gibt. Gibt es nicht vielleicht irgendwo irgend etwas, wo man von einer sicheren, notwendigen Erkenntnis sprechen kann? Doch – sagt er –, es gibt sichere Urteile. Das sind die mathematischen Urteile. Ist das mathematische Urteil vielleicht so wie das Urteil: Die Sonne geht morgens auf und abends unter?

Ich habe das Urteil, daß die drei Winkel eines Dreiecks hundertachtzig Grad sind. Habe ich den Beweis bei einem einzigen Dreieck geführt, so genügt das für alle Dreiecke. Ich sehe aus der Natur des Beweises, daß er für alle nur möglichen Fälle gilt. Das ist das Eigentümliche mathematischer Beweise. Für jeden ist es klar, daß diese auch für die Jupiter- und Marsbewohner, wenn sie überhaupt Dreiecke haben, gelten müssen, daß auch da die Winkelsumme des Dreiecks hundertachtzig Grad sein muß. Und dann: Niemals kann zwei mal zwei etwas anderes sein als vier. Das ist immer wahr. Daher haben wir einen Beweis, daß es Erkenntnisse gibt, welche absolut sicher sind. Die Frage kann also nicht lauten: Haben wir eine solche Erkenntnis? –, sondern wir müssen darüber nachdenken, wie es möglich ist, daß wir solche Urteile haben.

Nun kommt die große Frage Kants: Wie sind solche absolut notwendigen Urteile möglich? Wie ist mathematische Erkenntnis möglich? – Kant nennt nun diejenigen Urteile und Erkenntnisse, welche aus der Erfahrung geschöpft sind, Urteile und Erkenntnisse a posteriori. Das Urteil: Die Winkelsumme eines Dreiecks ist hundertachtzig Grad –, ist aber ein Urteil, das aller Erfahrung vorhergeht, ein Urteil a priori. Ich kann mir einfach im Kopf ein Dreieck vorstellen und den Beweis führen, und dann, wenn ich ein Dreieck sehe, das ich noch nicht näher erfahren habe, kann ich sagen, daß es eine Winkelsumme von hundertachtzig Grad haben muß. Daran hängt alles höhere Wissen, wenn ich aus reiner Vernunft heraus Urteile fällen kann. Wie sind solche Urteile a priori möglich? Wir haben gesehen, daß mit einem solchen Urteil: die Winkelsumme eines Dreiecks gleich hundertachtzig Grad, alle Dreiecke getroffen werden. Die Erfahrung muß sich meinem Urteil fügen. Zeichne ich eine Ellipse auf und sehe in den Weltenraum hinaus, so finde ich, daß ein Planet eine solche Ellipse beschreibt. Der Planet folgt meinem in reiner Erkenntnis gebildeten Urteil. Ich trete also mit meinem rein im Ideellen gebildeten Urteil an die Erfahrung heran. Habe ich dieses Urteil aus der Erfahrung geschöpft? – das fragt Kant weiter. Es ist zweifellos, wenn wir solche rein ideellen Urteile bilden, daß wir eigentlich keine Erfahrungswirklichkeit haben. Die Ellipse, das Dreieck – sie haben keine Erfahrungswirklichkeit, aber die Wirklichkeit fügt sich solcher Erkenntnis. Wenn ich wahre Wirklichkeit haben will, dann muß ich an die Erfahrung herantreten. Wenn ich aber weiß, was für Gesetze darin wirken, dann habe ich eine Erkenntnis *vor* aller Erfahrung. Das Gesetz der Ellipse stammt nicht aus der Erfahrung. Das bilde ich mir selbst in meinem Geiste aus. So fängt auch eine Stelle bei

Kant mit dem Satze an: «Wenn aber gleich alle unsere Erkenntnis *mit* der Erfahrung anhebt, so entspringt sie darum doch nicht eben alle *aus* der Erfahrung.» Ich lege das, was ich an Erkenntnis habe, in die Erfahrung hinein. Der menschliche Geist ist so beschaffen, daß alles in seiner Erfahrung nur den Gesetzen entspricht, die er hat. Der menschliche Geist ist so beschaffen, daß er diese Gesetze notwendig ausbilden muß. Wenn er dann an die Erfahrung herantritt, dann muß die Erfahrung sich diesen Gesetzen fügen.

Ein Beispiel: Nehmen Sie an, Sie haben eine blaue Brille auf. Sie werden alles in blauem Lichte sehen; die Gegenstände erscheinen Ihnen in blauem Licht. Wie auch die Dinge draußen beschaffen sein mögen, das geht mich vorderhand gar nichts an. In dem Augenblicke, wo die Gesetze, welche mein Geist ausbildet, über die ganze Erfahrungswelt sich ausbreiten, da muß die ganze Erfahrungswelt hineinpassen. Es ist nicht wahr, daß das Urteil: zwei mal zwei ist vier, aus der Erfahrung genommen ist. Es ist meine Geistesbeschaffenheit, daß zwei mal zwei immer vier geben muß. Mein Geist ist so, daß die drei Winkel eines Dreiecks immer hundertachtzig Grad sind. So rechtfertigt Kant die Gesetze aus dem Menschen selbst. Die Sonne erwärmt den Stein. Jede Wirkung hat eine Ursache. Das ist ein Gesetz meines Geistes. Und wenn die Welt ein Chaos ist, dann schiebe ich ihr entgegen die Gesetzmäßigkeit meines Geistes. Ich fasse die Welt wie an einer Perlenschnur auf. Ich bin derjenige, welcher die Welt zu einem Erkenntnismechanismus macht. – Und nun sehen Sie auch, wie Kant dazu kam, eine so bestimmte Erkenntnismethode zu finden. Solange der Menschengeist so organisiert ist, wie er organisiert ist, so lange muß alles, auch wenn die Wirklichkeit sich über Nacht ändern würde, sich dieser Organisation fügen. Für mich könnte sie sich nicht ändern, wenn die Gesetze meines Geistes dieselben sind. Die Welt mag also sein, wie sie will; wir erkennen sie so, wie sie uns gemäß den Gesetzen unseres Geistes erscheinen muß.

Nun sehen Sie, was es für einen Sinn hat, wenn es heißt: Kant hat die ganze Erkenntnistheorie umgedreht. Vorher hat man angenommen, daß der Mensch aus der Natur alles herausliest. Jetzt aber läßt er den Menschengeist der Natur die Gesetze vorschreiben. Er läßt alles um den Menschengeist kreisen, wie Kopernikus die Erde um die Sonne kreisen läßt.

Dann gibt es aber noch etwas anderes, das zeigt, daß der Mensch niemals über die Erfahrung hinausgehen kann. Es erscheint zwar als ein Widerspruch, aber Sie werden sehen, daß es gerade im Einklang mit der Kantschen Philosophie steht. Kant zeigt, daß die Begriffe leer sind. Zwei mal zwei ist vier, ist ein leeres Urteil, wenn nicht Erbsen oder Bohnen hineingefüllt werden. Jede Wirkung hat eine Ursache – ist ein rein formales Urteil, wenn es nicht mit einem bestimmten Erfahrungsinhalt ausgefüllt wird. Die Urteile sind in mir vorgebildet, um auf die Anschauung der Welt angewendet zu werden. «Anschauungen ohne Begriffe sind blind – Begriffe ohne Anschauungen sind leer.» Wir können Millionen von Ellipsen denken, sie entsprechen keiner Wirklichkeit, wenn wir sie nicht an der Planetenbewegung sehen. Wir müssen alles durch die Erfahrung belegen. Urteile a priori können wir gewinnen, aber anwenden dürfen wir sie nur, wenn sie sich mit der Erfahrung decken.

Aber Gott, Freiheit und Unsterblichkeit sind Dinge, über die wir noch so lange nachdenken können, über die wir durch keine Erfahrung Erkenntnis bekommen können. Es ist deshalb ganz vergeblich, etwas darüber auszumachen mit unserer Vernunft. Die a priori geltenden Begriffe sind nur gültig, soweit unsere Erfahrung reicht. Daher haben wir zwar eine Wissenschaft a priori, die uns aber nur sagt, wie die Erfahrung sein muß, wenn die Erfahrung erst da ist. Wir können gleichsam die Erfahrung wie in einem Gespinste einfangen, aber wir können nichts ausmachen, wie das Gesetz der Erfahrung sein muß. Über das «Ding an sich» wissen wir nichts, und da Gott, Freiheit und Unsterblichkeit im «Ding an sich» ihren Ursprung haben müßten, so können wir nichts darüber ausmachen. Wir sehen die Dinge nicht, wie sie sind, sondern so, wie wir sie gemäß unserer Organisation sehen müssen.

Damit hat Kant den kritischen Idealismus begründet und den naiven Realismus überwunden. Was sich der Kausalität fügt, ist nicht das «Ding an sich». Was sich meinem Auge fügt oder meinem Ohr, muß erst einen Eindruck auf mein Auge, mein Ohr machen. Das sind die Wahrnehmungen, die Empfindungen. Das sind die Wirkungen von irgendwelchen «Dingen an sich», von Dingen, die mir absolut unbekannt sind. Diese erzeugen eine Menge von Wirkungen, und diese ordne ich in eine gesetzmäßige Welt ein. Ich bilde mir einen Organismus von Empfindungen. Aber was dahinter ist, das kann ich nicht wissen. Es ist nichts anderes als die Gesetzmäßigkeit, welche mein Geist in die Empfindungen hineingelegt hat. Was hinter der Empfindung ist, davon kann ich nichts wissen. Daher ist die Welt, die mich umgibt, nur subjektiv. Sie ist nur das, was ich selbst aufbaue.

Und nun hat die Entwickelung der Physiologie im 19. Jahrhundert Kant scheinbar ganz recht gegeben. Nehmen Sie die wichtige Erkenntnis des großen Physiologen *Johannes Müller.* Er hat das Gesetz der spezifischen Sinnesenergien aufgestellt. Es besteht darin, daß jedes Organ in seiner

Weise antwortet. Lassen Sie Licht in das Auge, so haben Sie einen Lichtschein; führen Sie einen Stoß gegen das Auge, so werden Sie ebenfalls eine Lichtempfindung haben. Daraus schließt Müller, daß es nicht an den Dingen draußen liegt, sondern daß es von meinem Auge abhängt, was ich wahrnehme. Das Auge antwortet auf einen mir unbekannten Vorgang mit der Farbenqualität, sagen wir: blau. Blau ist nirgends draußen im Raum. Ein Vorgang wirkt auf uns, und der bringt die Empfindung «blau» hervor. Was Sie glauben, daß es vor Ihnen steht, ist nichts anderes als die Wirkung irgendwelcher unbekannter Vorgänge auf ein Sinnesorgan. Die ganze Physiologie des 19. Jahrhunderts hat scheinbar eine Bestätigung dieses Gesetzes der spezifischen Sinnesenergien gegeben. Dadurch scheint auch die Kantsche Idee gestützt zu sein.

Man kann im vollsten Sinne des Wortes diese Weltanschauung einen Illusionismus nennen. Niemand weiß etwas von dem, was draußen wirkt, was seine Empfindungen hervorbringt. Aus sich heraus spinnt er seine ganze Erfahrungswelt und baut sie nach den Gesetzen seines Geistes auf. Niemals kann etwas anderes an ihn herantreten, solange seine Organisation so beschaffen ist, wie sie ist. Das ist die durch die Physiologie motivierte Kantsche Lehre. Damit ist das gegeben, was Kant kritischen Idealismus nennt. Das ist auch das, was *Schopenhauer* in seiner Philosophie entwickelt: Die Menschen glauben, daß der ganze sternbesäte Himmel und die Sonne sie umgibt. Das ist aber nur eure eigene Vorstellung. Ihr erschafft die ganze Welt. – Und Eduard von Hartmann sagt: Das ist die gewisseste Wahrheit, die es geben kann. Keine Macht würde jemals an diesem Satze rütteln können. – So sagt die abendländische Philosophie. Sie hat niemals überlegt, wie im Grunde genommen Erfahrungen zustande kommen. Nur der kann an dem Realismus festhalten, der weiß, wie die Erfahrungen zustande kommen und der kommt dann zum wahren kritischen Idealismus. Die Anschauung Kants ist der transzendentale Idealismus, das heißt, er weiß nichts von einer wahren Wirklichkeit, nichts von einem Ding an sich, sondern nur von einer Vorstellungswelt. Er sagt im Grunde: Ich muß meine Vorstellungswelt auf etwas mir Unbekanntes beziehen. – Diese Anschauung soll als etwas Unerschütterliches gelten.

Ist dieser transzendentale Idealismus tatsächlich unerschütterlich? Ist das «Ding an sich» unerkennbar? – Wäre das so, dann könnte von einer höheren Erfahrung gar nicht gesprochen werden. Denn wenn das «Ding an sich» bloß Illusion wäre, dann dürften wir nicht von irgendwelchen höheren Wesen sprechen. Und das ist daher auch ein Einwand, der gegen die Theosophie erhoben wird: Ihr habt höhere Wesen, von denen ihr sprecht.

In welcher Weise diese Auffassungen vertieft werden müssen, das werden wir nächstes Mal sehen.

DIE ERKENNTNISTHEORETISCHEN GRUNDLAGEN
DER THEOSOPHIE II

Berlin, 4. Dezember 1903

Mit der Bemerkung, daß die gegenwärtige, namentlich deutsche Philosophie und im besonderen ihre Erkenntnistheorie es den Bekennern derselben schwierig macht, den Zugang zu der theosophischen Weltanschauung zu finden, habe ich vor acht Tagen diese Vorträge eingeleitet, und ich bemerkte, daß ich versuchen werde, diese Erkenntnistheorie, diese gegenwärtige philosophische Weltanschauung zu skizzieren und zu zeigen, wie jemand mit einem durchaus ernsten Gewissen nach dieser Richtung hin es schwer hat, Theosoph zu sein.

Im allgemeinen sind die Erkenntnistheorien, die sich aus dem Kantianismus herausgebildet haben, ausgezeichnet und absolut richtig. Es ist aber von ihrem Standpunkt aus nicht einzusehen, wie der Mensch dazu kommen kann, etwas über Wesen, die andersgeartet sind als er, überhaupt über wirkliche Wesenheiten etwas zu erfahren. Das hat uns ja die Betrachtung des Kantianismus gezeigt, daß diese Anschauung zuletzt zu dem Ergebnis kommt, daß alles, was wir um uns herum haben, nur eine Erscheinung, nur eine Vorstellung von uns selbst ist. Was wir um uns herum haben, das ist nicht eine Wirklichkeit, sondern das wird beherrscht von den eigenen Gesetzen unseres Geistes, das wird beherrscht von den Gesetzen, die wir selbst unserer Umgebung vorschreiben. Ich sagte: Wie wir mit einem Auge, das mit einer farbigen Brille begabt ist, die ganze Welt in dieser Farbennuance sehen müssen, so muß der

Mensch – nach Kants Anschauung – die Welt so gefärbt sehen, wie er sie seiner Organisation gemäß sieht, gleichgültig wie sie auch in der äußeren Wirklichkeit beschaffen sein mag. So dürfen wir nicht von einem «Ding an sich» sprechen, sondern lediglich von der ganz subjektiven Erscheinungswelt. Wenn das der Fall ist, dann ist alles dasjenige, was mich umgibt – der Tisch, die Stühle und so weiter –, eine Vorstellung meines Geistes; denn sie alle sind für mich nur da, insofern ich sie wahrnehme, insofern ich nach meinem eigenen Geistgesetz diesen Wahrnehmungen Form gebe, ihnen die Gesetze vorschreibe. Ich kann nichts darüber aussagen, ob noch irgend etwas außer meiner Wahrnehmung von Tisch und Stühlen vorhanden ist. Das ist im Grunde genommen das, wozu die Kantsche Philosophie letzten Endes kommt.

Das ist natürlich nicht vereinbar damit, daß wir in das wahre Wesen der Dinge eindringen können. Die Theosophie ist unzertrennlich von der Ansicht, daß wir nicht nur in das körperliche Dasein der Dinge eindringen können, sondern auch eindringen können in das Geistige der Dinge; daß wir nicht nur ein Erkennen haben von dem, was uns körperlich umgibt, sondern auch Erfahrungen haben können von dem, was rein geistig ist. Wie nun ein energisches Buch mit der heute «Theosophie» genannten Weltanschauung das darstellt, was später Kantianismus geworden ist, das will ich Ihnen zeigen, indem ich Ihnen aus dem Werke, das kurze Zeit vor der Begründung des Kantianismus geschrieben worden ist, eine Stelle vorlese. Erschienen ist das Buch im Jahre 1766. Es ist ein Buch, welches – wir können es durchaus so sagen – von einem Theosophen geschrieben sein könnte. In ihm wird vertreten, daß der Mensch nicht nur mit seiner ihn umgebenden Körperwelt in einem Verhältnis steht, sondern daß es ganz sicher einmal wissenschaftlich wird bewiesen werden, daß der Mensch außer der körperlichen Welt auch einer geistigen Welt angehört, und daß auch die Art und Weise, wie er mit dieser in Zusammenhang sein kann, wissenschaftlich bewiesen werden kann. Es ist da manches so gut demonstriert, daß man es als leidlich bewiesen betrachten oder doch annehmen könnte, daß es künftig bewiesen werden wird: «Ich weiß nicht, wo oder wann, daß die menschliche Seele in Beziehung zu anderen steht, daß sie wechselweise wirken und voneinander Eindrücke empfangen, deren sich der Mensch aber nicht bewußt ist, solange alles wohl steht.» Und dann aus einer zweiten Stelle: «Es ist manches zwar einerlei Subjekt, was keine begleitende Ideen sein können der anderen Welt, und daher ist alles Geistdenken so, daß es in den Zustand eines Geistes gar nicht hineinkommt ...» und so weiter.

Der Mensch mit seinem durchschnittlichen Anschauungsvermögen kann sich nicht bewußt werden des Geistes; aber es wird gesagt, daß ein solches gemeinsames Leben mit einer geistigen Welt doch anzunehmen ist. Mit einer solchen Anschauung ist die Kantsche Erkenntnistheorie nicht zu vereinigen. Derjenige, welcher die Grundlegung zu dieser Anschauung geschrieben hat, ist *Immanuel Kant* selbst. Es ist also so, daß wir in Kant selbst eine Umkehr zu verzeichnen haben. Denn im Jahre 1766 schreibt er das, und vierzehn Jahre darauf begründet er diejenige Erkenntnistheorie, welche es unmöglich macht, zur Theosophie den Weg zu finden. Unsere moderne Philosophie fußt auf dem Kantianismus. Sie hat verschiedene Gestalten angenommen, diejenigen von Herbart und Schopenhauer bis Otto Liebmann und Johannes Volkelt und Friedrich Albert Lange. Wir werden überall eine mehr oder weniger kantianisch gefärbte Erkenntnistheorie finden, wonach wir es nur mit Erscheinungen, mit unserer subjektiven Wahrnehmungswelt zu tun haben, so daß wir nicht bis zur Wesenheit, der Wurzel des «Dings an sich» dringen können.

Nun möchte ich Ihnen zunächst alles dasjenige vorführen, was im Laufe des 19. Jahrhunderts sich herausgebildet hat, und was wir die modifizierte Kantsche Erkenntnistheorie nennen können. Ich möchte entwickeln, wie sich die jetzige Erkenntnistheorie herausgebildet hat, welche mit einem gewissen Hochmut auf denjenigen blickt, der sich dem Glauben hingibt, daß man etwas wissen könne. Ich möchte zeigen, wie sich derjenige eine erkenntnistheoretische Grundanschauung bildet, welcher mit seiner Vorstellungsart auf dem Kantschen Boden steht. Alles, was die Wissenschaft gebracht hat, scheint die Kantsche Erkenntnistheorie zu belegen. Es scheint so fest gefügt zu sein, daß man ihm nicht entkommen kann. Heute wollen wir es aufrollen und das nächste Mal wollen wir sehen, wie man sich damit zurechtfinden kann.

Zunächst scheint es die Physik selbst zu sein, welche uns überall lehrt, daß dasjenige, wovon der naive Mensch glaubt, daß es Wirklichkeit sei, keine Wirklichkeit ist. Nehmen wir den Ton. Sie wissen, daß die Erschütterung der Luft außerhalb unseres Organs da ist, außerhalb unseres Ohres, das den Ton hört. Was außer uns vorgeht, ist eine Erschütterung der Luftteilchen. Nur dadurch, daß diese Erschütterung in unser Ohr kommt und das Trommelfell in Schwingung bringt, setzt sich die Bewegung fort bis in das Gehirn. Da nehmen wir das wahr, was wir Ton, was wir Schall nennen. Die ganze Welt wäre stumm und tonlos; erst dadurch, daß die äußere Bewegung von unserem Ohr aufgenommen wird, und das, was nur Schwingung ist, umgesetzt wird, erleben wir das, was wir als Tonwelt empfinden. So kann der Erkenntnistheoretiker leicht sagen: Ton ist nur das, was in dir existiert, und denkst du dies weg, so ist weiter nichts als bewegte Luft vorhanden.

Dasselbe gilt für das, was wir in der Außenwelt antreffen von Farben und Licht. Der Physiker ist der Anschauung, daß Farbe eine Schwingung des Äthers ist, der den ganzen Weltenraum erfüllt. Ebenso wie durch den Schall die Luft in Schwingung gesetzt wird, wie, wenn wir einen Schall hören, außer uns nichts anderes als die Bewegung der Luft vorhanden ist, so ist bei dem Licht nur eine schwingende Bewegung des Äthers da. Die Ätherschwingungen sind etwas anders als die der Luft. Der Äther schwingt senkrecht zur Fortpflanzungsrichtung der Wellen. Das ist klargelegt durch die experimentierende Physik. Wenn wir die Farbenempfindung des «Rot» haben, so haben wir es zu tun mit einer Empfindung. Dann müssen wir uns fragen: Was ist denn noch vorhanden, wenn kein empfindendes Auge vorhanden ist? – Es soll ja von den Farben nichts anderes da sein im Raum, als schwingender Äther. Die Farbenqualität ist aus der Welt geschafft, wenn das empfindende Auge aus der Welt geschafft ist.

Was Sie sehen als Rot, das sind 392 bis 454 Billionen Schwingungen, bei Violett sind es 751 bis 757 Billionen Schwingungen. Das ist unvorstellbar schnell. Die Physik des 19. Jahrhunderts hat alle Licht- und Farbenempfindung in Schwingungen des Äthers verwandelt. Wäre kein Auge da, die ganze Farbenwelt wäre nicht vorhanden. Es wäre alles stockdunkel. Es würde nicht geredet werden können von Farbenqualität im äußeren Raum. Das geht so weit, daß *Helmholtz* gesagt hat: Wir haben in uns die Empfindungen von Farbe und Licht, von Schall und Ton. Das ist nicht einmal ähnlich demjenigen, was außer uns vorgeht. Wir dürfen das nicht einmal ein Bild nennen von dem, was außer uns vorgeht. – Das, was wir als Farbenqualität des

Roten kennen, ist nicht ähnlich den etwa 420 Billionen Schwingungen in der Sekunde. Deshalb meint Helmholtz: Dasjenige, was wirklich in unserem Bewußtsein vorhanden ist, ist nicht ein Bild, sondern ein bloßes Zeichen.

Die physikalische Wissenschaft hat beibehalten, daß Raum und Zeit vorhanden sind, wie ich sie wahrnehme. Der Physiker stellt sich also vor, daß, wenn ich eine Farbempfindung habe, die Bewegung im Raume verläuft. Und ebenso ist es mit der Zeitvorstellung, wenn ich die Empfindung des Rot habe und die Empfindung des Violett. Beide sind subjektive Vorgänge in mir. Sie folgen zeitlich aufeinander. Die Schwingungen folgen in der Außenwelt aufeinander. Die Physik geht da nicht so weit wie Kant. Ob die «Dinge an sich selbst» raumerfüllt sind, ob sie in einem Raume sind oder in der Zeit aufeinander folgen, das können wir – im Sinne von Kant – nicht wissen; sondern wir wissen nur: wir sind so und so organisiert, und deshalb muß das, was da räumlich oder nicht räumlich ist, immer die Form des Räumlichen annehmen. Wir breiten diese Form darüber aus. Für die Physik muß die schwingende Bewegung im Raume vor sich gehen, sie muß eine gewisse Zeit beanspruchen. Der Äther schwingt mit, sagen wir, 480 Billionen Schwingungen in der Sekunde. Darin liegt schon die Raum- und Zeitvorstellung. Raum und Zeit nimmt also der Physiker als außer uns liegend an. Alles übrige ist aber nur Vorstellung, ist subjektiv. Sie können in physikalischen Werken lesen, daß für denjenigen, der sich klargeworden ist darüber, was geschieht in der Außenwelt, nichts vorhanden ist als schwingende Luft, als schwingender Äther. Das scheint die Physik beigetragen zu haben, daß alles, was wir haben, nur innerhalb unseres Bewußtseins existiert und außer demselben nichts vorhanden ist.

Das zweite, was uns die Wissenschaft des 19. Jahrhunderts vorführen kann, sind die Gründe, welche die Physiologie liefert. Der große Physiologe *Johannes Müller* hat das Gesetz der spezifischen Sinnesenergien gefunden. Nach diesem reagiert jedes Organ mit einer bestimmten Empfindung. Wenn Sie das Auge stoßen, so können Sie einen Lichtschein wahrnehmen; wenn Elektrizität hindurchgeht, ebenfalls. Das Auge wird auf jeden Einfluß von außen so antworten, wie es dem Auge eben entspricht. Es hat von innen heraus die Kraft, mit dieser Eigentümlichkeit von Licht und Farbe zu antworten. Wenn Licht und Äther eindringen, so antwortet das Auge mit Licht- und Farbenreizen.

Die Physiologie liefert noch weitere Bausteine, um zu beweisen, was die subjektivistische Anschauung aufgestellt hat. Nehmen Sie an, wir haben eine Tastempfindung. Da stellt sich der naive Mensch vor, daß unmittelbar der Gegenstand es ist, den er wahrnimmt. Aber was nimmt er in Wahrheit wahr? – so fragt der Erkenntnistheoretiker. Was vor mir steht, ist nichts anderes als eine Zusammenfügung von kleinsten Teilchen, von Molekülen. Sie sind in Bewegung. Jeder Körper ist in solcher Bewegung, die von den Sinnen nicht wahrgenommen werden kann, weil die Schwingungen zu klein sind. Im Grunde genommen ist es nichts anderes als nur die Bewegung, die ich wahrnehmen kann, denn der Körper kann nicht in mich hineinkriechen. Was ist es, wenn Sie die Hand auf den Körper legen? Die Hand führt eine Bewegung aus. Diese setzt sich fort bis zu dem Nerv und dieser setzt sie um in das, was Sie als Empfindung haben: in Wärme und Kälte, in weich und hart. Auch in der Außenwelt sind Bewegungen enthalten, und wenn mein Tastsinn daran kommt, so setzt das Organ es um in Wärme oder Kälte, in Weichheit oder Härte.

Auch nicht einmal das, was zwischen dem Körper und uns geschieht, können wir wahrnehmen, denn die äußerste

Hautschicht ist unempfindlich. Wenn die Epidermis ohne einen darunterliegenden Nerv ist, so kann sie niemals etwas empfinden. Immer ist die Epidermis zwischen dem Ding und dem Körper. Der Reiz wirkt also aus einer relativ großen Entfernung durch die Epidermis hindurch. Nur das, was in Ihrem Nerv erregt wird, das kann wahrgenommen werden. Der äußere Körper bleibt ganz außerhalb von dem Bewegungsvorgange. Sie sind getrennt von dem Ding, und was Sie wirklich empfinden, wird innerhalb der Epidermis erzeugt. Alles, was wirklich in Ihr Bewußtsein eindringen kann, das geschieht in dem Bereich des Körpers, so daß es noch abgetrennt wird von der Epidermis. Wir würden also sagen müssen nach dieser physiologischen Erwägung, daß wir nichts von dem hereinbekommen, was in der Außenwelt vorgeht, sondern daß es lediglich Vorgänge innerhalb unserer Nerven selbst sind, die sich im Gehirn fortpflanzen, die uns durch ganz unbekannte äußere Vorgänge erregen. Wir können niemals über unsere Epidermis hinauskommen. Sie stecken in Ihrer Haut und nehmen nichts anderes wahr, als was innerhalb dieser sich abspielt.

Gehen wir zu einem anderen Sinnesorgan über, zu dem Auge. Gehen wir von dem Physikalischen zu dem Physiologischen über. Sie sehen, daß die Schwingungen sich fortpflanzen; sie müssen unseren Körper erst durchdringen. Das Auge besteht zunächst aus einer Haut, der Hornhaut. Hinter dieser liegt die Linse und hinter der Linse der Glaskörper. Da muß das Licht erst durch. Dann kommt es auf das Hintere des Auges, das ausgekleidet ist mit der Netzhaut. Würden Sie die Netzhaut entfernen, so würde das Auge niemals etwas in Licht umsetzen. Bekommen Sie Formen von Gegenständen, so müssen die Strahlen erst in unser Auge eindringen, und innerhalb des Auges wird ein kleines Netzhautbild entworfen. Dieses ist das letzte, was die Empfindung hervorrufen kann. Was vor der Netzhaut liegt, ist unempfindlich; von dem, was da geschieht, können wir keine wirkliche Wahrnehmung haben. Erst das Bild auf der Netzhaut können wir wahrnehmen. Man stellt sich vor, daß da chemische Veränderungen des Sehpurpurs vor sich gehen. Die vom äußeren Gegenstand ausgehende Wirkung muß die Linse und den Glaskörper passieren, dann eine chemische Veränderung in der Netzhaut hervorrufen, und das ist das, was Empfindung wird. Dann setzt das Auge das Bild wieder nach außen, umgibt sich mit den Reizen, die es empfangen hat, und setzt sie wieder um in die Welt außer uns. Was in unserem Auge vorgeht, ist nicht das, was den Reiz bildet, sondern ein chemischer Vorgang. Die Physiologen liefern immer neue Gründe für die Erkenntnistheoretiker. Wir müssen Schopenhauer scheinbar vollständig recht geben, wenn er sagt: Der gestirnte Himmel ist von uns selbst geschaffen. Es ist eine Umdeutung der Reize. Von dem «Ding an sich» können wir nichts wissen.

Sie sehen, diese Erkenntnistheorie beschränkt den Menschen lediglich auf die Dinge, sagen wir Vorstellungen, welche sein Bewußtsein erschafft. Er ist eingeschlossen in diesem seinem Bewußtsein. Er kann annehmen, wenn er will, daß etwas vorhanden ist in der Welt, das auf ihn Eindruck macht. Jedenfalls aber kann nichts in ihn hineindringen. Alles, was er empfindet, wird von ihm selbst geschaffen. Wir können nicht einmal von dem etwas wissen, was in der Peripherie vor sich geht. Nehmen Sie den Reiz im Sehpurpur. Er muß zum Nerv geleitet werden, und dieser muß wieder in irgendeiner Weise in die eigentliche Empfindung umgesetzt werden, so daß die ganze Welt, die uns umgibt, nichts anderes wäre als das, was wir aus unserem Inneren heraus geschaffen hätten.

Dies sind die physiologischen Beweise, die uns dazu führen, zu sagen, daß das so sei. Es gibt aber auch Menschen, die nun fragen, wie wir dazu kommen, außer uns andere Menschen anzunehmen, die wir doch auch nur erkennen aus den Wahrnehmungseindrücken, die wir von ihnen empfangen. Wenn ein Mensch vor mir steht, so habe ich doch nur Schwingungen als Reize und dann ein Bild meines eigenen Bewußtseins. Es ist lediglich eine Annahme, daß außer dem Bewußtseinsbild etwas dem Menschen Ähnliches vorhanden sein soll. So stützt die moderne Erkenntnistheorie ihre Anschauung, daß das, was äußerer Erfahrungsgehalt ist, lediglich subjektiver Natur ist. Sie sagt: Was wahrgenommen wird, ist ausschließlich der eigene Bewußtseinsinhalt, ist Veränderung dieses Bewußtseinsinhaltes. Ob es Dinge an sich gibt, liegt außer unserer Erfahrbarkeit. Die Welt ist für mich eine subjektive Erscheinung, welche sich aus meinen Empfindungen bewußt oder unbewußt aufbaut. Ob es auch andere Welten gibt, liegt außer dem Bereiche meiner Erfahrbarkeit.

Wenn ich sage: es liegt außer dem Bereiche der Erfahrbarkeit, ob es noch eine andere Welt gibt, so liegt es auch außer dem Bereiche der Erfahrbarkeit, ob es noch andere Menschen mit anderen Bewußtseinen gibt, denn es kann nichts von einem Bewußtsein der anderen Menschen in den Menschen hineinkommen. Von der Vorstellungswelt eines anderen und von dem Bewußtsein eines anderen kann nichts in mein Bewußtsein kommen. Diese Auffassung haben diejenigen, die sich mehr oder weniger der Kantschen Erkenntnistheorie angeschlossen haben.

Kant hat die Erkenntnistheorie zusammengefaßt in den Worten: Hundert mögliche Taler enthalten nicht weniger als hundert wirkliche Taler, das heißt, ich kann einen Gegenstand nicht dadurch als einen wirklichen ansehen, daß ich irgend etwas in der Vorstellung hinzufüge. Die Vorstellung gibt lediglich ein Bild. Soll ein Gegenstand da sein, dann muß er mir entgegenkommen, und ich umspinne ihn mit den Gesetzen, die ich aus mir selbst heraus entwickle. Dieser Anschauung hat sich auch Schopenhauer angeschlossen in einer etwas modifizierten Gestalt.

Johann Gottlieb Fichte hat sich in seiner Jugend auch dieser Anschauung angeschlossen. Er hat die Kantsche Theorie konsequent durchgedacht. Es gibt vielleicht keine schönere Beschreibung derselben als die, welche Fichte in seiner Schrift «Über die Bestimmung des Menschen» gegeben hat. Er sagt darin: «Es gibt überall kein Dauerndes, weder außer mir noch in mir, sondern nur einen unaufhörlichen Wechsel. Ich weiß überall von keinem Sein, und auch nicht von meinem eigenen. Es ist kein Sein. – Ich selbst weiß überhaupt nicht, und bin nicht. Bilder sind: sie sind das Einzige, was da ist, und sie wissen von sich, nach Weise der Bilder; – Bilder, die vorüberschweben, ohne daß etwas sei, dem sie vorüberschweben; die durch Bilder von den Bildern zusammenhängen. Bilder, ohne etwas in ihnen Abgebildetes, ohne Bedeutung und Zweck. Ich selbst bin eins dieser Bilder; ja, ich bin selbst dies nicht, sondern nur ein verworrenes Bild von den Bildern.–»

In der Tat – bleiben Sie dabei, daß Sie es in Ihrer subjektiven Auffassung einzig mit den Gebilden Ihres eigenen Bewußtseins zu tun haben, dann müssen Sie notwendig zu der Anschauung kommen, daß Sie von sich selbst nicht mehr wissen als von der Außenwelt. Wenn Sie zur Vorstellung des eigenen Ich übergehen, dann ist Ihnen davon auch nicht mehr gegeben als von der Außenwelt. Halten Sie diesen Gedanken in seiner vollen Bedeutung fest, so wird es Ihnen klarwerden, daß Ihnen die Außenwelt in eine Summe von Trugbildern zerfließt, und daß auch die Innenwelt nichts anderes ist als ein Gebilde von lauter ineinandergefügten subjektiven Träumen. Sie können sich schon von außen, ich möchte sagen, von seiten der Körperlichkeit her, vorstellen, daß auch Sie selbst gleich der Außenwelt nichts anderes sind als eine Art Traumgebilde, eine Art Illusion, wenn Sie die Anschauung richtig ausdeuten.

Sehen Sie Ihre Hand an, welche Ihre Bewegungen in Tastempfindung umsetzt. Diese Hand ist nichts anderes als ein Gebilde meines subjektiven Bewußtseins, und mein ganzer Körper und was in mir ist, ist auch ein Gebilde meines subjektiven Bewußtseins. Oder nehme ich mein Gehirn: Könnte ich unter dem Mikroskop untersuchen, wie die Empfindung entstand im Gehirn, ich hätte nichts vor mir als einen Gegenstand, den ich wieder in meinem Bewußtsein in ein Bild umzusetzen habe.

Die Ich-Vorstellung ist eine ebensolche Vorstellung, sie ist erzeugt wie irgendeine andere. Träume ziehen an mir vorüber, Illusionen ziehen an mir vorüber – das ist die Weltanschauung des Illusionismus, welche sich notwendig als die letzte Konsequenz des Kantianismus zeigt. Kant wollte die alte dogmatische Philosophie überwinden; er wollte überwinden, was von *Wolff* und von der Wolffschen Schule vorgebracht worden ist. Das betrachtete er als eine Summe von Hirngespinsten.

Es waren die Beweise für die Freiheit des Willens, für die Unsterblichkeit der Seele und für das Dasein Gottes, welche Kant hinsichtlich ihrer Beweiskraft als Hirngespinste entlarvte. Und was gibt *er* als Beweise? Er hat bewiesen, daß wir von einem «Ding an sich» nichts wissen können, daß das, was wir haben, nur Bewußtseinsinhalt ist, daß aber Gott «etwas an sich» sein müsse. So können wir notwendigerweise das Dasein Gottes im Sinne Kants nicht beweisen. Unsere Vernunft, unser Verstand sind nur anwendbar auf das, was in der Wahrnehmung gegeben ist. Sie sind nur dazu da, um Gesetze vorzuschreiben für das, was die Wahrnehmung ist, und daher liegen diese Dinge: Gott – Seele – Willen – völlig außer unserer Vernunfterkenntnis. Die Vernunft hat eine Grenze, und sie kann nicht darüber hinaus.

Im Vorwort zur zweiten Auflage der «Kritik der reinen Vernunft» sagt er an einer Stelle: «Ich mußte also das Wissen aufheben, um zum Glauben Platz zu bekommen.» Das ist es, was er im Grunde genommen wollte. Er wollte das Wissen einschränken auf die sinnliche Wahrnehmung, und alles, was über die Vernunft hinausgeht, das wollte er auf andere Weise erreichen. Er wollte es auf dem Wege des moralischen Glaubens erreichen. Daher sagte er: Auf keine Art wird jemals die Wissenschaft das objektive Dasein der Dinge erreichen können. Aber eines finden wir in uns: den kategorischen Imperativ, der mit einer unbedingten Verpflichtung in uns auftritt. – Kant nennt ihn eine göttliche Stimme. Er ist erhaben über die Dinge, er führt unbedingte moralische Notwendigkeit mit sich. Von hier aus steigt Kant auf, um das, was er für das Wissen vernichtet, für den Glauben wieder zu erobern. Da der kategorische Imperativ mit nichts zu tun hat, was durch sinnliche Einwirkung bedingt ist, sondern in uns auftritt, so muß etwas vorhanden sein, was sowohl die Sinne als auch den kategorischen Imperativ bedingt, und was auftritt, wenn alle Pflichten des kategorischen Imperativs erfüllt sind. Das wäre die Glückseligkeit. Aber es kann kein Mensch die Brücke finden zwischen den beiden. Da er sie nicht finden kann, so muß sie ein göttliches Wesen herstellen. Dadurch kommen wir zu einem Gottesbegriff, den wir niemals auf sinnliche Weise finden können.

Ein Einklang zwischen der Sinnenwelt und der moralischen Vernunftwelt muß hergestellt werden. Wenn auch in einem Leben gleichsam genug getan würde, so dürfen wir doch nicht glauben, daß das irdische Leben überhaupt genügt. Das menschliche Leben geht hinaus über das irdische Leben, weil der kategorische Imperativ es so fordert. Und so müssen wir eine göttliche Weltordnung annehmen. Und wie könnte der Mensch einer göttlichen Weltordnung, dem kategorischen Imperativ, folgen, wenn er nicht Freiheit hätte? – So hat Kant das Wissen vernichtet, um durch den Glauben zu den höheren Dingen des Geistes zu gelangen. Glauben müssen wir! Er versucht auf dem Wege der praktischen Vernunft wieder hineinzubringen, was er aus der theoretischen Vernunft hinausgeworfen hat.

Auf dieser Kantschen Philosophie fußen auch diejenigen Anschauungen, welche scheinbar der Kantschen Philosophie ganz fern stehen. Auch ein Philosoph, der großen Einfluß gehabt hat – auch in der Pädagogik: *Herbart.* Eine eigene Anschauung hatte er aus der Kantschen Vernunftkritik entwickelt: Wenn wir hinsehen auf die Welt, da stoßen wir auf Widersprüche. Sehen wir uns nur einmal das eigene Ich an. Heute hat es diese Vorstellungen, gestern hatte es andere, morgen wird es wieder andere haben. Ja, was ist es denn, das Ich? Es tritt uns entgegen und ist erfüllt mit einer bestimmten Vorstellungswelt. In einem anderen Augenblick tritt es uns mit einer anderen Vorstellungswelt entgegen. Wir haben da ein Werden, viele Eigenschaften, und trotzdem soll es *ein* Ding sein. Es ist eins und vieles. Jedes Ding ist ein Widerspruch. So, sagt Herbart, sind überall in der Welt nur Widersprüche vorhanden. Vor allen Dingen müssen wir uns den Satz vorhalten, daß der Widerspruch nicht das wahre Sein sein kann. Daraus leitet nun Herbart die Aufgabe seiner Philosophie ab. Er sagt: Wir müssen die Widersprüche wegschaffen, wir müssen eine widerspruchslose Welt uns konstruieren. Die Welt der Erfahrungen ist eine unwirkliche, eine widerspruchsvolle. In der Umarbeitung der widerspruchsvollen Welt in eine widerspruchslose sieht er den wahren Sinn, das wahre Sein. Herbart sagt: Wir finden den Weg zum «Ding an sich», indem wir die Widersprüche sehen, und wenn wir diese aus uns herausschaffen, dann dringen wir zu dem wahren Sein, zu dem wahren Realen vor. – Das eine hat aber auch er mit Kant gemein, daß das, was uns in der Außenwelt umgibt, eine bloße Illusion sei. Auch er hat dasjenige, was für den Menschen wertvoll sein soll, auf andere Weise zu stützen versucht.

Und nun kommen wir sozusagen auf den Kern der Sache. Das müssen wir uns doch vorhalten, daß alles moralische Handeln im Grunde genommen nur dann einen Sinn hat, wenn es in der Welt reale Wirklichkeit annehmen kann. Was soll alles moralische Handeln, wenn wir in einer Welt des Scheines leben? Da können Sie niemals überzeugt sein, daß das, was Sie tun, ein Wirkliches darstellt. Dann sind im Grunde genommen all Ihr Moralischwerden und alle Ihre Ziele in der Luft schwebend. Da war Fichte von einer wunderbaren Konsequenz. Später hat er die Anschauung geändert und ist zu der reinen Theosophie gekommen. Durch die Wahrnehmung können wir – so sagt er – über die Welt niemals etwas anderes wissen, als Träume von diesen Träumen. Aber etwas treibt uns, das Gute zu wollen. Dieses läßt uns blitzartig hineinschauen in diese große Traumwelt. Die Verwirklichung des Sittengesetzes sieht er in der Traumwelt. Was kein Verstand lehrt, das soll begründet werden durch die Anforderungen des Sittengesetzes. – Und Herbart sagt: Weil alles, was wir wahrnehmen, widerspruchsvoll ist, können wir niemals zu Normen für unser sittliches Handeln kommen. Daher muß es für unser sittliches Handeln Normen geben, welche aller Beurteilung von seiten des Verstandes und der Vernunft überhoben sind. Sittliche Vollkommenheit, Wohlwollen, innere Freiheit, sie sind unabhängig von der Verstandestätigkeit. Weil alles in unserer Welt Schein ist, deshalb müssen wir etwas haben, um darin des Nachdenkens enthoben zu sein.

Das ist die erste Phase der Entwickelung des 19. Jahrhunderts: die Verwandlung der Wahrheit in eine Traumwelt. Der Traumidealismus, der allein das sein soll, zu dem das Nachdenken über das Sein kommen kann, der war es, der die Begründung einer moralischen Weltanschauung unabhängig machen wollte gegenüber allem Wissen und Erkennen. Er wollte das Wissen einschränken, um für den Glauben Platz zu bekommen. Deshalb hat die deutsche Philosophie gebrochen mit den uralten Traditionen derjenigen Weltanschauungen, die wir als Theosophie bezeichnen. Niemals hätte derjenige, der sich als Theosoph bezeichnet, diesen Dualismus annehmen können, diese Trennung des Moralischen und der Traumwelt. Es war für ihn immer eine Einheit, von dem untersten Kraftatom bis hinauf zur höchsten geistigen Wirklichkeit. Denn so wie dasjenige, was das Tier in Lust und Unlust vollbringt, nur gradweise verschieden ist von dem, was auf der höchsten Spitze des Geisteslebens aus reinsten Motiven hervorgeht, so ist überall das, was unten geschieht, nur gradweise verschieden von dem, was oben geschieht. Diesen einheitlichen Weg zu einem Gesamtwissen und einem Gesamtüberschauen der Welt hat Kant dadurch verlassen, daß er die Welt zerspalten hat in eine zu erkennende, aber scheinbare Welt, und in eine andere, die einen ganz anderen Ursprung hat, in die Welt des Moralischen. Er hat dadurch den Blick unendlich vieler getrübt. Unter den Nachwirkungen der Kantschen Philosophie leiden alle diejenigen, welche den Zugang zur Theosophie nicht finden können.

Zuletzt werden Sie sehen, wie die Theosophie aus einer wahren Erkenntnistheorie herausspringt; vorher war es aber nötig, daß ich den scheinbar festgefügten Bau der Wissenschaft vorgeführt habe. Daß nur der Äther schwingt, und wir Grün oder Blau empfinden, daß wir durch die Luftschwingungen den Ton empfinden, das scheint unwiderleglich durch die Forschung begründet zu sein. Zu zeigen, wie es sich damit wirklich verhält, das soll der Inhalt des nächsten Vortrages sein.

DIE ERKENNTNISTHEORETISCHEN GRUNDLAGEN
DER THEOSOPHIE III

Berlin, 17. Dezember 1903

In den vorhergehenden Vorträgen habe ich versucht, die gegenwärtige Erkenntnistheorie, wie sie an unseren Universitäten getrieben wird, und wie sie auch von denjenigen Philosophen und denkenden Forschern getrieben wird, die sich an Schopenhauer, Kant und ähnliche große deutsche Denker anlehnen, in ihren Grundgedanken zu skizzieren. Ich versuchte zu gleicher Zeit anzudeuten, wie die ganze wissenschaftliche Entwickelung des 19. Jahrhunderts, sei es die physikalische, die physiologische und auch die psychologische, im Grunde genommen die Kantsche Erkenntnistheorie oder ihre Ausbildung, wie sie durch Schopenhauer, durch Eduard von Hartmann gekommen ist, angenommen und richtig gefunden hat. Damit haben wir gezeigt, daß im Grunde genommen jene Art der Erkenntnistheorie, die wir als Illusionismus bezeichnen können, welche uns völlig auf unser eigenes Bewußtsein zurückweist und die ganze Welt zu einer Welt der Vorstellung macht, die allein richtige zu sein scheint. Das scheint so selbstverständlich, daß man geradezu heute als philosophisch unmündig gilt, wenn man den Satz: Die Welt ist meine Vorstellung – bezweifeln wollte.

Sie werden mir jetzt auch gestatten, über das Geistige zu sprechen, da ich Ihnen ja fast sämtliche Gründe vorgeführt habe, welche zu dieser illusionistischen Erkenntnistheorie geführt haben. Ich habe Ihnen die Gründe gezeigt, welche zu der Erkenntnis führen: Die Welt ist unsere Vorstellung –; ich habe Ihnen gezeigt, wie durch die sinnesphysiologische Betrachtungsweise alles, was uns umgibt, vernichtet wird, sei es die Welt der Temperaturempfindung, sei es die des Tastsinns und so weiter. Diese Wahrnehmungen, Vorstellungen und Begriffe erscheinen letzten Grundes wie von der Seele des Menschen herausgeboren als ein Selbsterzeugnis des Menschen. Die Erkenntnis, die dies nach allen Seiten zu begründen sucht, entspricht der Schopenhauerschen Lehre: Die Welt ist unsere Vorstellung –, wonach es keinen Himmel gibt, sondern nur ein Auge, das ihn sieht, keine Töne, sondern nur ein Ohr, das sie hört.

Sie konnten vielleicht glauben, daß ich diese verschiedenen erkenntnistheoretischen Standpunkte widerlegen wollte. Ich habe gezeigt, wozu sie führen, aber fassen Sie dies nicht als eine Widerlegung der verschiedenen Standpunkte auf. Der Theosoph kennt keine Widerlegung. Er kennt nicht das, was man nennt, sich in der Philosophie nur auf einen Standpunkt stellen. Diejenigen, welche sich einem philosophischen System ergeben haben, glauben, daß dieses eine das unbedingt richtige sei. So können wir Schopenhauer, Hartmann, die Hegelianer und die Kantianer von diesem Gesichtspunkte aus kämpfen sehen. Dies kann aber nimmermehr der Gesichtspunkt des Theosophen sein. Der Theosoph sieht es anders. In einem großen Sinn gesehen, gibt es für ihn auch nicht einen Streit der verschiedenen Religionssysteme, da er einsieht, daß allen ein Wahrheitskern zugrunde liegt und daß der Streit der Buddhisten, der Mohammedaner und der Christen nicht berechtigt ist. So weiß der Theosoph auch, daß in jedem philosophischen System ein Kern von Erkenntnis liegt, daß in jedem sozusagen eine Stufe der menschlichen Erkenntnisform verborgen ist.

Nicht darum kann es sich handeln, Kant zu widerlegen,

nicht darum, Schopenhauer zu widerlegen. Wer ehrlich strebt, der kann sich irren, aber der nächstbeste kann nicht einfach kommen, um ihn zu widerlegen. Es muß uns klar sein, daß alle diese Geister von ihrem Gesichtspunkte aus nach der Wahrheit gestrebt haben, und daß wir gerade den Wahrheitskern in den verschiedenen philosophischen Systemen finden werden. Auch nicht darum kann es sich für uns handeln, wer recht oder unrecht hat. Wer sich fest nur auf seinen eigenen Standpunkt stellt, dann die Standpunkte miteinander vergleicht und sagt, nur den oder den könne er gelten lassen, der ist in bezug auf die philosophische Erkenntnis nicht auf einem anderen Standpunkt als auf dem eines Briefmarkensammlers. Nicht einmal der höchststehende Erkenner hat die höchste Stufe der Einsicht erklommen. Wir stehen alle auf der Leiter der Entwickelung. Selbst der Höchste kann nichts Absolutes über die Wahrheit, über den Weltengeist ausmachen. Und wenn wir eine höhere Stufe der Erkenntnis erstiegen haben, so haben wir auch dann nur ein relatives Urteil, das aber sich immer erweitern wird, wenn wir einen noch höheren Gipfel werden erstiegen haben.

Wenn wir das theosophische System in den Grundfesten begriffen haben, dann erscheint es uns als Vermessenheit, über einen Philosophen zu sprechen, wenn wir uns nicht probeweise auf seinen Standpunkt stellen können, so daß wir die Wahrheit seiner Gedanken ebenso beweisen können, wie er das selber könnte. Man kann sich immer irren, aber man darf sich nicht in sophistischer Weise auf den Standpunkt stellen, daß es unmöglich sei, einen anderen Standpunkt zu überschauen. Ich will Ihnen einen Beweis liefern aus der deutschen Geistesentwickelung, daß es möglich ist, das so zu überschauen, wie ich es charakterisiert habe.

In den sechziger Jahren war das Morgenrot des Darwinismus aufgegangen, und er wurde gleich materialistisch gedeutet. Die materialistische Deutung ist eine Einseitigkeit. Aber die, welche so deuteten, hielten sich für unfehlbar; die Materialisten der sechziger Jahre hielten sich für unfehlbar in ihren Schlüssen. Dann erschien die «Philosophie des Unbewußten» von *Eduard von Hartmann*. Ich will sie nicht verteidigen. Mag sie ihre Einseitigkeiten haben, so erkenne ich doch an, daß dieser Standpunkt ein weit höherer ist als der eines Vogt, eines Haeckel und eines Büchner. Daher haben die Materialisten sie für einen aufgewärmten Schopenhauerianismus gehalten. Da erschien ein neues Buch, das mit schlagenden Gründen eine Widerlegung der «Philosophie des Unbewußten» brachte, das alles widerlegte. Man glaubte, daß es nur aus der Reihe der Naturwissenschafter habe kommen können. «Er nenne sich uns», schrieb *Haeckel*, «und wir nennen ihn einen der Unsrigen.» Da erschien die zweite Auflage, und der Verfasser nannte sich: es war Eduard von Hartmann selber. Er hat gezeigt, daß er sich völlig auf den Standpunkt der Naturforscher stellen kann. Hätte er gleich seinen Namen daraufgesetzt, so hätte die Schrift ihren Zweck nicht erreicht. Sie sehen, daß der Höherstehende sich auch auf den untergeordneten Standpunkt stellen kann und alles, was gegen den höheren Standpunkt vorzubringen ist, selber vorzubringen vermag. Niemand also darf sich vermessen, besonders nicht vom theosophischen Standpunkte aus, über ein philosophisches System zu sprechen, wenn er sich nicht bewußt ist, dieses philosophische System von innen heraus begriffen zu haben.

Deshalb handelt es sich also nicht um die Widerlegung des Kantianismus und des Schopenhauerianismus. Über diese Kinderkrankheiten des Widerlegens müssen wir hinwegkommen. Wir müssen zeigen, wie sie selbst über sich hinausführen, wenn sie in ihrem wahren Kern verfolgt werden.

Stellen wir uns deshalb nochmals probeweise auf den Standpunkt der subjektivistischen Erkenntnistheorie, die also zum Grundsatz führt: Die Welt ist meine Vorstellung. – Sie will den naiven Realismus überwinden, wonach dasjenige, was vor mir steht, das Wahre ist, während die Erkenntnistheoretiker gefunden haben, daß alles, was mich umgibt, nichts ist als meine Vorstellungen.

Wenn man bei diesem Standpunkt der Erkenntnistheorie stehenbleiben müßte, so wäre jegliche Grundlage für einen theosophischen Aufbau einer Lebensanschauung vergeblich. Wir wissen, daß das, was wir erkennen von der Welt, nicht bloß unsere Vorstellungen sind. Wären sie nur subjektive Gebilde unseres Ich, wir könnten nicht über sie hinauskommen. Wir könnten nichts ausmachen über einen Wahrheitswert dessen, was wir erkennen. Wir würden niemals in der theosophischen Weltanschauung die Dinge als wesentlich anschauen können, sondern nur als subjektive Gebilde unseres Ich. Dadurch würden wir immer auf unser Ich zurückgewiesen. Wir könnten nie sagen, daß uns aus irgendeiner höheren Welt eine Kunde käme, wenn wir das, was wir aus der Tiefe unseres Vorstellungslebens heraufholen, nur für uns allein haben, sondern nur wenn wir in unserer subjektiven Welt auch die Kundgebungen einer wahrhaften und wirklichen Welt haben. Darauf beruht das, was wir uns als Theosophie vorstellen müssen. Daher kann sich die Theosophie niemals mit dem Satz: Die Welt ist meine Vorstellung – zufrieden geben.

Selbst bei *Schopenhauer* können wir sehen, daß er über den Satz: Die Welt ist meine Vorstellung – hinausschreitet. Bei Schopenhauer gibt es auch noch den anderen Satz, der den ersten ergänzen soll: Die Welt ist Wille. – Dazu kommt Schopenhauer auf keine andere Weise als der Theosoph. Er sagt: Alles, was am Sternenhimmel ist, ist nur meine

Vorstellung, aber eines, mein eigenes Dasein, erkenne ich nicht als Vorstellung. Ich handle, ich tue, ich will; das ist eine Kraft in der Welt, in der ich bin und in mir, so daß ich von mir selbst weiß, was meiner Vorstellung zugrunde liegt. Möge daher auch alles übrige, was mich umgibt, Vorstellung sein, ich selbst bin mein Wille. – Damit hat Schopenhauer den festen Punkt zu gewinnen gesucht, den er aber doch niemals hat wirklich erreichen können. Denn dieser Satz ist ein sich selbst vernichtender Satz, der nur logisch zu Ende gedacht zu werden braucht, um dahinterzukommen, daß er das ist, was der Mathematiker eine Reductio ad absurdum nennt.

Kein Steinchen kann aus dem Bau herausgenommen werden, den Schopenhauer uns aufgestellt hat. Wenn wir Tast-, Wärme- und Kälteempfindungen haben, dann wissen wir, daß wir da nur Vorstellungen haben unseres Ich. Seien wir konsequent. Wie erkennen wir uns selbst? Wir sehen keine wirkliche Farbe, sondern wir wissen nur, daß ein Auge da ist, welches Farbe sieht. Woher wissen wir aber, daß ein Auge sieht, daß eine Hand da ist, die fühlt? Nur dadurch, daß wir sie wahrnehmen, wie wir irgendeine andere Sache, eine Sinnesempfindung wahrnehmen, wenn wir die Außenwelt erkennen wollen. So ist auch unsere Selbsterkenntnis an dieselben Gesetze und Regeln gebunden, an welche das Gesetz der Außenwelt gebunden ist. Und so wahr meine Welt meine Vorstellung ist, so wahr muß es sein, daß ich selbst mit alledem, was in mir ist, meine Vorstellung bin. Damit kommen wir dazu, auch die ganze Schopenhauersche Philosophie, alles was über die ganze subjektive und objektive Welt gedacht wird, als bloße Vorstellung anzusehen. Seien Sie sich klar darüber, daß nur dies die wahre und echte Konsequenz der Schopenhauerschen Philosophie sein kann. Dann muß er aber auch zugeben, daß alles das, was er über sich selbst festgestellt hat, nur seine Vorstellung ist. Und damit sind wir bei dem angekommen, was der Mathematiker eine Reductio ad absurdum nennt, das In-die-Höhe-Ziehen an seinem eigenen Haarschopf. Wir schweben völlig in der Luft. Wir haben keinen festen Punkt mehr. Wir haben den naiven Realismus vernichtet, haben aber zu gleicher Zeit gezeigt, daß dies uns in den Nihilismus hineinführt. Man hat also einen anderen Punkt aufzusuchen, wenn diese Schlußfolgerung ad absurdum führt.

Schopenhauer hat das selbst getan. Er hat gesagt: Wenn ich zum Realen kommen will, so darf ich nicht in der Vorstellung stehenbleiben, sondern ich muß zum Willen fortschreiten. Damit wurde Schopenhauer zum Realisten, freilich in anderer Weise als Herbart. *Herbart* sagt: Wir müssen das Wirkliche im Widerspruchslosen suchen. – Deshalb stellte er seine vielen Realien auf. Und Schopenhauer stellt ebenfalls solche Realien auf.

Nun ist es wahr, wirklich wahr, daß die Welt, die mich umgibt, Schein ist. Aber wie der Rauch auf Feuer deutet, so deutet der Schein auf das ihm zugrunde liegende Sein. Herbart sucht das Problem in monadologischer Weise zu lösen, wie auch *Leibniz;* bei Herbart ist es allerdings gefärbt durch Kantianismus. Leibniz lebte vor Kant, er war noch frei von kantischem Einfluß. Schopenhauer stellt sich auf den Standpunkt: Ich selbst weiß mich als ein Wollender. Dieser Wille zum Dasein verbürgt mir mein Sein. Ich bin Wille, und ich offenbare mich in der Welt als Vorstellung. So wie ich Wille bin und mich manifestiere, so sind es auch die übrigen Dinge, und sie manifestieren sich im Äußeren. Wie das Ich in mir liegt, liegt auch der Wille in mir, und in den äußeren Dingen liegt der Wille dieser Dinge. – Schopenhauer hat so den Weg gezeigt zur Selbsterkenntnis, und damit gab er implicite zu, daß man nur dadurch die

Dinge wirklich erkennen kann, daß man in ihrem Inneren darinnen ist.

Gewiß, wenn der naive Realismus recht hat, daß die Dinge außer uns sind, mit unserem Ich gar nichts zu tun haben und wir allein durch unsere Vorstellung Kunde von den Dingen außer uns haben, wenn also deren Wesen außer uns bleibt, dann ist dem Schopenhauerianismus gar nicht zu entkommen. Am wenigsten zu rechtfertigen ist dann aber der zweite Teil: Die Welt ist mein Wille.

Sie werden dies gleich verstehen. Wenn Sie sich eine Vorstellung bilden, läßt sich das vergleichen mit einem Siegel und seinem Abdruck. Das «Ding an sich» ist gleich dem Siegel, die Vorstellung ist gleich dem Siegelabdruck. Vom Siegel bleibt alles außerhalb der Substanz, die den Siegelabdruck aufnimmt. Der Abdruck, die Vorstellung, ist ganz subjektiv. Ich habe nichts in mir von dem «Ding an sich», so wie das Siegel selbst niemals in die Substanz des Siegelabdrucks hineinkommt. Darin liegt der Grundgedanke der subjektivistischen Anschauung. Schopenhauer aber sagt: Ich kann nur dadurch eine Sache erkennen, daß ich drinnenstehe. – Das sagt auch *Julius Baumann*, der auch andeutungsweise die Lehre von der Reinkarnation hat, wenn er auch nicht Theosoph ist. Aber diese seine Denkweise hat Julius Baumann dazu geführt, sie auch in bezug auf die erkenntnistheoretische Grundlegung anzuwenden. Wenn auch diese Form des Denkens bei ihm im Elementaren steckengeblieben ist, so ist er doch auf dem Wege.

Tatsächlich gibt es keine Möglichkeit, ein Ding zu erkennen, als in dasselbe hineinzukriechen. Und das ist nicht möglich, wenn wir sagen, das Ding ist außer uns und wir haben von demselben nur Kunde; dann kann nichts in uns hineinkommen. Könnten wir aber in das Ding selbst hineinkommen, dann könnten wir das Wesen der Dinge erkennen.

Das scheint einem heutigen Erkenntnistheoretiker der absurdeste Gedanke zu sein. Aber es scheint nur so. Allerdings, unter den Voraussetzungen der abendländischen Erkenntnistheorie erscheint er so. Aber er erschien nicht immer so, vor allen Dingen denjenigen nicht, deren Geist nicht umflort war von den Grundsätzen dieser Erkenntnistheorie.

Eines aber könnte möglich sein: Wir sind vielleicht gar niemals wirklich aus den Dingen herausgekommen. Wir haben vielleicht niemals jene strenge Scheidewand aufgerichtet, jenen Abgrund aufgerissen, welcher uns, nach Kant, streng von den Dingen scheiden soll. Dann kommt uns der Gedanke näher, daß wir *in* den Dingen sein können. Und das ist der Grundgedanke der Theosophie. Der ist so, daß unser Ich nicht uns selbst gehört, nicht eingeschlossen ist in das engumschlossene Gebäude, als das uns unsere Organisation erscheint, sondern der einzelne Mensch ist nur Erscheinung des göttlichen Selbst der Welt. Er ist gleichsam nur eine Spiegelung, ein Ausfluß, ein Funke des All-Ich. Das ist ein Gesichtspunkt, der die Geister Jahrhunderte hindurch beherrscht hat, bevor es eine Kantsche Philosophie gab. Die größten Geister haben nie anders gedacht als in diesem Sinne.

Johannes Kepler hat uns den Bau des Planetensystems erschlossen und hat den Gedanken gefaßt, daß die Planeten in elliptischen Bahnen um die Sonne kreisen. Das ist ein Gedanke, durch den wir Einblick gewinnen in das Wesen des Kosmos. Ich möchte Ihnen nun seine Worte anführen, damit Sie sehen, wie er empfunden hat: «Vor mehreren Jahren ist mir die erste Morgenröte erschienen, vor mehreren Wochen ist mir der Tag geworden und vor einigen Stunden die Sonne gekommen. Ich schrieb ein Buch. Diejenigen, welche das Buch lesen und verstehen, sind mir recht, die anderen – an ihnen liegt mir nichts ...» Ein Gedanke, der lange gewartet hat, bis er im Kopfe eines Menschen wieder aufleuchten konnte. Das ist aus der Erkenntnis heraus gesprochen, daß das, was in unserem Geiste liegt und was wir von der Welt erkennen, dasselbe ist, was die Welt hervorgebracht hat; daß es nicht ein Zufall ist, wenn die Planeten elliptische Bahnen beschreiben, sondern daß sie vom schaffenden Geiste selbst in diese hineingebracht sein müssen; daß wir nicht Eckensteher sind, die sich über das Weltall nur Gedanken machen, sondern daß dasjenige, was der Inhalt unseres Geistes ist, draußen selbst schaffend tätig ist. Aus diesem Grunde war Kepler überzeugt davon, daß für dasjenige, was er als Grundgedanken des kosmischen Universums ausgemacht hat, er selbst nur der menschliche Schauplatz sei, auf dem dieser im Weltenall lebende und es durchflutende Gedanke erschienen ist, um wiedererkannt zu werden.

Kepler würde es niemals eingefallen sein, zu sagen, daß das, was er von dem Weltall erkannt habe, nur seine Vorstellung sei, sondern er würde sagen: Das, was ich erkannt habe, gibt mir Kunde von dem, was draußen im Raum wirklich ist. – Wenn man Kepler gesagt hätte, daß das nur Vorstellung, aber nicht objektiv draußen sei, würde er gesagt haben: Glaubst du wirklich, daß das, was mir Botschaft bringt von dem anderen, nur dann vorhanden ist, wenn ich die Botschaft entgegennehme? – Konsequenterweise müßte derjenige, welcher auf dem Boden subjektivistischer Erkenntnistheorie steht, sich sagen, wenn er vor einem Telephon steht: Der Herr in Hamburg, der mich jetzt anruft, ist nur meine Vorstellung; ich nehme ihn nur als meine Vorstellung wahr.

So führt uns also dieser Gedankengang selbst dahin, einmal zu fragen: Wie ist es möglich, das Prinzip wirklich anzuerkennen, daß wir das Wesen nur dann erkennen, wenn wir in das Wesen der Dinge selbst hineinkommen, wenn wir uns mit dem Wesen identifizieren können? Das ist die Erkenntnistheorie derjenigen, welche einen tieferen und klareren Standpunkt gegenüber der modernen Anschauung haben wollen.

Hamerling hat ein gutes Buch geschrieben: «Die Atomistik des Willens.» Er ist ein ernster Denker und hat ernste Gedanken. Sie sind im Schopenhauerschen Sinne geschrieben, aber es sind Gedanken, die sich bemühen, zum Wesen der Dinge zu kommen. Hamerling sagt: Eines ist unbedingt sicher: Kein Mensch wird sein eigenes Dasein in Abrede stellen wollen, kein Mensch wird zugeben, daß er selbst nur ein gedachtes Sein hat, daß sein Sein aufhört, wenn er nicht mehr denkt. Auch *Schiller* sagt ja einmal: Ja, Descartes behauptet: ich denke, also bin ich. Aber ich habe schon oft nicht gedacht und bin doch dagewesen.

Hamerling sucht eine ähnliche Gesinnung wiederzugewinnen wie Schopenhauer: Ich muß allen übrigen Wesen auch ein Existenzgefühl zuerkennen. Das Ich und die Atome sind für ihn die beiden Pole. – Es ist das alles immer etwas spärlich, auch das Hamerling-Buch. Um dem Illusionismus zu entkommen, sucht er sich das so auszuführen, daß er sagt: Nur dasjenige Sein können wir verwirklichen, innerhalb dessen wir selbst stehen. – Mit allem Scharfsinn sucht Hamerling das auszuführen. *Fechner* versucht anstelle des Existenzgefühles das Gefühl überhaupt zu setzen. Herbart – so sagte er – hätte den Fehler gemacht, daß er durch bloßes Denken zur realen Wirklichkeit kommen will. Dadurch kommen wir aber nicht zu dem Ich. Vielmehr hebt das Ich sich aus dem Untergrunde des Fühlens heraus. Er hätte, ähnlich wie Schopenhauer, schreiben können: Die Welt als Gefühl und Vorstellung. – Hamerling hätte schreiben können: Die Welt als Atom, Wille und

Vorstellung. – Und *Frohschammer* hat über Phantasie als Weltschöpfung, das eigentliche Sein verbürgend, geschrieben, wie Schopenhauer über den Willen. Er suchte die ganze Natur draußen als Erzeugnis der Phantasie darzustellen. – Sie alle suchen aus dem Absurden der Kantschen Philosophie herauszukommen.

Da ist jetzt ein subtiler Gedankengang nötig, aber jeder muß ihn gemacht haben, der mitreden will: Wodurch kommen wir überhaupt dazu, irgendeinen Satz aufzustellen über das, was unsere Erkenntnis ist? Wodurch fühlen wir uns berufen zu sagen, die Welt ist unsere Vorstellung, ist Wille oder Phantasie oder dergleichen? Irgend etwas muß uns die Möglichkeit und Fähigkeit geben, uns selbst, unser Erkenntnisvermögen und unser Vorstellungsvermögen in ein Verhältnis zur Welt zu bringen.

Stellen Sie sich vor den Gegensatz von Ich und der übrigen Welt, das heißt, Sie sollen sagen, wie Sie Ihr Ich und die übrige Welt erkennen. Nehmen Sie zwei Gegensätze: einen Ankläger eines Verbrechers und einen Verteidiger. Der eine urteilt von dem einen, der andere von dem anderen Standpunkt aus. Keiner von beiden kann berufen sein, volle Objektivität zu geben. Nur der objektiv über ihnen stehende Richter kann ein Urteil abgeben. Was die beiden vorbringen, stellen Sie sich vor, auch den Richter, der objektiv beides abwägt. Niemals kann einer allein entscheiden, und ebensowenig kann das Ich allein entscheiden über das, was sein Verhältnis zur Welt ist. Das einzelne Ich ist subjektiv, es könnte niemals allein entscheiden über sein Verhältnis zur Welt. Es wäre niemals eine Erkenntnistheorie möglich, wenn nur das Ich auf der einen Seite und die Welt auf der anderen Seite wäre. Ich muß in meinem Denken einen objektiven Standpunkt gewinnen und damit über mich selbst und über die Welt hinauskommen. Stecke ich in meinem Denken ganz darinnen, so ist dies unmöglich, wie es für das Denken der Kantianer und Schopenhauerianer unmöglich ist. Stellen Sie sich vor, wie Kant an seinem Schreibtisch sitzt und nur aus sich heraus urteilt. So ist es nicht möglich, zu einem objektiven Urteil zu kommen. Nur unter einer Voraussetzung ist es möglich, daß ich mein Denken über mich und die Welt gleichsam zum Richter zu setzen vermag: wenn es etwas Über-mich-Hinausgehendes ist.

Nun zeigt Ihnen schon die leiseste Selbstbesinnung, daß Ihr Denken etwas über Sie Hinausgehendes ist. Es ist nicht wahr, daß es nur ein bloßer Schein, nur eine bloße Erscheinung ist, daß zwei mal zwei gleich vier ist, daß alle Wahrheiten, welche mit einer absoluten Gültigkeit auftreten, nur in Ihrem Bewußtsein Gültigkeit haben. Sie erkennen, daß deren Objektives über ihre subjektive Gültigkeit hinausragt, Sie erkennen dessen Gültigkeit an. Es hat mit Ihrem Ich nichts zu tun, daß zwei mal zwei gleich vier ist. Nichts im Felde der Weisheit hat mit Ihrem Ich zu tun. Weil Sie sich zu einem objektiven, in sich geschlossenen Denken erheben können, können Sie auch objektiv über die Welt urteilen. Alle Denker setzen diesen Satz schon voraus, sonst könnten sie sich gar nicht hinsetzen und über die Welt nachdenken. Und wenn es nur die zwei Gedanken gäbe, nämlich: Ich bin in der Welt –, und: Die Welt ist in mir –, so könnte man weder Kantianismen noch Schopenhauerianismen begründen. Sie müssen zugeben, daß Sie befugt sind, über Wahrheit zu urteilen. Denn innerhalb unseres Denkens ist etwas, das über unserem Ich liegt. Das haben alle Philosophen zugegeben, die nicht im Kantianismus befangen sind, die unbefangen monadologisch denken. Alle diejenigen, welche die wahren Realien der Welt in diesem Sinne gedacht haben, haben sie als geistig gedacht. Geistig haben sie sie gedacht. Gehen wir zurück bis zu *Giordano*

Bruno, zu Leibniz, zu denjenigen, welche den Realien ihre Eigenschaften beizulegen sich bemühten, Sie werden finden, daß sie monadologisch gedacht haben, daß sie das Denken als aus dem Urgrunde, vom Geist kommend, anerkannt haben. Wenn aber Geist das ist, was das Wesen der Dinge ausmacht, dann steht gegenüber dieser Anschauung selbst Kantische und Schopenhauersche Erkenntnistheorie auf dem Standpunkte eines naiven Realismus.

Ich komme auf mein Gleichnis zurück. Denken Sie, von dem Stoff des Petschaftes käme nichts auf den Siegelabdruck, aber es käme auf die Schrift an, auf Ihren Namen, der auf dem Petschaft steht, auf den Geist. Dann können Sie sagen, es mag sein, daß nichts von dem Stoff hinüberwandert, aber etwas, was herüberwandert, das wäre Ihr Name, der auf dem Petschaft steht; der wandert herüber aus der Welt des Geistes. Er wandert hinüber trotz aller Scheidewände, die wir aufgerichtet haben. Dann braucht es nicht geleugnet zu werden, daß die Schopenhauersche Erkenntnistheorie teilweise richtig ist, aber wir schreiten über die Scheidewände hinweg. Alle jene materialistischen Erwägungen, lassen Sie sie bestehen! Geben Sie zu, daß nichts in den Siegelabdruck herüberwandert von dem Stoff des Siegels, aber daß der Geist hinübergeht, denn der kommt in seiner wahren Gestalt in uns hinein, weil wir in Wahrheit aus ihm herausgekommen sind. Weil wir ein Funke dieses Weltgeistes sind, deshalb leben wir in ihm und erkennen ihn wieder. Wir wissen ganz genau, wenn der Weltgeist an unser Auge, unser Ohr anklopft, daß das nicht bloß unser subjektives Empfinden ist, sondern wir schauen, wer da draußen ist. So sind wir uns klar, daß der Geist draußen die Vermittler sucht, die wir als die Geistesvermittler angegeben haben. Wenn feststeht, daß die Welt Geist ist in ihrer Grundwesenheit, so können wir uns voll auf den

Standpunkt stellen, den Kant und Schopenhauer einnehmen. Das alles ist richtig, aber es ist nicht weitgehend genug. Es ist leicht, sich auf Kant und Schopenhauer einzustellen. Aber man muß über sie hinauskommen, denn richtig ist es, daß der Geist es ist, der in allen Dingen lebt und daß der Geist sich anklopfend an uns wendet, um seine Wesenheit uns zu geben. So bewahrheitet sich im theosophischen Sinne tatsächlich dasjenige, was Baumann für eine wirkliche Erkenntnis der Dinge fordert, nämlich wir müssen in dem Wesen der Dinge drinnenstecken. Wir stecken auch im Weltengeist drinnen und sind nur ein Wesen desselben.

Ich habe heute den Grundgedanken dieser Philosophie in Bilder eingekleidet. Eine philosophische Abhandlung darüber finden Sie in meiner «Philosophie der Freiheit», und auch die gegnerischen Standpunkte finden Sie da. Ich habe vorgetragen, daß Schopenhauer, Kant, die Neukantianer auf dem Standpunkte stehen, daß wir über die Vorstellung nicht hinauskommen, und dann, wie sie auf halbem Wege den naiven Realismus überwunden haben. Aber, da sie von dem «Ding an sich» ausgehen und zeigen, daß man nicht aus sich heraus kann, bleiben sie doch noch im naiven Realismus stecken, weil sie die Wahrheit im Stofflichen suchen. Und auch alle die modernen Erkenntnistheoretiker, wenn sie auch noch so sehr glauben, über den naiven Realismus hinausgekommen zu sein, stehen doch mit einem Bein auf dem naiven Realismus, weil sie nicht davon abgekommen sind, alles auf das Stoffliche zu gründen.

Theosophie nur kann uns zur Pforte der Erkenntnis hinführen. Wenn wir den Gegenstand der Erkenntnis auffinden wollen, führt sie uns dahin, sagen zu können, daß das wahre Wesen der Welt Geist ist. Von dem Augenblicke an, wo wir zu dieser Pforte kommen, ist der weitere Weg der Geist. Aller Welt liegt der Geist zugrunde.

Das wollte ich einmal ausführen. Nur kurz und skizzenhaft ist es geschehen. Der Mensch ist gewiß ein Siegelabdruck der Welt. Sein Wesen liegt aber nicht im Stofflichen. Wir können dies Wesen aber jeden Augenblick erkennen, denn es liegt im Geiste. Der Geist fließt in den Stoff, in uns ein, wie der Name, der auf dem Petschaft steht, in den Siegelabdruck hinübergeht.

Ich glaube gezeigt zu haben, daß man sich auch auf den Standpunkt der Kathederphilosophie stellen kann, nur daß man sie dann besser verstehen muß als die Kathederphilosophen selber. Dann wird auch bei uns jeder den Weg zur Theosophie finden, auch wenn er auf gegnerischem Standpunkte steht. Sie können auf jedem Standpunkte stehen, wenn Sie sich nur nicht Scheuleder anlegen lassen. Aus jeder Philosophie heraus werden Sie den Weg zur Theosophie finden können.

Man lernt Schopenhauer am besten dadurch überwinden, daß man ihn gründlich kennenlernt. Die meisten kennen ihn nur ein wenig. Aber man muß auch da in das Wesen der Dinge hineingehen, nämlich sich auf seinen Standpunkt stellen. Es gibt zwölf Bände Schopenhauer, die ich textkritisch herausgegeben habe. Mehrere Jahre habe ich mich also auch mit Schopenhauer befaßt. Deshalb glaube ich, einigermaßen über ihn Bescheid zu wissen. Aber wenn man ihn wirklich erkennt und erfaßt, dann kommt man zum theosophischen Standpunkt. Nicht durch ein halbes Wissen, denn das führt von der Theosophie hinweg. Das halbe abendländische Wissen führt zunächst von der Theosophie weg, führt zu Subjektivismus, zu Idealismus und so weiter. Lassen Sie das aber zum ganzen Wissen werden, dann wird auch das Abendland den Weg zur Theosophie finden.

Ich habe Julius Baumann schon angeführt. Der weiß, was echte Erkenntnis ist, wenn er auch noch nicht zu dem gekommen ist, was das Große der Theosophie ist, das ich glaube schwach andeutend gezeigt zu haben. Denn das wirkliche Wissen widerspricht keineswegs der Theosophie. Sie ist eben diejenige Anschauung, welche überall Friede und Toleranz hereinbringt. Alle diese Wahrheiten, die ich angeführt habe, sind Stufen zur eigentlichen Wahrheit. Kant ist ein Stück weit die Stufen hinaufgestiegen, Schopenhauer auch. Der eine mehr, der andere weniger. Auf dem Wege sind sie. Es handelt sich aber immer darum, wie weit sie diesen Weg verfolgt haben. Auf dem Gipfel zu sein, das vermißt sich auch die Theosophie nicht. Der rechte Weg ist der Weg selbst, vor allen Dingen derjenige, der über den griechischen Tempeln gestanden hat: «Erkenne dich selbst.» Wir sind eines Wesens mit dem Weltengeist. Wie wir unser eigenes Wesen erkennen werden, so werden wir das Wesen des Weltengeistes erkennen. «Aufstieg von unserem Geist zum Allgeist», das heißt Theosophie.

Berlin, 16. März 1904

Um die Himmelsweisheit den Menschen mitteilen zu können, bedarf es der Selbsterkenntnis. *Plato* verehrte seinen großen Lehrer *Sokrates* aus dem Grunde besonders, weil Sokrates durch die Selbsterkenntnis zum Höchsten, zur Gotteserkenntnis kommen konnte, weil er mehr als alle Erkenntnis der äußeren Natur, mehr als alles dasjenige, was sich auf irgend etwas jenseits unserer Welt bezieht, die Erkenntnis der eigenen Seele schätzte. Sokrates ist gerade dadurch einer der Märtyrer der Erkenntnis und Wahrheit geworden, weil er mißverstanden wurde in dieser seiner Seelenerkenntnis. Man hat ihn beschuldigt, daß er die Götter leugne, während er sie doch nur auf einem anderen Wege gesucht hat als andere, auf dem Wege durch die eigene Seele; beschuldigt um dieser Seelenerkenntnis willen, welche zum Ziele nicht bloß die Erkenntnis der eigenen Menschenseele hat, sondern auch das Kleinod, das diese Menschenseele an Erkenntnis birgt, nämlich die Erkenntnis des göttlichen Weltengrundes.

Von dieser Seelenerkenntnis sollen diese drei Vorträge handeln. Nicht willkürlich ist die Zahl der Vorträge festgesetzt worden und auch nicht zufällig, sondern wohlüberlegt ist sie aus dem Entwickelungsgang der Seele heraus. Denn in den Zeiten, in denen das Seelenwissen und die Seelenweisheit in den Mittelpunkt des ganzen menschlichen Sinnens und Trachtens gerückt worden ist, in den Zeiten der alten indischen Vedantaweisheit, die dem Buddhismus vorangegangen ist und wiederum zur Zeit des Buddhismus, als er in seiner Blüte war, und wiederum zur Zeit auch, als die griechische Philosophie ihre Blüte hatte, und wiederum in der ersten und späteren besten Zeit der christlichen Entwickelung hat man das Wesen des Menschen in drei Teile geteilt, in Körper, Seele und Geist. Will man die Seele im richtigen Sinne betrachten, dann muß man sie in Beziehung setzen zu den beiden anderen Gliedern der menschlichen Wesenheit, zum Körper auf der einen Seite und zum Geist auf der anderen Seite. Daher muß dieser erste einleitende Vortrag handeln von den Beziehungen der Seele zum Körper. Der zweite Vortrag wird von dem eigentlichen inneren Wesen der Menschenseele handeln, und der dritte Vortrag von dem Aufblick, den sie gewinnen kann von der menschlichen Seele aus zum göttlich-geistigen Urgrunde des Weltendaseins.

Durch eine merkwürdige Fügung der Geschichte ist diese dreigliedrige Einteilung der menschlichen Wesenheit dem abendländischen Forschen abhanden gekommen, denn, wo Sie auch heute die Seelenwissenschaft aufsuchen, überall werden Sie finden, daß man die Seelenwissenschaft oder Psychologie einfach der Naturwissenschaft oder der Körperlehre entgegensetzt, und überall können Sie hören, daß man dabei ausgeht von der Meinung, daß der Mensch zu betrachten sei nach zwei Gesichtspunkten: nach dem Gesichtspunkte, der über die Körperlichkeit aufklärt und nach dem Gesichtspunkte, der über die Seele aufklärt. Populär ausgedrückt besagt das, der Mensch besteht aus Leib und Seele. Dieser Satz, auf dem im Grunde genommen unsere ganze Ihnen bekannte Psychologie fußt und auf den viele Irrtümer in der Psychologie zurückzuführen sind, dieser Satz hat eine merkwürdige Geschichte. Bis in die ersten Zeiten des Christentums hinein hat niemand, wenn man über den Menschen nachgedacht hat und sein Wesen zu erklären suchte, den Menschen anders als in drei Glieder unterschieden, als in Körper, Seele und Geist. Gehen Sie zu den ersten christlichen Kirchenlehrern, gehen Sie zu den Gnostikern, dann werden Sie überall diese Einteilung finden. Bis ins 2., 3. Jahrhundert hinein tritt Ihnen die auch von der christlichen Wissenschaft und Dogmatik anerkannte Dreiteilung des Menschen entgegen. Man hat später diese Lehre innerhalb des Christentums für gefährlich gehalten. Man hat gemeint, daß der Mensch dadurch, daß er über seine Seele hinaus aufsteigt zu dem Geist, zu hoffärtig würde, daß er sich zu sehr vermessen würde, über den Grund der Dinge Aufklärungen zu bringen, über den nur die Offenbarung aufklären sollte. Daher hat man auf verschiedenen Konzilien beraten und beschlossen, daß als Dogma für die Zukunft zu lehren sei: der Mensch bestehe aus Leib und Seele. Angesehene Theologen haben in gewisser Hinsicht festgehalten an der Dreiteilung, wie *Johannes Scotus Erigena* und *Thomas von Aquino*. Aber immer mehr und mehr ging der christlichen Wissenschaft, der vor allen Dingen im Mittelalter die Pflege der Seelenwissenschaft oblag, das Bewußtsein der Dreiteilung verloren. Und bei dem Aufblühen der Wissenschaft im 15. und 16. Jahrhundert hatte man kein Bewußtsein mehr von der alten Einteilung. Selbst *Cartesius* unterschied nur zwischen Seele, die er Geist nennt, und Körper. Und so blieb es. Diejenigen, welche heute von der Psychologie oder Seelenwissenschaft sprechen, wissen nicht, daß sie unter dem Einfluß eines christlichen Dogmas sprechen. Man glaubt, und kann es aus den Handbüchern lesen, daß der Mensch nur aus Leib und Seele besteht. Man hat damit aber nur ein jahrhundertealtes Vorurteil fortgepflanzt, und darauf fußt man noch heute. Das wird sich uns im Laufe dieser Vorträge auch zeigen.

Vor allem obliegt es uns jetzt zu zeigen, welche Beziehung von dem unbefangenen Seelenbetrachter angenommen werden muß zwischen Seele und Körper; denn es scheint mit ein Ergebnis der modernen Naturwissenschaft zu sein, daß man überhaupt nicht mehr von der Seele sprechen soll, wie man Jahrtausende vor unserer Zeit von Seele gesprochen hat. Die Naturforschung, welche dem 19. Jahrhundert und seiner geistigen Entwickelung den Stempel aufgedrückt hat, hat immer und immer wieder erklärt, daß mit ihren Anschauungen eine Seelenwissenschaft im alten Sinne des Wortes – wie zum Beispiel die Goethesche und teilweise die des Aristoteles – nicht vereinbar und daher nicht haltbar ist. Sie können Handbücher über Psychologie nehmen, oder nehmen Sie die «Welträtsel» von *Haeckel*, Sie werden überall finden, daß die dogmatischen Vorurteile bestehen und man der Meinung ist, daß die alten Anschauungsweisen, unter denen man sich der Seele zu nähern suchte, überwunden sind. Niemand kann – das sage ich für die Naturwissenschafter und die Verehrer von Ernst Haeckel – Haeckel mehr verehren als ich selbst, als eine Größe, als eine monumentale wissenschaftliche Größe. Aber große Menschen haben auch große Fehler, und so ziemt es sich wohl, ganz unbefangen ein Vorurteil unserer Zeit zu prüfen.

Was wird uns von dieser Seite gesagt? Man sagt uns: Seht einmal zu, dasjenige, was ihr Seele genannt habt, ist ja unter unseren Händen verschwunden. Wir Naturforscher haben euch gezeigt, daß alle Sinnesempfindungen, alles dasjenige, was sich als Vorstellungsleben entwickelt, alles Denken, alles Wollen, alles Fühlen, daß alles dies gebunden ist an ganz bestimmte Organe unseres Gehirns und unseres Nervensystems. Die Naturwissenschaft des 19. Jahrhunderts hat gezeigt, so sagt man, daß gewisse Partien unserer Großhirnrinde, wenn sie nicht vollständig intakt sind, es uns unmöglich machen, gewisse geistige Äußerungen zu

vollbringen. Daraus zieht man den Schluß, daß in diesen
einzelnen Partien unseres Gehirns diese geistigen Äußerungen lokalisiert sind, daß sie, wie man sagt, von diesen Partien unseres Gehirns abhängen. Man hat das drastisch ausgedrückt, indem man sagt: Ein gewisser Punkt des Gehirns
ist das Zentrum für die Sprache, eine andere Partie für diese
Seelentätigkeit, eine andere Partie für eine andere, so daß
man Stück für Stück der Seele abtragen kann. – Man hat
gezeigt, daß mit der Erkrankung ganz bestimmter Gehirnpartien zu gleicher Zeit der Verlust bestimmter Seelenfähigkeiten einhergeht. Was man sich seit Jahrtausenden unter Seele vorgestellt hat, das kann kein Naturforscher
finden, das ist ein Begriff, mit dem der Naturforscher nichts
anzufangen weiß. Wir finden den Körper und seine Funktionen, aber nirgends eine Seele. Der große Sittenlehrer des
Darwinismus, *Bartholomäus Carneri,* der eine Ethik des
Darwinismus geschrieben hat, hat seine Überzeugung klar
zum Ausdruck gebracht, wie sie vielleicht niemals deut-
licher aus diesen Kreisen der Naturforscher gegeben werden
kann. Er sagt: Nehmen wir einmal eine Uhr. Die Zeiger
rücken vor, das Uhrwerk ist in Bewegung. Das alles
geschieht durch den Mechanismus, der vor uns steht. Wie
wir in dem, was die Uhr vollbringt, eine Äußerung des
Uhrmechanismus haben, so haben wir in dem, was der
Mensch fühlt und denkt und will, eine Äußerung des ganzen Nervenmechanismus vor uns. Ebensowenig wie man
annehmen kann, in der Uhr sitze ein kleines Seelenwesen,
das die Räder bewegt, die Zeiger vorrückt, ebensowenig
können wir annehmen, daß außer dem Organismus eine
Seele ist, welche das Denken, Fühlen und Wollen bewirkt.
– Das ist das Bekenntnis eines Naturforschers in geistiger
Beziehung, das ist es, was die Naturforscher zur Grundlage
eines neuen Glaubens, einer solchen reinen naturalistischen

Religion gemacht haben. Der Naturforscher glaubt, daß er durch die Ergebnisse der Wissenschaft zu diesem Bekenntnis gezwungen sei und er glaubt, daß er jeden für einen kindlichen Geist halten darf, der unter dem Einfluß der Wissenschaft nicht zu diesen Schlüssen kommt. Bartholomäus Carneri hat es unbeschönigt gezeigt. Solange die Menschen Kinder waren, haben sie gesprochen wie Aristoteles; da sie nun aber Männer geworden sind und die Wissenschaft verstehen, müssen sie von den Kinderanschauungen abkommen. Die Auffassung der Naturforscher, die sie in den Menschen nichts anderes sehen läßt als einen Mechanismus, deckt sich mit dem Gleichnis von der Uhr. Diese Anschauung ist radikal ausgesprochen. Sie wird als die einzige angesehen, die der Gegenwart würdig ist. Und sie wird so hingestellt, daß die naturwissenschaftlichen Entdeckungen des Zeitalters uns zwingen, zu diesen Bekenntnissen zu kommen.

Nun aber müssen wir uns fragen: Sind es wirklich vor allen Dingen die Naturwissenschaft, die genaue Untersuchung unseres Nervensystems, die genaue Untersuchung unserer Organe und deren Funktionen, die uns gezwungen haben zu dieser Anschauung? Nein, denn im 18. Jahrhundert lag alles dasjenige, was man heute anführt als auf wissenschaftlicher Höhe stehend und als maßgebend, noch im Keim. Da gab es nichts von moderner Psychologie, nichts von den Entdeckungen des großen *Johannes Müller* und seiner Schule, nichts von den Entdeckungen, die die Naturforscher im 19. Jahrhundert gemacht haben. Und damals, im 18. Jahrhundert, waren diese Anschauungen in der radikalsten Weise ausgesprochen worden in der französischen Aufklärung, die nicht auf Naturwissenschaft bauen konnte, da erklangen zum erstenmal die Worte: Der Mensch ist eine Maschine. – Aus dieser Zeit stammt ein Buch von *Holbach,* betitelt: «Système de la nature», von dem Goethe

sagte, daß er sich abgestoßen gefühlt habe von der Ober-
flächlichkeit und Gehaltlosigkeit desselben. Dies zum Beweis dafür, daß diese Anschauung vor der modernen Naturwissenschaft da war. Man darf sagen, daß im Gegenteil der
Materialismus des 18. Jahrhunderts über den Geistern des
19. Jahrhunderts lag und daß das materialistische Glaubensbekenntnis tonangebend war für die Denkweise, die man
dann erst in die Naturwissenschaft hineingetragen hat. Das
in bezug auf die historische Wahrheit. Denn wäre es nicht
so, dann müßte man geradezu die Anschauung, welche die
moderne Naturwissenschaft hat, nämlich, daß man von der
Seele in dem alten Sinne nicht sprechen könne, weil man die
Seele abtragen kann in derselben Weise, wie man gezeigt
hat, daß man das Gehirn abtragen kann – man müßte
diese Ansicht kindlich nennen.

Denn, was ist mit dieser Ansicht besonders gewonnen?
Kein Forscher auf dem Gebiete des Seelenlebens, der im
Sinne des Aristoteles, im Sinne der alten Griechen, oder –
sagen wir trotz allen Widerspruchs, der von manchen
Seiten herankommen wird – kein Seelenforscher, der im
Sinne des christlichen Mittelalters die Seele zu erkennen
sucht, kann Anstoß nehmen an den Wahrheiten der heutigen Naturwissenschaft. Jeder vernünftige Seelenforscher
wird mit demjenigen, was die Naturwissenschaft über das
Nervensystem und das Gehirn als die Vermittler unserer
Seelenfunktionen sagt, einverstanden sein. Er ist nicht über-
rascht, daß, wenn eine gewisse Partie des Gehirns erkrankt,
man nicht mehr sprechen kann. Darüber ist der alte Forscher nicht mehr erstaunt als darüber, daß er nicht mehr
denken kann, wenn er erschlagen wird. Die moderne Wissenschaft tut nichts anderes, als daß sie im einzelnen festlegt,
was die Menschen schon im allgemeinen eingesehen haben.
Und genauso, weil der Mensch weiß, daß er ohne gewisse

Gehirnpartien nicht sprechen, nicht Vorstellungen bilden kann, genauso müßte es ein Beweis sein, daß er keine Seele hat, wenn er erschlagen werden kann. Auch die Vedantisten, auch Plato und so weiter, sind sich klar darüber, daß die Seelentätigkeit des Menschen aufhört, wenn ihm ein großer Feldstein auf den Kopf fällt und ihn zertrümmert. Etwas anderes hat die alte Seelenlehre auch nicht gelehrt. Darüber können wir uns klar sein. Wir können die ganze Naturwissenschaft akzeptieren und die Seelenlehre doch anders fassen. In früheren Jahrhunderten war man sich darüber klar, daß der Weg, den die Naturwissenschaft einschlug, nicht zur Erkenntnis der Seele führt und daher auch nicht zu ihrer Widerlegung eingeschlagen werden kann. Würden diejenigen, welche vom Standpunkte der Naturwissenschaft die alte Seelenwissenschaft zu widerlegen sich bemühen, bewandert sein in den Gedankengängen früherer Zeiten, als man noch nicht so befangen war im äußeren Leben, als man noch nicht gewohnt war, das eigene Seelenleben, ja das Seelenleben überhaupt zu beobachten, würden die naturalistischen Gläubigen eingehen auf die Gedankengänge uralter Weiser, dann würden sie gerade durch diese Gedankengänge einsehen können, welche Donquichotterie es ist, in diesem naturwissenschaftlichen Sinne gegen die Seelenlehre zu kämpfen.

Dieser ganze Kampf ist schon dargestellt in einem Gespräch, das Sie in der buddhistischen Literatur finden, in einem Gespräche, das nicht den Reden Buddhas selbst angehört, das erst in den ersten Jahren vor Christi Geburt aufgezeichnet wurde. Wer aber das Gespräch untersucht, der sieht, daß es sich um die ältesten echten Anschauungen des Buddhismus handelt, welche in der Unterhaltung des mit griechischer Weisheit und Dialektik ausgestatteten Königs Milinda mit dem buddhistischen Weisen Nagasena zum

Ausdruck kommt. Dieser König tritt vor den indischen Weisen hin und fragt: Sage einmal, als wen erkennt man dich? – Darauf gibt der weise Nagasena zur Antwort: Man nennt mich Nagasena. Aber das ist nur ein Name. Es steckt kein Subjekt, keine Persönlichkeit dahinter. – Wie? – sagte da der König Milinda, welcher die griechische Dialektik und die ganze Fähigkeit und Macht des griechischen Denkens in sich barg –, hört einmal, die ihr herbeigekommen seid, der Weise behauptet, daß hinter dem Namen Nagasena nichts stecke. Was ist denn das, was da vor mir steht? Sind deine Hände, deine Beine Nagasena? Nein. Sind deine Empfindungen, Gefühle und Vorstellungen Nagasena? Nein, alles das ist nicht Nagasena. Nun, dann ist der Zusammenhang von allem Nagasena. Aber, da er nun behauptet, daß alles das nicht Nagasena ist, daß nur ein Name da ist, der alles zusammenhält, wer ist er denn dann und was ist denn dann eigentlich Nagasena? Ist dasjenige, was hinter dem Hirn, hinter den Organen, hinter der Körperlichkeit, hinter den Gefühlen und Vorstellungen lebt, ein Nichts? Ist ein Nichts derjenige, welcher anderen Wohltaten erweist? Ist der ein Nichts, welcher Gutes und Böses tut? Ist ein Nichts derjenige, welcher nach Heiligkeit strebt? Steckt nichts hinter alledem, als der bloße Name? – Da antwortete Nagasena mit einem anderen Gleichnis: Wie bist du hergekommen, großer König, zu Fuß oder zu Wagen? – Der König antwortete: Zu Wagen. – Nun, erkläre mir den Wagen. Ist die Deichsel dein Wagen? Sind die Räder dein Wagen? Ist der Wagenkasten dein Wagen? – Nein, antwortet der König. – Was ist also dann dein Wagen? Es ist ein Name, der sich nur auf den Zusammenhang der verschiedenen Glieder bezieht.

Was wollte der Weise Nagasena, der in den buddhistischen Lehren groß geworden ist, mit seiner Antwort sagen?

– O König, der du in Griechenland, in der griechischen Philosophie eine große, gewaltige Fähigkeit dir errungen hast, du mußt verstehen, daß du ebensowenig, wenn du die Glieder des Wagens in ihrem Zusammenhang betrachtest, zu etwas anderem als zu einem Namen kommst, wie wenn du die Glieder des Menschen zusammenhältst.

Nehmen Sie diese uralte Lehre, die sich zurückverfolgen läßt bis in die ältesten Zeiten der buddhistischen Weltanschauung und fragen Sie sich, was ist in ihr gesagt? Nichts anderes, als daß der Weg, durch die Betrachtung der äußeren Organe, ganz gleich ob grob oder fein betrachtet – die Betrachtung des Wechselspieles der Vorstellungen, welche ein großer Anatom, *Metschnikow,* auf eine Milliarde geschätzt hat –, zur Kenntnis der Seele zu gelangen, ein Irrweg ist. Im Sinne dieses richtigen Ausspruches des Weisen Nagasena können wir auf diese Weise die Seele nicht finden. Das ist ein falscher Weg. Niemals hat man sich in den Zeiten, in welchen man wußte, auf welchem Wege man die Seele zu finden und zu studieren hat, auf diesem Wege der Seele zu nähern versucht. Das war eine geschichtliche Notwendigkeit, daß die feinen, intimen Wege, auf denen noch die alten Weisen des christlichen Mittelalters die Seele suchten, etwas zurücktraten, als unsere Naturwissenschaft sich mehr auf die äußere Welt zu verlegen begann. Denn, was sind denn diejenigen Methoden und Anschauungsweisen und die Gesichtspunkte, welche die Naturwissenschaft ganz besonders ausgebildet hat? Sie können in den nachgelassenen Werken eines der genialsten Naturforscher unserer unmittelbaren Gegenwart, der große Entdeckungen auf dem Gebiet der Elektrizitätstheorie gemacht hat, finden, daß die moderne Naturwissenschaft auf ihre Fahne geschrieben hat: Einfachheit und Zweckmäßigkeit. Und Sie können bei einem Psychologen, der auch im Sinne der Naturwissenschaft arbeitet, zu diesen zwei Forderungen der Einfachheit und der Zweckmäßigkeit noch die Anschaulichkeit hinzugefügt finden. Und man kann sagen, daß durch diese drei – Einfachheit, Zweckmäßigkeit und Anschaulichkeit – die Naturwissenschaft geradezu Wunder gewirkt hat.

Aber das ist nicht auf die Seelenwesenheit anwendbar. Anschaulichkeit in bezug auf die Betrachtung der äußeren Glieder, Zweckmäßigkeit in bezug auf die äußere Erscheinung, das war es, weshalb die Naturwissenschaft darauf gekommen ist, den Zusammenhang der Teile zu suchen, zu errechnen, zu erforschen. Das war es aber auch gerade, was im Sinne des Ausspruches des Weisen Nagasena niemals zur Seele führen kann. Weil die Naturwissenschaft nun diesen Weg genommen hat, ist es nur zu begreiflich, daß sie von den Wegen der Seele abgekommen ist. Nicht einmal ein Bewußtsein hat man heute von dem, was Seelenforscher durch Jahrhunderte hindurch angestrebt haben. Es ist geradezu fabelhaft, was in dieser Beziehung ausgesprochen wird und welche Summe von Unkenntnis dabei zutage tritt, wenn heute in scheinbar maßgebenden Kreisen über die Seelenlehre des Aristoteles oder über die Seelenlehre der ersten christlichen Forscher, über die Seelenlehre des Mittelalters gesprochen wird. Und dennoch, wenn jemand das Wesen der Seele wissenschaftlich verstehen will, dann gibt es keinen anderen Zugang als den der sorgfältigen inneren Arbeit, sich die Vorstellungen des Aristoteles anzueignen, die Vorstellungen, welche die ersten Christen und die großen christlichen Kirchenlehrer zur Kenntnis der Seele geführt haben. Es gibt keine andere Methode. Sie ist ebenso wichtig für dieses Gebiet wie die Methode der Naturwissenschaft für die äußere Wissenschaft. Aber diese Methoden der Seelenwissenschaft sind uns zum großen Teil verlorengegangen.

Wirklich innere Beobachtungen werden gar nicht als wissenschaftliches Gebiet angesehen.

Die theosophische Bewegung hat sich zur Aufgabe gestellt, die Wege der Seele wieder zu erforschen. Auf die verschiedenste Art kann der Zugang zur Seele gefunden werden. In anderen Vorträgen versuchte ich, auf rein geisteswissenschaftlichem Wege, durch rein theosophische Methode die Erkenntnis der Seele zu vermitteln. Hier aber soll zunächst gesprochen werden in dem Sinne, wie der große Aristoteles am Abschluß der griechischen, großen philosophischen Epoche diese Seelenwissenschaft begründet hat. Denn anders als bei Aristoteles war die Seelenweisheit in der früheren Zeit gepflogen worden. Wir werden verstehen, wie die Seelenweisheit gepflegt worden ist in der alten ägyptischen Weisheit, gepflegt worden ist in der alten Vedenweisheit. Das aber für später. Heute lassen Sie mich sprechen von der Seelenlehre des *Aristoteles*, der Jahrhunderte vor Christi Geburt als Gelehrter, als Wissenschafter dasjenige, was auf ganz anderen Wegen gefunden worden ist, zum Abschluß gebracht hat. Wir können sagen, daß wir in der Seelenlehre des Aristoteles etwas haben, was die Besten auf dem Gebiete der Seelenlehre zu geben vermochten. Und weil Aristoteles das Beste vermittelt, muß vor allen Dingen von Aristoteles gesprochen werden. Und doch war dieser Riesengeist seiner Zeit – seine Schriften sind eine Schatzkammer in bezug auf das Wissen der alten Zeit, und wer sich in Aristoteles vertieft, der weiß, was vor seiner Zeit geleistet war –, dieser Riesengeist war kein Hellseher wie Plato, er war Wissenschafter. Derjenige, welcher auf wissenschaftlichem Gebiete der Seele näherkommen will, der muß es auf dem Wege des Aristoteles tun. Aristoteles ist eine Persönlichkeit, die in jeder Beziehung – wenn man die Zeit berücksichtigt – die Anforderungen naturwissenschaftlichen Denkens befriedigt. Nur, wie wir sehen werden, in einem einzigen Punkte nicht. Und dieser einzige Punkt, in dem wir Aristoteles unbefriedigend finden werden für die Seelenlehre, dieser ist das große Verhängnis aller wissenschaftlichen Seelenlehren des Abendlandes geworden.

Ein naturwissenschaftlicher Entwickelungslehrer war Aristoteles. Er stand ganz auf dem Standpunkte der Entwickelungslehre. Er nahm an, daß sich alle Wesen in streng naturwissenschaftlicher Notwendigkeit entwickelt haben. Die unvollkommensten Wesenheiten ließ er sogar durch Urzeugung erstehen, durch das bloße Zusammentreten von leblosen Naturstoffen, auf rein natürliche Weise. Das ist eine Hypothese, die ein wichtiger wissenschaftlicher Zankapfel ist, aber eine Hypothese, die Haeckel mit Aristoteles teilt. Und Haeckel teilt auch mit Aristoteles die Überzeugung, daß eine gerade Stufenleiter hinaufführt bis zum Menschen. Aristoteles schließt auch alle Seelenentwickelung in diese Entwickelung ein und ist überzeugt, daß zwischen Seele und Körperlichkeit nicht ein radikaler, sondern nur ein gradweiser Unterschied ist. Das heißt, Aristoteles ist der Überzeugung, daß bei der Entwickelung vom Unvollkommenen zum Vollkommenen der Moment eintritt, wo die Stufe erreicht ist, daß alles Leblose seine Gestaltung gefunden hat und dann ganz von selbst die Möglichkeit eintritt, daß aus dem Leblosen das Seelische sich heraufentwickelt. Und nun unterscheidet er stufenweise eine sogenannte Pflanzenseele, die in der ganzen Pflanzenwelt lebt, eine Tierseele, die im Tierreich lebt, und endlich unterscheidet er eine höhere Stufe dieser Tierseele, die im Menschen lebt. Sie sehen, der richtig verstandene Aristoteles stimmt vollständig überein mit alledem, was die moderne Naturwissenschaft lehrt. Und nun nehmen Sie die «Welträtsel» von Haeckel, die ersten Seiten, wo er auf dem Boden der richtigen Naturgesetze steht, und vergleichen Sie das mit der Naturwissenschaft und Seelenlehre des Aristoteles, dann werden Sie finden, wenn Sie die durch die Zeit gegebene Differenz abrechnen, daß eine wirkliche Differenz nicht besteht.

Aber nun kommt das, wo Aristoteles hinausgeht über die Seelenwissenschaft, zu welcher die moderne Naturwissenschaft zu kommen glaubt. Da zeigt Aristoteles, daß er imstande ist, wirkliches Innenleben zu beobachten. Denn wer dasjenige, was Aristoteles nunmehr aufbaut auf diese naturgesetzliche Erkenntnistheorie, verfolgt mit tiefem Verständnis, der sieht, daß alle diejenigen, welche gegen diese Anschauung des Aristoteles etwas einwenden, diese Anschauung einfach nicht im wahren Sinne des Wortes verstanden haben. Unendlich einfach ist es, einzusehen, daß wir von der Tierseele zur Menschenseele einen Schritt, einen gewaltigen Schritt machen müssen. Unendlich leicht ist es einzusehen. Nichts hindert diesen Schritt zu machen mit Aristoteles als lediglich die Denkgewohnheiten, die sich im Laufe der neuzeitlichen Geistesrichtung herausgebildet haben. Denn Aristoteles ist sich klar darüber, daß innerhalb der Menschenseele etwas auftritt, was sich wesentlich unterscheidet von allem, was als Seelisches außerhalb gefunden wird. Schon die alten Pythagoreer haben ja übrigens gesagt, derjenige, der die Wahrheit, daß der Mensch das einzige Wesen ist, das zählen lernen kann, wirklich einsieht, der weiß, worin sich der Mensch vom Tiere unterscheidet. Aber es ist nicht so leicht einzusehen, was es eigentlich heißt, daß nur der Mensch zählen lernen kann. Der griechische Weise Plato hat niemand für seine Philosophenschule für reif erklärt, der nicht zuerst Mathematik gelernt hat, wenigstens die Elemente, die Anfangsgründe. Das heißt: nichts anderes wollte Plato, als daß diejenigen, die er in die Seelenwissenschaft einführte, etwas wissen über die Natur des Mathematischen, etwas wissen über die Natur dieser eigentümlichen Geistestätigkeit, die der Mensch ausübt, wenn er Mathematik treibt. Das ist aber auch Aristoteles klar; es kommt nicht darauf an, Mathematik zu treiben, als vielmehr darauf, zu verstehen: dem Menschen ist es *möglich*, Mathematik zu treiben. Das heißt nichts anderes, als der Mensch ist imstande, Gesetze aufzufinden, streng in sich geschlossene Gesetze, die ihm keine Außenwelt geben kann. Nur derjenige, welcher nicht im Denken geschult ist, nur derjenige, der nicht Selbstbeobachtung zu erreichen versteht, nur der macht sich nicht klar, daß niemals durch bloße Beobachtung auch nur der einfachste mathematische Lehrsatz gewonnen werden könnte. Nirgends in der Natur ist ein wirklicher Kreis, nirgends in der Natur ist eine wirkliche gerade Linie, nirgends eine Ellipse, aber in der Mathematik erforschen wir diese, und die Welt, die wir aus dem Inneren heraus gewonnen haben, wenden wir auf das Äußere an. Das ist eine Tatsache, ohne deren Durchdenken man niemals zu einer wahren Anschauung über das Wesen der Seele kommen kann. Deshalb verlangt die Theosophie von ihren Zöglingen, die sich tiefer in sie einlassen wollen, eine strenge Schulung des Denkens; nicht das irrlichtelierende Denken des Alltags, nicht das irrlichtelierende Denken der abendländischen Philosophie, sondern das Denken, welches in innerlicher Gründlichkeit Selbstbeobachtung übt. Dieses Denken läßt die Tragweite dieses Satzes erkennen. Und diejenigen, welche durch ihre mathematische Schulung die größten Eroberungen auf dem Gebiete der Himmelskunde zu verzeichnen hatten, sehen die Tragweite ein und sprechen sie aus. Lesen Sie die Schriften von *Kepler,* diesem großen Astronomen, lesen Sie das durch, was er über diese Grunderscheinung der menschlichen Selbstbeobachtung sagt, dann werden Sie sehen, was diese Persönlichkeit darüber ausspricht. Die wußte, welche Tragweite mathematisches Denken bis in die fernsten Himmelsräume hinauf hat. Er sagt: Es ist wunderbar, die Übereinstimmung, die wir finden, wenn wir in einsamer Studierstube gesessen und über Kreise und Ellipsen nachgedacht haben, lediglich aus unserem Denken heraus, und dann hinaufblicken zum Himmel und deren Übereinstimmung finden mit den Sphären des Himmels. – Nicht um äußere Forschung handelt es sich bei solchen Lehren, sondern um die Vertiefung solcher Erkenntnisse. Schon in der Vorhalle sollte es sich zeigen bei denen, die in die Philosophenschule aufgenommen werden wollten, wer von ihnen zugelassen werden kann. Denn dann wußte man, daß – wie derjenige, der seine fünf Sinne hat, die äußere Welt erforschen kann – sie ebenso denkerisch das Wesen der Seele erforschen können. Nicht früher war das möglich.

Aber man verlangte noch etwas anderes. Das mathematische Denken genügt nicht. Es ist die erste Stufe, wo wir ganz in uns selbst leben, wo sich uns der Geist der Welt aus unserem Inneren heraus entwickelt. Es ist die trivialste, die untergeordnetste Stufe, die zuerst beschritten werden muß, über die wir aber hinausschreiten müssen. Das verlangte gerade der ältere Seelenforscher, die höchsten Gebiete der menschlichen Erkenntnis auf dieselbe Art aus den Tiefen der Seele herauszuholen, wie die Mathematik die Wahrheiten des gestirnten Himmels aus den Tiefen der Seele herausholt. Das war die Forderung, welche Plato in dem Satze verbarg: Jeder, der eintreten will in meine Schule, muß zuerst einen mathematischen Kursus durchgemacht haben. – Nicht Mathematik ist nötig, aber eine Erkenntnis, welche die Unabhängigkeit des mathematischen Denkens hat. Und sieht man ein, daß der Mensch in sich ein Leben hat, das unabhängig ist vom äußeren Naturleben, daß er aus sich heraus die höchsten Wahrheiten holen muß, dann sieht man auch ein, daß des Menschen beste Wirksamkeit sich auf etwas erstreckt, das jenseits aller Naturtätigkeit ist.

Sehen Sie sich das Tier an. Seine Tätigkeit verläuft rein gattungsmäßig. Jedes Tier tut, was unzählige seiner Vorfahren auch getan haben. Der Gattungsbegriff beherrscht das Tier ganz. Morgen tut es dasselbe, was es gestern getan hat. Die Ameise baut an ihrem Wunderbau, der Biber an dem seinigen, in zehn, hundert, tausend Jahren so wie heute. Entwickelung ist auch darin, aber nicht Geschichte. Wer sich klarmacht, daß die menschliche Entwickelung nicht bloß Entwickelung, sondern Geschichte ist, der kann in ähnlicher Weise sich klar sein über die Methode der Seelenbeobachtung, wie derjenige, welcher sich klargemacht hat, was mathematische Wahrheiten sind. Es gibt noch wilde Völker. Sie sind zwar im Aussterben begriffen, aber es gibt noch solche, welche keinen Zusammenhang erkennen können zwischen heute und morgen. Es gibt solche, welche, wenn es des Abends kalt wird, sich zudecken mit Baumblättern. Am Morgen werfen sie diese wieder weg, und abends müssen sie sie wieder von neuem suchen. Sie sind nicht imstande, die Erfahrung von gestern hinüberzutragen in das Heute und Morgen. Was ist notwendig, wenn wir die Erfahrung von gestern in das Heute und Morgen hinübertragen wollen? Wir können nicht sagen, wenn wir heute wissen, was wir gestern getan haben, dann werden wir morgen auch tun, was wir gestern getan haben. Das ist Eigenart der Tierseele. Die kann fortschreiten, sie kann im Laufe der Zeiten etwas anderes werden, aber dann ist das Anderswerden nicht ein Geschichtliches. Ein Geschichtliches besteht darin, daß das Individuum Mensch sich dasjenige, was es erfahren hat, in der Weise zunutze macht, daß es auf ein Nichterfahrenes, auf ein Morgen schließen kann. Ich lerne den Sinn, den Geist des Gestern und baue darauf, daß die Gesetze, die meine Seele aus der Beobachtung gewinnt, in dasjenige, was ich noch nicht beobachtet habe, also in die Zukunft, hinüberragen. Reisende erzählen uns, daß es vorgekommen sei, daß irgendwelche Wanderer sich Feuer angefacht haben in Gegenden, wo Affen wohnten. Sie seien weggezogen und hätten das Feuer brennen und das Holz liegen lassen. Die Affen seien herangekommen und hätten sich erwärmt am Feuer. Aber sie konnten das Feuer nicht schüren. Sie können sich nicht unabhängig machen von den Beobachtungen und Erfahrungen, sie können keine Schlüsse ziehen. Der Mensch schließt aus seinen Beobachtungen und Erfahrungen heraus und wird dadurch zum selbstherrlichen Bestimmer seiner Zukunft. Er sendet seine Erfahrungen in das Morgen hinein, er verwandelt die Entwickelung in Geschichte. So wie er die Erfahrung in Theorie verwandelt, so wie er aus der Natur die Wahrheiten des Geistes herausholt, so holt er aus dem Vergangenen die Regeln der Zukunft und wird dadurch zum Erbauer der Zukunft.

Wer diese beiden Dinge gründlich durchdenkt, daß der Mensch sich in zweifacher Weise unabhängig machen kann, daß er nicht bloß beobachten, sondern auch Theorien aufstellen kann, daß er nicht bloß wie die Tierseele Entwickelung, sondern auch Geschichte hat, wer sich diese beiden Dinge klarmacht, der versteht, was ich meinte, wenn ich sagte, im Menschen lebt nicht nur die Tierseele, sondern die Tierseele entwickelt sich so weit herauf, daß sie aufnehmen kann den sogenannten Nus, den Weltengeist. Das hält Aristoteles für notwendig, damit der Mensch Geschichte bilden könne, daß in die Tierseele sich der Weltengeist hineinsenkt. Die Seele des Menschen unterscheidet sich im Sinne des Aristoteles von der Tierseele dadurch, daß sie heraufgehoben worden ist von dem, wozu sie sich innerhalb der Tierentwickelung erhoben hat, bis zu den Funktionen und Tätigkeiten, durch die sie in den Besitz des Geistes gekommen ist. Und wenn der große Kepler sagt, daß die in einsamer Studierstube gewonnenen Gesetze anwendbar sind auf die äußeren Naturereignisse, so erklärt sich das dadurch, daß der Weltengeist, der Nus, der Mahat, sich hineinsenkt und die Menschenseele eine weitere Stufe hinaufhebt. Die Menschenseele wird gleichsam hinausgehoben aus dem Tiersein. Der Geist ist es, der sie heraushebt. Der Geist lebt in der Seele. Er entwickelt sich aus der Seele heraus. Er entwickelt sich so, wie sich die Seele stufenweise aus dem Körper heraushebt.

Aber gerade dieses letztere sagte Aristoteles nicht oder nicht klar. Er sagt zwar immer wieder und wieder: die Seele entwickelt sich stufenweise bis zur Menschenseele auf einem ganz naturgemäßen Wege – aber nun kommt der Geist von außen in diese naturgemäß entwickelte Menschenseele hinein. Nus ist im Sinne des Aristoteles etwas, was von außen durch schöpferische Tätigkeit in die Menschenseele hineingelegt wird. Und das wurde das Verhängnis der Seelenwissenschaft des Abendlandes. Es ist das ein Verhängnis des Aristoteles, daß er nicht imstande ist, seine richtige Ansicht, daß durch das Einsenken des Nus in die Menschenseele diese Menschenseele heraufgehoben wird, zu einer Theorie des Geschichtsverlaufes zu gestalten. Diese Entwickelung ist er nicht imstande, ebenso naturgemäß zu begreifen, wie die Entwickelung der Seele zu begreifen ist. Das haben aber schon griechische Weise, schon indische Weise getan. Sie haben Körper, Seele und Geist in naturgemäßer Weise bis zum Menschengeist in ihrer Entwickelung begriffen. Bei Aristoteles ist es ein Bruch. Es kommt der Schöpfungsgedanke in die Auffassung hinein. Wir werden

sehen, wie die theosophische Seelenlehre diesen Schöpfungs-
gedanken überwindet, wie sie dasjenige ist, was im wahren
Sinne die letzten Konsequenzen der naturwissenschaftlichen
Weltanschauung, allerdings vom geistigen Gesichtspunkte
aus, zieht.

Aber nur dadurch, daß wir uns klarwerden, daß wir
wieder zurückkehren müssen zur alten Einteilung in Körper, Seele und Geist, nur dadurch werden wir diese natur-
gemäße Entwickelung des Menschen wirklich verstehen.
Nicht aber dürfen wir glauben, daß jemals auf dem durch
die moderne Naturwissenschaft gepflegten, scheinbar un-
widerlegten Wege, durch die Betrachtung der einzelnen
Teile des Gehirnes, der Zugang zur Seele gefunden wird.
Einsehen müssen wir, daß die Einwendungen des indischen
Weisen Nagasena auch der heutigen naturalistischen Seelenlehre gegenüber gelten. Einsehen müssen wir vor allen Dingen, daß tiefere, innere Selbstbeobachtung, tiefere Geistesforschung notwendig ist, um den Zugang zu Seele und Geist
zu finden. Eine falsche Vorstellung macht man sich von
denjenigen, welche glauben, daß die verschiedenen Religionsbekenntnisse und die verschiedenen Weisen, welche
aus den verschiedenen Religionsbekenntnissen hervorgegangen sind, das gesagt hätten, was die moderne Naturwissenschaft zu widerlegen sucht. Das haben sie nie gesagt, nie
versucht. Wer die Entwickelung der Seelenlehre verfolgt,
der kann klar und deutlich sehen, daß die, welche von den
Methoden der Seelenlehre etwas gewußt haben, niemals die
Methoden der Naturwissenschaft angewendet haben, so daß
sie sie widerlegen müßten. Nicht diese können zur Seele finden. O nein, auf diesem Wege haben die Seelenforscher, die
noch gewußt haben, was Seele ist, niemals die Seele gesucht.

Ich will Ihnen einen nennen, den Verpöntesten unter den
Aufklärern, den man aber auch am wenigsten kennt, ich

will mit ein paar Worten von der Seelenlehre des 13. Jahrhunderts sprechen, von der Seelenlehre des Thomas von Aquino. Es gehört zu den charakteristischen Eigenschaften dieser Seelenlehre, daß der Autor derselben sagt: Dasjenige, was der Menschengeist mitnimmt, wenn er diesen Körper verläßt, dasjenige, was der Menschengeist in die rein geistige Welt mitnimmt, das läßt sich nicht mehr vergleichen mit alledem, was der Mensch innerhalb seines Körpers erlebt. Ja, Thomas von Aquino sagt, die Aufgabe der Religion in ihrem idealsten Sinne besteht darin, den Menschen dazu zu erziehen, daß er aus diesem Leibe etwas mitnehmen kann, was nicht sinnlich ist, was nicht an die Erforschung, an die Betrachtung und Erfahrung der äußeren Natur gebunden ist. So lange wir in diesem Körper leben, sehen wir durch unser Auge und hören durch unsere Ohren Sinnliches. Wir nehmen durch unsere Sinnesorgane alles Sinnliche wahr. Aber der Geist verarbeitet dieses Sinnliche. Der Geist ist das eigentlich Tätige. Der Geist ist dasjenige, was das Ewige ist. Und nun beachten Sie die tiefe Anschauung, die da gewonnen worden ist auf Grund jahrtausendealter Seelenlehre, die sich in den Worten ausdrückt: Derjenige Geist, welcher wenig während dieses Lebens gesammelt hat, was unabhängig ist von äußerer sinnlicher Beobachtung, unabhängig vom äußeren Sinnesleben, der ist nicht glücklich daran, wenn er entkörpert ist. Thomas von Aquino sagt: Dasjenige, was wir in unserer sinnlichen Umgebung sehen, ist fortwährend durchdrungen von sinnlichen Phantasmen. – Der Geist aber, gerade der Geist, den ich geschildert habe im Sinne der Mathematik, geschildert habe als Nus, der sich ergibt in einfacher Art, wie sich aus dem Gestern und Heute das Morgen ergibt, dieser Geist, indem er sich frei macht, sammelt Früchte für die Ewigkeit. Unendlich vereinsamt und leer fühlt sich der Geist – das ist

Thomas von Aquinos Lehre –, wenn er in das Geisterland eintritt, ohne so weit gekommen zu sein, daß er von allen Phantasmen der Sinnenwelt frei ist. Der tiefe Sinn der griechischen Mythe von dem Trinken aus dem Lethestrom enthüllt sich uns damit als ein Gedanke: der Geist in seinem rein geistigen Dasein wird immer höher und höher sich entwickeln, je freier und freier er wird von allen sinnlichen Phantasmen. Wer daher den Geist auf sinnliche Art sucht, der kann ihn nicht finden; denn der Geist, wenn er von der Sinnlichkeit frei geworden ist, hat nichts mehr mit der Sinnlichkeit zu tun. Thomas von Aquino verpönt daher auf das Entschiedenste die Methoden, mit denen er auf sinnlichem Wege gesucht wird. Dieser Kirchenlehrer ist ein Gegner von jedem Experiment und Versuch, auf sinnlichem Wege in Verkehr mit Entkörperten und Verstorbenen zu kommen. Der Geist muß am reinsten sein, wenn er von sinnlichen Phantasmen und von dem Haften an der Sinnlichkeit frei ist. Ist er das nicht, dann fühlt er sich in der geistigen Welt unendlich vereinsamt. Der Geist, der angewiesen ist auf die sinnliche Beobachtung, der aufgeht in sinnlichen Beobachtungen, der lebt in der geistigen Welt wie in einer unbekannten Welt. Diese Vereinsamung ist sein Schicksal, sein Los, weil er nicht gelernt hat, frei zu sein von sinnlichen Phantasmen. Dies werden wir erst völlig durchdringen, wenn wir zum zweiten Vortrage kommen.

Sie sehen, gerade auf dem entgegengesetzten Wege wurde die Seele gesucht in den Zeiten, in denen die Innenbeobachtung, die Beobachtung dessen, was im eigenen Inneren des Menschen lebt, den Ausschlag gegeben hat für die Seelenwissenschaft. Das ist dasjenige, was als ein Grundirrtum in der modernen Wissenschaft lebt und was dazu geführt hat, geradezu das Schlagwort von der Seelenwissenschaft ohne Seele hinauszuposaunen als naturalistisches Glaubensbekenntnis des 19. Jahrhunderts. Diese Wissenschaft, die bloß auf die äußeren Anschauungen geht, glaubt die Alten widerlegen zu können. Aber diese Wissenschaft weiß nichts von den Wegen, auf denen die Seele gesucht worden ist. Nichts, nicht das geringste soll gesagt werden gegen die moderne Wissenschaft. Wir wollen im Gegenteil gerade als Theosophen im Sinne dieser modernen Wissenschaft das Gebiet der Seele so durchforschen, wie diese das Gebiet der rein räumlichen Natur durchforscht, aber wir wollen nicht in der äußeren Natur die Seele suchen, sondern in unserem Inneren. Wir wollen den Geist suchen da, wo er sich enthüllt, indem wir die Wege der Seele wandeln und durch Seelenerkenntnis zur Geist-Erkenntnis kommen. Das ist der durch jahrtausendealte Lehren vorgeschriebene Weg, den man nur verstehen muß, um ihn in seiner Wahrheit und Gültigkeit zu erfassen.

Das macht uns aber auch klar und wird uns immer klarer machen, was der tiefere Mensch, wenn er die Seele erkennen will, gerade an der modernen kalten Wissenschaft ebenso vermissen wird, wie es Goethe vermißt hat, als ihm diese kalte Wissenschaft im «Système de la nature» von Holbach entgegengetreten ist. Wir können in der äußeren Natur zwar verfolgen, wie der Mensch sich hinsichtlich der Äußerlichkeit entwickelt hat, wie er geworden ist, wie die Monade in den feineren Gebilden arbeitet, wie das mittlere Organsystem für einen Ausdruck der Seele gelten kann, aber das alles führt uns nur zur Erkenntnis der Äußerlichkeit. Da bleibt noch immer die große Frage nach dem Schicksal des Menschen. Haben wir einen Menschen auch noch so gut verstanden in bezug auf seine Äußerlichkeit, wir haben ihn nicht verstanden, insofern er in dieser oder jener Weise dieses oder jenes Schicksal hat, wir haben nicht begriffen, welche Rolle spielt das Gute und Böse, das Vollkommene und Unvollkommene. Was der Mensch im Inneren erlebt, darüber kann uns die äußere Wissenschaft keinen Aufschluß geben; darüber kann uns nur die Seelenlehre, die auf Selbstbeobachtung gegründet ist, eine Gedankenantwort geben. Dann kommen die großen Fragen: Woher kommen wir, wohin gehen wir, was ist unser Ziel? – diese größten Fragen aller Religionen. Diese Fragen, die den Menschen erheben können zu erhabener Stimmung, diese Fragen werden es sein, die uns hinüberführen aus der Seelenwelt zu dem Geiste, zu dem die Welt durchflutenden Gottesgeist. Das muß der Inhalt des nächsten Vortrages sein: Durch die Seele zum Geist. Das wird uns zeigen, daß es durchaus wahr ist – nicht bloß ein bildlicher Ausdruck –, daß auch die vollkommene Tierseele, die geworden ist durch rein äußerliche Entwickelung, im Menschen nur dadurch Menschenseele ist, daß sie heute ein noch Höheres, ein Vollkommeneres darstellt, und daß sie die Anwartschaft, den Keim zu einem noch weit Höheren, zu einem grenzenlos Vollkommenen in sich trägt. Daß diese Menschenseele aber im Sinne desselben Ausspruches als etwas zu gelten hat, was nicht den Geist und nicht die Seelenerscheinungen aus der Tierheit hervorbringt, sondern daß das Tier im Menschen sich entwickeln muß zu Höherem, um dadurch seine Bestimmung, seine Aufgabe und auch sein Schicksal zu erhalten. Das drückt die mittelalterliche Seelenlehre mit den Worten aus, daß nur der die Wahrheit im wirklichen Sinne erkennt, der sie nicht so betrachtet, wie sie ihm erscheint, wenn er mit äußerem Ohre hört, mit äußerem Auge zuschaut, sondern so, wie sie erscheint, wenn wir sie im Abglanze des höchsten Geistes sehen. So möchte ich den ersten Vortrag mit den Worten schließen, die Thomas von Aquino in seinem Vortrag gebrauchte: Des Menschen Seele gleicht dem Monde, der leuchtet, aber sein Licht von der Sonne empfängt. – Des Menschen Seele gleicht dem Wasser, das nicht kalt und nicht warm für sich ist, sondern seine Wärme vom Feuer erhält. – Die Menschenseele gleicht nur einer höheren Tierseele, aber sie ist Menschenseele dadurch, daß sie ihr Licht von dem Menschengeist erhält.

Im Einklang mit dieser mittelalterlichen Überzeugung sagt Goethe:

> Des Menschen Seele
> Gleicht dem Wasser:
> Vom Himmel kommt es,
> Zum Himmel steigt es,
> Und wieder nieder
> Zur Erde muß es,
> Ewig wechselnd.

Dann erst versteht man die Menschenseele, wenn man sie in diesem Sinne faßt, wenn man sie faßt in dem Sinne, daß sie begriffen wird als ein Abglanz der höchsten Wesenheit, die wir überall im Weltenall finden können, als ein Abglanz des das Weltall durchflutenden Weltengeistes.

Berlin, 23. März 1904

Die materialistische Weltanschauung hat das moderne Denken zu der grotesken Behauptung geführt, daß die herrliche Tragödie des Hamlet nichts weiter sei, als die umgewandelten Nahrungsmittel, die der große Dichter Shakespeare genossen hat.

Nun, zunächst könnte eine solche Behauptung als eine ironische, als eine humoristische aufgefaßt werden. Und dennoch: wer die Ansicht über die Seele, welche sich innerhalb der sogenannten materialistischen Weltanschauung herausgebildet hat, zu Ende denkt, der muß zu dieser Behauptung zuletzt kommen. Diese Ansicht führt allerdings die materialistische Seelenansicht ad absurdum. Aber wenn es wahr ist, daß wir die Seelenerscheinungen ebenso zu begreifen haben als Ausflüsse der mechanischen Tätigkeit unseres Gehirns, wie wir die Vorgänge einer Uhr zu verstehen haben aus dem Triebwerk dieser Uhr, dann bleibt uns nichts anderes übrig, als in denjenigen Ursachen, in denen wir die Gründe zu suchen haben für den Gang der Gehirnwerkzeuge, zuletzt auch die Ursachen der Seelenerscheinungen, die Ursachen der höchsten Äußerungen des Menschengeistes zu sehen.

Schon der deutsche Philosoph *Leibniz* hat in bezug auf diese Behauptung die richtige Zurückweisung gefunden. Er hat gesagt: Man stelle sich einmal vor, dieses ganze menschliche Gehirn wäre begriffen, man wüßte bis ins einzelnste hinein, wie diese Zellen und die Zellenumgebungen funktionieren, man wüßte alle einzelnen Bewegungen und könnte verzeichnen, was räumlich im Gehirn vorgeht, wenn ein Gedanke, eine Empfindung, ein Gefühl im Menschen Platz greift; nehmen wir an, dieses Endziel der Naturwissenschaft wäre erreicht. – Dann sagt Leibniz weiter: Man stelle sich nun dieses menschliche Gehirn unendlich vergrößert vor, so daß man ruhig darin spazierengehen kann, ruhig beobachten kann, was da für Bewegungen sich darinnen abspielen. Man hat ganz und gar eine Maschine vor sich. Was wird man sehen? Bewegungen wird man sehen, räumliche Vorgänge wird man sehen. Aber was man nicht sehen wird, das ist dasjenige, zu dem der Mensch sagt: Ich fühle Lust und Leid, ich fühle Freude und Schmerz, ich denke diesen oder jenen Gedanken. Dasjenige, was des Menschen Ich als sein tiefinnerstes Eigentum, als seine tiefinnersten Vorgänge und Erlebnisse ansehen muß, das wird kein Beobachter dieser großen, dieser vergrößerten Gehirnmaschinerie sehen können. Um das zu beobachten, was das Ich als seine Erlebnisse in Gefühlen, Empfindungen und Vorstellungen betrachtet, dazu gehört eine ganz andere Art von Erfahrung, dazu gehört menschliche Innenerfahrung, dazu gehört, daß wir von aller räumlichen Betrachtung absehen und uns in die Seele selbst versenken, um aus der Seele heraus die Erklärungsgründe zu holen für dasjenige, was in ihr vorgeht.

Man kann diese Frage noch in einer anderen Weise beleuchten. Ich war einstmals zugegen, als zwei junge Studenten miteinander diskutierten über diese Frage. Der eine war mitten drin im materialistischen Denken. Er war sich klar darüber, daß der Mensch nichts anderes sei als ein Mechanismus, daß wir den Menschen begriffen haben, wenn wir wissen, wie seine Gehirnfunktionen und seine übrigen körperlichen Funktionen sind. Darauf sagte der andere: Aber es gibt ja doch eine einfache Tatsache, welche nur ausgesprochen zu werden braucht, um sich klarzumachen, daß hier noch etwas ganz anderes vorliegt als ein Vorgang, der ähnlich einem mechanischen sei. Warum sagt der Mensch nicht: Mein Gehirn fühlt, mein Gehirn empfindet, mein Gehirn stellt vor? – Nun, der Mensch würde diese Tatsache als eine Verfälschung seiner innersten Seelenerfahrung anerkennen müssen. Niemals können wir durch räumliche Beobachtung, ebenso wie bei äußeren Erscheinungen, uns die Seelenvorgänge erklärlich machen. Das ist ja gerade der charakteristische Unterschied zwischen körperlichen Vorgängen und Seelenvorgängen, daß, wenn wir etwas in einer Maschine vorgehen sehen, wir uns sagen können, diese oder jene Teile der Maschine sind in Bewegung, sind wirksam, und weil diese wirksam sind, vollzieht die Maschine dieses oder jenes. Man kann da nicht einwenden, daß wir noch nicht alle Bewegungen, alle Verrichtungen unseres Gehirnmechanismus kennen. Denn das ist ja gerade der Sinn der Leibnizschen Beantwortung der Frage, daß auch dann, wenn wir diesen ganzen Mechanismus begriffen hätten, das *eigentliche* Seelenleben doch völlig unberücksichtigt geblieben wäre. Da gibt es nur eines: In unser Inneres selbst zu blicken, uns zu fragen, was entdecken wir da, wenn wir unser eigenes Ich sprechen lassen? Was entdecken wir, wenn wir nicht mit Augen sehen und nicht mit Ohren hören, sondern wenn wir die eigene Seele beobachten?

Dann aber, wenn wir diesen Standpunkt uns klargemacht haben, müssen wir uns auch darüber klar sein, daß alle Fragen, die sich auf die Seele und ihre Vorgänge beziehen, ebenso wissenschaftlich und unbefangen behandelt werden müssen wie die Fragen der äußeren Naturwissenschaft. Kein Naturforscher wird zugeben, daß man durch eine bloße chemische Analyse einer Gehirnpartie etwas über das Leben dieses Gehirns, etwas über die Gestalt dieses Gehirns unmittelbar erfahren könne. Dazu sind andere Methoden notwendig. Dazu ist notwendig, daß wir die Gestalt irgendeines solchen organischen Gliedes studieren, daß wir sie im Zusammenhang betrachten mit der übrigen organischen Welt. Kurz, wir sind nicht imstande, wenn wir bei der bloßen Physik, bei der bloßen Chemie bleiben, die Vorgänge des Lebens zu beschreiben. Ebensowenig sind wir imstande, wenn wir bloß die äußeren Erscheinungen beobachten, die Tatsachen des Seelenlebens zu erkennen.

Welches sind nun diese Tatsachen des Seelenlebens? Die Grundtatsache des Seelenlebens ist Lust und Schmerz. Denn das, was wir als Lust und Schmerz, als Freude und Unlust empfinden, das ist unser ureigenes Seelenerlebnis. Wir gehen an Gegenständen um uns herum vorüber. Die Gegenstände machen auf uns ihren Eindruck. Sie sagen uns etwas über ihre Farbe und Form, auch über ihre Bewegungen, sie sagen uns dasjenige, was sie im Raume sind. Aber nichts können wir den Gegenständen selbst entnehmen, wenn wir davon etwas wissen wollen, was im Menschen vor sich geht, wenn er an diesen Gegenständen vorübergeht. Die Farbe eines Gegenstandes wirkt auf das Auge des einen und wirkt auf das Auge des anderen. Die Lust oder vielleicht auch der Schmerz, den der eine bei dieser Farbe empfinden kann, kann verschieden, ganz verschieden sein von der Lust und dem Schmerz des anderen. Dasjenige, was der eine als Lust empfindet, rührt vielleicht davon her, daß diese Farbe ihn an ein besonders liebes Erlebnis erinnert, daß er oftmals dieser Farbe gegenüber Freude empfand. Ein anderer muß an ein trauriges Erlebnis denken, wenn er diese Farbe sieht, deshalb empfindet er vielleicht Schmerz. Diese Farbenerlebnisse sind des Menschen ureigenste Erlebnisse. Diese gehören ganz allein ihm. In der Freude und im Schmerz, die sich abspielen im Innenleben, drückt sich des Menschen ganz besondere Wesenheit aus, jene Wesenheit, wodurch sich der eine von dem anderen unterscheidet, jene Wesenheit, worin keiner dem anderen gleich ist. Schon das sollte uns klarmachen, daß es nicht allein von außen, von dem, was in der Sinnenwelt vorgeht, abhängen kann, wie sich Lust und Schmerz gestalten, sondern es zeigt uns, daß in unserem Inneren auf Eindrücke der Außenwelt etwas antwortet, das in jedem Menschen anders ist; so daß also, so viele Menschen vor uns stehen, ebenso viele Innenwelten vor uns stehen, die wir nur begreifen können aus dem Tiefsten dieser ihrer inneren Natur heraus, die etwas ganz besonders, etwas ganz für sich bestehendes Wirkliches sind, gegenüber allem, was im Raume und in der Zeit vor unserem Auge und vor unserem Ohr sich ausspricht.

In Lust und Leid spielt sich des Menschen Innenleben ab. Und mit Lust und Leid hängt etwas zusammen, was durch alle Zeiten, seit Menschen gedacht haben, wie eine große Frage, wie ein ungeheures Rätsel die Menschenbrust durchzogen hat. Es hängt damit zusammen das Menschenschicksal, dieses Menschenschicksal, das der feinfühlige griechische Geist empfunden hat wie etwas Überpersönliches, wie etwas, das über dem Menschen schwebt, das über die Menschen hereinbricht, wie etwas, das nichts zu tun hat mit dem, was der einzelne verdient, was der einzelne erwirkt und erstrebt hat. Mit den dürresten Worten nur können wir die Auffassung des griechischen Volkes bezeichnen. Es ist dasjenige Seele, welches das gigantische Schicksal erträgt, indem es nur gar zu oft den Menschen zermalmt. So verschieden Lust und Leid der Menschen sind, so verschieden sind die menschlichen Schicksale, und diese menschlichen Schicksale haben, wie eine einfache triviale Beobachtung zeigen kann, nichts zu tun mit demjenigen, was der Mensch als Persönlichkeit sich selbst erarbeitet, sich selbst erwirbt.

Das, was man im eigentlichen Sinne Schicksal nennt, ist etwas, was über dem persönlichen Verdienst, über der persönlichen Schuld liegt. Wir sondern aus, wenn wir von Schuld und von Verdienst sprechen, dasjenige, was über den Menschen hereinbricht, und was von seiner eigenen Arbeit unabhängig ist. Da ist der eine, welcher durch seine Geburt bestimmt ist, in Armut und Elend zu leben, vielleicht nicht nur durch die Umgebung, in die er hineingeboren war, sondern einfach durch die Gabe, durch die Mitgift der Natur, die er bei seiner Geburt empfangen hat. Da ist der andere, der als Kind des Glücks erscheint, bei dem Lust und Leid zum höchsten Gipfel führen können, einfach dadurch, daß er bei seiner Geburt mit größeren, vorzüglicheren Gaben ausgestattet ist als ein anderer. Wie sich das Schicksal und das einzelne menschliche Leben verketten, das bildet durch alle Zeiten hindurch die große bange Frage des denkenden Menschen. Das Menschenschicksal und die Menschenseele haben in ihren Wechselbeziehungen die Dichter und die Forscher beschäftigt. Und wie nimmt sich das Menschenschicksal gegenüber dem einzelnen menschlichen Seelenerlebnis aus?

Wir finden für das Wechselverhältnis von Seele und Schicksal in der Natur ein völliges Gleichnis. Wir finden ein Gleichnis in dem, was uns in der Natur als Art, als Gattungsgebilde der Lebewesen entgegentritt. Ein Lebewesen ist nicht in beliebiger Weise gestaltet. Jedes Lebewesen ist seinem Keime nach gestaltet. Seinem Keime nach ist der Löwe Löwe, der Frosch Frosch, weil in dem Keime die Kraft zu der besonderen Gestalt liegt, und weil der Keim diese Kraft von seinen Vorfahren erbt. Deshalb ist das Tier in besonderer Gattung gestaltet. Diese Vererbungsgesetze walten in der Pflanzen- und Tierart; sie walten nach Maßgabe dessen, was sie an Gliedern vererbt haben, um sich betätigen zu können. Ein Leben ist bestimmt durch die Ausbildung der Organe, die dem Wesen vererbt worden sind. Dieses Vererbungsgesetz ist das große Gesetz, welches die Arten und Gattungen in der Tier- und Pflanzenwelt bestimmt und auch in der physischen Menschenwelt. Dieses Art- und Gattungsgesetz, dieses Vererbungs- und Entwickelungsgesetz ist das Schicksalsgesetz für die Arten und Gattungen. Nur so wie das Vererbungsgesetz waltet, kann das Einzelwesen sich betätigen. Ganz ähnlich ist für den einzelnen Menschen dasjenige, was er als Lust und Leid empfindet gegenüber dem ob seiner waltenden Schicksal. So wie das Tier die Gestalt seiner Gattung von seinen Vorfahren ererbt hat, so treffen wir in ganz bestimmter Weise den Menschen mit Anlagen, mit Charaktermerkmalen ausgestattet, die das Maß seiner Lust und seines Schmerzes bestimmen, die das Maß derselben enthalten, ihm sein Leben zumessen.

Wie das Artgesetz über den Tieren waltet, so waltet das Schicksal über den einzelnen Menschen. So wie der Naturforscher in der neueren Zeit, wenn er ehrlich, dem Entwickelungsgesetze getreu forscht, sich fragt, warum hat dieses Tier ein längeres oder kürzeres Greiforgan, ein schärferes oder ein weniger scharfes Auge, und wie er sich nicht begnügt, das längere oder kürzere Greiforgan, das mehr oder weniger scharfe Auge als ein Wunder hinzunehmen, sondern sich sagt, ich muß dieses Tier mit anderen Tieren vergleichen, ich muß beobachten, wie sich allmählich diese Organe herausgebildet haben durch das große eherne Naturgesetz der Artverwandtschaft, der Vererbung unter allen Lebewesen, so muß auch der Menschenforscher, der Seelenforscher, wenn er das einzelne Menschenleben verstehen will, sich fragen: Wie hängt das große Gesetz des Schicksals mit diesen einzelnen menschlichen Leben zusammen, wie ist es möglich, daß das Schicksal über dem einzelnen Leben so gewaltet hat, daß es dieses oder jenes Maß von Lust und Leid bestimmt hat? – Ganz analog der Frage des Naturforschers ist die Frage nach dem Zusammenhang zwischen Menschenseele und Menschenschicksal. Und eine ganz analoge Betrachtung wird uns Aufklärung verschaffen über die Fragen, die in dieser Richtung die Menschen beschäftigen.

Es gibt eine Tatsache, welche so klar spricht in bezug auf diese Frage, daß wir sie nur nach allen Richtungen durchzudenken brauchen, daß wir uns nur ganz in sie zu vertiefen brauchen, um eine Antwort zu gewinnen. Diese Tatsache wird nicht in demselben Stile und in demselben Sinne beobachtet, wie der Naturforscher beobachtet, wenn er die Verwandtschaft der Arten und Gattungen studiert. Aber das liegt nicht daran, daß diese Tatsache nicht ebenso klar und deutlich spricht, sondern es liegt einfach daran, daß die neuere Menschheit sich gewöhnt hat, über diese Tatsache hinwegzusehen; sich daran gewöhnt hat, das laute Sprechen, das klare Zeugnis dieser Tatsache nicht gelten zu lassen. Sie ist allerdings nicht eine so rohe und grobe, wie die Tatsachen sind, die zu unseren äußeren Sinnen sprechen. Aber können wir denn hoffen, daß uns das feine Seelenleben über die intimen Vorgänge in unserem eigenen Inneren ebenso grobe und ebenso auffällige Tatsachen der Aufklärung gibt wie die äußeren Sinnestatsachen? Müssen wir nicht vielmehr voraussetzen, daß die Fragen, die sich in unserem Seelenleben verkörpern, feinerer, subtilerer Natur sind? Es ist ganz so, wie einstmals *Galilei* das große Gesetz der Pendelerscheinungen entdeckte, als ihm der Sinn aufging, der sich ihm an einer schwingenden Lampe in der Kirche öffnete, so daß sich ihm in diesem Augenblick das Gesetz der Natur offenbarte. Diesen Erfolg hatte er nur dadurch, daß er die Tatsachen im richtigen Sinne zusammenhalten konnte. So müssen uns aber auch die Tatsachen, wenn wir sie im richtigen Sinne uns klarmachen, aufklären in bezug auf Schicksal und Seelenleben.

Gehen Sie die Reihe der Tierwesen durch. Sie finden eine Mannigfaltigkeit verschiedener Arten und Gattungen. Sie erklären sich als moderner Naturforscher diese Arten und Gattungen durch die Verwandtschaft untereinander und durch die Abstammung voneinander. Sie sind befriedigt, wenn Sie begriffen haben, daß ein höheres, vollkommeneres Tier seinen Artcharakter dadurch erhalten hat, daß es von seinen Vorfahren abstammt, deren Organe sich allmählich umgewandelt haben zu den Organen des Tieres, das heute vor uns steht.

Was aber interessiert Sie an dem Tier? Es kann niemals die Frage sein, daß wir uns für das Tier viel weiter interessieren als nach seinem Artcharakter. Wir sind völlig befriedigt, wenn wir einen Löwen oder eine andere Tierart nach dem Artcharakter beschrieben haben. Wir sind völlig aufgeklärt über einen Löwen, wenn wir verstanden haben, wie die Löwenart im allgemeinen lebt, wie die Löwenart im allgemeinen sich betätigt; dann wissen wir, daß dasselbe vom Vater, vom Sohn und vom Enkel innerhalb der Löwengattung gilt. Wir sind uns klar darüber, daß uns einzelne Verschiedenheiten, die ja auch im Tierreich vorhanden sind, nicht in dem Maße interessieren, daß wir nun an jedes einzelne Individuum herantreten müßten, um es für sich zu studieren. Wir sind uns klar, daß das Maßgebende für das Tier dasjenige ist, was Vater, Sohn und Enkel miteinander gemeinsam haben. Der Forscher wird sich befriedigt erklären, wenn er irgendein Exemplar der Löwengattung, der Löwenart begriffen hat. Diese Tatsache muß zu Ende gedacht werden und völlig klar in ihrer Bedeutung begriffen sein. Wenn man sie dann vergleicht mit der anderen Tatsache, daß dies bei den Menschen ganz anders ist, dann läßt sich in wenigen Worten der Unterschied des Menschencharakters vom Tiercharakter angeben; ein Unterschied, der, wenn er einmal verstanden ist, von keinem naturalistischen Forscher geleugnet werden kann; ein Unterschied, so groß und gewaltig, daß er Licht verbreitet über die eigentliche Wesenheit der menschlichen Seele. Die Tatsache, die hier zugrunde liegt, läßt sich mit den Worten aussprechen: Der Mensch hat eine Biographie, das Tier hat keine Biographie.

Zwar ist in der Natur alles nur gradweise vorhanden, und gegen diesen Satz soll nichts eingewendet werden, denn es ist klar, daß man einzelne Merkmale eines Tieres verzeichnen und dadurch etwas Ähnliches wie eine Biographie zustande bringen kann. Aber es bleibt doch als eine Tatsache bestehen, daß wir erst im Menschenreich eine wirkliche Biographie haben. Damit ist gegeben, daß wir dasselbe Interesse, das wir der tierischen Art entgegenbringen, dem einzelnen menschlichen Individuum entgegenbringen. Während wir beim Menschen nicht gleichgültig sind, ob wir den Vater, den Sohn oder den Enkel beschreiben, nennen wir eine zusammengehörige Gruppe von Tieren eine Art, weil sie die gleichen Merkmale haben und wir sie naturwissenschaftlich begriffen haben, wenn wir ihre Gestaltung als Art begriffen haben. Da müssen wir die bedeutungsvolle Tatsache aussprechen: Jedes menschliche Individuum ist eine Art für sich. Das ist ein Satz, der vielleicht manchem nicht sofort einleuchtet, der manchem als etwas erscheint, was herausgekünstelt ist.

Aber wenn auch dieser Satz in seiner ganzen Tragweite nicht sofort begriffen werden kann, demjenigen, der ihn durchdenkt, der ihn bis zu Ende denkt, dem wird er nur in dem Lichte erscheinen können, das ich bezeichnet habe. Und damit sind wir auch über die Behauptung hinaus, daß für den Seelenforscher bloß das einzelne hervorragende Individuum ein Beweis sei, daß im Menschen etwas Besonderes auftrete, während doch die meisten Menschen gleichgeartet seien und im Grunde genommen – nur in höherer Ausbildung – dasselbe hätten wie die Tiere auch.

O nein, den einfachen Menschen, den Wilden, können Sie dadurch vom Tiere unterscheiden, daß Sie sich bewußt sind, daß er eine Biographie hat, daß mit seinem Artcharakter als Mensch seine Wesenheit nicht erschöpft ist, daß es bei ihm darauf ankommt, daß wir diese einzelne Individualität bei ihm erfassen; daß es nicht gleichgültig ist, ob der Vater, der Sohn oder der Enkel vor uns steht. Wollen wir naturwissenschaftlich verfahren, dann müssen wir dieselben Regeln, dieselbe Gesetzmäßigkeit auf den Menschen anwenden, die wir auf das Tier in bezug auf seinen Artcharakter anwenden. Wir würden das einzelne Tier, welches in vollkommener Gestaltung, in ganz bestimmter Form vor uns steht, als ein Wunder ansehen müssen, wenn wir es nicht begriffen in seiner Verwandtschaft und Abstammung von anderen Wesen. Wir würden aber auch den einzelnen Menschen, der ein Ganzes, eine Art für sich ist, mit seinen besonderen Erlebnissen von Leid und Lust, als ein Wunder ansehen müssen, wenn wir ihn einfach so hinstellten, wie er sich vor uns zeigt. Derjenige, welcher die einzelne menschliche Individualität, dasjenige, was sich in der Biographie ausdrückt, stehen läßt, ohne sie erklären zu wollen, ohne sie von den anderen Wesenheiten zu unterscheiden, wer dieses Wesen unerklärt lassen will, der gleicht einem Wundergläubigen. Wenn wir an der Entwickelung festhalten, dann müssen wir sagen: Wie im Tierreich die einzelne Tierform mit ihrer Art verwandt ist, so müssen wir auch die einzelne menschliche Seele in ihrer besonderen Erscheinungsform zurückführen auf etwas anderes Seelisches. So klar wie die Naturwissenschaft geworden ist, seit sie anerkannt hat, daß das Leben sich nicht aus dem Leblosen entwickeln kann, sondern daß jedem Lebendigen ein Keim zugrunde liegt, so wahr ist es, daß es heute naturwissenschaftlicher Aberglaube wäre, wenn jemand glaubte, was im 16. Jahrhundert geglaubt worden ist, daß sich Fische, Frösche und dergleichen aus Schlamm entwickeln könnten.

So aber wäre es, wenn jemand behaupten wollte, Seelisches entstehe nicht aus Seelischem, sondern aus Seelenlosem. Wie Lebendiges nur aus Lebendigem entstehen kann, in dem Sinne, wie die Naturwissenschaft es annimmt, so muß man erkennen, daß Seelisches nur aus Seelischem entstehen kann. Und so wie die Naturwissenschaft es als einen kindlichen Glauben ansieht, daß das Leben nicht aus einem Keim, sondern aus Leblosem hervorgehe, so muß es eine wahre Seelenlehre als ein Unding betrachten, daß aus Mechanischem Seelisches hervorgehen könnte. Das wäre dasselbe, wie wenn jemand behauptete, aus beliebigem Zusammenballen von Schlamm könne Seelisches hervorgehen.

Wenn wir dieses zugrunde legen, dann müssen wir uns sagen: Wer nicht an ein Wunder auf dem Gebiete des Seelenlebens glauben will, der muß jeder einzelnen Seele gegenüber sich die Frage stellen: Woher stammt sie, wo liegen die Ursachen, daß sie sich in dem Zustande, in dem sie sich befindet, gerade so gestaltet? Wir müssen sozusagen von dem seelischen Wesen eines Menschen zu seinem seelischen Vorfahren aufsteigen, wie wir von der körperlichen Gestaltung eines Tieres zu seinen körperlichen Vorfahren hinaufsteigen, um das Hervorgehen seiner Art zu begreifen.

Im letzten Vortrag habe ich den Gipfel, welchen *Aristoteles* seiner Seelenlehre gegeben hat, als das Verhängnis der Seelenlehre des Abendlandes bezeichnet. Ich habe gezeigt, daß Aristoteles in bezug auf unsere körperliche Welt völlig auf dem Standpunkte stand, auf dem auch die moderne Entwickelungslehre steht, daß er die Wesen bis hinauf zu den höchsten auf natürliche Weise sich entwickeln läßt. Da aber, wo Aristoteles von der höchsten Seele spricht, sagt er mit Recht ganz dasselbe, was wir jetzt auseinandergesetzt haben. Dieses Seelische ist unerklärbar aus dem, was wir als bloße Naturvorgänge kennengelernt haben. Nimmermehr kann jemand die Seele begreifen als bloßen Naturvorgang. Deshalb greift Aristoteles als ehrlicher Forscher und Denker zu einer Erklärung, die klipp und klar das Wunder bei jeder einzelnen Seelenentstehung zugibt. Dadurch erscheint er als ein ehrlicher Denker, aber als ein solcher, der gegenüber dem Seelischen ein naturwissenschaftliches Prinzip verleugnet. Wenn ein Mensch sich so weit entwickelt hat, daß sein Körperliches Menschenform gewonnen hat, dann wird dieser Menschenform von dem Schöpfer die Seele einerschaffen; das ist der einzige konsequente Standpunkt, den man einnehmen muß, wenn man sich nicht entschließen will, in demselben Sinne die Seele zu erklären, wie es die moderne Naturwissenschaft mit den Arten des Tierreiches macht. Will man nicht das seelische Vorfahrenwesen suchen, wie man das Tiervorfahrenwesen sucht, wenn man das Tier erklären will, dann muß man sagen, in jeden einzelnen Menschen ist eine Seele hineinerschaffen.

Es gibt da nur noch einen anderen Weg, und dieser andere Weg, dieser Ausweg, ist nur ein scheinbarer. Er besteht in dem Wege, den *Herbert Spencer*, der jüngst verstorbene große englische Philosoph, gezeigt hat. Er war sich klar darüber – was wir auch gesagt haben –, daß es unmöglich ist, das einzelne Seelenwesen für sich stehen zu lassen, es als ein Wunder hinzunehmen. Daher, sagt er, müssen wir bezüglich dieses Seelenlebens hinaufgehen zu den physischen Vorfahren des betreffenden Menschen, und so wie er von den physischen Vorfahren die Gestalt seines Gesichtes, seine Hände und Füße ererbt hat, so hat er auch seine seelischen Eigenschaften ererbt von den Vorfahren. So stellt Herbert Spencer die Seelenentwickelung vollständig gleich der körperlichen Entwickelung. Das ist aber nur ein scheinbarer Ausweg, der sich mit den Tatsachen nimmermehr in Einklang bringen läßt. Das, was aus einem anderen erklärlich sein soll, muß sich aus den Eigenschaften des anderen ableiten lassen.

Nun sagt wohl *Goethe:* «Vom Vater hab ich die Statur, des Lebens ernstes Führen, von Mütterchen die Frohnatur und Lust zu fabulieren.» Aber niemand wird behaupten wollen, wenn er die Tatsachen unbefangen prüft, daß dasjenige, was des Menschen ureigenste Wesenheit ausmacht, dasjenige, was er gerade als das Ergebnis seines Schicksals betrachtet, daß dieses in gleicher Weise von seinen physischen Vorfahren bestimmt wird, wie seine äußere Form und Gestalt von seinen Vorfahren bestimmt ist, denn sonst müßte die Entwickelung des Geistes denselben Gesetzen folgen, denen die Entwickelung des Physischen folgt. Aber wo könnten wir die geistigen Eigenschaften eines Newton, eines Galilei, eines Kepler, eines Goethe herleiten von ihren Vorfahren? Wo könnten wir die Eigenschaften Schillers herleiten? Von seinem Vater? Gewiß hat Schiller von seinem Vater die äußere Gestalt erhalten, das Artmäßige; denn das, was die allgemeine Gestalt ausmacht, das ist durch die physische Vererbung bestimmt, wie die physische Gestalt der Tiere durch die Vererbung bestimmt ist. Aber wenn wir die eigentlichen inneren Eigenschaften der einzelnen Individualität – und es braucht nicht Schiller zu sein, es kann ein beliebiger Herr Müller aus diesem oder jenem Ort sein – erklären wollen, wenn wir erklären wollen, was in seiner tiefsten Seele vorgeht, wodurch er dieser bestimmte Mensch ist, woraus seine Biographie folgt, dann können wir diesen Menschen niemals dadurch begreifen, daß wir seinen Ursprung bei den physischen Vorfahren studieren.

Studieren Sie einen Löwen und beschreiben Sie statt dieses Löwchens den Löwenvater oder Löwengroßvater: Sie werden naturwissenschaftlich völlig befriedigt sein. Beschreiben Sie aber einen Menschen, so müssen Sie sein ureigenes Leben beschreiben. Die Biographie des Großvaters oder Vaters ist etwas ganz anderes als seine eigene. So verschieden wie Art und Art im Tierreich ist, so verschieden sind die Biographien der einzelnen Menschen.

Wer diese Gedanken voll durchdenkt, kann niemals die geistige Entwickelung analog nehmen der physischen. Wir müssen vielmehr annehmen, wenn wir die geistige Entwickelung erklären wollen, daß wir in derselben Weise zu den geistigen Vorfahren aufsteigen müssen, wie wir zur Erklärung der physischen Natur zu den physischen Vorfahren aufsteigen. Und der physische Vorfahr kann nicht zugleich der geistige Vorfahr sein. Die Entwickelung des Seelischen geht nicht einen Schritt denselben Gang mit der Entwickelung des Physischen. Will ich eine Seele erklären, so muß ich ihren Ursprung ganz woanders suchen als in dem physischen Organismus. Sie muß schon einmal dagewesen sein, sie muß einen Seelenvorfahr haben, wie die tierische Art einen physischen Vorfahr hat. Damit kommen wir auf die Ideen, welche die tieferen Seelenforscher aller Zeiten als die ihrigen anerkannt haben, und welche, im wahren Sinne des Wortes, in naturwissenschaftlichem Sinne das Wesen der Seele betrachten. Wer mit aller Energie des Forschungstriebes in dieses Wesen der Seele eindringt – Sie können es zum Beispiel in durchsichtiger Auseinandersetzung bei *Lessings* «Erziehung des Menschengeschlechts» sehen –, der kommt zu der Annahme, daß jede Seele zurückverfolgt werden muß zu einer anderen Seele. Und damit kommen wir zum Entwickelungsgesetz der Seele, wir kommen zum Reinkarnationsgesetz, zum Gesetz der Wiederverkörperung.

So wie im Tierreich Art nach Art sich verkörpert, wie eine Verwandlung der Art stattfindet, eine Reinkarnation der Art, so findet im Menschen eine Verwandlung der Seele statt. Nichts anderes als dieser Gedanke darf verbunden werden mit dem, was man Reinkarnationslehre in der geisteswissenschaftlichen Seelenlehre nennt. Es ist kein phantastischer Gedanke, es ist ein Gedanke, welcher kristallklar ist und notwendig aus den Voraussetzungen der Natur entspringt. Genauso notwendig wie der Gedanke der Artreinkarnation, der Artwandlung im Reiche der Tiere, ist der Gedanke der Reinkarnation der Individualität. Die Reinkarnation der Art haben wir auf der Stufe der Tierheit, die Reinkarnation der Individualität haben wir auf der Stufe der Menschheit. Wenn aber das der Fall ist, dann weitet sich uns der Blick von der einzelnen persönlichen Menschenseele, die mit ihrem Eigenleben von Lust und Schmerz sonst unerklärlich vor uns steht, über ihren Seelenvorgänger hinaus und von diesem auf weitere Vorgänger. So wie wir eine Art begreifen, wenn wir sie zurückverfolgen auf ihre Vorfahren, so begreifen wir die Seele, wenn wir sie verfolgen als eine sich wiederverkörpernde Individualität. Was scheinbar als unerklärliches Schicksal in mir waltet, was wie scheinbar unvorbereitet in meiner Geburt veranlagt ist, das ist nicht als ein Wunder, aus dem Nichts heraus entsprungen, zu betrachten; das ist eine Wirkung, wie alles in der Welt eine Wirkung ist, aber eine Wirkung der seelischen Vorgänge in meinem seelischen Vorfahren.

Nicht im einzelnen kann uns hier beschäftigen, *wie* die Verkörperungen geschehen. Hier soll in wissenschaftlich analoger Weise einfach gezeigt werden, wie der Gedanke der theosophischen Seelenlehre durchaus vereinbar ist, ja, auf geistigem Gebiet genau dasselbe ist wie die moderne Entwickelungstheorie auf dem Gebiet des Tierlebens. Gerade der Naturforscher sollte von seiner physischen Reinkarnationslehre aufsteigen zu dieser seelischen Reinkarnationslehre. Der Buddhist, bei dem diese seelische Reinkarnationslehre ist wie bei uns die naturwissenschaftliche Entwickelungslehre, er kennt nicht in dem Sinne wie das Abendland die rätselvolle Entwickelung, den rätselvollen Gang des Schicksals im einzelnen Leben. Er sagt sich: Dasjenige, was ich erlebe, ist Wirkung des Seelenlebens, aus dem sich das meinige entwickelt hat; ich muß es hinnehmen als eine Wirkung. Und dasjenige, was ich selbst heute vollziehe, ist Ursache und bleibt nicht ohne Wirkung. Wieder und wieder wird sich meine Seele verkörpern, und es wird das Schicksal dieser Seele, als welche sie erscheint, bestimmen, es wird mit dieser Seele zusammen ein Ganzes machen. So gliedert sich in einer Kette Schicksal und Seelenwesen zusammen. Wie auf der Perlenschnur des Schicksals erscheinen die einzelnen Stufen der Seelenentwickelung des menschlichen Lebens, des ganzen Menschenlebens aufgereiht. Und was unerklärlich ist in *einem* Menschenleben, das wird erklärlich werden, wenn wir es nicht als Wunder für sich hinnehmen, sondern wenn wir es in seinen wiederkommenden Erscheinungen betrachten.

Dann aber, wenn wir die Seelenentwickelung in dieser Art betrachten, kommen wir über das Verhängnis des Aristoteles hinüber; und nur allein dadurch kommen wir über das Verhängnis der aristotelischen Seelenlehre hinaus. Wer sich nicht zu der Entwickelungslehre bekennt, muß sich zum Schöpfungsakte bekennen, der sich bei jeder einzelnen Geburt des Menschen vollzieht. Er muß bei jeder Geburt ein besonderes Schöpfungswunder annehmen. Die naturwissenschaftliche Schöpfungslehre ist Wunderglaube, Aberglaube. Noch im 18. Jahrhundert hat man gesagt, es gibt so viele Gattungen nebeneinander, wie ursprünglich geschaffen worden sind. Es gibt auch auf dem Gebiet der Seelenlehre nur diese zwei Wege: den wunderbaren Schöpfungsakt bei der Entstehung des einen Menschen, oder Seelenentwickelung. Das erste ist unmöglich. Aber deshalb gibt es doch ehrliche Forscher, welche sich nicht zur Seelenentwickelung entschließen können. Wenn aber ein ehrlicher Forscher sich nicht zur Seelenentwickelung entschließen kann, so wird er sich auch heute noch zum Schöpfungsakt bei jeder einzelnen Menschenentstehung bekennen. Das ist nicht naturwissenschaftlich, aber es ist ehrlich gedacht. Diejenigen aber, welche naturwissenschaftlich denken wollen und imstande sind, das Seelenleben in naturwissenschaftlichem Geiste zu betrachten, kommen von selbst, vom Standpunkte der modernen Forschung zu dieser Seelen-Wiederverkörperungslehre, wie auch ein moderner Philosoph, Professor *Baumann* in Göttingen, dazu gekommen ist. Das werden die zwei Wege sein, die wir in klarem Denken verfolgen müssen: entweder Seelenschöpfung als Wunder in jedem Fall oder Seelenentwickelung im Sinne des naturwissenschaftlichen Denkens und Wiederkehr der Seele.

Von dieser Seelenentwickelungslehre aus wird uns dann aber auch ein helles Licht geworfen auf die große Frage, welche insbesondere die moderne Philosophie und die moderne Denkweise überhaupt beschäftigt hat, die Frage nach dem Werte des Lebens. Diese Frage ist, wie Sie wissen, von den neueren Philosophen, von *Schopenhauer, Eduard von Hartmann* und ähnlichen Philosophen, negativ beantwortet worden. Dem Leben ist ein Wert abgesprochen worden, aus dem einfachen Grunde, weil das Leben weit mehr Unlust biete als Lust. Wenn wirklich das Leben innerhalb der einzelnen Persönlichkeit zwischen Geburt und Tod erschöpft wäre, dann wäre die Frage nach dem Wert des Lebens berechtigt, insofern als man diesen Wert des Lebens nach Lust und Unlust abzuschätzen hätte. Da sagen ja diese Philosophen einfach, die Erfahrung lehre uns in jedem einzelnen Fall, daß die Unlust weitaus die Lust überwiege, daß das Leben schmerz- und leidvoll sei. Schon aus diesem Grunde, so nimmt Schopenhauer an, müssen wir uns zu dieser pessimistischen Anschauung bekennen. Wir nehmen ja in selbstverständlicher Weise die Lust hin als etwas, das uns gebührt. Wer betrachtet denn nicht – und darin hat Schopenhauer recht – die Lust als etwas, was für uns selbstverständlich ist? Wo gibt es nicht eine geringfügige Ursache, die der Mensch als Schmerz empfindet, während er jede Lust mehr oder weniger als selbstverständlich hinnimmt. Es sei daher natürlich, sagen die Pessimisten, daß die Menschen die Lust nicht so fühlen, wie sie die Herabminderung der Lust als Schmerz und Unlust empfinden. So ziehen die Pessimisten die sogenannte Lustbilanz des Lebens und sie erklären, daß diese zeigt, daß die Unlust weit stärker das Leben beherrscht als die Lust. Ohne Frage, wenn man innerhalb des einzelnen Menschenlebens dieses Rätsel lösen will, so kommt man zu keiner anderen Lösung. Denn wer ein Menschenleben in seiner persönlichen Einzelheit übersieht, der wird sich allerdings sagen: Ist die Unlustmenge, von welcher dieses Leben betroffen worden ist, noch so gering, sie bleibt vorhanden als etwas, was diesem Menschen gleichsam vorgehalten worden ist. Man versuche einmal tatsachengemäß, beim Tode eines Menschen diese Lustbilanz zu ziehen. Wenn man sie zieht, dann wird man allerdings im Sinne Hartmanns den Lustwert des Lebens als negativ ansetzen. Schließt nun das Leben mit dem Tode ab, dann schließt das

Leben mit einem negativen Wertfaktor, mit einer negativen Wertzahl. Dann aber erscheint dieses einzelne Leben völlig unerklärlich.

Etwas ganz anderes ist es, wenn wir dasjenige, was wir zurückbehalten als Ergebnis des einzelnen Lebens, als eine Ursache betrachten für das folgende Leben, wenn wir es betrachten als dasjenige, was sich hinüberpflanzen, fortpflanzen läßt auf eine andere Daseinsstufe. Dann nimmt sich dasjenige, was in dem einen Leben als Schmerz, als Unlust erscheint, aus wie etwas, das günstig wirken kann im nächsten Leben. Und aus welchem Grunde? Aus dem sehr einfachen Grunde, weil dann die Empfindung der Unlust, die wir in diesem einzelnen Leben haben, nicht das allein Maßgebende ist, sondern weil auch dasjenige maßgebend ist, was als Wirkung aus dieser Unlust entspringt. Wenn ich heute eine Unlust empfinde, dann wird für heute diese Unlust meinem Leben ein negatives Vorzeichen anhängen. Aber diese Unlust kann morgen für mich vom höchsten Werte sein. Ich kann dadurch, daß ich heute bei irgendeinem Erlebnis Unlust, Schmerzen empfunden habe, lernen für morgen. Ich kann lernen bei ähnlicher Gelegenheit, diese Unlust, diesen Schmerz zu vermeiden; ich kann lernen, diese Unlust, diesen Schmerz als eine Lektion zu betrachten, um die Verrichtungen, die mir Unlust bereitet haben, morgen vollkommener zu machen. Unbill wird uns von diesem Standpunkte aus in einem gewissen Zusammenhang erscheinen, der eine weittragende Bedeutung hat. Nehmen Sie an, ein Kind lernt gehen. Es fällt fortwährend und tut sich weh, es bereitet sich dadurch Schmerz. Dennoch wäre es unrichtig, wenn eine Mutter ihr Kind mit lauter Kautschukballen umgeben würde, damit es, wenn es fällt, keinen Schmerz haben würde. Dann würde das Kind niemals laufen lernen. Der Schmerz ist die Lektion. Er bereitet uns vor zu einer höheren Entwickelungsstufe. Nur dadurch, daß das Leben des einzelnen Menschen zwischen Geburt und Tod nicht in lauter Lust aufgeht, sondern daß es uns den aus unseren unvollkommenen Verrichtungen entspringenden Schmerz und die daraus entstehende Unlust bereitet, nur dadurch lernen wir. Und schließt das Leben mit einer Unlustbilanz, so schließt es zugleich mit einer Ursache, die für das spätere Leben eine Wirkung haben wird. Durch eine Unlust des einen Lebens werden wir eine höhere Stufe des nächsten Lebens erreichen.

So weitet sich uns der Blick, wenn wir das Leben des Menschen über Geburt und Tod hinaus betrachten. Es stellt sich die Lust- und Unlustbilanz als etwas dar, was da sein muß, damit wir lernen von dem einzelnen Leben und es herübertragen können in ein anderes Leben. Würden wir nicht Schmerz erleiden, so würde es uns gehen wie einem Kind, das nicht laufen lernen kann, wenn man ihm den Schmerz erspart. Daher kommen wir dazu, die Unlustbilanz, wie sie der Pessimist anführt, als einen Entwickelungsfaktor anzusehen. Der treibt als Motor die Entwickelung vorwärts. Dann kommt für uns der Satz, der oftmals gesprochen wird: der Schmerz ist ein Entwickelungsfaktor, zu Ehren, und bekommt auch einen höheren Sinn. Und so werden wir das Einzelleben begreifen als Wirkung, als ein Ergebnis vorhergehender Ursachen. Wenn wir es so begreifen als Wirkung, dann werden wir die nebeneinander bestehenden Vollkommenheitsgrade innerhalb der Menschen verstehen, wie wir die nebeneinander bestehenden Vollkommenheitsgrade innerhalb der Tiergattungen verstehen. Wie es uns nach der Entwickelungslehre nicht wunderbar erscheint, daß der vollkommene Löwe neben der unvollkommenen Amöbe lebt, wie uns diese unvollkommene Ausgestaltung aus dem Entwickelungsgesetz begreiflich ist, so wird uns auch die Entwickelungsstufe der Seele vom höchsten Genie bis zu der unentwickelten Stufe des Wilden begreiflich erscheinen aus dem Entwickelungsgesetz der Seele. Denn das Genie – als was stellt es sich uns dar? Es stellt sich uns dar als eine höhere Entwickelungsstufe, als ein höherer Vollkommenheitsgrad des Seelenwesens, das in dem Wilden auf einer untergeordneten Bildungsstufe lebt. So wie die höhere Tierart von den untergeordneten Gebilden der Tiere auf dem physischen Gebiete sich unterscheiden, so unterscheidet sich die Seele des Genies von der Seele des Hottentotten auf seelischem Gebiete. Dadurch erklärt sich uns aber auch, daß im Grunde genommen die geniale Begabung gar nichts radikal Verschiedenes ist von der gewöhnlichen Menschenbegabung, sondern daß es nur eine spätere Entwickelungsstufe ist.

Vergleichen wir die Psychologie von *Franz Brentano*. Sie betont, daß das Genie sich nicht im wesentlichen unterscheidet von der Entwickelungsstufe der unvollkommenen Seele, sondern nur dem Grade nach. Man sehe sich ein Genie wie *Mozart* an. Er hat schon als Knabe eine Begabung gezeigt, welche ganz absonderlich erscheint. Er hat eine ganze Messe, welche er einmal angehört hat und die er niemals früher verfolgen konnte, weil sie nicht aufgeschrieben werden durfte, unmittelbar nachdem er sie gehört hat, niedergeschrieben. Was ist das für eine Gedächtnisleistung, daß diese Seele des Mozart eine große Reihe von Vorstellungen mit einem Blick umspannt, die die unvollkommene Seele nicht umspannen kann, sondern sie nach und nach erst fassen kann. Es ist nur die besondere Entwickelung desjenigen Seelenvermögens, das die Vorstellungen miteinander verbindet und verkettet. Dieses Seelenvermögen kann so niedrig stehen, daß es nicht möglich ist, fünf bis sechs Vorstellungen in einer gewissen Zeit zu überschauen. Aber durch

Übung kann der Mensch dieses sein Vorstellungsvermögen verbessern, seine Überschau erweitern. Wenn wir nun sehen, wie das Genie auftritt mit weitgehenden Anlagen, die aber graduell durch Übung erlangt werden können, so sollen wir das Genie doch nicht als ein Wunder betrachten. Wir werden es als eine Wirkung ansehen müssen. Und da das Genie bereits geboren wird mit den Eigenschaften, so werden wir die Ursache in einer vorhergehenden Entwickelungsstufe der Seele, in einem vorhergehenden Leben suchen müssen. Nur dadurch kommen Sie zu einer Erklärung genialer Anlagen. Dadurch können Sie jeden menschlichen Entwickelungsgrad auf seelische Weise begreifen. Sie können verfolgen das menschliche Wesen von den höchsten genialen Fähigkeiten bis hinunter zu den traurigsten Erscheinungen des Menschenlebens, die wir als Irrsinn bezeichnen. Vom naturwissenschaftlichen Standpunkte ist hier abzusehen; nur vom Standpunkte des Seelenforschers aus ist mit einem Wort hinzuweisen auf diese Menschen. Wir wissen, daß es Mißgeburten gibt, Verkrüppelungen. Wenn wir diese Begriffe ausdehnen vom naturwissenschaftlichen Gebiete auf das Gebiet der Psychologie, dann kommen wir auf dem Gebiete des Seelenlebens zu den abnormen Erscheinungen des Seelenlebens.

Auf diese Weise zeigt sich uns klar und übersichtlich, daß das Seelenleben zeitlich in einem Zusammenhang steht wie das physische Leben draußen im Raume. Und diejenigen, welche behaupten, daß solche Gedanken den naturwissenschaftlichen Tatsachen widersprechen, haben ganz gewiß nicht die ganze Tragweite weder der naturwissenschaftlichen Gedanken noch dieser Seelenwissenschaft durchgearbeitet. Die haben ihre Beobachtung nicht so weit entwickelt, daß sie die Methoden der Seelenforschung so handhaben gelernt haben, wie die Naturwissenschafter die

Methoden der äußeren Naturwissenschaft handhaben. Und wenn behauptet wird, daß die Lehren, die wir hier vorgetragen haben, phantastisch erscheinen, dann dürfen wir wohl auch die Frage aufwerfen, was sagen dazu diejenigen, welche die Grundlagen zu dieser Naturwissenschaft gelegt haben? Diese müssen doch die Tragweite der naturwissenschaftlichen Gedanken erkannt haben, genauso wie diejenigen, welche unmittelbar, mit ursprünglichen Kräften ein Land zuerst erforschen, das Land genauer kennen als diejenigen, welche nur eine Mitteilung oder Beschreibung empfangen haben. So wird der Naturforscher, der aus den Tiefen seines Forschens heraus die Grundlagen zu den Wahrheiten der Naturwissenschaft findet, eine größere Berechtigung haben als der, welcher als Nachtreter hinterher kommt und uns weismachen will, daß die Seelenforscher von besonders für sich bestehenden Seelen- und Geistwesen sprechen.

Nun noch einige Beispiele, wie die grundlegenden Naturforscher gedacht haben über die Seelen- und Geistesforscher. Immer und immer wieder wird betont von einer solchen Seelenlehre, wie sie jetzt auseinandergelegt worden ist, daß sie dem Gesetze von der Erhaltung der Kraft widersprechen soll. Das ist das große Gesetz, das alle physischen Erscheinungen für den Erklärer beherrscht. Dieses besagt, daß in der Natur keine Kraft entsteht, sondern daß alle Kraft durch Entwickelung aus einer anderen hervorgeht, und daß wir die Menge einer Kraft durch die Kraft messen können, welche ihre Ursache ist. Wenn wir Wärme im Dampfkessel in Dampf umwandeln, so haben wir die Ursache und Wirkung vor uns, und wir messen die Wirkung an dem Maße der Ursache. Nun sagen die Gegner der Seelenlehre im geistigen Sinne: Dieses Gesetz widerspricht doch der Annahme, daß sich besondere Seelenvorgänge im Inneren abspielen. Meßt einmal die äußeren Eindrücke, die ein Mensch empfängt, meßt das, was in ihm vorgeht, meßt das, was in dem Gehirn vorgeht, und man wird nicht behaupten können, daß daraus sich etwa besonders entscheiden läßt: es gibt eine Seelenkraft. Dann aber würde diese aus dem Nichts heraus geboren und dies widerspreche dem Grundgesetz von der Umwandlung der Kraft. *Julius Robert Mayer* ist der Entdecker dieses grundlegenden Gesetzes von der Erhaltung der Kraft, von dem uns gesagt wird, daß es der Seelenlehre widersprechen soll. Hören wir den Entdecker dieses Gesetzes, einen der größten Naturforscher und Denker aller Zeiten. Im Jahre 1842, im Zeitalter der Naturforschung, hat er das wichtigste der Naturgesetze des 19. Jahrhunderts entdeckt. Diejenigen, welche materialistische Naturforscher sind – Sie können das in ihren Büchern verfolgen –, sagen und wollen uns glauben machen, daß durch dieses Gesetz alle Geist- und Seelenlehre beseitigt wäre. Wir hören diese Naturforscher so reden, daß derjenige, welcher noch immer innere Seelenlehre annimmt, die Naturwissenschaft nicht verstehe, die sich ausdrückt in dem Gesetz von der Erhaltung der Kraft. Julius Robert Mayer aber sagt: Wenn oberflächliche Köpfe, welche sich als Genie dünken, überhaupt nichts Weiteres und Höheres annehmen wollen, so kann eine solche Anmaßung der Wissenschaft nicht zur Last gelegt werden, noch kann sie derselben zu Nutz und Frommen gereichen.

Das sagt der Entdecker dieses Gesetzes. Fragen Sie sich, ob die Nachtreter ein Recht haben, sein Gesetz aufzurufen gegen dasjenige, was er selbst erkannt hat.

Ein anderer grundlegender Forscher unserer modernen Naturwissenschaft, welcher für die Welt der Lebewesen durch seine geologischen Forschungen über die Umwandlungen der Formen unserer Erdschichten die Grundlage gelegt und dadurch Darwin vorgearbeitet hat, ist *Lyell*, der große englische Geologe. Er hat in bezug auf die Geologie als erster den Satz ausgesprochen, daß wir nicht naturwissenschaftlich verfahren, wenn wir in der Natur wunderbare Katastrophen annehmen, wenn wir annehmen, daß sich Umwälzungen in früheren Zeiträumen vollzogen haben, die nicht noch heute durch äußere Kraft erklärlich sein sollten. Dieser Forscher Lyell, auf den sich wieder die materialistische Naturforschung beruft, sagt folgendes: In welcher Richtung wir immer unsere Forschungen anstellen mögen, überall finden wir eine schöpferische Intelligenz, Vorsehung, Macht und Weisheit.

Und materialistische Forscher sagen uns, seitdem das Gesetz der sogenannten Lebenskraft überwunden ist, seitdem man imstande ist, Stoffe im Laboratorium herzustellen, von denen man geglaubt hat, daß sie nur im lebenden Menschen entstehen können, seitdem hat man kein Recht mehr zu sagen, daß sich im chemischen Laboratorium nicht dasselbe abspielt, was sich in der Natur abspielt. Der mit *Friedrich Wöhler* befreundete *Jöns Jacob Berzelius* sagt: Die Kenntnis der Natur ist die Grundlage der Forschung. Die, welche sich nicht an sie halten, kommen nicht ab von irreführenden Einflüssen. – *Wilhelm Preyer* hat über das Phänomen des Todes geschrieben. Er ist es, der mit Entschiedenheit gesagt hat, daß der Tod nicht aufgefaßt werden kann als ein Ende der in dem Körper inkarnierten Individualität, daß der Tod nicht so aufgefaßt werden kann beim Menschen, weil er nicht einmal so aufgefaßt werden kann in der niederen Welt. Preyer sagt, nur der Körper stirbt, nicht stirbt die Materie, nicht die Kraft, nicht die Bewegung, nicht das Leben.

Das sind Aussprüche echter, grundlegender Naturforscher, nicht philosophischer Dilettanten, welche glauben, aus der Naturwissenschaft heraus die Seelenerscheinungen – ich will nicht sagen – leugnen zu können, aber die seelischen Erscheinungen als bloße Funktionen der rein mineralischen Vorgänge erklären zu dürfen. Wenn wir also sehen, daß gerade diejenigen, welche sich ursprünglich um die Forschung des Ganges der Naturentwickelung verdient gemacht haben, in dieser Naturentwickelung keinen Widerspruch sehen mit der Anschauung einer Seelenentwickelung im Inneren, dann müssen wir uns im Einklang befinden mit allen diesen. Und wir wissen, daß alle diejenigen, welche die innere Seelenentwickelung leugnen, von dem Ausspruch *Hamerlings* getroffen werden, der sagt: Wer die Seele sucht, der käme ihm vor wie ein Hund, der nach seinem eigenen Schwanze schnappt und ihn nicht erreichen kann. – Das ist eine Seelenlehre im geisteswissenschaftlichen Sinne, eine Seelenlehre im modernen naturwissenschaftlichen Sinne, allerdings nicht in einer schablonenhaften Anwendung der naturwissenschaftlichen Methode, sondern in deren Anwendung aus dem Geist heraus. Dann aber zeigt sich uns das Schicksalsgesetz als ein großes Entwickelungsgesetz. Wie die Gattung eingespannt ist in die Tierentwickelung und wie eine Welle auf dem Spiegel des Meeres erscheint, die aufgeworfen wird von der dahinflutenden Entwickelung, so erscheint das einzelne Menschenleben wie eine aufgeworfene Welle und die hintereinander folgenden einzelnen Leben erscheinen wie einzelne Wellen von dem Menschenschicksal selber.

Welches die Gründe dieser Wellen sind, das werden wir im nächsten Vortrage betrachten, wenn wir das, was menschliches Schicksal ist, aus dem ewigen Wesen heraus begreifen. Heute aber habe ich gezeigt, daß diejenigen, welche das Schicksal als das große Entwickelungsgesetz ansehen, es ansehen als wirkend, als wellenwerfend, und daß jede einzelne Welle in ihrer Erscheinung ein Abbild des

Menschenwesens ist. So sehen alle diejenigen, welche sich in die Sache vertieft haben, das Seelenleben in seiner Entwickelung an. Und deshalb spricht Goethe davon, daß die einzelne Seele wie eine Welle ist, die immer und immer wieder aufgeworfen wird, und daß der Wind das treibende Schicksal ist, das aus dem Wasser heraus diese Wellen aufwirft. Deshalb vergleicht er die Seele mit dem Wellenspiel und das Schicksal mit dem Winde, aus der theosophischen Erkenntnis heraus, denn Goethe war im tiefsten Sinne einverstanden mit dieser Seelenlehre. Er hat seinen Vergleich durchgeführt von Wind und Wellen, von Seele und Schicksal des Menschen in den schönen Worten:

> Wind ist der Welle
>   Lieblicher Buhler;
> Wind mischt von Grund aus
>   Schäumende Wogen.

> Seele des Menschen,
>   Wie gleichst du dem Wasser!
> Schicksal des Menschen,
>   Wie gleichst du dem Wind!

Berlin, 30. März 1904

Lassen Sie mich diesen dritten Vortrag mit einem Bilde beginnen, durch welches *Plato* ausdrückt, was er über die Ewigkeit des Menschengeistes zu sagen hatte.

Sokrates steht im Angesichte des Todes vor seinen Schülern. In den nächsten Stunden muß sich das Ende des großen Lehrers abspielen. Im Angesichte dieses seines Todes unterredet sich Sokrates über die Ewigkeit des geistigen Wesenskerns im Menschen. Einen tiefen, einen gewaltigen Eindruck macht das, was er vorbringt über die Unvertilgbarkeit dessen, was im Menschen lebt. In wenigen Stunden wird in dem Körper, der vor seinen Schülern steht, kein Leben mehr sein. In wenigen Stunden wird der Sokrates, den man mit Augen sehen kann, nicht mehr sein. In dieser Lage macht es Sokrates seinen Schülern klar, daß derjenige, der in wenigen Stunden nicht mehr vor ihnen stehen wird, den sie nicht mehr haben werden, nicht der ist, der ihnen so wertvoll ist; daß dieser Sokrates, der jetzt noch vor ihnen steht, nicht derjenige sein kann, welcher ihnen die große Lehre der Menschenseele und des Menschengeistes übermittelt hat. Er macht seinen Schülern klar, daß der wahre Weise durch die Betrachtung der Welt, der er sich hingegeben hat, sich unabhängig gemacht hat von aller Sinnenwelt. Alles dasjenige, was die sinnlichen Eindrücke, was die sinnlichen Begierden und Wünsche ihm liefern können, schwindet gerade durch eine wahrhaft weise Weltbetrachtung. Für den Weisen ist dasjenige allein wertvoll, was niemals die Sinne geben können. Wenn aber nur hinweggeht, was vor den Sinnen steht, dann bleibt das unverändert, was keine Sinne erreichen können. Beweise, und wären sie die schärfsten, und wären sie die zündendsten, könnten kaum mächtiger, gewaltiger wirken als die Überzeugung, die sich in der unmittelbaren Empfindung ausdrückt, die aus dem Herzen des Weisen herausdringt in dem Augenblicke, wo die äußere sinnliche Lage dem völlig zu widersprechen scheint, was der Mund des Sokrates sagt. Das ist eine Überzeugung, welche ausgesprochen ist mit der Todesweihe, eine Überzeugung, welche einfach dadurch, daß sie in dieser Lage ausgesprochen wird, davon zeugt, zu welch mächtiger Kraft sich in dem Weisen diese Anschauung durchgerungen hat, so daß er das Ereignis, das in wenigen Stunden über ihn hereinbrechen wird, besiegt.

Und welche Wirkung hat dieses Gespräch auf die Schüler ausgeübt? Phaidon, der Schüler, sagt, daß er in diesem Augenblick in einer Lage war, in der gewöhnlich nicht diejenigen sind, die ein solches Ereignis erleben. Nicht Schmerz und nicht Freude ging durch sein Herz. Erhaben war er über alles Leid und über alle Lust. Mit einer seligen Ruhe und Gelassenheit nahm Phaidon die Lehren auf, die ihm angesichts des Todes übergeben wurden.

Wenn wir uns dieses Bild vor die Seele stellen, so fällt uns ein Zweifaches ein. Plato, der große Weise Griechenlands, sucht seine Überzeugung von der Ewigkeit des Menschengeistes nicht allein durch logische Beweise, durch philosophische Erörterungen zu stützen, sondern dadurch, daß er sie einen hochentwickelten Menschen im Angesichte des Todes aussprechen läßt. Als eine Erfahrung, als etwas, das unmittelbar in der Menschenseele lebt, spricht sich diese Überzeugung aus. Damit wollte Plato andeuten, daß die Frage über die Ewigkeit der Menschenseele eine solche ist, deren Antwort wir nicht in jeder Lage zu geben imstande sind, deren Antwort wir uns erst dann geben können, wenn wir uns zu der Höhe des Geistes hinaufentwickelt haben, auf welcher eine solche Persönlichkeit steht, wie Sokrates, der sein ganzes Leben hindurch der inneren Betrachtung der Seele gewidmet hat; ein Weiser, welcher Erkenntnis hatte von dem, was sich enthüllt, wenn der Mensch seinen Blick in sein Inneres richtet. Ein solcher stellt uns die Kraft der unmittelbaren Überzeugung hin, daß in ihm etwas lebt, von dem er weiß, daß es unvertilgbar ist, weil er es erkannt hat. Darauf kommt es an. Jeder Einsichtige auf diesem Gebiete wird niemals davon sprechen, ein Beweis für die Unsterblichkeit der Menschenseele könne in jeder Lage gegeben werden, sondern die Überzeugung von der Ewigkeit des Menschengeistes muß erworben werden; der Mensch muß das Leben der Seele kennengelernt haben. Und wenn er dieses Leben kennt, wenn er sich vertieft hat in dessen Eigenschaften, dann weiß er, geradeso wie man von einem anderen Gegenstande Bescheid weiß, wenn man seine Eigenschaften kennt, dann weiß er über den Menschengeist Bescheid und es spricht in seinem Inneren die Kraft der Überzeugung. Und nicht allein das, sondern in einem wichtigen, in einem wesentlichen Augenblick läßt Plato den Sokrates diese Überzeugung aussprechen: in einem Augenblick, wo alle Sinneseindrücke der ausgesprochenen Wahrheit zu widersprechen scheinen.

Und die Schüler, wodurch verstehen sie diese große Lehre, wodurch leuchtet sie ihnen ein? Sie leuchtet ihnen dadurch ein, daß sie durch die Gewalt der Rede des Sokrates über Lust und Leid hinweggehoben werden; hinweggehoben werden über dasjenige, was den Menschen an das unmittelbar Vergängliche, an das Sinnliche, an das Alltägliche bindet. Damit soll ausgesprochen werden, daß der Mensch nicht in jeder Lage Bescheid weiß über die Eigenschaften des Geistes, sondern nur dann, wenn er sich hinweghebt über dasjenige, was ihn an das Alltägliche bindet, wenn er Lust und Leid, wie sie aus den Eindrücken des Alltäglichen stammen, abgestreift hat, wenn er in einem Feieraugenblick hinaufschauen kann dahin, wo Alltägliches nicht mehr spricht, wo die Ereignisse, die sonst Trauer verursachen, keine Trauer, solche, die sonst Freude verursachen, keine Freude mehr verursachen. Empfänglicher ist in solchen Augenblicken der Mensch für die allerhöchsten Wahrheiten.

Das gibt uns den Sinn, zu verstehen, wie die Theosophie über die Ewigkeit der Seele denkt. Sie spricht nicht in dem Sinne von Unsterblichkeit, daß sie wie ein anderes Ding diese Unsterblichkeit zu beweisen versucht. Nein, sie gibt Anleitung, Anweisungen, wie sich der Mensch nach und nach in jene Lage und Verfassung des Geistes versetzen kann, in der er den Geist in seinem eigenen Inneren wahrhaft erlebt, ihn seinen Eigenschaften nach kennenlernt, indem er sich in das Geistesleben zu versetzen versucht. Und dann ist sie sich klar darüber, daß aus der Anschauung des Geistes heraus unmittelbar die Überzeugung von der Ewigkeit dieses Geistes quillt. Wie wir einen Gegenstand, der vor unser sinnliches Auge tritt, nicht durch einen Beweis erkennen, sondern dadurch, daß er unserem sinnlichen Auge seine Eigenschaften einfach durch die Wahrnehmung zeigt, so stellt der Theosoph die Frage nach der Unsterblichkeit der Menschenseele in einer völlig anderen Form, als man es gewöhnlich hört. Er stellt die Frage: Wie können wir inneres, geistiges Leben wahrnehmen? Wie vertiefen wir uns in unser Inneres, auf daß wir den Geist in unserem Inneren sprechen hören?

Zu allen Zeiten und an allen Orten, an denen versucht worden ist, Schüler heranzuziehen zum Begreifen dieser Fragen, da verlangte man zunächst von diesen Schülern, daß sie eine Vorbereitungszeit durchmachen. Plato hat, wie Sie wahrscheinlich alle wissen, von seinen Schülern verlangt, daß sie in den Geist der Mathematik eingedrungen seien, bevor sie versuchten, seine Lehren über das Geistesleben aufzunehmen. Welchen Sinn hatte diese platonische Vorbereitung? Den Geist der Mathematik sollte der Schüler erfaßt haben. Wir haben in dem ersten Vortrag gehört, was uns dieser Geist der Mathematik bietet. Er bietet uns in elementarster Weise Wahrheiten, die erhaben sind über alle sinnlichen Wahrheiten; Wahrheiten, die wir nicht durch das Auge sehen, nicht mit den Händen greifen können. Wenn wir uns auch die Lehre vom Kreis, die Lehre von den Zahlenverhältnissen sinnlich veranschaulichen, wir alle wissen, daß wir damit nur eine Veranschaulichung machen. Wir wissen, daß die Lehren vom Kreis, vom Dreieck unabhängig sind von dieser sinnlichen Anschauung. Wir zeichnen uns ein Dreieck auf die Tafel oder auf Papier, und durch dieses sinnliche Dreieck versuchen wir zu dem Satze zu kommen, daß die drei Winkel eines Dreiecks hundertachtzig Grad haben. Wir wissen aber, daß dieser Satz wahr ist für jedes Dreieck, welche Form wir ihm auch immer geben mögen. Wir wissen, daß dieser Satz uns einleuchtet, wenn wir uns gewöhnt haben, solche Sätze unabhängig von den sinnlichen Eindrücken, unabhängig von jeder sinnlichen Anschauung zu fassen. Die einfachsten, die trivialsten Wahrheiten sind es, die wir uns auf diese Weise aneignen. Die Mathematik gibt nur die trivialsten übersinnlichen Wahrheiten, aber sie gibt übersinnliche Wahrheiten. Und weil sie die einfachsten, die trivialsten und daher am leichtesten zu erreichenden übersinnlichen Wahrheiten gibt, deshalb verlangte Plato von seinen Schülern, daß sie an der Mathematik lernen, wie man zu den übersinnlichen Wahrheiten gelangt. Und was lernt man dadurch, daß man zu übersinnlichen Wahrheiten gelangt? Man lernt dadurch ohne Lust und Leid, ohne unmittelbares, alltägliches Interesse, ohne persönliche Vorurteile, ohne dasjenige, was uns auf Schritt und Tritt im Leben begegnet, eine Wahrheit auffassen. Warum tritt die mathematische Wahrheit mit solcher Klarheit und Unbesieglichkeit vor uns? Weil sich in ihre Erkenntnis keinerlei Interesse, keinerlei persönliche Sympathie und Antipathie, das heißt, keine Vorurteile hineinspielen. Es ist uns ganz gleichgültig, daß zwei mal zwei gleich vier ist; es ist uns gleichgültig, wie groß die Winkel eines Dreiecks immer sein mögen und so weiter. Diese Freiheit von allem sinnlichen Interesse, von jeder persönlichen Lust und Unlust, die ist es, die Plato im Auge hatte, als er von seinen Schülern verlangte, daß sie sich in den Geist der Mathematik vertiefen. Und hatten sie sich dadurch gewöhnt, interesselos zur Wahrheit aufzuschauen, hatten sie sich gewöhnt, ohne Lust und Leid, ohne Einmischung von Leidenschaft und Begierde, ohne Einmischung von alltäglichen Vorurteilen sich zur Wahrheit hinaufzuringen, dann hielt Plato seine Schüler für würdig, auch in bezug auf diejenigen Fragen die Wahrheit zu schauen, in bezug auf welche die Menschen gewöhnlich mit den größten Vorurteilen behaftet sind.

Welcher Mensch könnte andere Fragen zunächst ebenso interesselos, ebenso ohne Lust und Leid behandeln, wie die mathematische Wahrheit zwei mal zwei ist vier, oder, die Winkelsumme eines Dreiecks ist hundertachtzig Grad? Aber nicht früher als bis der Mensch sich dahin gebracht hat, die höchsten Wahrheiten über Seele und Geist in einem ähnlichen, interesselosen lust- und leidfreien Lichte zu sehen, nicht früher wurde er reif befunden, diesen Fragen näherzutreten. Ohne Lust und Leid muß der Mensch diese Fragen behandeln. Erhaben muß er sein über dasjenige, was alltäglich, bei jeder Gelegenheit, auf Schritt und Tritt in seiner Seele auftaucht. Wo sich Lust und Leid und persönliches Interesse in unsere Antwort hineinmischen, da können wir die Fragen nicht objektiv, nicht im wahren Lichte beantworten. Das wollte Plato auch sagen, als er den sterbenden Sokrates über die Unsterblichkeit des Menschengeistes sprechen ließ. Also nicht darum kann es sich handeln, die Unsterblichkeit in jeder Lage zu beweisen, sondern lediglich darum: Wie gelangt man zur Wahrnehmung der Eigenschaften der Menschenseele, daß, wenn man zu dieser Wahrnehmung gelangt, die Kraft der Überzeugung von selbst aus unserer Seele fließt?

Dies lag auch allen denjenigen Unterrichtsstätten zugrunde, in denen versucht wurde, in einer sachgemäßen Weise die Schüler zu den höchsten Wahrheiten hinzuführen. Daß die Fragen: Lebt der Menschengeist vor der Geburt und nach dem Tode, und welches ist die Menschenbestimmung in der Zeit und in der Ewigkeit? – daß diese Fragen von den meisten Menschen nicht ohne Interesse behandelt werden können, ist nur natürlich. Es ist natürlich, daß alles, was der Mensch nur aufbringen kann an persönlichem Interesse, was er nur aufbringen kann an Hoffnung und Furcht, diesen beiden den Menschen immerfort und immerfort begleitenden Leidenschaften, sich kettet für ihn an die Frage der Ewigkeit des Geistes. Mysterienschulen nannte man in alten Zeiten und Orten die Stätten, wo höchste Fragen des Geisteslebens den Schülern beigebracht und beantwortet wurden. Und in solchen Mysterienstätten wurden die Schüler nicht in abstrakter Weise über solche Fragen unterrichtet. Es wurden ihnen die Wahrheiten erst dann überliefert, wenn ihre Seele, ihr Geist, ihre ganze Persönlichkeit in der Verfassung war, daß sie diese Fragen im richtigen Lichte sehen konnten. Und diese Verfassung war keine andere als die, hinaus sein über Lust und Leid, als hinweg sein über dasjenige, was sich an den Menschen kettet Tag für Tag, Stunde für Stunde: Furcht und Hoffnung. Diese Leidenschaften, dieser Gefühlsinhalt, sie mußten erst aus der Persönlichkeit entfernt werden. Ohne Furcht und Hoffnung, geläutert davon, mußte der Schüler herantreten. Eine Läuterung also war die Vorbereitung, die der Schüler durchzumachen hatte. Ohne diese wurden dem Schüler die Fragen nicht zur Antwort gebracht. Die Läuterung von den Leidenschaften, von Lust und Leid, von Furcht und Hoffnung, das war die Vorbedingung zum Hinansteigen zum Gipfel des Berges, auf dem die Unsterblichkeitsfrage behandelt werden kann. Denn man war sich klar darüber, daß dann der Schüler dem Geiste so ins Auge schauen kann wie derjenige, welcher sich im Geiste in ein mathematisches Gebiet vertieft, der reinen objektiven Mathematik ins Auge schaut: leidenschaftslos, furchtlos, ohne von Hoffnungen gequält zu sein.

Wir haben im letzten Vortrag gesehen, daß Lust und Leid vor allen Dingen der Ausdruck dessen sind, was wir die Menschenseele nennen. Das innere Erlebnis, das ureigenste Erlebnis der Person sind Lust und Leid. Lust und Leid müssen erst eine Läuterung durchmachen, bevor die Seele zum Geist gelangen kann. Lust und Leid sind beim gewöhnlichen Menschen gekettet an die alltäglichen Eindrücke der Sinne, gekettet an die unmittelbaren Erfahrungen der Persönlichkeit, gekettet an dasjenige, was den Menschen um seiner selbst willen, um seiner Persönlichkeit willen interessiert. Was macht uns gewöhnlich Lust, was macht uns Leid? Dasjenige, was uns als Persönlichkeit interessiert. Dasjenige macht uns Lust und Leid, was mit unserem Tode mehr oder weniger verschwindet. Dieser enge Kreis dessen, was uns Lust und Leid macht, ist es, den wir verlassen müssen behufs höherer Erkenntnis. Unsere Lust und unser Leid müssen getrennt werden, müssen abgezogen werden von diesen alltäglichen Interessen und hinaufgeführt werden zu ganz anderen Welten. Der Mensch muß Lust und Leid, muß die Wünsche seiner Seele hinwegheben über das Alltägliche, über das Sinnliche, er muß sie ketten an die höchsten Erlebnisse des Geistes. Er muß mit diesen Wünschen und Begierden aufblicken zu dem, welchem man für gewöhnlich nur ein schattenhaftes oder, wie man sonst sagt, ein abstraktes Dasein zuspricht. Was könnte für den Menschen des alltäglichen Daseins abstrakter sein als der reine, unsinnliche Gedanke? Die Menschen des Alltags, die mit Lust und Leid an ihrem Persönlichen haften, sie fliehen schon die einfachsten, die trivialsten übersinnlichen Wahrheiten. Die Mathematik wird in den weitesten Kreisen gerade deshalb so geflohen, weil sie nichts bei sich führt, was zu Interesse, zu Lust und Leid im alltäglichen Sinne des Wortes führt. Geläutert mußte der Schüler in den Mysterienschulen werden von dieser alltäglichen Lust und diesem alltäglichen Leid. Was nur als Gedankenbild in seinem Inneren lebte und vorüberhuschte wie ein schemenhaftes Schattengebilde, daran mußte er hängen, das mußte er so lieben, wie der Mensch mit seiner ganzen Seele an dem Alltäglichen hängt. Die Umwandlung der Leidenschaften und Triebe nannte man die Metamorphose. Eine neue Wirklichkeit gibt es darnach für ihn, eine neue Welt macht Eindruck auf ihn. Dasjenige, was den gewöhnlichen Menschen kalt läßt, was ihn nüchtern und kalt berührt, ist die Ideenwelt. Und das ist es, woran sich bei ihm nun Lust und Leid ketten, worauf man hinschaut wie zu etwas Wirklichem, und das nun eine Wirklichkeit gewinnt wie Tisch und Stühle. Erst dann, wenn der Mensch so weit ist, daß die im gewöhnlichen Sinne abstrakt genannte Ideenwelt seine Seele bewegt, seine Seele hinreißt, aufsaugt, wenn das, was im gewöhnlichen Sinne des Wortes nur eine schattenhafte Gedankenwirklichkeit hat, ihn so umgibt, daß er innerhalb derselben webt und lebt, so wie der alltägliche Mensch in der gewöhnlichen sinnlichen Wirklichkeit sich bewegt, die er sehen und tasten kann – wenn mit dem ganzen Menschen diese Verwandlung geschehen ist, dann ist er in der Verfassung, in welcher der Geist in der Umwelt zu ihm spricht; dann erlebt er diesen Geist wie eine lebendige Sprache, dann vernimmt er das Fleisch gewordene Wort, das sich in allen Dingen ausspricht.

Wenn der gewöhnliche Mensch hinausschaut und die leblosen Mineralien um sich sieht, so sieht er sie beherrscht von Naturgesetzen, beherrscht von den Gesetzen der Schwerkraft, des Magnetismus, der Wärme, des Lichtes. Die Gesetze, unter denen diese Wesen stehen, macht sich der Mensch klar durch seine Gedanken. Aber eben diese Gedanken sprechen nicht zu ihm mit derselben greifbaren Wirklichkeit, bedeuten nicht dasjenige, was seine Hände tasten, was seine Augen sehen. Wenn aber im Menschen diese Verwandlung vor sich gegangen ist, von der ich gesprochen habe, dann denkt er nicht nur an bloße Schattenbilder wie die Naturgesetze, dann fangen diese Schattenbilder an, die lebendige Sprache des Geistes zu ihm zu sprechen. Aus seiner Umwelt, aus der Welt um ihn herum spricht der Geist zu ihm. Aus den Pflanzen, aus den Mineralien, aus den verschiedenen Gattungen der Tiere spricht zum wunschlosen, zum leidlos gewordenen Menschen der Geist der Umwelt.

Auf eine Entwickelung, nicht auf eine abstrakte Wahrheit, auf eine konkrete Wahrheit, nicht auf logische Beweise, deutet die Theosophie, wenn sie von der Ideenwelt, von der geistigen Welt spricht. Was die Menschen werden sollen, davon spricht sie, nicht von etwas, was beweisen soll. Anders spricht die Natur zu einem Menschen, der seine Seele hinaufgeläutert hat, so daß sie nicht mehr am Alltäglichen haftet; der nicht mehr die gewöhnlichen Schmerzen und die gewöhnlichen Leiden und Freuden hat, sondern höhere Schmerzen und höhere Freude und zugleich höhere Seligkeiten, die aus dem reinen Geiste der Dinge fließen. Das drückt die theosophische Ethik in bildlicher Sprache aus. In zwei schönen, herrlichen Bildern drückt sie aus, daß der Mensch erst in dem Augenblicke, wo er seine Sinne hinweggebracht hat über den gewöhnlichen Schmerz und die gewöhnliche Freude an den Dingen, die höchsten Wahrheiten erkennen kann. Solange das Auge mit Freude und Schmerz, im gewöhnlichen Sinne des Wortes, an den Dingen haftet, so lange kann es den Geist um sich herum nicht wahrnehmen. Solange das Ohr noch die unmittelbare Empfindlichkeit des Alltags hat, so lange kann es das lebendige Wort, durch das die geistigen Dinge um uns herum zu uns sprechen, nicht vernehmen. Deshalb sieht die theosophische Entwickelungslehre in zwei Bildern die Forderung, die der Mensch sich stellen muß, wenn er zur Erkenntnis des Geistes hingelangen will.

> Bevor das Auge sehen kann,
> Muß es der Tränen sich entwöhnen.
> Bevor das Ohr vermag zu hören,
> Muß die Empfindlichkeit ihm schwinden . . .
>   Mabel Collins, «Licht auf den Weg»

Tränen der Freude und Tränen des Schmerzes im alltäglichen Sinne, kann das Auge nicht mehr haben, das hingegeben ist dem Geiste. Denn wenn der Mensch sich zu dieser Entwickelungsstufe gebracht hat, dann spricht sein Selbstbewußtsein in einer ganz anderen, in einer neuen Weise zu ihm. In das verhangene Heiligtum unseres Inneren blicken wir dann in einer ganz neuen Weise. Der Mensch nimmt sich dann wahr als einen Angehörigen der geistigen Welt. Er nimmt sich dann wahr als etwas, was rein und erhaben ist über alles Sinnliche, weil er Lust und Leid im sinnlichen Sinne abgelegt hat. Dann vernimmt er ein Selbstbewußtsein in seinem Inneren, welches so zu ihm spricht, wie die mathematischen Wahrheiten interesselos zu ihm sprechen, aber so zu ihm sprechen, wie mathematische Wahrheiten auch in anderem Sinne sprechen. Mathematische Wahrheiten sind nämlich wahr mit einem Ewigkeitssinn. Was uns in der unsinnlichen Sprache der Mathematik vor Augen tritt, das ist wahr, unabhängig von Zeit und Raum. Und unabhängig von Zeit und Raum spricht dasjenige in unserem Inneren zu uns, was dann vor unserer Seele auftritt, wenn sie sich hinaufgeläutert hat zu Lust und Leid an geistigen Dingen. Dann spricht das Ewige mit seiner Ewigkeitsbedeutung zu uns. So hat das Ewige mit seiner Ewigkeitsbedeutung zu dem sterbenden Sokrates gesprochen, und der Strom der unmittelbaren Geistigkeit ging auf die Schüler über. Aus dem, was er als Erfahrung empfangen hat am sterbenden Sokrates, spricht der Schüler Phaidon aus, daß Lust und Leid im gewöhnlichen Sinne des Wortes schaden müssen, wenn der Geist unmittelbar zu uns sprechen will.

Das können wir an den gewöhnlich abnorm genannten Erscheinungen des Menschenlebens beobachten. Scheinbar fern den Betrachtungen, denen der erste Teil meines Vortrages gewidmet war, stehen diese Erscheinungen. Im wahren Sinne des Wortes betrachtet, stehen sie aber diesen Betrachtungen sehr nahe. Das sind die Erscheinungen, welche gewöhnlich abnorme Seelenzustände genannt werden, wie Hypnotismus, Somnambulismus und Hellsehen.

Was bedeutet Hypnose im Leben des Menschen? Es kann heute nicht meine Aufgabe sein, die verschiedenen Verrichtungen zu erzählen, die vorzunehmen sind, wenn wir einen Menschen in den schlafähnlichen Zustand versetzen wollen, den wir die Hypnose nennen. Entweder geschieht das – ich will es nur vorübergehend erwähnen – durch das Hinblicken auf einen glänzenden Gegenstand, durch das die Aufmerksamkeit in einer ganz besonderen Weise konzentriert wird, oder auch dadurch, daß wir den Menschen einfach ansprechen in entsprechender Weise, indem wir sagen: Du schläfst jetzt ein. – Dadurch können wir diesen Zustand der Hypnose, eine Art von Schlaf, in dem das gewöhnliche Tagesbewußtsein wie ausgelöscht ist, hervorbringen. Der Mensch, der auf diese Weise in hypnotischen Schlaf versetzt worden ist, der steht oder sitzt vor demjenigen, der ihn als Hypnotiseur in diesen Schlaf versetzt hat, regungslos, im gewöhnlichen Sinne des Wortes eindruckslos. Ein solcher Hypnotisierter kann mit Nadeln gestochen werden, kann geschlagen werden, seine Glieder können in andere Lagen versetzt werden – er vernimmt von alledem nichts, er verspürt nichts von dem, was ihm unter anderen Umständen, bei wachendem Bewußtsein, Schmerz oder vielleicht ein Wohlgefühl, einen Kitzel, wollen wir sagen, verursacht hätte. Im gewöhnlichen, allgemeinen Sinn ist Lust und Leid aus dem Wesen eines solchen Hypnotisierten ausgeschaltet. Lust und Leid ist aber dasjenige, was wir im Sinne unseres letzten Vortrages als die eigentliche Grundeigenschaft der Seele, des mittleren Teiles der menschlichen Wesenheit, bezeichnet haben. Was ist nun im Hypnotismus ausgeschaltet? Im wesentlichen ist von den drei Grundteilen, Körper, Seele und Geist, die Seele ausgeschaltet. Die Verrichtung, die wir gemacht haben, besteht darin, daß wir den mittleren Grundteil des Menschen von seiner Wesenheit ausgeschaltet haben. Er ist nicht tätig, er empfindet nicht im gewöhnlichen Sinne Lust und Leid; es schmerzt ihn nicht, was ihn schmerzen würde, wenn seine Seele in normaler Weise funktionierte.

Wie ist nun in einem solchen Menschen die Wesenheit tätig, wenn Sie einen solchen hypnotisierten Menschen ansprechen, ihm irgendwelche Befehle erteilen? Wenn Sie zu ihm sagen: Stehe auf, mache drei Schritte –, so führt er diese Befehle aus. Noch viel kompliziertere, mannigfaltigere Befehle können Sie ihm erteilen – er führt sie aus. Sie können ihm sinnliche Gegenstände hinlegen, zum Beispiel eine Birne, und ihm sagen, das sei eine Glaskugel. Er wird es glauben. Dasjenige, was sinnlich vor ihm liegt, hat für ihn keine Bedeutung. Daß Sie ihm sagen, es sei eine Glaskugel, das ist für ihn maßgebend. Wenn Sie ihn fragen: Was hast du vor dir? – so wird er Ihnen antworten: Eine Glaskugel. – Ihr Geist, dasjenige, was sich in Ihnen befindet, wenn Sie der Hypnotiseur sind, das, was Sie denken, das, was als Gedanke von Ihnen ausgeht, das wirkt unmittelbar auf die Handlungen dieses Menschen ein. Er folgt mit seinem Körper automatisch den Befehlen Ihres Geistes. Warum folgt er diesen Befehlen? Weil seine Seele ausgeschaltet ist, weil seine Seele sich nicht zwischen seinen Körper und Ihren Geist hineinstellt. Mit dem Augenblicke, wo seine Seele mit ihrer Lust und ihrem Leid tätig ist, mit dem Augenblicke, wo ihre Fähigkeit, Schmerz zu empfinden, einfache Wahrnehmungen zu machen, wieder auftritt, in diesem Augenblick entscheidet erst die Seele, ob diese Befehle auszuführen sind, ob sie die Gedanken des anderen anzunehmen hat. Wenn Sie in normalem Zustande einem anderen Menschen gegenüberstehen, dann wirkt sein Geist auf Sie. Aber sein Geist, das, was er denkt, was er will, das wirkt zunächst auf Ihre Seele. Das wirkt auf Sie wie Lust und

Leid, und Sie entscheiden, wie Sie sich zu den Gedanken, zu den Willenshandlungen des anderen verhalten sollen. Schweigt die Seele, ist die Seele ausgeschaltet, dann stellt sie sich nicht zwischen Ihren Körper und den Geist des anderen hinein, dann folgt der Körper den Eindrücken des Hypnotiseurs, den Eindrücken des Geistes desselben willenlos, wie das Mineral den Naturgesetzen folgt. Ausschaltung der Seele, das ist das Wesentliche, worauf es bei der Hypnose ankommt. Dann wirkt der fremde Gedanke, der außerhalb des Menschen befindliche Gedanke auf diesen Menschen, der in einem schlafähnlichen Zustand ist, mit der Kraft eines Naturgesetzes ein. Es wirkt selbst wie ein Naturgesetz ein das, was sich zwischen diese geistige Naturkraft und den Körper einschiebt, und das ist die Seele. Zwischen Ihren eigenen Geist und Ihren eigenen Körper schiebt sich ja die Seele ein. Und dasjenige, was wir als Gedanke erfassen, was wir denkerisch erfassen, das führen wir im Alltagsleben nur dadurch aus, daß es sich umwandelt in unsere persönlichen Wünsche, daß es angenommen, für richtig befunden wird von unserer Lust und unserem Leid, daß, mit anderen Worten, unser Geist zu unserer Seele zunächst spricht, daß unsere Seele die Befehle dieses unseres eigenen Geistes ausführt.

Nun kann die Frage aufgeworfen werden: Warum steht nicht, wenn die Seele ausgeschaltet ist, wenn der Hypnotisierte dem Hypnotiseur gegenübersteht, das dritte, das höchste Wesensglied des Menschen, der Geist, dem Hypnotiseur gegenüber? Warum schlummert er, warum ist der Geist des Menschen untätig? – Darüber werden wir uns klar, wenn wir wissen, daß für den Menschen während seiner irdischen Verkörperung das Zusammenwirken von Geist, Seele und Körper wesentlich ist, daß der Geist des Menschen nur dadurch die Umwelt versteht, die sinnliche

Wirklichkeit versteht, daß die Seele ihm dieses Verständnis vermittelt. Wenn unser Auge von außen einen Eindruck empfängt, so muß, damit dieser Eindruck bis zu unserem Geiste dringen kann, die Seele als Vermittler eintreten. Eine Farbe nehme ich wahr. Das Auge vermittelt mir durch seine Einrichtung den äußeren Eindruck. Der Geist denkt über die Farbe nach. Er bildet sich einen Gedanken. Aber zwischen den Gedanken und den äußeren Eindruck schiebt sich das Reagenz der Seele ein, schiebt sich dasjenige ein, wodurch der Eindruck erst zu ihrem eigenen inneren Leben wird, wodurch er ein Erlebnis der eigenen Seele wird. Nur zu der eigenen Seele, zu der persönlichen Seele vermag im irdischen Menschen der Geist zu sprechen. Schalten Sie durch die Hypnose die Seele aus, dann vermag der Geist sich im Hypnotisierten nicht mehr zu äußern. Sie haben damit dem Geiste das Organ genommen, durch das er sich äußern kann, durch das er tätig sein kann. Nicht den Geist haben Sie ihm genommen, Sie haben nur seine Seele ausgeschaltet und in Untätigkeit versetzt. Aber weil der Geist im Menschen nur in der Seele tätig sein kann, so kann der Geist nicht selbst im Körper tätig sein. Daher sagen wir, er ist in bewußtlosem Zustande, was nichts anderes heißt, als: sein Geist ist untätig. Nun verstehen wir, wodurch in der Hypnose der Mensch so empfänglich wird für die geistigen Eindrücke, die vom Hypnotiseur ausgehen. Er wird empfänglich, weil sich kein Seelisches zwischen ihn und den Hypnotiseur einschiebt. Da wird der Gedanke des anderen zur unmittelbaren Naturkraft, da wird der Gedanke schöpferisch. Schöpferisch ist der Gedanke, und schöpferisch ist der Geist in der ganzen Natur. Er tritt nur nicht unmittelbar auf.

Nun haben wir bei Hypnotisierten und anderen ähnlichen abnormen Zuständen zugleich mit der Ausschaltung der Seele das Bewußtsein, den eigentlichen Geist des Menschen, untätig gemacht. Wir haben den Menschen in einen bewußtlosen Zustand versetzt. Wir können uns ein Bild dessen machen, was da eigentlich vorgeht, wenn wir uns etwa vorstellen, daß wir einen schlafenden Menschen aus einem Zimmer in ein anderes bringen und ihn dort einige Zeit schlafen lassen. Eindrücke sind um ihn herum, aber er nimmt sie nicht wahr. Er weiß von seiner Umgebung nichts. Bringen wir ihn, ohne daß er erwacht ist, wieder in das Zimmer, in dem er früher geschlafen hat, dann ist er in einem anderen Raum gewesen, ohne etwas davon zu wissen, dann hat er von diesem anderen Raum keine Wahrnehmung erhalten. Es hängt davon ab, daß wir unsere Umgebung wahrnehmen, wenn wir diese unsere Umgebung «wirklich» nennen wollen. Vieles kann um uns herum sein, kann wirklich sein, wesenhaft sein – wir wissen davon nichts, weil wir es nicht wahrnehmen. Wir richten uns nicht darnach, unsere Tätigkeit steht in keinem Zusammenhang damit, weil wir nichts wahrnehmen.

In einem solchen Zustand ist der Hypnotisierte dem Hypnotiseur gegenüber. Kräfte gehen von dem Hypnotiseur aus; Kräfte wirken, die geistdurchtränkt sind von den Gedanken des Hypnotiseurs. Sie gehen aus von ihm und wirken auf den Hypnotisierten ein. Aber der Hypnotisierte weiß nichts davon. Er spricht, aber er spricht nur dasjenige, was im Geiste des Hypnotiseurs liegt und lebt. Er ist sozusagen tätig, ohne daß er – wie das bei Menschen im gewöhnlichen Leben der Fall ist – sein eigener Zuschauer ist, ohne daß er zu gleicher Zeit dasjenige, was Gegenstand seiner Tätigkeit ist, beobachtet. Er ist sozusagen in der Umgebung, in der er sich befindet, dem Geiste des Hypnotiseurs gegenüber, so wie der Schlafende, den man in einen anderen Raum gebracht hat und der gar nichts weiß von dem, was um ihn herum vorgeht. So kann ja der Mensch immer wieder und wieder in Umgebungen gebracht werden, wo der Geist zu ihm spricht. Er kann in Umgebungen sein, wo der Geist zu ihm spricht. Jetzt und in jedem Augenblick sind auch Sie in Umgebungen, in denen der Geist zu Ihnen spricht, denn alles um uns herum ist durch den Geist gemacht. Die Naturgesetze sind Geist, nur daß der Mensch in der gewöhnlichen Anschauung diesen Geist nur in dem schattenhaften Abglanz der Gedanken wahrnimmt. Dieser Geist ist Geist, genauso wie der Geist, der im Hypnotiseur tätig ist, wenn der Hypnotiseur auf den Hypnotisierten wirkt.

Nun ist der Mensch im normalen, im gewöhnlichen Wachzustand, wenn auch nicht in einem solchen Geisteszustand wie der Hypnotisierte, aber er ist gewissermaßen auch seiner geistigen Umgebung gegenüber in einem Zustand, in dem seine Sinne, in dem sein Wahrnehmungsvermögen für den Geist nicht aufgeschlossen sind. Wenn dieses Wahrnehmungsvermögen für den Geist, der in der Umwelt ist, aufgeschlossen ist, wenn die Dinge der geistigen Welt, die um uns herum sind, eine laute, vernehmliche Sprache zu uns sprechen, dann kann das nur sein in dem Fall, wo wir im normalen Leben in einer ähnlichen Lage sind wie der Hypnotisierte dem Hypnotiseur gegenüber. Leidlos, schmerzlos ist der Hypnotisierte. Er nimmt Nadelstiche, er nimmt einen Schlag nicht wahr. Lust und Leid im gewöhnlichen Sinne des Wortes sind ausgelöscht. Wenn wir in unserem gewöhnlichen Leben, in dem wachen Tagesbewußtsein jenen Zustand erreichen, den ich im ersten Teile meines Vortrages geschildert habe – denn die theosophische Weltanschauung soll einen höheren Entwickelungszustand des Menschen betrachten, den Plato von seinen Schülern, der Mysterienpriester von seinen Zöglingen verlangte –, wenn wir jenes, was als Alltagslust und Alltagsleid uns berührt, was unmittelbar unsere Augen zu Tränen reizt, unser Ohr empfindlich macht, uns mit Furcht und Hoffnung erfüllt, wenn wir das, was den Gegenstand unserer Alltäglichkeit ausmacht, abstreifen, frei von dieser Welt uns machen und jene Verwandlung des Geistes durchmachen, welche beschrieben worden ist, dann können wir – aber nun vollbewußt – der geistigen Welt gegenüber in einen ähnlichen Zustand kommen wie im abnormen Sinne der Hypnotisierte dem Hypnotiseur gegenüber. Dann werden wir unsere Augen und Ohren in derselben Tätigkeit haben, wie wir sie sonst haben; wir werden unser waches Tagesbewußtsein haben, aber wir werden innerhalb dieses wachen Tagesbewußtseins uns nicht von den alltäglichen Gegenständen im gewöhnlichen Sinne berühren lassen. Diese Verwandlung muß sich vollziehen mit dem Menschen. Er muß die geistige Umwelt, das, was in den Dingen spricht, so leid- und lustlos vernehmen, wie der Hypnotisierte im abnormen Zustande die Gedanken und Worte des Hypnotiseurs vernimmt; durch die Leid- und Lustlosigkeit vernimmt er, was die Sprache des Geistes in seiner Umwelt ist.

Nur die Erfahrung kann auf diesem Gebiete das Entscheidende sein. Wenn die monumentalen Leitsätze der theosophischen Ethik bis zu einem gewissen Grade erfüllt sind, wenn der Mensch in den Zustand gekommen ist, wo er geistigen Wahrheiten wirklich so gegenübersteht wie im gewöhnlichen Sinne der Mensch den mathematischen Wahrheiten, objektiv, lust- und leidfrei, dann spricht der Geist der Umwelt zu den Menschen, dann ist der Geist nicht gebunden an die Eindrücke seiner Sinne, so wenig wie der Hypnotisierte gebunden ist an das, was auf seine Sinne wirkt. Der Hypnotiseur wirkt nur auf den leid- und lustlos gewordenen Hypnotisierten, und so wirkt der Geist nur auf den leid- und lustlos gewordenen hellsehenden Menschen. Um bei wachem Tagesbewußtsein eine solche Empfindlichkeit zu haben für die Umwelt, ist es nötig, eine Entwickelung durchgemacht zu haben, so daß wir mit völlig funktionierendem Verstande, mit völlig tätiger Vernunft zwischen den Dingen hindurchgehen und dennoch vermögen, den Geist zu uns sprechen zu lassen. Das ist es: Hellsehen heißt nichts anderes, als es zu einer Entwickelungsstufe der menschlichen Wesenheit gebracht zu haben, durch welche der Mensch lust- und leidfrei die Welt um sich herum wahrzunehmen vermag. Wenn der Mensch sich soweit entwickelt hat, daß seine Leidenschaften und Begierden in ihm schweigen, daß schweigt, was er schattenhaft Gedanke nennt und an dem er mit solcher Hingebung, mit solcher Anhänglichkeit hängt, wie der Mensch an den sinnlichen Eindrücken der unmittelbaren Umgebung; wenn der Mensch diesen leidenschaftslosen, diesen begierdelosen Zustand so lieb haben kann, wie der gewöhnliche Mensch die Dinge um sich herum lieb hat, dann ist er reif geworden, den Geist um sich herum wahrzunehmen. Dann wünscht er nicht mehr dasjenige, was im Alltagsleben gewünscht wird, dann wünscht er im Gebiete der geistigen Welt.

Dann werden seine Gedanken aber auch, durch die Durchtränkung mit seinen höher gearteten Wünschen, mit seiner geläuterten Seele zu wirksamen Kräften. Die Gedanken des Menschen sind nur deshalb bloß abstrakte Gedanken, weil der gewöhnliche Mensch zwischen sich, zwischen seinem geistigen Inneren, zwischen dem, was Gedanke, Idee, geistige Wirklichkeit ist und allem übrigen, die Seele mit ihrer Lust und ihrem Leid, mit ihren persönlichen Wünschen einschiebt.

Nur das ist der Grund, warum unsere Gedanken erst von der Seele aufgenommen werden müssen, warum unsere Gedanken erst in die Persönlichkeit umgesetzt werden müssen, um wirksam zu werden. Persönliche Wünsche sind es, die an die Gedanken des einzelnen herantreten. Habe ich ein Ideal, dann werde ich dieses Ideal im Sinne der persönlichen Wünsche in die Wirklichkeit umsetzen. Ich muß als Persönlichkeit – im gewöhnlichen Alltagsleben ist das so – ein Interesse haben an dem, was als Gedanke mir voranleuchtet, wenn ich es ausführen soll. Ich muß als Person einen Gedanken, einen Willensentschluß wünschenswert finden. Mein persönlicher Wunsch kettet sich an den Gedanken, der sonst unabhängig von Zeit und Raum wäre, denn was wahr im Gedanken ist, ist wahr zu allen Zeiten. Kommen wir über diese persönlichen Wünsche hinaus, entwickeln wir uns in dem Sinne, wie die Mysterienpriester es von ihren Zöglingen verlangt haben, dann werden unsere Wünsche so, daß wir die ganze Kraft unserer Seele nicht an unser persönliches Interesse ketten, sondern wir werden liebevoller und hingebungsvoller verfolgen das, was im rein Geistigen lebt. Und dann wird dieser Gedanke, der in uns lebt, der Geist, der in uns lebt, nicht stumpf und abstrakt sein wie im Alltagsmenschen, dann wird er nicht durch die Mittel der seelischen Erlebnisse in die Außenwelt zu dringen haben, dann wird er sozusagen von dem innersten Geiste des Menschen, ohne von dem unmittelbaren Selbst berührt zu werden, ohne durch das persönliche Selbst hindurchgehen zu müssen, hinausströmen in die Außenwelt. Er wird nicht abgestumpft von der Außenwelt, er tritt an uns heran wie eine Naturkraft; er tritt an uns heran wie die Kraft der Kristallisation, wie die magnetische Kraft, welche vom Magneten ausgeht und in den Eisenfeilspänen Gebilde anordnet. Wie diese Kräfte, die uns in der Natur als Wirklichkeit umgeben, so wirkt der wunschlose Gedanke auf unsere Umgebung, auf die Wirklichkeit um uns. Eine Erkenntnis unserer Umwelt, eine Erkenntnis unserer Mitmenschen wird in ganz anderem Sinne fruchtbar, wenn wir es zu solchen, den persönlichen Wünschen entrückten Gedanken gebracht haben. Dann tritt das auf, was als Gedankenkraft von diesem entwickelten Menschen auf seine Mitmenschen übergeht.

Dann tritt das auf, was bei wirklich selbstlosen Menschen der Gedanke ist, der Gedanke als eine organisierende Naturkraft. Bei den großen, wahrhaften Weisen – nicht bloß bei den Gelehrten, sondern bei denjenigen, welche der Menschheit Weisheit gebracht haben –, bei denen wird uns überall erzählt, daß sie zu gleicher Zeit Heiler waren, daß von ihnen eine Kraft ausgegangen ist, die ihren Mitmenschen Hilfe gebracht hat, Befreiung von körperlichen und seelischen Leiden. Das war nur deshalb der Fall, weil sie es zu einer solchen Entwickelung gebracht hatten, durch welche der Gedanke zu einer Kraft wird, durch die der Geist unmittelbar in die Welt einströmen kann. Erkenntnis, die in dieser Weise frei ist von Wünschen, die selbstlose Erkenntnis ist, welche als die Kraft, die sonst nur in den Dienst des Selbst gerückt wird, einströmt in den Menschen, solche Kraft befähigt den Menschen, im geistigen Sinne zu heilen.

Nur prinzipiell kann von mir heute angedeutet werden, welches die Vorbedingungen eines solchen geistigen Heilens sind. Im theosophischen Sinne kann das Hinausgehen des Menschen über das engbegrenzte, alltägliche Selbst eine Vorbedingung sein für das sogenannte geistige Heilen. In einem gewissen Sinne muß also der Mensch, wenn er zum Hellseher, zum Heiler werden will, auslöschen sein seelisches Eigenleben, dasjenige, was vorzugsweise ihm als Persönlichkeit angehört. Dadurch wird ein solcher Mensch nicht etwa vollständig empfindungslos und stumpf. O nein, ein solcher Mensch wird im Gegenteil in einem höheren Sinne empfindlich und sensitiver, als er vorher war. Ein solcher Mensch entwickelt eine Empfänglichkeit, die allerdings nicht diejenige ist, die die Sinne im Alltagsleben liefern, aber er entwickelt eine Empfänglichkeit viel höherer Art. Oder ist denn die Empfänglichkeit des Menschen geringer als diejenige des niederen Tieres, welches statt des Auges nur einen Pigmentfleck hat, durch welchen es höchstens einen Lichteindruck haben kann? Wird es anders bei dem Menschen dadurch, daß er den Eindruck, den er im Seh-purpur empfängt, umwandelt zur Wahrnehmung der Farbe in der Umwelt? Wie das Auge des Menschen zu dem Pig-mentfleck des niederen Tieres sich verhält, so verhält sich der Geistorganismus des Hellsehers zum Organismus des unentwickelten Menschen. Die Ausschaltung der Persönlich-keit ist das Opfer. Die Auslöschung der Persönlichkeit löst in unserer Umwelt die Stimme des Geistes aus. Die Aus-löschung der Persönlichkeit löst uns die Rätsel in der Natur. Unsere Seelenwelt müssen wir auslöschen. Lust und Leid im gewöhnlichen Sinne des Wortes müssen wir überwinden. Das ist notwendig zum Behufe einer gewissen Erkenntnis und höheren Entwickelung.

Eine Auslöschung der eigenen Persönlichkeit in gewissem Sinne ist nun aber auch notwendig bei einer einzelnen Auf-gabe, die eine unendliche Wichtigkeit für das alltäglichste menschliche Leben hat, beim menschlichen Erziehungswe-sen. In jedem heranwachsenden Menschen, von der Geburt des Kindes an, durch die Entwickelungsjahre hindurch, ist es ja im innersten Kern der menschlichen Wesenheit der Geist, der sich entwickeln soll; der Geist, der zunächst ver-borgen ruht innerhalb des Körpers, verborgen ruht inner-halb der Seelenregungen des sich entwickelnden Menschen. Stellen wir uns diesem Geist gegenüber, mit unseren Inter-

essen – ich will nicht einmal sagen Wünschen und Begierden –, machen wir den heranwachsenden Menschen von
unseren Interessen abhängig, dann lassen wir unseren Geist
einströmen in den Menschen und wir entwickeln im Grunde
genommen das, was in uns ist, in dem werdenden Menschen. Aber ich will nicht einmal sprechen davon, daß wir
unsere Wünsche und Begierden tätig sein lassen bei der
Erziehung eines heranwachsenden Menschen, sondern nur
davon, daß nur allzuoft, ja, daß es fast Regel ist, daß der
Erzieher seinen Verstand sprechen läßt, daß der Erzieher
seine Vernunft vor allen Dingen frägt, was zu geschehen
hat behufs dieser oder jener Erziehungsmaßregel. Dabei
berücksichtigt er nicht, daß er einen werdenden Geist vor
sich hat, der nur dann sich seinem Wesen entsprechend
bilden kann, wenn er sich diesem Wesen entsprechend all-
seitig frei und ungehindert entfalten kann, und wenn ihm
von dem Erzieher Gelegenheit gegeben wird zu dieser Entfaltung. Einen fremden Menschengeist haben wir vor uns.
Einen fremden Menschengeist müssen wir auf uns wirken
lassen, wenn wir Erzieher sind. Wie wir gesehen haben,
daß in der Hypnose, im abnormen Zustand der Geist unmittelbar auf den Menschen wirkt, so wirkt in einer anderen Gestalt, wenn wir das Kind vor uns haben, der sich
entwickelnde Geist des Kindes unmittelbar auf uns und
muß auf uns wirken. Dieser Geist wird aber nur von uns
ausgebildet werden können, wenn wir uns, ebenso wie bei
anderen höheren Verrichtungen, auszulöschen vermögen,
wenn wir imstande sind, ohne Einmischung unseres Selbst,
ein Diener des uns zur Erziehung anvertrauten Menschengeistes zu sein, wenn dieser Menschengeist von uns in die
Gelegenheit versetzt wird, sich frei zu entfalten. Solange wir
unsere eigensüchtigen Begriffe und Forderungen, die uns
gemäß sind, dem Geist entgegenströmen lassen, solange wir

unser Selbst mit seinen Charaktereigentümlichkeiten diesem Geist entgegenstellen, so lange sehen wir diesen Geist ebensowenig, wie das Auge, das noch in Lust und Leid verwickelt ist, den Geist der Umwelt hellseherisch sieht.

Auf einer Alltagsstufe muß der Erzieher ein höheres Ideal erfüllen. Und er wird dieses Ideal erfüllen, wenn er das geheimnisvolle, aber doch offenbare Prinzip der völligen Selbstlosigkeit begreift und die Auslöschung des eigenen Selbst versteht. Diese Auslöschung des eigenen Selbst ist das Opfer, durch welches wir den Geist in unserer Umwelt vernehmen. Den Geist vernehmen wir in abnormen Zuständen, wenn wir auf abnorme Weise lust- und leidlos werden. Den Geist vernehmen wir hellsehend, wenn wir im normalen Zustande, bei vollem Tagesbewußtsein, lust- und leidlos werden. Und den Geist führen wir im richtigen Denken, wenn wir ihn selbstlos innerhalb der Erziehung führen. Dieses selbstlose Ideal, welches alltäglich von dem Erzieher angestrebt werden muß, kann nur als eine Gesinnung dem Erzieher voranleuchten. Aber gerade deshalb, weil auf diesem Gebiete eine unmittelbare Notwendigkeit unserer Kulturentwickelung vorliegt, weil auf diesem Gebiet eine wahre, selbstlose Gesinnung erzeugt werden muß im Sinne unserer Kultur, deshalb wird es vor allen Dingen das Gebiet der Erziehungsideale sein, wo Theosophie schöpferisch wird auftreten können, wo sie der Menschheit wird die schönsten Dienste leisten können. Wer die Hingabe an das theosophische Leben hat, wer allmählich lernt, die Sinne für den Geist zu erschließen durch die Entwickelung der Selbstlosigkeit, der wird die beste Grundlage für eine erzieherische Tätigkeit haben, und der wird an der Erziehungsaufgabe der Menschheit im theosophischen Sinne arbeiten. Das allein braucht der Erzieher vor allem zu beachten. Er braucht im übrigen nicht theosophische Dogmen, nicht theosophische Prinzipien bei jeder Gelegenheit zur Schau zu tragen. Auf Dogmen, Prinzipien und Lehren kommt es nicht an; auf das Leben kommt es an und auf die Umsetzung der Kräfte, welche aus der Selbstlosigkeit und dadurch aus der Wahrnehmungsfähigkeit für den Geist fließen. Darauf kommt es an und nicht darauf, daß der Erzieher die Lehren der Theosophie aufgenommen hat. Theosoph ist er dadurch, daß er in jedem sich heranentwikkelnden Menschenleben etwas wie Rätsel vor Augen sieht, das wie ein Wesen vor der Seele auftritt, das er als Geist zu entwickeln hat, indem er den Geist heranzubilden hat. Ein Rätsel der Natur, das er zu lösen hat, soll jedes werdende Menschenwesen dem Menschen sein, der Erzieher sein will. Ist er mit einer solchen Gesinnung Erzieher, dann ist der Erzieher im besten Sinne des Wortes Theosoph. Dadurch ist er es, daß er mit einer wahren, heiligen Scheu an jedes Menschenwesen, an jedes heranwachsende Menschenwesen herangeht und das Jesus-Wort versteht: «Was ihr dem Geringsten meiner Brüder getan habt, das habt ihr mir getan.» Ihr habt es mir, dem Mensch gewordenen Gott getan, weil ihr in dem Geringsten meiner Brüder den göttlichen Geist erkannt und gepflegt habt.

Wer sich mit einer solchen Gesinnung durchdringt, der steht als Mensch Menschen ganz anders gegenüber. Er sieht im Geringsten seiner Brüder den Gottesgeist, den sich entwickelnden Geist. Und dasjenige, was in ihm lebt im Verhältnis zu seinen Mitmenschen, das wird ihn in einem ganz anderen Sinne mit Ernst und Würde, mit Scheu und Ehrfurcht, mit Achtung erfüllen, wenn er in dieser Art jeden Menschen betrachtet als ein Rätsel der Natur, als ein heiliges Rätsel der Natur, dem er sich nicht aufzudrängen hat, das er höchstens zu lösen hat, und mit dem er sich in ein Verhältnis zu setzen hat, daß aus diesem Ernst die Ehrfurcht, die Achtung des göttlichen Geisteskerns in jedem Menschen entspringen könnte. Steht der Mensch so innerhalb seiner Brüder, dann ist er auf dem Wege, mag er vom Ziele noch so weit entfernt sein. Das Ziel, das wir uns so setzen, steht in unendlicher Ferne vor uns. Er ist auf dem Wege, den die theosophische Ethik mit den schönen, monumentalen Worten andeutet:

> Bevor das Auge sehen kann,
> Muß es der Tränen sich entwöhnen.
> Bevor das Ohr vermag zu hören,
> Muß die Empfindlichkeit ihm schwinden ...

Berlin, 1. Februar 1904

Die Fragen nach dem Wohin und Woher der menschlichen Seele, diese Fragen, die man zu den religiösen, theologischen oder theosophischen rechnet, hat es immer und zu allen Zeiten gegeben. Aber in den älteren Zeiten ging die Wissenschaft des alltäglichen Lebens Hand in Hand mit der Erforschung der geistigen Welt. Daß es Wissende gab, war damals nicht bloß der Fall in bezug auf die Tatsachen und Gesetze der äußeren Natur und die Wissenschaft des materiellen Lebens, sondern es bezog sich ebenso auf die Wissenschaft des geistigen Lebens. Auf diejenigen, welche Bescheid wußten mit den Naturerscheinungen und Naturgesetzen, durfte man sich auch verlassen, wenn man Aufschluß über die Gesetze des geistigen Lebens haben wollte. Es war damals keine Einseitigkeit bei den geistigen Führern vorhanden. Fast ein jeder hatte einen Überblick über das Gesamtgebiet des Wissens, und wohl keiner getraute sich, ein maßgebendes autoritatives Urteil in irgendeiner wissenschaftlichen Frage, sagen wir zum Beispiel auf dem Gebiete der Zoologie, abzugeben, wenn er nicht zu gleicher Zeit in den höheren Fragen des geistigen Lebens Bescheid wußte.

Seit dem 16. Jahrhundert ist das anders geworden. Da traten die religiösen Angelegenheiten und dasjenige, was die landläufige Wissenschaft bot, in Gegensatz zueinander. Und am schärfsten trat dieser Gegensatz zwischen Glauben und Wissen, zwischen Religion und Erkenntnis im 19. Jahrhundert auf. Das geistige Leben hat damals im Hinblick auf das, was ich auseinandergesetzt habe, eine völlig andere Physiognomie erhalten. Große Naturforscher verlegen den Anbruch des naturwissenschaftlichen Zeitalters etwa in die dreißiger Jahre des 19. Jahrhunderts. Man hat mit Recht auf dieses Zeitalter als auf eines der epochemachendsten der Menschheit hingewiesen. Man hat mit Stolz darauf hingewiesen, was die Naturwissenschaft in der Beherrschung der Naturgesetze und in der Kenntnis der Naturvorgänge im 19. Jahrhundert geleistet hat. Und man hat mit Recht gesagt, daß die ganzen vorhergehenden Jahrtausende zusammengenommen auf diesem Gebiete nicht soviel geleistet haben wie das 19. Jahrhundert.

Eine Begleiterscheinung aber dieses großen, gewaltigen Aufschwunges ist der Mangel an geistigem Leben. Der Einklang, die Harmonie, die in früheren Zeitaltern zwischen den beiden Seiten der Erkenntnis herrschte, ist verlorengegangen. Die Harmonie zwischen der Wissenschaft, welche sich auf äußere Tatsachen in der materiellen Welt beschränkt, und der Wissenschaft, welche sich mit den Tatsachen der Seele befaßt, ist heute nicht mehr vorhanden. Es ist etwas Eigentümliches, wie gerade die Wissenschaft des 19. Jahrhunderts völlig machtlos geworden ist gegenüber den großen Fragen des Daseins, gegenüber den Fragen des Seelen- und Geisteslebens. Es ist merkwürdig, wie gerade in unserer Zeit die große Masse durch die Führer in der Wissenschaft nicht mehr zu den höheren Geisteswissenschaften geführt werden kann. Kein Aufschluß ist von denjenigen zu erhalten, welche die Natur erforschen, wenn man sie fragt: Wie steht es mit den Problemen der Seele? Wie steht es mit der Bestimmung des Menschen? – Man hat unser Zeitalter, in dem die Sachen so stehen, das materialistische Zeitalter genannt. Unsere sonst so vollkommene Wissenschaft beschränkt sich auf die Naturforschung, soweit sie mit den äußeren Sinnen durchzuführen ist, soweit sie zu errechnen oder durch Kombination aus äußeren, sinnlichen Wahrnehmungen zu erkunden ist. Und es gehen nicht mehr Hand in Hand die Erkenntnisse der Natur und des Seelenlebens.

Betrachten wir einmal die Psychologie, die Wissenschaft der Seele, in unserer Zeit. Es ist, als ob ein großes Unvermögen in dieselbe gefahren wäre. Gehen Sie von Universität zu Universität, von Lehrkanzel zu Lehrkanzel: was Sie in bezug auf Seelen- und Geistesleben vernehmen, ist völlig ohnmächtig gegenüber den brennendsten Fragen unseres Daseins. Charakteristisch ist, daß die sogenannten Seelenforscher ein Schlagwort haben, das so bezeichnend ist, wie nur ein Schlagwort bezeichnend sein kann. Seit *Friedrich Albert Lange*, dem Geschichtsschreiber des Materialismus, ist das Schlagwort von der «Seelenlehre ohne Seele» tonangebend geworden. Dieses Schlagwort bezeichnet so recht den Standpunkt der Psychologie in der zweiten Hälfte des 19. Jahrhunderts, und drückt ungefähr aus, daß die menschliche Seele und ihre Eigenschaften nichts anderes sind als der äußere Ausdruck des mechanischen Betriebes der sinnlichen Naturkräfte in unserem Organismus. So wie die Uhr aus Rädern besteht und mit Hilfe der Räder die Zeiger vorwärtsbewegt, wie das Vorwärtsbewegen der Zeiger nichts anderes ist als das Ergebnis rein mechanischer Vorgänge, so soll auch unser Seelenleben mit seinen Wünschen, Begierden, Vorstellungen, Begriffen und Ideen nichts anderes sein als das Resultat physischer Vorgänge, vergleichbar dem Weiterbewegen der Zeiger an der Uhr; es soll den Grund in nichts anderem haben als in dem Räderwerke, das sich in unserem Gehirne bewegt und das uns von der Wissenschaft in so epochemachender Weise klargelegt worden ist. An der Gehirnphysiologie soll nichts bemängelt werden; alles bleibt voll bestehen und kann von niemandem mehr anerkannt werden als von mir selbst. Aber wenn wir auch sagen können, die Uhr ist ein mechanisches Triebwerk und das, was sie leistet, ist ein Ergebnis des mechanischen Räderwerkes, so dürfen wir doch nicht vergessen, daß bei der Herstellung der Uhr ein Uhrmacher tätig war. «Uhr ohne Uhrmacher» ist ein ebenso unmögliches Schlagwort wie «Seelenlehre ohne Seele». Und das ist nicht ein bloßes Schlagwort, sondern es ist etwas, was die ganze Art und Weise der Forschung, des Denkens und der Gesinnung des 19. Jahrhunderts kennzeichnet, welche die Seele unter Ausschaltung des Geistes beobachtet und sie bloß als Mechanismus erklärt. Erklärung und Gesinnung stimmen mit diesem Schlagwort überein. Es ist daher auch gar kein Wunder, wenn diejenigen, welche aus tiefstem Herzens- und Seelenbedürfnis heraus nach der Beantwortung der Fragen lechzen: Wo stammt der Mensch her? Wohin geht er? Welches ist die Bestimmung unserer Seele? – wenn diese sich angeödet fühlen von dem, was als wissenschaftliche Seelenlehre dargeboten wird von solchen, welche eine Seelenlehre besitzen sollten. In den Lehrbüchern über die Seele findet man etwas ganz anderes als eine Lehre über die Seele.

Da ist es nicht zu verwundern, wenn diese Bedürftigen nach Erkenntnis des Geistes und der Seele genau seit jenem Zeitpunkt, seitdem die offizielle Wissenschaft so machtlos diesen Fragen gegenübersteht, ihr Bedürfnis in einer außerwissenschaftlichen Weise zu befriedigen suchen, und wenn sich *diese* Seelen- und Geisteswissenschaft abseits stellt von der modernen Wissenschaft des Materialismus, der die Wissenschaft taub und stumm macht; taub gegen die äußere Lehre, stumm, wenn sie selbst über die Seele sprechen soll. Unsere offizielle Wissenschaft ist selbst da, wo sie den guten Willen hat, ohnmächtig gegenüber den Seelenfragen. So

kommt es, daß da, wo in der Wissenschaft der Streit ent-
brannt ist zwischen dem Materialismus und dem Spiritualismus, wie zum Beispiel zwischen *Wagner* und *Vogt*, er
durchaus nicht zu Ungunsten des Materialismus geendet hat.
Alles, was der materialistische Forscher dem Spiritualisten
entgegnet hat, ist vollkommen haltbar, während das, was
der Spiritualist vorgebracht hat, im Lichte der strengen
Forschung ganz unhaltbar war. Wir sehen also, daß selbst
dann, wenn die Gelehrsamkeit den guten Willen hatte, die
Frage über die menschliche Seele im Sinne von *Webers*
echter Geisteswissenschaft zu vertiefen, sie sich als ohnmächtig erwiesen hat. Die Worte «Seelenlehre ohne Seele»
sind daher auch kein bloßes Schlagwort, denn der Wissenschaft ging der Begriff von dem, was Seele ist, tatsächlich
verloren. Wenn Sie sich heute auf diesem Gebiete bei den
berühmtesten Psychologen der Gegenwart Rat holen wollen, so werden Sie das gleiche finden wie bei dem Psychologen Wagner. Die Psychologen werden nichts zu sagen
haben, weil sie keine Vorstellung mehr haben von dem, was
Seele ist. Sie haben nicht nur das Wort aufgebracht «Seelenlehre ohne Seele», sondern sie haben selbst die Wesenheit
der Seele aus dem Gesichtskreise völlig verloren.

Diese Tatsache muß vollständig gewürdigt werden, wenn
man die Entwickelung der spiritistischen Strömungen verstehen will. Seit der Entwickelung und Entstehung der
materialistischen Epoche, welche von den einen enthusia-
stisch begrüßt, von den anderen aufs lebhafteste bekämpft
wird, besteht eine Gegenströmung, welche man die spiritistische oder spiritualistische Bewegung nennt. Beide gehören
zusammen, so wie Südpol und Nordpol beim Magneten
naturnotwendig zusammengehören. Weil die wissenschaftlichen Forscher und Führer nichts mehr zu sagen wußten
über die Seele, wendete man sich an andere Forscher, um

über die Seele etwas zu hören. Und da die Frage nach der Seele so unaufhaltbar vorwärtsstürmend ist, sind alle Einwände, welche gegen den Spiritismus gemacht worden sind, völlig machtlos verhallt.

Heute wollen wir prüfen, in welcher Weise wir uns vom theosophischen Standpunkte aus zu den enthusiastischen Begrüßern und zu den Einwänden der Gegner des Spiritismus zu verhalten haben. Die Einsicht, daß der Spiritismus eine notwendige Erscheinung ist, setze ich dabei voraus. Denn zuerst müssen wir, wenn wir eine solche Frage studieren, uns darüber klar sein, daß es sich nicht um eine zufällige, sondern um eine notwendige Erscheinung handelt; als notwendig erkennbar einfach durch die Art und Weise, wie sie verlaufen ist. Sehen wir zunächst ganz davon ab, daß sich in der Hauptsache Dilettanten mit dem Spiritismus und den spiritistischen Erscheinungen beschäftigt haben. Sehen wir auf etwas anderes, nämlich auf die Tatsache, daß es auch unter den Gelehrten Forscher besten Rufes und größter Bedeutung gegeben hat, welche der Frage des Spiritismus sympathisch gegenübergestanden haben. Und weil das so ist, gestatten Sie mir bitte für einen Moment, daß ich absehe von den spiritistischen Erscheinungen selbst, und daß ich die Entwickelung des Spiritismus zu einer Personenfrage mache, welche sich zunächst auf diejenigen bezieht, die sich mit dem Spiritismus befaßt haben, und von denen es zweifellos feststeht, daß sie in spiritistischen Fragen ein beachtenswertes Urteil besitzen; von denen es feststeht, daß sie auch auf dem Gebiete der materiellen Wissenschaft einen tiefgehenden Einfluß ausgeübt haben. Das sind Gelehrte, die ebensowenig wie viele andere Menschen mit den Begriffen einer «Seelenlehre ohne Seele», die ihnen ihre Fachkollegen geben, sich zufriedengeben konnten; das sind Gelehrte, die in unserer modernen Wissenschaft viel mehr geleistet haben als die eigentlichen materialistischen Forscher.

Da dürfen wir wohl die Frage aufwerfen: Ist es nicht von ganz besonderer Bedeutung, wenn ein Forscher von unzweifelhaftem Ruf, wie der große englische Chemiker *Crookes,* sich ganz zum Spiritismus bekannt hat? Crookes, der größte Verdienste hat um die Erforschung der chemischen Grundgesetze, der chemischen Konstitution unserer Elemente, der nicht nur auf wissenschaftlichem Gebiete seinen Mann gestellt hat, sondern der auch auf praktischem Gebiete das Beste geleistet hat, der eine Stellung in der Wissenschaft einnimmt wie wenige – dieser Mann hat sich mit spiritistischen Experimenten befaßt. Man hat geglaubt, gegen ihn einwenden zu sollen, daß er nicht genau mit der Beobachtung vorgegangen sei. Dieser Einwand ist aber von untergeordneter Bedeutung, er verschiebt nur den Fragepunkt. Denn nicht darauf kommt es an, ob Crookes genau experimentiert hat, sondern darauf, ob Crookes, der große Chemiker, wußte, wieweit die Natur den sinnlichen Gesetzen folgt, wieweit diese reichen, und ob sie einer im Sinne der spiritistischen Experimente erhaltenen Seelenlehre hindernd in den Weg treten; ob höchstmögliche naturwissenschaftliche Leistungsfähigkeit einen Mann nicht hindert, wissenschaftliche Erkenntnisse auf dem Gebiete des Spiritismus zu erzielen. Das ist es, worauf es ankommt: Kann Crookes auf der einen Seite der exakte wissenschaftliche Forscher für uns sein, wenn wir auf der anderen Seite glauben, seine Forschungen auf geistigem Gebiete bezweifeln zu sollen? Das ist fast so, als wenn wir uns einen zweifachen Crookes konstruierten, einen Vormittags- und einen Nachmittags-Crookes. Vormittags, wenn er sich mit seiner Chemie befaßt, ist er bei gesundem Intellekt; nachmittags, wenn er sich der Erforschung spiritistischer Experimente widmet, ist er verrückt. Daß das absurd ist, leuchtet sofort ein, wird aber von der Schulwissenschaft nicht zugegeben.

Ein anderer Naturforscher ist der englische Gelehrte *Wallace*, der Begründer der Deszendenztheorie. *Darwin* und er haben unabhängig voneinander den großen Gedanken dieser Lehre, den Darwinismus, gefunden. Wenn man seine Werke studiert, findet man, daß er die Frage, um die es sich handelt, noch großartiger angefaßt hat als Darwin selbst. Sein Verdienst auf diesem Gebiete wird nicht in Abrede gestellt. Da er aber später für die Realität spiritistischer Phänomene in Wort und Schrift eingetreten ist, so hat man auch ihn sozusagen in zwei Teile gespalten. Er kämpft auf der einen Seite für seine naturwissenschaftliche Auffassung, und auf der anderen Seite für seine Seelenlehre, die in demselben Sinne gehalten ist, in dem auch Crookes sich eine experimentelle Seelenlehre gebildet hat. Überall können Sie finden, daß er als ein armer Verirrter dargestellt wird, weil er sich mit dem Spiritismus befaßt und diesem das Wort geredet hat. Zwerghafte Intellekte lehnen sich einfach gegen die Denkweise und die Gesinnung dieser Großen auf.

Daß auch ein Forscher auf spiritistischem Gebiete auf voller Höhe des Naturforschers stehen kann, so wie die beiden genannten Forscher, das gab mir Veranlassung, aus der Sache zunächst eine Personenfrage zu machen.

In der Tat, das hat das 19. Jahrhundert vor allen früheren voraus, daß diese außerordentlich wichtigen Fragen als wissenschaftliche Fragen behandelt werden. Es gilt diesen Forschern als durchaus nicht unmöglich, die naturwissenschaftliche Forschung auch auf dieses Gebiet auszudehnen. Deshalb mag es auch ganz richtig sein, sich auf sie als Autoritäten zu berufen; denn nicht auf *die* Frage kommt es an, ob genau oder ungenau beobachtet wurde, sondern lediglich darauf, was sie für möglich oder unmöglich hielten. Die Genauigkeit oder Ungenauigkeit eines Experimentes kann später festgestellt werden. Es kann später unter anderen Bedingungen richtiggestellt werden, was falsch gemacht wurde. Dies in bezug auf diese Seelenforschung, wobei es lediglich auf die Frage ankommt: Kann diese Art von Seelenlehre wissenschaftlich widerlegt werden?

Eine wissenschaftliche Seelenlehre haben wir nicht zu verzeichnen, und das Schwächste und Unbedeutendste, was von den Gelehrten im Laufe des 19. Jahrhunderts geschrieben worden ist, ist gegen den Spiritismus geschrieben. Es mag mancher Gegner meiner Auffassung hier sitzen, das eine muß er zugeben bei unbefangenem Urteil: selbst wenn die Schriften recht haben sollten, die gegen den Spiritismus gerichtet sind, trivial und unwissenschaftlich sind sie alle; man kann auch recht haben, wenn man törichtes Zeug behauptet.

Nachdem wir auf diese Art sozusagen kulturhistorisch die spiritistische Bewegung als eine Notwendigkeit erkannt haben, lassen Sie uns ein wenig auf die Unterschiede sehen, welche zwischen der spiritistischen Bewegung und anderen Bestrebungen, die Seelentatsachen zu erforschen, bestehen.

Sie alle wissen ja, daß es seit dem Jahre 1875 eine theosophische Strömung, eine theosophische Bewegung gibt, die ebenso wie seit vierzig Jahren der Spiritismus, auf ihre Art bemüht ist, die Wahrheit zu erhärten, daß das materielle Dasein nicht das einzige ist, sondern daß es in der Welt ein höheres Dasein, daß es geistige Tatsachen und Wesenheiten gibt, die nicht mit den äußeren Sinnen zu erreichen und zu erforschen sind. Ebenso wie sich der Spiritismus nach seiner Methode mit der Frage nach dem Dasein einer geistigen, einer seelischen Welt befaßt hat, so befaßt sich auch die Theosophie mit diesen höheren Welten. Es ist eine einfache geschichtliche Tatsache, daß die Begründer der theosophischen Bewegung, bevor sie zu der Einsicht gekommen sind, in theosophischem Sinne zu wirken, selbst in der spiritistischen Bewegung standen. *Helena Petrowna Blavatsky* und Colonel *Olcott,* die großen Sendboten der Theosophischen Gesellschaft, gingen von der spiritistischen Bewegung aus, und man nannte sogar die theosophische Vereinigung, die sie zunächst bildeten, eine Gesellschaft unbefriedigter Spiritisten. Nicht nach etwas anderem als nach der Wahrheit im Geistigen suchten Blavatsky und Olcott, nachdem sie die Erkenntnis errungen hatten, daß die theosophische Bewegung richtig ist. Was sie änderten, war nur die Methode, die Art und Weise des Forschens, und warum sie diese änderten, davon wollen wir jetzt reden.

Es ist die Aufgabe aller Spiritisten und Spiritualisten und aller religiösen Bewegungen, den Beweis zu erbringen, daß es ein höheres Geistesleben gibt; daß im Menschen etwas Geistiges lebt, daß der Mensch eine geistige Natur in sich selbst ist, daß sein Leben zwischen Geburt und Tod nur ein Teil des gesamten menschlichen Lebens ist, und daß der Mensch außer seiner physischen Wesenheit noch etwas anderes ist. Den Beweis dafür zu erbringen, bemühen sich diese Geistesforscher. Das ist es, was sie gemeinsam haben. Das ist es, wonach sie gemeinschaftlich streben, und in diesem Ziele werden sie sich auch zusammenfinden, um einen notwendigen Gegensatz zu der materialistischen Strömung zu bilden. Die Wahrheit kann nicht auf getrennten Wegen, sondern nur in voller Einheit, in harmonischem Streben erreicht werden. Und zur Erreichung dieser Einheit dürfte nicht nur das gemeinsame Ziel, sondern auch die Kenntnis des gemeinsamen Ursprunges dieser zwei Bewegungen beitragen. Eine gemeinschaftliche Ursprungsstätte war es, von der sowohl die spiritualistische und spiritistische Bewegung als auch die Theosophie ihren Ausgang nahmen. Also nicht nur das Ziel, sondern auch der Ursprung ist derselbe. Das wissen diejenigen, welche etwas tiefer hineinschauen können in die inneren Triebkräfte der geistigen Bewegung. Was wir äußerlich sehen, was von der geistigen Bewegung sofort vor unseren äußeren Augen liegt, das spielt sich in der Welt der Wirkungen ab, nicht in der Welt der Ursachen. Von manchem, das sich vor Ihren Sinnen abspielt, weiß der Geistesforscher, daß es seine Ursachen in viel höheren geistigen Welten hat. Wir tappen fast wie Blinde herum, wenn wir in der sinnlichen Welt auf und ab spazieren, und haben keine Ahnung, was sich hinter den Kulissen abspielt, wo höhere Geistesmächte gleichsam an Drähten lenken, was sich vor unseren sinnlichen Augen vollzieht. So erkennt auch der Geistesforscher, daß die spiritualistische, spiritistische und theosophische Bewegung einen gemeinsamen Ursprung haben.

Wer mit offenem Geistesauge die Entwickelung der Menschheit verfolgt, der weiß, daß es innerhalb des Geisteslebens der Menschheit ebenso eine Entwickelung gibt wie innerhalb der physischen Natur. So wie es innerhalb der physischen Natur Wesenheiten gibt, die im Dunklen tappen, und andere, die im Dunklen tappen und außerdem hören und so weiter, so gibt es auch im geistigen Leben alle Abstufungen zwischen der unentwickelten Seele eines Hottentotten und der Genie-Seele eines Goethe oder Newton. Wir sehen also, welch gewaltige Unterschiede bestehen, sowohl in der Abstufung der Sinnesentwickelung als auch in der Skala der Geistesentwickelung. Es gibt hochentwickelte Naturen in der Menschheit, und diejenigen, welche sie gefunden haben, wissen davon Zeugnis abzulegen. Diese großen Naturen sind die Führer in der geistigen Entwickelung. Sie sind nicht nur, wie *Schopenhauer* gesagt hat, eine ideale Brüderschaft, die sich durch Zeiten hindurch die Hände reichen, sondern eine wirkliche Gesellschaft, die miteinander und ineinander wirken. Der Theosoph weiß von ihrer Existenz und nennt sie die große Bruderschaft der sogenannten Adepten. Wer ehrlich an eine Entwickelung glaubt, der muß an diese Möglichkeit glauben; wer aber Erfahrung davon hat, der kann Zeugnis ablegen, daß es solche Wesen gibt.

Als um die Mitte des 19. Jahrhunderts der materialistische Wendepunkt eintrat, als die höheren Wesen sahen, daß eine materialistische Hochflut heraufkommen muß, da waren sie es, die den Gegenpol hervorgerufen haben. Nicht einen Augenblick haben sie an dieser materialistischen Bewegung Kritik geübt. Sie wußten, daß die moderne Technik dadurch einen gewaltigen Aufschwung nehmen wird, und das war eine Notwendigkeit. Deshalb soll auch die materialistische Bewegung nicht bekämpft werden. Nur gegenüber der Ausbeutung der materialistischen Wissenschaft in bezug auf die Seelenfrage mußte ein Gegenpol geschaffen werden, eine geistige Strömung, eine geistige Welle gegenüber der materiellen in der Menschheit. Diese geistige Welle drückt sich zunächst in dem Auftreten spiritistischer und spiritualistischer Phänomene aus. Den Menschen sollte gezeigt werden, daß es noch etwas anderes gibt als das, was die Naturwissenschaft mit ihren Mitteln zu ergreifen vermag. Jene Brüder, welche die Zeichen der Zeit zu deuten wußten, welche immer die Führer der Menschheit gewesen sind, haben auch die spiritistische Flutwelle über die Menschheit hingesandt. Durch Jahrhunderte hindurch arbeiten sie. Ungekannt, verkannt, werden sie in einzelnen Individualitäten hervortreten in unermeßlicher Arbeit für die Menschheit. Solange die Menschheit in ihrer großen Masse sich an die wissenschaftlichen Führer wenden konnte, solange sie

Auskunft erhalten konnte über die brennenden Seelenfragen, so lange konnten jene älteren Brüder allerdings die
geistige Menschheit in verborgenen Mysterien leiten. Sie
sandten dann ihre Kundschafter auf Wegen in die Welt hinaus, die nur der sogenannte Okkultist kennt. Mancher, der
die Geschichte wahrhaft studiert, stößt auf solche geistigen
Einflüsse, die er sich, wenn er nur materialistischer Forscher
ist, nicht zu erklären weiß, die ihm aber klarwerden, wenn
er sich an die richtigen Geistesforscher wendet.

Im 19. Jahrhundert ist es anders geworden. Gerade dadurch, daß die wissenschaftlichen Führer versagten, war es
notwendig, daß augenfällige Beweise für das Dasein einer
Geisteswelt geschaffen wurden. Nun aber stellte sich heraus,
daß die drei Jahrzehnte der spiritistischen Bewegung von
1840 bis 1870 zunächst ganz andere Interessen hervor-
riefen als beabsichtigt waren. Wenden Sie nicht ein, daß
die weisen Führer sich demnach auch irren können, da sie
doch sonst dies hätten voraussehen müssen. Das ist eine
Sache, die in anderer Weise erörtert werden muß. Es erwies
sich zunächst, daß die Interessen, welche sich an die spiritistischen Phänomene knüpften, nicht die beabsichtigten
waren. Es sollte in augenfälliger Weise darauf hingedeutet
werden, daß es neben dem physischen noch ein rein geistiges
Leben gibt. Was aber damals genährt wurde, das waren nur
Interessen allzu menschlicher, persönlicher Natur. Der Verkehr mit Verstorbenen war es, den man vor allen Dingen
suchte. Das war aber ganz und gar nicht dasjenige, was die
Sendboten der Menschheit bringen sollten. Nicht menschliche Neugierde, wenn auch schöner und edler Art, zu befriedigen, war der Zweck dieser Phänomene. Es sollten
vielmehr der Menschheit Erkenntnisse, Einsichten gegeben
werden, welche sie, bei richtiger Anwendung auf sich selbst,
einem höheren, geistigen Leben zuführten. Leider wurde

zuviel Schaulust gesucht, und das Forschen in der geistigen Welt wurde in einer Weise betrieben, die nicht zur wirklichen Veredelung der Menschheit führen kann. Das ist der Grund, welcher dann zur Begründung der Theosophischen Gesellschaft geführt hat.

Lassen Sie mich in Kürze andeuten, um was es sich hier handelt. Der Mensch ist nicht durch rein natürliche Kräfte geschaffen. Dasjenige, was die Menschennatur ausmacht, dasjenige, was sozusagen die Hülle des Seelen- und Geisteslebens bildet, das ist nicht durch physische Kraft geschaffen. Weisheit hat die Welt geschaffen. Weisheit hat auch jeden einzelnen geschaffen. Dies muß ich hier voraussetzen; es Ihnen zu beweisen, könnte die Aufgabe eines besonderen Vortrages sein. Ich skizziere deshalb heute nur.

Sie wissen, daß durch reine Naturkräfte auch nicht eine Uhr zustande kommt, sondern daß menschlicher Scharfsinn notwendig ist, um die erforderlichen Kombinationen hervorzubringen. Diejenigen haben recht, welche sagen: Wenn wir den Organismus des lebendigen Körpers erforschen, finden wir keinen Gott, keine göttliche Schöpferkraft, sondern nur natürliche Kräfte. Sie finden die geistigen, schöpferischen Kräfte nicht. Schon ein geringes Nachdenken kann darüber Klarheit schaffen. Auch wenn Sie eine Uhr studieren, können Sie sie ganz mechanisch erklären, und doch sind Sie schließlich genötigt, die Frage nach der Weisheit, nach dem menschlichen Verstande, nach dem Uhrmacher zu stellen, welcher sie gebaut hat, und den Sie dann auch nicht in der Uhr finden können. Man sieht daraus: die Frage ist falsch gestellt. Der Vergleich des menschlichen Organismus mit einer Uhr gilt durchaus, aber er muß richtig angewendet werden. Und richtig ist er, wenn man sagt: Sowenig eine Uhr und ihr Werk ohne den geistigen Einfluß eines Uhrmachers entstehen kann, sowenig kann die menschliche

Seele – die höchste Blüte, die höchste Entfaltung der Kräfte, welche den menschlichen Organismus aufgebaut haben, das Höchste, was der Geist aus dem äußeren Körper zustande gebracht hat – ohne den geistigen Einfluß ihres Schöpfers entstanden sein; diese menschliche Seele mit dem gegenwärtigen Bewußtsein, wie wir es kennen, das uns über die Umwelt belehrt, das rechnet, kombiniert, und uns aufklärt über unser sittliches Leben. Denken Sie, was notwendig war – ich muß bildlich reden –, um innerhalb dieser menschlichen organischen Entwickelung die Grundlage für diese Blüte des organischen Lebens, für den menschlichen Geist, zu schaffen.

Leicht ist es, sich vorzustellen, daß diese sogenannten Bauleute, diese gesetzmäßigen Erbauer des Organismus nur bis zu einer der unteren Stufen hätten bauen können, daß sie aber niemals vermocht hätten, diesen komplizierten menschlichen Organismus zu errichten, der für die menschliche Seele als brauchbares Werkzeug zu verwenden war. Ein Gipfelpunkt mußte in ihrem Vermögen erreicht werden. Steigen wir also hinab in jene Zeiten, die der Entwickelung der menschlichen Seele vorangegangen sind, in denen die Entwickelung noch nicht eine menschliche Höhe erreicht hatte. Wir finden dann, daß diese Wesenheiten weisheitsvoll aufgebaut sind, und es wird uns gleichzeitig klar, daß die Mächte, welche an dem Aufbau dieser Wesenheiten arbeiteten, von uns Menschen in der Regel ebensowenig gesehen werden können, wie der Uhrmacher der Uhr gesehen werden kann. Sowenig weiß der Mensch von den geistigen Mächten, Kräften und Wesenheiten, welche sorgsam das vorbereiteten, in dem seine Seele wohnt, wie das mechanische Triebwerk in der Uhr weiß von der Geistestätigkeit des Uhrmachers.

Geistige Kräfte haben also an dem Aufbau unseres Organismus gearbeitet und wirken noch immer in uns. Diejenigen Kräfte, welche unseren Organismus so gestaltet haben, daß er atmen, Blut durch die Adern senden, verdauen kann, daß er Stoffe und Kräfte im Gehirn konzentriert und das Gehirn zum Werkzeug der Seele tauglich machte, bis die menschliche Seele entstehen konnte – diese Seelenkräfte sind noch heute am Werk. Aber sowenig wie die Schwerkraft, wie der Magnetismus gesehen werden kann, sowenig wir die Kräfte sehen, welche sich als unsere Begierden, Leidenschaften, Wünsche und Triebe offenbaren, ebensowenig können wir die schöpferischen Kräfte erkennen, welche beim Aufbau des Organismus wirksam waren. Denken Sie sich, der Mensch wäre noch nicht auf der Höhe, wo ihn das, was ich vorhin als klares Bewußtsein beschrieb, erfüllt. Denken Sie sich ihn in jene Zeit zurückversetzt, wo diese Bewußtseinskräfte noch nicht Besitz von seinem Organismus genommen hatten. Bevor sich da unser hochentwickeltes Gehirn im Laufe der Weltentwickelung gestalten konnte, haben sich andere Formen des Gehirns entwickelt, welche heute noch immer in uns sind, überdeckt und reguliert von dem hochentwickelten vollkommenen Gehirn des Menschen unserer Zeit. Auf eine dem Menschen unbewußte Weise haben die geistigen Werkmeister der Welt die Wunsch- und Triebnatur des Menschen aufgebaut; jene Natur, die der Mensch mit dem Tiere gemeinschaftlich hat, um als deren Blüte das Werkzeug der Seele hervorzubringen. Noch heute sind diese geistigen Wesenheiten, die uns aufgebaut haben, tätig; sie sind neben uns, in uns, so wahr und wirklich, wie diese Lampe hier in der physischen Welt wirklich ist. Wir bewegen uns in unserer physischen Welt und wissen von den Dingen der Welt dadurch, daß wir ein klares Bewußtsein erlangt haben. Um uns herum leben viele Wesen, welche zurückgeblieben sind auf früheren Stufen des Daseins. Geradeso wie die Menschen sich weiterentwickelt haben, so sind gewisse Wesen zurückgeblieben und bilden eine geistige Welt für sich. Aber auch für sie steht die Entwickelung nicht still. Genauso wie unser Bewußtsein sich heraufentwickelt hat zu unserer Höhe und Klarheit, so schreitet auch ihre Entwickelung weiter. Unserem Bewußtsein kann man die Weiterentwickelung zu immer größeren Höhen nicht absprechen. Dann aber, wenn der Mensch sich weiterentwickelt haben wird, nicht nur bis zu diesem klaren Bewußtsein, sondern zu einer noch höheren Anschauung, dann werden wir wieder die geistigen Welten, die uns stets umgeben, erkennen.

Auf zweifache Weise ist es möglich, Kenntnis von der uns umgebenden geistigen Welt zu erhalten. Die erste Art ist die, daß wir erforschen, wie es sich mit dem Menschen verhält, wenn sein klares Bewußtsein ausgeschaltet ist. Dieses klare Bewußtsein ist wie ein Licht, das die geistigen Einflüsse, die um uns herum sind, überstrahlt. Wir sehen sie nicht, weil sie von unserem Bewußtsein überstrahlt werden. Schalten wir unser Bewußtsein aber aus, dann haben wir uns den geistigen Wesenheiten, die unsere Erbauer waren, bevor wir das klare Bewußtsein hatten, genähert. Wir erlangen dann die Erkenntnis, daß die Entwickelung nicht eine gerade aufsteigende, sondern daß sie auch im Kreise herauf- und heruntersteigend ist. Indem wir unser klares Bewußtsein ausschalten, bewegen wir uns gewissermaßen zurück zu Vorstadien unserer Entwickelung, wo wir noch geistiger waren, während wir heute mit unserem Bewußtsein über jener Sphäre stehen. Wir kommen tatsächlich aus einer geistigen Welt her, und diese geistige Welt hat sozusagen dasjenige vorgearbeitet, was die Wohnung, das Haus der Seele in der physischen Welt sein kann. Wir nähern uns dem göttlichen Wesen in gewisser Beziehung, wenn wir die Stufe, die wir erreicht haben, ein wenig zurückschrauben. Das ist der eine Weg; das ist der Weg, den der Spiritismus gegangen ist.

Der andere Weg ist der, den die moderne Geisteswissenschaft, die Theosophie geht. Die Theosophie sucht nicht durch Ausschaltung des Bewußtseins, sondern durch Höherentwickelung des Bewußtseins die Geisteswelt zu erforschen. Des Theosophen Ideal ist, Aufschluß zu erlangen über die uns umgebende Geisteswelt bei vollkommener Kontinuität, bei Aufrechterhaltung des klaren Bewußtseins. Das ist der Unterschied zwischen dem theosophischen Schüler und dem spiritistischen Medium. Das Medium bringt Kunde von der Geisteswelt, aber es ist dabei bloß ein Werkzeug. Es gibt sich als Organ, als Mittel her, durch welches die geistige Welt spricht. Der theosophische Forscher sucht sein klares, helles Bewußtsein bis in die Höhen hinaufzuheben, wo er diese geistige Welt wieder wahrnimmt. Der theosophische Forscher betrachtet es als eine Beeinträchtigung der menschlichen Selbständigkeit, als eine Hinderung des selbständigen Menschenbestimmungsrechtes, wenn er diejenige Stufe, die er einmal im Naturlauf erreicht hat, die Stufe des klaren Bewußtseins, aufgeben und sich in den Zustand zurückversetzen soll, den er in früheren Entwickelungsphasen bereits durchgemacht hat.

Es mögen die Wahrheiten, die wir in einem Zustande des herabgeschraubten Bewußtseins erhalten, ganz unantastbar sein, es mag die Richtigkeit der Ergebnisse spiritistischer Versuche von keinem Menschen bezweifelt werden, die Frage, ob die Methode der Forschung richtig oder zulässig ist, wird dadurch aber nicht berührt. Und darauf kommt es ganz besonders an, ob es den Gesetzen der Entwickelung und den Absichten der kosmischen Mächte entspricht, wenn Schritte wieder zurück gemacht werden, welche die Natur bereits vorwärts gemacht hat. Nicht umsonst werden Schritte in der Natur gemacht, und der Mensch soll sich daher auch nicht in Entwickelungsphasen zurückversetzen, welche die Natur mit ihm schon überwunden hat. Nicht aus Neugierde wollen wir die Wahrheit erforschen, nicht auf unrichtigen, hinterlistigen Wegen, sondern lediglich auf dem Wege, den uns die hohen kosmischen Mächte angewiesen haben, auf dem Wege, der durch unser klares Bewußtsein hindurchführt. Es ist daher das Streben der theosophischen Bewegung, nicht auf diejenigen zu hören, welche aus dem Unbewußtsein oder Unterbewußtsein die Wahrheit offenbaren, sondern auf diejenigen, welche aus vollem, hellem Tagesbewußtsein die Wahrheit künden. Und derjenige, welcher in der theosophischen Bewegung steht und direkte Erkenntnisse der Wahrheit besitzt, der hat die Wahrheit auf keine andere Weise erforscht als unter Beibehaltung des vollen, hellen Tagesbewußtseins. Nicht einen Moment darf er sein Bewußtsein ausschalten. Höherentwickelung des Bewußtseins, volles, klares Schauen, wie dies die Adepten haben, muß sein Streben sein. Wenn wir dieses Ziel dann erreicht haben, erfüllen wir unsere menschliche Bestimmung.

Warum sollen wir dem in Trance befindlichen Medium mehr glauben als demjenigen, der aus seinem klaren Tagesbewußtsein heraus spricht? Vertrauen ist hier und dort erforderlich. Es ist allerdings bequemer, mit Ausschaltung des Bewußtseins die Wahrheit zu erforschen, aber menschenwürdiger ist die Forschungsmethode mit Aufrechterhaltung des klaren Geistesbewußtseins. Daher haben die Theosophen den letzteren Weg als den natürlichen bevorzugt, so daß also alles Arbeiten aus dem Unbewußten oder Unterbewußten heraus als nicht im Sinne der theosophischen Bewegung bezeichnet werden muß. Die theosophische Bewegung sucht, wie gesagt, die geistige Welt von dem vollen, klaren Bewußtsein heraus zu erreichen, und sie ist sich darüber klar, daß der Mensch ein geistiges Wesen ist, das, je nachdem er auf einer mehr oder weniger hohen Entwickelungsstufe steht, mehr oder weniger unabhängig von dem Körper ist. Daher wendet sich die Theosophie vor allen Dingen an den verkörperten Menschen, an solche Menschen, die, im Körper lebend, geistige Schauenskräfte erreichen und zeitweilig, bei vollem, klarem Bewußtsein, unabhängig von ihrem physischen Organismus werden können. Der vom Körper unabhängige Mensch hat die Möglichkeit, in der geistigen Welt Erfahrungen zu sammeln, nicht dadurch, daß er zurückkehrt in die Zeiten, in denen das helle Tagesbewußtsein noch nicht entwickelt war, sondern dadurch, daß er aufsteigt in Zeiten und Entwickelungsperioden, in denen das Bewußtsein höher sein wird als das Durchschnittsbewußtsein der Menschen der Gegenwart.

Das Medium ist ein Erinnerungszeichen an verflossene Zeiten der Entwickelung. In früheren Zeiten waren alle Menschen Medien; alle haben ein astrales Wahrnehmungsvermögen gehabt, alle haben einst die geistige Welt wahrnehmen können. Aus diesem astralen Bewußtsein hat sich aber allmählich unser Bewußtsein, unser helles, klares Tagesbewußtsein herausgebildet. Bei dem Aufstieg in die geistigen Welten, den alle Menschen werden ausführen müssen, werden sie, wenn ich so sagen darf, jene astrale Welt nochmals durchlaufen, nochmals astral wahrnehmend, nochmals hellsehend werden. Das ist aber nur ein Durchgangsstadium, wie alle Entwickelungszustände als Durchgangsstadien betrachtet werden können. Unsere irdische Laufbahn ist eine Lektion, die wir durcharbeiten müssen, die wir zu lernen haben. Wir sollen deshalb auch nicht weltfremd werden, dem Irdischen nicht feindlich gegenüberstehen, sondern ganz im Irdischen leben und sollen da dieselben Kräfte, dieselben Wesenheiten in der irdischen Welt erkennen, welche wir in der übersinnlichen Welt wahrnehmen, weil diese in unsere irdische Welt hereinwirken, indem sie die menschlichen Seelen durchweben, und so Einfluß auf die Lebensgestaltung im Irdischen gewinnen.

Das wollte auch die Bienenallegorie der Mysterienpriester des alten Griechenland ausdrücken. Die Bienenallegorie ist somit nicht ohne Bedeutung für uns, denn die menschliche Seele ist es, die mit den Bienen verglichen wurde. So wie die Bienen aus dem Stock hinausgeschickt werden zu den Blumen, um Honig zu sammeln, so ist die menschliche Seele aus höheren Regionen ausgesandt, um in der irdischen Welt Erfahrungen zu sammeln. Den Bienen ist das Blumenreich zugewiesen, den Menschen die irdische Welt. Es würde also durchaus nicht deren Bestimmungen entsprechen, wenn Biene und Mensch andere Forschungsgebiete aufsuchen würden, sich in Regionen betätigten, die den zu sammelnden Stoff überhaupt nicht oder in ungeeignetem Maße enthalten. Deshalb hat die theosophische Bewegung diese Allegorie zum Sinnbild ihres Werkes gemacht, das, kurz ausgedrückt, in dem Streben der Höherentwickelung der Erkenntnis und der Ausgestaltung des klaren Bewußtseins zu einem umfassenden besteht, so daß es auch an dem Leben in geistigen Welten teilnehmen kann. Also eine Höherentwickelung der Menschen strebt die Theosophische Gesellschaft an. Gelingt diese, dann werden diejenigen Interessen in der menschlichen Natur rege, welche den Menschen weiterführen. Nicht Neugierde sollte uns antreiben, etwas von der geistigen Welt kennenzulernen. Und das, was wir lernen, soll uns die Kraft, die Macht geben, das Ziel zu erreichen, welches uns von den kosmischen Mächten gesteckt ist.

Die spiritualistisch-spiritistische Bewegung wird bei ihren

Anhängern das Bewußtsein hervorrufen, daß es eine geistige Welt gibt. In diesem Bestreben sind sich Theosophie und Spiritismus einig. Aber, wie bereits erläutert, die Methode, dieses Ziel zu erreichen, ist eine andere. Die Gründe, warum die Theosophische Gesellschaft die Forschungsmethode des Spiritismus nicht gutheißt, sind mit ein paar Worten anzugeben: Es ist eine große Gefahr in dem gegenwärtigen Stadium unserer kosmischen Entwickelung, das menschliche Bewußtsein auszuschalten. Nach dem ganzen Verlauf der kosmischen Entwickelung muß der Mensch in diesem Bewußtsein auf der Erde wirken. Schaltet er es aus, so ist er willenlos, bewußtlos den geistigen Mächten ausgeliefert. Ein Beispiel soll das klarmachen. Es ist ein großer Unterschied, ob Sie in eine Verbrecherhöhle hineingehen mit klarem Bewußtsein und hellem Verstande und sich darin auskennen, oder ob Sie ohne diese klare Erkenntnis hineingehen. So ist es nicht nur in dem extremen Fall mit der Verbrecherhöhle, so ist es überall in der Welt. Wir müssen die Dinge, welche an uns herantreten, mit klarem Bewußtsein und Verstand erfassen. Nicht zu willenlosen Werkzeugen dürfen wir uns machen, auch nicht der geistigen Mächte, denn diese könnten dann mit uns alles mögliche treiben. Das ist es gerade, was in so hohem Maße dazu beigetragen hat, die Kultur, die Entwickelung von Medien zu hemmen. Die Einsicht, daß der Mensch nur unter Aufrechterhaltung seines vollen, freien Selbstbestimmungsrechtes mit den geistigen Wesenheiten in Beziehung treten sollte, gewinnt bei den führenden Spiritualisten immer mehr Platz, und es dürfte nur noch eine Frage der Zeit sein, daß die andere, von den Theosophen gepflegte Methode der Geistesforschung auch von den Spiritisten adoptiert werden wird.

Hellsehen ist beides, das was der Theosoph und was der

Spiritist anstrebt. Werkzeuge sind auch beide, der theosophische Schüler und das spiritistische Medium; aber willenlos ist nur das spiritistische Medium. Derjenige, welcher die Gefahren kennt, kann darüber sprechen, welchen gewaltigen Mächten man in jener Welt entgegenzutreten hat; Mächten, welche zerstörend, herunterdrückend auf uns einwirken; Mächten, welche auf der einen Seite nutzbringenden, auf der anderen Seite schädigenden Einfluß haben. Was nutzbringend war, als der Mensch noch in seinem Unterbewußtsein lebte, das ist ihm heute schädlich. Überlassen wir uns willenlos den Mächten, die unseren Aufbau früher betrieben, dann sind wir ihr Werkzeug im Guten wie im Bösen. Darum sollen wir niemals unser Bewußtsein trüben lassen. Und das hat es uns bei unseren Forschungen ermöglicht, große Wahrheiten zu erkennen, während der spiritistische Forscher mehr oder weniger im trüben fischen muß. Es hat uns zur Erkenntnis gebracht, was zum Ziele führt; es hat uns erkennen lassen, was dabei hinderlich ist.

Vor allen Dingen müssen wir uns in der geistigen Welt zurechtfinden lernen. Wir müssen diejenigen Kenntnisse besitzen, welche dies ermöglichen, welche die Vorbedingung zu Erkenntnissen in der geistigen Welt sind. Wer ein tüchtiger Mechaniker werden will, muß Mathematik studieren. Wer in der geistigen Welt zu Hause sein und sich nicht taumelnd und willenlos in derselben bewegen will, der muß die theosophischen Grundwahrheiten durchdrungen haben. Was die Theosophen im Jahre 1875 erkannt haben, das wird nach und nach immer mehr Spiritisten auf ihre Seite bringen. Nicht bekämpfen brauchen sich die beiden Strömungen, wenn im Grunde auch die Forschungsmethode radikal verschieden ist, wie ich gezeigt habe; sie sollen sich ausgleichen. Was die Anhänger der einen zu bieten haben, das mögen sie bringen; was die Anhänger der anderen zu bringen haben, das mögen sie auf dem Altare der Menschheit niederlegen zum Wohl des Ganzen. Auf diese Weise wird die Menschheit durch beide Bewegungen wirklich gefördert werden, während Kampf zwischen den beiden Richtungen nur dazu führen könnte, das große Ziel aus dem Auge zu verlieren. Nicht Kampf, sondern Eintracht zwischen den beiden Bewegungen ist vonnöten, die vor allen Dingen zu dem gemeinsamen Ziele führen sollen: die Menschheit aus dem materialistischen Strome der Gegenwart herauszuheben.

Dazu bedarf es der Vermittelung der Erkenntnis der geistigen Welt. Der Erkenntnis der Ewigkeit und der wahren Natur der Seele, sowie der dadurch gebotenen Möglichkeit, wieder aufzublicken zu den großen geistigen Mächten der Natur, die uns führend die Pfade gewiesen. Und wie wenige haben so viel Selbsterkenntnis, daß sie das Woher und Wohin des Menschen, die Heimat der Seele verstehen, daß sie das finden können, was dem Leben Sinn und Bedeutung gibt! Um das alles zu erhalten, muß der Mensch zu der Überzeugung gekommen sein, die *Johann Gottlieb Fichte* ausgesprochen hat, als er von jener geistigen Welt sprach, die uns das Auge für das Ewige eröffnet und uns dann sagen läßt: «Nicht erst, nachdem ich aus dem Zusammenhange der irdischen Welt gerissen sein werde, werde ich den Eintritt in die überirdische erhalten; ich bin und lebe schon jetzt in ihr, weit wahrer, als in der irdischen; schon jetzt ist sie mein einziger fester Standpunkt, und das ewige Leben, das ich schon längst in Besitz genommen, ist der einzige Grund, warum ich das irdische noch fortführen mag. Das, was sie Himmel nennen, liegt nicht jenseits des Grabes; es ist schon hier um unsere Natur verbreitet, und sein Licht geht in jedem reinen Herzen auf.»

Berlin, 7. März 1904

Das Thema des heutigen Vortrages soll eine Art Ergänzung dessen sein, worüber ich vor vier Wochen hier sprach, eine Ergänzung zu dem Thema: «Theosophie und Spiritismus.» Heute will ich einiges, was ich damals nur andeutend bemerken konnte, genauer ausführen. Namentlich will ich über die Erscheinungen des Somnambulismus sprechen, welche in geheimnisvolle Gebiete der menschlichen Natur hineinführen und in Gebiete, welche so verschiedenste Deutung von verschiedenen Seiten erfahren.

Sie alle wissen wohl, was das ist: Somnambulismus. Dieses Wort soll auf gewisse seelische Zustände hinweisen, welche im Menschen dann auftreten, wenn in seinen gewöhnlichen Bewußtseinszuständen eine gewisse Veränderung eingetreten ist, vor allen Dingen dann, wenn das gewöhnliche alltägliche Bewußtsein, jenes Bewußtsein, mit dem wir unsere alltäglichen Handlungen vollführen, mit dem wir uns in der Natur zurechtfinden, nicht in voller Tätigkeit ist, wenn es zurückgedrängt, gleichsam ausgeschaltet ist und der Mensch dennoch seelisch handelt, dennoch innerhalb von gewissen Seelenzuständen ist. Unter Somnambulismus oder auch Schlafhandeln, Schlafwachen, oder wie man diese Zustände nennt, verstehen wir alle seelische Tätigkeit ohne die volle Tätigkeit des gewöhnlichen Tagesbewußtseins, gleichsam aus den Tiefen der Seele, welche nicht beleuchtet werden von dem Ich-Bewußtsein des Tages. Von dieser dunklen Tiefe herauf handelt dann die menschliche Seele, und sie bringt Handlungen aus diesen Tiefen herauf, welche sich sehr wesentlich von dem unterscheiden, was der Mensch sonst im Laufe seines Lebens vollbringt. Wir wissen auch, daß nicht ohne weiteres jede Persönlichkeit geeignet ist, mit solcher Auslöschung und Ausschaltung des gewöhnlichen Tagesbewußtseins seelische Handlungen zu vollziehen. Wir wissen, daß nur diejenigen Personen, welche wir als Somnambule bezeichnen, welche in eine Art von Trance oder Traumzustand versetzt werden können, imstande sind, solche seelische Erscheinungen zu zeigen. Diese Personen selbst sind, während aus ihrer Natur solche Erscheinungen hervorgehen, in einer Art von bewußtlosem Zustande, und man hat nun in den verschiedenen Zeiten diese Zustände in der verschiedensten Weise gedeutet.

Versetzen wir uns einmal in das alte Griechenland, sehen wir, welche Deutung im alten Griechenland zu derjenigen Zeit, von welcher uns gewöhnlich die griechische Geschichte erzählt, solche Handlungen somnambuler Persönlichkeiten erfahren haben. Da treffen wir die Priesterinnen, die sogenannten Orakelpriesterinnen, welche aus der Tiefe ihrer Seele heraus unter Auslöschung ihres gewöhnlichen Bewußtseinszustandes allerlei Dinge kundgeben wollten, die über gewöhnliches menschliches Wissen hinausgingen. Ereignisse der Zukunft sollten aus solchem tiefem Seelenwissen herausgeholt werden; ob wichtige Staatshandlungen, ob wichtige Gesetzgebungen berechtigt seien oder nicht, darüber sollten diese Orakelpriesterinnen entscheiden; kurz, man schrieb dasjenige, was sie kundtaten, einer göttlichen Inspiration zu. Man glaubte, daß die Seele dann, wenn das gewöhnliche Tagesbewußtsein ausgelöscht ist, unter göttlichem Einfluß stehe und die Kundgebungen der Gottheit selbst vermittle. Göttliche Verehrung genossen nicht nur diejenigen, welche in solchen somnambulen Zustand versetzt werden konnten, sondern göttliche Verehrung genoß vor allen Dingen die Offenbarung, die sie machen konnten.

Gehen wir von dieser Zeit des alten Griechenland zu dem Ausgang des Mittelalters, so finden wir eine ganz andere Auffassung und Deutung solcher somnambuler Persönlichkeiten. Wir sehen, wie solche Persönlichkeiten aufgefaßt wurden als im Bunde stehend mit allerlei bösen, teuflischen, dämonischen Mächten. Wir sehen, daß das, was sie kundgaben, angesehen wurde als etwas Verwerfliches, als etwas, was nur schädliche, schlechte Einflüsse in das menschliche Leben hineinbringen kann. Wir sehen, wie diese Personen als Hexen verfolgt wurden, wie sie verfolgt wurden wegen ihrer Teufelsbündnisse. Manche von den furchtbaren Grausamkeiten des ausgehenden Mittelalters sind zurückzuführen auf diese Deutung des somnambulen Zustandes.

In neuerer Zeit wiederum, als man im Anfang des 19. Jahrhunderts, im letzten Drittel des 18. Jahrhunderts begann, menschliche Seelenzustände zu studieren, da gab es einige, die da glaubten, daß man durch das Studium dieser Zustände geradezu höhere Aufschlüsse über die menschliche Seele gewinnen könne; daß dadurch, daß unser gewöhnliches Gehirnbewußtsein ausgeschaltet ist und die Sinne nicht empfänglich sind für die Außenwelt, der Mensch imstande sei, etwas zu erfahren über geistige Vorgänge und Wesenheiten, die man mit den gewöhnlichen Sinnen nicht wahrnehmen könne. Andere wiederum waren es, welche diese Zustände schlechterdings als bloß krankhaft ansahen und sie lediglich so auffaßten, daß man sie ausschalten müsse von alledem, was für den normalen Menschen als berechtigt angesehen werden kann. Namentlich war es anfangs die Wissenschaft, welche in ihrem materialistischen Glauben jede Interpretation, jede Erklärung dieser Erscheinungen ablehnte und in ihnen Krankheitserscheinungen sah, dem Wahnsinn in irgendeiner Weise verwandt, durchaus nicht etwas anderes als ganz abnorme Dinge. Dies sind einige von den Deutungen, welche man über die Erscheinungen gegeben hat.

Für uns muß die Frage zunächst die sein: Wie können solche Erscheinungen hervorgerufen werden? – Da wissen wir, daß manche Menschen ganz von selbst in einen solchen Zustand kommen, wo ihr gewöhnliches Tagesbewußtsein ausgelöscht ist, wo sie sich der Außenwelt gegenüber vollständig wie eine Art Schlafender benehmen, wo sie nichts von dem, was in ihrer Umgebung vor sich geht, auffassen mit ihren regelmäßigen Sinnen, wo sie nicht hören, wenn in ihrer Nähe eine Glocke tönt, wo sie nicht sehen, wenn in ihrer Nähe ein Licht brennt, wo sie aber in merkwürdiger Weise empfänglich sind für ganz bestimmte andere Einflüsse, sagen wir zum Beispiel für die Worte einer einzelnen bestimmten Person. Sie sehen und hören nichts um sich, sie sind nur empfänglich für dasjenige, was eine einzelne Person ihnen sagt oder für Eindrücke gewisser Art. Ja, sie sind oft noch mehr empfänglich für dasjenige, was eine ganz bestimmte Person in dem Raume, in welchem sie sich befinden, denkt, welche Gedanken diese Person hat. Das sind solche Erscheinungen, die bei gewissen Menschen ganz von selbst von Zeit zu Zeit auftreten. Wir sagen dann: solche Personen sind Somnambule; sie denken, handeln, fühlen, empfinden, nehmen wahr in einer Art von wachem Traum, in einer Art von Schlafzustand, der aber ein ganz besonderer Schlafzustand ist, keineswegs zu vergleichen mit dem gewöhnlichen Schlaf, dem der Mensch sich von Zeit zu Zeit hingibt, um über die Ermüdung des Tages hinwegzukommen.

Wir wissen aber ferner, daß bei solchen Somnambulen

nicht nur das Wahrnehmungsvermögen, die Empfindsamkeit für gewisse Zustände auftreten kann, sondern daß solche Somnambule auch zu ganz bestimmten Handlungen übergehen können, daß sie Handlungen ausführen, welche der Mensch bei seinem gewöhnlichen Tagesbewußtsein nimmermehr ausführen könnte. Wir erleben es, daß sie vollständig vernünftig erscheinende Handlungen ausführen, zu denen aber mehr gehört als das Orientierungsvermögen des gewöhnlichen Tagesbewußtseins. Wir sehen, daß sie auf Dächer klettern, über Abgründe springen, ohne irgendwie etwas zu ahnen von der Gefahr, in der sie sich befinden, über Abgründe, über die sie sonst niemals springen würden; wir sehen sie Handlungen ausführen, die sie gar nicht imstande wären auszuführen, wenn sie sich in ihrem gewöhnlichen Wachzustande befinden würden. Das sind zunächst nur Andeutungen über solche Zustände. Solche Zustände können ohne irgendwelche Gründe auftreten, aber sie können auch auftreten dadurch, daß eine Person auf die andere einen ganz bestimmten Einfluß ausübt; sie können dadurch auftreten, daß durch bestimmte Manipulationen einer Persönlichkeit in einer anderen das gewöhnliche Tagesbewußtsein ausgelöscht wird, daß die betreffende Persönlichkeit dann in einen künstlichen somnambulen Zustand versetzt wird. Dann zeigen solche künstliche Somnambule dieselben Erscheinungen, welche die natürlichen Somnambulen zeigen. Man nennt – Ausdrücke wollen wir nicht als besonders bindend betrachten – diejenige Person, die eine andere in den somnambulen Zustand versetzen kann, einen Magnetiseur, wenn der somnambule Zustand ein leichter ist, und die Persönlichkeit nennt man magnetisiert; man sagt, sie sei in einen magnetischen Schlafzustand versetzt.

Nun ist für uns die Frage diese: Was bedeuten solche Erscheinungen für das geistige Leben, welche Rolle nehmen sie in dem ganzen Zusammenhang des geistigen Lebens ein, was können wir durch solche Erscheinungen erfahren, und was erklären sie uns selbst über die Wesenheit und die Natur der menschlichen Seele und des menschlichen Geistes? Wir müssen uns fragen: Sind solche Erscheinungen wirklich so etwas ganz Abnormes, das gar keine Ähnlichkeit mit den anderen Erscheinungen des gewöhnlichen Lebens hat? Dann allerdings könnte ja vielleicht die Auffassung Platz greifen, welche in solchen Erscheinungen einfach Abnormitäten sieht; dann könnte die Auffassung unserer Ärzte Platz greifen, und wir würden einen besonderen Aufschluß durch sie nicht erhalten können.

Aber wir können sozusagen einen allmählichen Übergang finden von unserem gewöhnlichen Leben zu diesen abnormen Erscheinungen, und wir finden ihn am leichtesten, wenn wir versuchen, dasjenige, was jeder von uns fortwährend erlebt, einmal näher zu betrachten. Das sind die Erscheinungen des gewöhnlichen Traumes, die jeder Mensch fast allnächtlich erlebt, denn es gibt nur sehr wenige Menschen, die gar nicht träumen. Diese Erscheinungen werden uns sozusagen in ganz elementarer Art zeigen, wie wir diese höheren Erscheinungen, die ich einleitend angedeutet habe, aufzufassen haben.

Der Traum wird oftmals als etwas, was nur phantastisch durch das Traumbewußtsein huscht, ausgelegt, als eine Art leere Einbildung und man ist daher kaum geneigt, die merkwürdigen Erscheinungen der Traumwelt wirklich zu studieren. Aber immer waren feinere Geister doch auch geneigt, diese hinhuschenden Bilder des Traumbewußtseins einem näheren Studium zu unterwerfen, und dann zeigt sich vor allen Dingen eins: Zwar ist es für die größte Zahl der Träume, welche die Menschen haben, richtig, daß im Traum eine ungeheure Regellosigkeit und Willkür herrscht, daß wir es im Traum zu tun haben zumeist nur mit Fetzen des Tagesbewußtseins, der Erinnerungen und Bilder, welche während des Tages an unserem Bewußtsein vorübergegangen sind, und vielleicht von anderen Dingen, welche von unserem körperlichen Befinden während des Schlafes herrühren, oder auch von gewissen Krankheitserscheinungen und dergleichen. Das ist die niedrigste Art der Träume, diese einer völligen Willkür unterworfenen hinhuschenden Bilder, die in Regellosigkeit durch das Traumbewußtsein hindurchziehen.

Aber es kann dem aufmerksamen Betrachter nicht entgehen, daß schon das gewöhnlichste persönliche Bewußtsein, wenn es sich im Schlafzustande befindet, neben diesen ganz regellosen und willkürlichen Träumen auch andere Träume hat, Träume, welche eine ganz bestimmte Regelmäßigkeit zeigen. Ich will nur auf einzelne Beispiele aufmerksam machen, die tief hineinleuchten in diese Regelmäßigkeit, die wir schon innerhalb des gewöhnlichen Traumbewußtseins antreffen. Sie haben während des Schlafes eine Uhr neben sich liegen. Sie nehmen das Ticktack der Uhr während des Schlafes nicht wahr; sie träumen davon, daß ein Regiment Soldaten draußen an Ihrem Fenster vorbeizieht und hören ganz genau das Rossegetrappel. Sie wachen auf und werden gewahr, daß Sie in diesem Moment das Ticktack der Uhr gehört haben; denn das setzt sich fort in Ihrem Bewußtsein. Sie haben es aber nicht als Ticktack gehört, wie es Ihr gewöhnliches Ohr hört, sondern es hat sich umgesetzt, verwandelt, versinnbildlicht in das Getrappel der Rosse eines vorüberziehenden Reiterregiments. – Oder ein Traum, der wirklich stattgefunden hat: Eine Bäuerin träumt, daß sie mit einer anderen am Sonntagmorgen in die Stadt ginge. Sie gehen in die Kirche und sehen, wie der Geistliche auf die Kanzel steigt, wie er anfängt zu predigen. Sie hören längere Zeit zu. Da stellt sich bald etwas ganz Merkwürdiges heraus: der Geistliche verwandelt sich, er bekommt Flügel, er verwandelt sich in einen Hahn, er kräht! – Das ist ein wirklicher Traum, der vorgekommen ist. Die Bäuerin, die das geträumt hat, wacht auf, und sie hört draußen den Hahn wirklich krähen. – Sie sehen wiederum, was geschehen ist: das Ohr hat den krähenden Hahn gehört, aber es hat zunächst nicht den wirklichen Hahnenschrei vernommen, sondern das Traumbewußtsein hat ein Sinnbild gemacht, aus dem, was es gehört hat; es hat den Hahnenschrei symbolisch verwandelt in diese ganze Geschichte, die ich Ihnen erzählt habe. Solche Geschichten spinnt das Traumbewußtsein in ganz dramatischer Weise aus. Sie sehen, die Sinneseindrücke werden nicht unmittelbar vom Traumbewußtsein wahrgenommen, sondern sie werden in Symbole, in Sinnbilder umgesetzt, und das besonders Charakteristische ist, daß dieses Traumbewußtsein wirklich dramatisiert. Um ein anderes Beispiel zu erwähnen – ein Traum, der wirklich stattgefunden hat; ich will heute nur richtige Beispiele, die erlebt worden sind erwähnen: Ein Student träumt, er sei an der Tür des Hörsaals. Er wird, wie man das im studentischen Leben nennt, von einem anderen angerempelt. Es entspinnt sich ein Wortwechsel, der schließlich zu einem Duell führt. Alles erlebt der Student im Traume, was an Vorbereitungen zu dem Duell getroffen wird – eine lange Geschichte! Das Duell findet wirklich statt am verabredeten Orte, alle sind da, die Sekundanten sind da, der erste Schuß fällt, der träumende Student erwacht. Er hat neben sich einen Stuhl, der am Bette gestanden, umgeworfen; das Fallen des Stuhles hat er gehört, aber nicht so, wie es ist, sondern dieses Ereignis hat sich mit Blitzesschnelle in eine ganz dramatische Handlung umsymbolisiert. Das ist das schlafende Traumbewußtsein,

ein symbolisierendes Traumbewußtsein, das in seiner eigentümlichen symbolischen Tätigkeit durch unzählige Beispiele beleuchtet werden könnte.

Nun fragen wir uns: Wie verhält sich dieses gewöhnliche alltägliche Bewußtsein zu dem, was da in der Menschenseele vorgeht, während sie träumt? Unser gewöhnliches alltägliches Bewußtsein hat keinen unmittelbaren Anteil an diesen Traumhandlungen; denn wenn das Bewußtsein auftritt im Traum, dann tritt da eine Art anderes Ich auf, eine Art Traum-Ich; denn der Träumende kann sozusagen sich selbst sehen, er kann sich selbst gegenübertreten im Traume. Halten wir das zunächst einmal fest, daß eine Art Spaltung eintreten kann zwischen dem Traum-Ich und dem wirklichen Ich, daß tatsächlich die träumende Persönlichkeit unter den verschiedenen Wahrnehmungen, die sie im Traume hat, sich selbst ganz objektiv betrachten kann. Die Situationen, unter denen dieser Traum vorkommt, die sind, durch das Traumbewußtsein bestimmt, ganz hineinversetzt in die symbolisch-dramatische Handlung, die sich abspielt.

Eine höhere Stufe, möchte ich sagen, dieses Traumbewußtseins tritt dann ein, wenn wir Zustände unseres eigenen körperlichen Innenlebens symbolisch im Traume erleben. Wiederum erwähne ich ganz bestimmte Beispiele. Jemand träumt, daß er sich in einem dumpfen Kellerloch befindet. Spinnweben sind an der Decke und unheimliche Tiere kriechen herum. Er erwacht mit Kopfschmerz. Der Kopfschmerz hat sich symbolisch in diesem Kellerloch zum Ausdruck gebracht. Oder ein anderes Beispiel: Jemand befindet sich im Traum in einem überheizten Zimmer; er sieht einen rotglühenden Ofen, wacht auf und hat ein heftiges Herzklopfen. Alle diese Träume, die ich Ihnen erzähle, sind wirklich belegt. Ganz bestimmte Organe unseres Inneren, bestimmte Gefühle für unser Inneres symbolisieren sich während des Träumens zu bestimmten Ereignissen. Ja, man kann sagen: Für ein und dieselbe Person – wer auf diesem Felde zu beobachten versteht, weiß das – nimmt ein ganz bestimmtes Organ eine stereotyp immer gleichbleibende Erscheinung an. Wer an Herzklopfen leidet, wird bei Herzklopfen immer denselben Traum haben, nämlich den Traum, den er einmal dabei gehabt hat; sagen wir, er wird einen überheizten Ofen sehen und dergleichen mehr. Also nicht nur Ereignisse und Tatsachen der Außenwelt, sondern auch unser eigener physischer Körper drückt sich sinnbildlich im Traume aus.

Das ist nur eine Stufe zu jener merkwürdigen Erscheinung, wo Träumer – allerdings tritt das nur bei ganz bestimmten Persönlichkeiten auf, welche schon in einer gewissen Beziehung zu den Somnambulen gehören – Krankheiten, von denen sie befallen sind, ja Krankheiten, von denen sie erst in ein paar Tagen befallen werden, in irgendeiner Form symbolisch im Traum vor sich haben. Sie nehmen ihre eigenen Zustände während des Traumbewußtseins wahr. Von da bis zu der anderen Erscheinung ist wieder nur ein Schritt, daß eine eigentümliche Art menschlichen Instinktes die vollen Somnambulen durch das Traumbewußtsein auf irgendeine Art auf Heilmittel oder irgendwelche Veranstaltungen hinweist, die sie brauchen für ihre Erkrankungen. Also der Traum kann tatsächlich als Arzt wirken, er kann auf die Krankheit hinweisen und gleichzeitig auf das Heilmittel. Das allerdings tritt nur bei bestimmten Persönlichkeiten ein, welche schon in einer gewissen Beziehung somnambule Anlagen haben.

Sie sehen also, daß wir es mit einer Aufeinanderfolge von Zuständen zu tun haben: vom Willkürtraume bis zu solchen ganz regelmäßigen, unter ganz bestimmten Gesetzen stattfindenden Traumwahrnehmungen. Das alles, was ich bis jetzt dargestellt habe, sind mehr oder minder Traumwahrnehmungen; aber von da führt wiederum ein Schritt zu den Traumhandlungen.

Die gewöhnlichste Traumhandlung ist das Sprechen im Schlafe. Wir wissen, daß es eine sehr häufige Erscheinung ist, daß Schlafende sprechen. Ja, wir wissen, daß sie auf bestimmte Fragen manchmal treffende Antworten geben, manchmal auch Antworten geben, woraus wir ersehen, daß sie das, was wir zu ihnen gesprochen haben, nicht genau verstanden haben, oder daß sich bei ihnen – und das ist eine Beobachtung, die man machen wird, wenn man systematisch zu beobachten versteht – wiederum mehr oder minder sinnbildlich, symbolisch dasjenige umgestaltet, was man zu ihnen gesprochen hat, und daß daraus die Antwort ergeht. – Von dem Sprechen im Traume führt uns dann ein weiterer Schritt zu den Traumhandlungen, die ich einleitend bereits erwähnt habe. Der Träumende, namentlich dann, wenn er eine somnambule Anlage hat, geht über zu Handlungen, er steht auf aus seinem Bette, setzt sich, sagen wir, wenn er Student ist, an seinen Schreibtisch und macht seine Schulbücher auf. Aber es kommt auch vor, daß sich stärker Veranlagte hinsetzen und wirklich das, was sie abends geschrieben haben, weiterschreiben, oder wenigstens etwas abschreiben und dergleichen mehr. Diese Dinge zeigen uns, daß ein Übergang stattgefunden hat von der bloßen Wahrnehmung zu der wirklichen Handlung, von dem bloßen Empfinden zu dem Wollen. Es gibt Persönlichkeiten, welche, trotzdem sie in einen sehr starken somnambulen Zustand versetzt werden können, es nur bis zum Wahrnehmen bringen, und es gibt solche, welche verhältnismäßig wenig Fortschritte in bezug auf Wahrnehmungen machen, aber dafür waghalsige Handlungen ausführen können von der Art, wie ich sie anfangs erwähnt habe.

Nun, solche Schlafhandlungen somnambuler Persönlichkeiten werden nun ausgeführt mit einer Notwendigkeit, die einen automatischen Charakter hat. Wir brauchen uns nur zu erinnern, daß wir ja im alltäglichen Leben oftmals solche automatenähnlichen Handlungen ausführen. Irgendein besonderer Lichteindruck tritt vor unser Auge hin, wir schließen automatisch unser Auge. Unser Gewohnheitsleben liefert zahlreiche andere Handlungen dieser Art, bei denen wir nicht weiter nachdenken. Alles dasjenige schließlich, was wir innerhalb unseres sogenannten vegetativen körperlichen Lebens vollbringen, unsere Verdauung, unsere Atmung, unser Herzschlag, sind Handlungen, die wir ausführen, ohne ein Bewußtsein davon zu haben. In ähnlicher Art führen wir während des somnambulen Zustandes vernünftige Handlungen aus, und auf ganz bestimmte äußerliche Reize folgen solche Handlungen mit einer unbedingten Notwendigkeit.

Nun müssen wir uns fragen: Wie haben wir solche Erscheinungen aufzufassen? Sie wissen ja vielleicht, daß es sehr viele gibt, die geradezu der Ansicht sind, daß wir in solchen Handlungen die vom Körper unabhängige Seele belauschen können, daß wir in solchen Handlungen den Nachweis dafür zu erblicken haben, daß die Seele unabhängig von ihren körperlichen Organen von Auge und Ohr wahrnehmen kann, unabhängig von bewußter Überlegung handeln kann. So sind viele also des Glaubens, daß wir in solchen Handlungen einen viel unmittelbareren Ausdruck der Seele haben, die da gleichsam losgelöst ist vom Körperlichen und unmittelbar aus dem Geistigen heraus handelt und wahrnimmt. Wir wollen uns einmal fragen, wie solche Erscheinungen im Lichte unserer theosophischen Auffassung zu betrachten sind.

Die Theosophie zeigt uns, daß der Mensch nicht dieses

einzelne, isolierte Wesen ist, als das er uns gewöhnlich erscheint, sondern, daß er so, wie er uns entgegentritt, mit unzähligen Fäden zusammenhängt mit dem übrigen All. Die Theosophie zeigt uns vor allen Dingen, daß der Mensch mit der übrigen Natur verschiedenes gemeinsam hat, daß er auch mit anderen Welten, die unsere alltäglichen Sinne nicht wahrnehmen, verschiedenes gemeinsam hat, und wir werden die Handlungen, von denen wir gesprochen haben, am besten verstehen können, wenn wir im theosophischen Lichte die Wesenheit des Menschen betrachten. Lassen Sie mich deshalb kurz andeuten, was uns die Theosophie über die Wesenheit des Menschen lehrt.

Den physischen Körper mit allen seinen Organen, einschließlich des Nervensystems, des Gehirns und aller Sinnesorgane kann die Theosophie nach ihrer Beobachtung nur ansehen als eines der Glieder, aus dem der ganze, volle Mensch besteht. Dieser physische Körper enthält Stoffe und Kräfte, die der Mensch gemeinschaftlich hat mit der ganzen übrigen physischen Welt. Dasjenige, was sich in uns in chemischen und physikalischen Prozessen abspielt, ist nichts anderes, als was sich auch außerhalb unseres Körpers in der physischen Welt, in den chemischen Vorgängen abspielt. Aber wir müssen uns fragen: Warum spielen sich diese physikalischen und chemischen Prozesse innerhalb unseres Körpers so ab, daß sie vereinigt sind zu einem physischen Organismus? Darüber kann uns keine physische Wissenschaft einen Aufschluß geben. Die physische Naturwissenschaft kann uns nur über das belehren, was sich an physischen und chemischen Prozessen in uns abspielt, und es wäre gewiß nicht angemessen, wenn der Naturforscher den Menschen deshalb einen wandelnden Kadaver nennen würde, weil er als Anatom nur Physisches in dem menschlichen Körper entdecken kann. Es muß etwas da sein, was die chemischen und physikalischen Prozesse zusammenhält, sie gleichsam gruppiert in der Form, wie sie sich innerhalb des menschlichen Körpers abspielen. Dieses nächste Glied der menschlichen Wesenheit nennen wir in der Theosophie den sogenannten Ätherdoppelkörper. Dieser Ätherdoppelkörper ist in uns allen. Derjenige, der ein gewisses hellseherisches Vermögen ausbildet, kann es dahin bringen, diesen Ätherdoppelkörper zu sehen; er ist dasjenige, was für den Hellseher am allerleichtesten zu sehen ist. Wenn ein Mensch vor Ihnen steht und Sie sind ein Hellseher, so sind Sie imstande, den gewöhnlichen physischen Körper abzusuggerieren. Wie Sie es im gewöhnlichen Leben mit Dingen machen können, die vor Ihnen sind und auf die Sie Ihre Aufmerksamkeit nicht richten, genauso sind Sie als Hellseher imstande, Ihre Aufmerksamkeit nicht zu richten auf den physischen Körper. Es bleibt dann aber in dem Raum, den der physische Körper ausgefüllt hat, noch immer die ganze körperliche Erscheinung zurück in Gestalt eines dem äußeren physischen Körper in der äußeren Form ganz ähnlichen Doppelkörpers von einer sehr schönen, leuchtenden Farbe, die etwa die Farbe der Pfirsichblüte hat. Dieser Ätherdoppelkörper ist dasjenige, was die physischen Prozesse zusammenhält. Im Tode verläßt der Ätherdoppelkörper mit anderen höheren Gliedern, die wir kennenlernen werden, den physischen Körper, und daher wird der physische Körper der Erde übergeben und vollzieht nur noch physische Prozesse. Daß er das während des Lebens nicht tut, daran ist der Ätherdoppelkörper schuld.

Innerhalb dieses Ätherdoppelkörpers, ja ihn sogar nach verschiedenen Seiten hin überragend, ist dann das dritte Glied der menschlichen Wesenheit, das ist der sogenannte astralische Körper. Dieser astralische Körper ist eine Art von Abbild unserer Triebe, unserer Begierden, unserer Leidenschaften, unserer Gefühle. In diesem astralischen Körper lebt der Mensch wie in einer Wolke, und er ist für den Hellseher, dessen geistiges Auge für eine solche Erscheinung geöffnet ist, sehr wohl wahrnehmbar als eine leuchtende Wolke, innerhalb welcher sich der physische Körper und der Ätherdoppelkörper befindet. Dieser astralische Körper ist anders bei einem Menschen, der immer seinen animalischen Trieben, seinen sinnlichen Neigungen folgt; da zeigt er ganz andere Farben, ganz andere wolkenartige Bildungen als bei dem Menschen, welcher immer dem geistigen Leben gelebt hat; er ist anders bei dem Menschen, der dem Egoismus frönt, als bei dem Menschen, der in selbstloser Liebe sich seinen Mitmenschen widmet. Kurz, das Leben der Seele kommt in diesem astralischen Körper zum Ausdruck. Aber er ist auch der Vermittler der eigentlichen sinnlichen Wahrnehmungen. Sie können niemals die sinnlichen Wahrnehmungen in den Sinnesorganen selbst suchen. Was geschieht, wenn das Licht von einer Flamme mein Auge trifft? Dieses Licht besteht ja im äußerlichen Raume darin: die sogenannten Ätherwellen bewegen sich von der Lichtquelle in mein Auge, sie dringen in mein Auge ein, sie bewirken gewisse chemische Vorgänge in der Hinterwand meines Augapfels, sie verwandeln den sogenannten Sehpurpur, und dann pflanzen sich diese chemischen Vorgänge in mein Gehirn fort. Mein Gehirn nimmt die Flamme wahr, es bekommt den Lichteindruck. Könnte ein anderer diejenigen Vorgänge, die sich in meinem Gehirn abspielen, sehen, was würde er wahrnehmen? Er würde nichts anderes wahrnehmen als physikalische Vorgänge; er würde etwas wahrnehmen, was sich in Raum und Zeit abspielt; nicht aber könnte er innerhalb der physikalischen Vorgänge in meinem Gehirn meinen Lichteindruck wahrnehmen. Dieser Lichteindruck ist etwas anderes als ein physikalischer Ein-

druck, der diesen Vorgängen zugrunde liegt. Der Lichteindruck, das Bild, das ich mir erst erschaffen muß, um die
Flamme wahrnehmen zu können, ist ein Vorgang innerhalb
meines astralischen Körpers. Derjenige, welcher ein Seh-
organ hat, um einen solchen astralischen Vorgang wahrnehmen zu können, sieht ganz genau, wie sich die physikalischen Erscheinungen innerhalb des Gehirns in dem
astralischen Körper umwandeln in das Bild der Flamme,
das wir empfinden.

Innerhalb dieser Körper, die ich Ihnen erwähnt habe,
innerhalb des physischen, des Ätherdoppelkörpers und des
Astralkörpers, befindet sich erst unser eigentliches Ich; das,
was wir unser Selbst nennen, in dem wir uns bewußt werden, in dem wir sagen: wir *sind* es. Dieses Ich hat wiederum
höhere Teile, von denen ich heute nicht sprechen will. Dieses
Ich bedient sich der übrigen Glieder der menschlichen Wesenheit, die ich erwähnt habe, als seiner Werkzeuge.

Verstehen wir diese Zusammensetzung des menschlichen
Wesens, dann wird uns dies auch eine ganz bestimmte
Anschauung über die Erscheinungen geben können, die wir
bei Somnambulen antreffen. Was geht denn vor, wenn wir
in unserem gewöhnlichen Tagesbewußtsein sind? Ein Lichteindruck wird dadurch bewirkt, wie ich schon gesagt habe,
daß Ätherschwingungen in mein Auge kommen, daß sie
durch den Astralkörper umgewandelt werden in ein Lichtbild, und daß man dieses Lichtbild als Vorstellung auffaßt;
dadurch werde ich mir dieses Lichtbildes bewußt. Nun aber
nehmen wir einmal an, mein Ich wäre ausgeschaltet; im
gewöhnlichen Schlaf ist ja eine solche Ausschaltung des Ich
zu verzeichnen. Ich will heute nicht davon sprechen, wo
dieses Ich während des Schlafes zu suchen ist; aber wenn
wir einen schlafenden Menschen vor uns haben, was haben
wir vor uns? Im wahren Sinne des Wortes kann nur der-

jenige, dessen geistiges Auge geöffnet ist, darüber Auskunft geben; er sieht ganz genau, wie sich das Ich mit dem Astralkörper aus dem physischen Körper und aus dem Ätherdoppelkörper gleichsam herausgehoben hat. Aber jeder hat das ja als eine Erscheinung vor sich, jeder weiß ja, daß während des Schlafens das gewöhnliche Tages-Ich, das Wirklichkeits-Ich ausgeschaltet ist, daß sozusagen der physische Körper und der Ätherdoppelkörper, der ihn zusammenhält, sich selbst überlassen sind. Während unseres gewöhnlichen Tageslebens ist unser Ich, unser Bewußtsein immer dabei, wenn wir die Eindrücke von der Außenwelt empfangen; wir leben nicht mit der Außenwelt, ohne daß dieses Tages-Ich diese Eindrücke der Außenwelt kontrolliert. Ist dieses Ich ausgeschaltet, dann empfangen wir ja auch fortwährend diese Eindrücke der Außenwelt. Oder glauben Sie, wenn eine Glocke neben Ihnen tönt, während Sie schlafen, daß dann diese Glocke keine Schwingungen in der Luft erregt, die in Ihr Ohr dringen? Glauben Sie, daß Ihr Ohr anders konstruiert ist in der Nacht als am Tage? Das ist nicht der Fall. Alles dasjenige, was im physischen Körper am Tage vorgeht, das geht auch an dem Schlafenden vor. Aber was fehlt? Das Durchdringen dieses persönlichen Menschen mit dem Ich-Bewußtsein, das fehlt.

Wir können' sozusagen experimentell auf natürliche Weise zeigen, welche Bedingungen herrschen zwischen den einzelnen Gliedern des Menschen, die ich angeführt habe. Ich möchte Ihnen ein einfaches Experiment anführen, das man mit jedem Somnambulen leicht machen kann. Denken Sie sich, ein Somnambule steht in der Nacht auf, setzt sich an seinen Schreibtisch, zündet sich ein Kerzenlicht an und versucht dabei zu schreiben. Nun machen Sie folgendes: Sie beleuchten das Zimmer ganz hell durch meinetwegen zehn Lampen, die Sie hinstellen – der Versuch ist gemacht worden – und der Betreffende wird ruhig weiterschreiben. Nun löschen Sie die eine Flamme aus, die kleine Kerzenflamme, die er neben sich hingestellt hat, und er wird nicht weiterschreiben, er empfindet das als finster; er nimmt ein Streichholz, zündet sich die Kerze an, dann empfindet er es wieder als Licht und kann weiterarbeiten. Die ganze andere Beleuchtung ringsherum ist für ihn nicht da, nur die Flamme, die er in sein Traumbewußtsein aufgenommen hat, ist allein für ihn da. Das ganze übrige Lichtmeer ist für ihn nicht da. Sie sehen, es ist nötig, daß der Mensch von innen heraus seine Wahrnehmungsorgane in einer bestimmten Weise durchdringt, sie sozusagen durchsetzt, damit die äußeren Sinneswahrnehmungen eintreten können. Es ist nicht nur nötig, daß wir Augen und Ohren haben, sondern es ist nötig, daß wir von innen heraus dasjenige, was uns Auge und Ohr überliefern, beleben, daß wir von innen heraus dem etwas entgegenstellen, was es uns in Bilder, in Vorstellungen verwandelt, was dann bewirkt, daß es für uns da ist.

Nun, im gewöhnlichen Leben ist es unser Ich, unser helles, waches Tagesbewußtsein, welches von sich aus, gleichsam von innen der Außenwelt das entgegenstellt, was wir brauchen, um die Eindrücke herauszuheben und zu unseren Bewußtseinseindrücken zu machen. Denken Sie sich nun einmal dieses Bewußtsein ausgelöscht. Was ist dann noch in Tätigkeit? Dann ist noch in Tätigkeit der physische Körper, der Ätherdoppelkörper und der Astralleib. Dieser Astralleib kann nun zwar immer dasjenige, was er von außen empfängt, in Bilder umwandeln, nur wird es nicht in Vorstellungen umgewandelt, nur wird es nicht in das bewußte helle Tagesbewußtsein aufgenommen. So wandelt – das ist die eine Möglichkeit – der Astralleib des Menschen solche Eindrücke in Bilder um, die ihn umgeben, entweder in wirrer, unregelmäßiger Weise oder aber in regelmäßiger Weise, wenn das Ich sozusagen bei diesem ganzen Vorgange dabei ist.

In einem solchen Kontakt mit der Außenwelt ist der Astralleib, die Seele des Menschen, welche in einem somnambulen Zustande ist; ja, in einer ähnlichen Verbindung ist schon die Seele eines Träumers. Nur müssen wir unterscheiden zwischen den beiden Arten von Träumen, die ich angeführt habe. Zwischen den regellosen, wirren Träumen, welche zumeist durch das Traumbewußtsein der Menschen ziehen, und den schönen, dramatischen, symbolischen Träumen, die ich angeführt habe. Bei den regellosen, wirren Träumen wird es der Ätherdoppelkörper sein, der vor allem tätig ist und den Kontakt mit der Außenwelt herstellt; bei den Träumen aber, welche in symbolischer, dramatischer Weise ablaufen, ist es der Astralkörper des Menschen, welcher die äußeren Eindrücke symbolisiert, verwandelt, sinnbildlich ausdrückt und in einen ganz dramatischen Traum umsetzt. Nur deshalb, weil in der gegenwärtigen Stufe der Entwickelung unser Tages-Ich realistischer gesinnt ist, weil wir in unserem Tagesbewußtsein gegenwärtig vor allen Dingen auf unseren kombinierenden, rechnenden Verstand uns verlassen, deshalb erscheint uns jede einzelne Sinnesempfindung derart mit den anderen verbunden, durch den Verstand mit den anderen kombiniert, wie das eben im Tagesbewußtsein der Fall ist. Wir können uns aber andere Zustände des Bewußtseins denken; wir können uns denken, daß der Mensch tiefer in die Natur hineinsieht. Dann hört auch dieses rein verständige Ansehen auf. Das ist eben bei den höheren Arten des Seelenlebens wieder der Fall. Diese sollen uns heute weniger kümmern; aber was uns heute vor allen Dingen beschäftigen muß, ist: Wie ist es möglich, daß durch den somnambulen Zustand, der ja eine Steigerung des gewöhnlichen Traumzustands ist, regelmäßige Handlungen, gewisse Erscheinungen, die einen seelischen Charakter tragen, an dem Menschen auftreten? Verstehen kann man das nur dadurch, daß man im Sinne der theosophischen Weltanschauung den Menschen nicht isoliert betrachtet, sondern im Zusammenhange mit der ganzen übrigen Welt; daß man sich vor allen Dingen klar ist, daß außer uns in der übrigen Welt nicht jenes tote, allein für Auge und Ohr Sichtbare und Hörbare vorhanden ist, sondern daß in der Außenwelt Höheres tätig ist, höhere Kräfte tätig sind.

Gewöhnlich legt sich der Mensch die Frage nicht vor: Wie kommt es denn eigentlich, wenn wir in die Außenwelt hineinblicken, daß wir in dieser Außenwelt die Gesetze, die Begriffe, die Vorstellungen finden, welche wir in unserem Verstande in einer einsamen Dämmerstunde ausgedacht haben? Die bedeutendsten, auf das Wesen des Menschen das hellste Licht werfenden Phänomene und Erscheinungen, macht sich der Mensch meist nicht klar. Aber denken Sie nur einmal darüber nach, daß der Mathematiker in seiner Stube sitzt, nachdenkt darüber, was ein Kreis, eine Ellipse ist, daß er ohne Beobachtung von etwas, was außer ihm ist, auf dem Papier sich das Gesetz der Ellipse vorhält und studiert, so daß er weiß, was ein Kreis ist, was eine Ellipse ist, und daß er dann, wenn er rein aus sich heraus dieses Gesetz erzeugt hat, dieses Gesetz der Ellipse, des Kreises in den Planetenbahnen und in anderen Erscheinungen der Außenwelt findet. So ist es auf Schritt und Tritt in unserem geistigen Leben. Die Gesetze, die unser Geist in der Einsamkeit ersinnt, sind dieselben Gesetze, die draußen in der Welt diese Welt auch beherrschen. Nennen wir dasjenige, was der Mensch ersinnt, Weisheit, so müssen wir sagen: Im menschlichen Ich geht Weisheit auf, und draußen in der Welt finden wir, daß die Dinge in derselben weisen Art gebaut sind, in der der Mensch durch sein Denken sie schauen kann. Aber wir finden, wenn wir die Welt genauer betrachten, daß diese Weisheit der Welt sogar vieles von dem übertrifft, was der Mensch erdenken und ersinnen kann.

Lassen Sie uns einige krasse Beispiele anführen: Nehmen Sie – ich führe dieses Beispiel immer wieder und wieder gerne an – die Verrichtungen der Biber. Die Verrichtungen der Biber sind wahrhaft erstaunlicher Art, nicht nur daß sie in ihren Bauten wahre Gebilde einer instinktiven Architektur liefern, die vollendeter nicht sein könnten, wenn man sie nach allen Regeln der Mechanik und Ingenieurkunst errichtete. Nein, sie liefern noch etwas anderes: sie schützen sich in ihren Verstecken durch Dämme, durch die sie das Wasser aufhalten und in bestimmter Weise beschleunigen oder verlangsamen. Diese Dämme sind in einer Weise gegen die Stromkraft des Wassers angelegt, daß ein Ingenieur, welcher lange gelernt hat, um die mechanischen Regeln kennenzulernen, nach denen man in der besten Weise eine solche Anlage machen muß, sie nicht besser machen könnte. Ja, sie sind in einer Weise angelegt, daß man aus der Neigung, die diese Dämme haben, und durch die Winkel berechnen kann, welche Stromschnelle, welche Kraft das hinströmende Wasser hat. Sie sind so angelegt, daß der Ingenieur sie in seiner Studierstube nicht besser berechnen könnte durch seine Wissenschaft, die durch viele menschliche Gedanken und Anstrengungen erreicht worden ist.

Und nun ein anderes Beispiel: Betrachten Sie einen ganz gewöhnlichen menschlichen Oberschenkelknochen. Dieser Oberschenkelknochen ist, wenn Sie ihn durch das Mikroskop ansehen, kein kompaktes Gebilde wie ein Stück Mörtel, sondern der Knochen erscheint Ihnen durch das Mikroskop brüchig, als eine Zusammensetzung von feinen Gebilden, welche wie ein ganz feines Gebälk und Gerüst aufgebaut sind. Ein Netzwerk feiner Knochenfäden baut sich auf; das verstrickt sich, stützt sich gegenseitig, und wenn man dieses ganze Netzwerk voll Knochenfäden studiert, dann nimmt man eine merkwürdige Weisheit der Natur wahr beim Aufbau eines solchen Organismus. Wenn man zum Beispiel ein Gerüst bauen wollte, das die einzelnen Teile eines Gebälks so stützen sollte, daß es mit dem geringsten Aufwande von Kraft die größtmögliche Wirkung erzielt, könnte man das nicht besser machen, als die Natur in ihrer Weisheit einen solchen Oberschenkelknochen aus unzählig vielen kleinen Knochenfäden, die sich gegenseitig halten und stützen, aufgebaut hat. Weisheit, die der Mensch ersinnen kann nach vielen geistigen Bemühungen, finden Sie in jedem einzelnen Teile der Natur. Und könnten wir die Natur studieren, könnten wir förmlich unseren Geist ausgießen über die Natur, so daß wir in der Natur draußen wahrnehmen könnten, dann würden wir die Natur nicht als ein Zufallsprodukt, sondern als das Ergebnis unendlicher Weisheit wahrnehmen. Denken Sie sich, statt daß der rechnende Verstand durch die Tore der Sinne die Eindrücke der Außenwelt wahrnimmt und nur nachdenken kann über dasjenige, was er von außen wahrnimmt, denken Sie sich, statt dessen, Sie hätten keine Sinne, sondern der Verstand wäre gleichsam ausgegossen über die ganze Natur, Sie würden nicht die Wirkungen der Dinge auf unsere Sinne, sondern das Wesen der Dinge selbst wahrnehmen, dann würden Sie in der Weisheit der Natur stehen, dann würden Sie ein Teil der weisen Natur sein.

Solches wird nun tatsächlich erreicht, wenn unser Tagesbewußtsein, wenn unser Wachbewußtsein ausgeschaltet ist. Das wird bei solchen Somnambulen erreicht, was ich jetzt gleichsam angedeutet habe. Ich sagte, es könnte gedacht werden, daß unser Verstand, unser Bewußtsein herausdränge aus unserem Gehirn und die Weisheit der Natur durchsetzte in ihren ganzen Verrichtungen und in ihren ganzen Tatsachen. Daß wir solches helles, waches Tagesbewußtsein haben, bewirkt, daß wir abgeschlossen sind von der übrigen Natur; das bewirkt, daß wir die Eindrücke der Natur durch die Tore unserer Sinne empfangen müssen. Hier ist die Flamme, sie macht auf mein Auge einen Eindruck; das Auge ist das Tor, durch das der Eindruck zu meinem Bewußtsein gelangt. Mein Bewußtsein ruft die Vorstellungen von innen heraus hervor. Ich bin dadurch, daß ich Sinnestore habe, von der Außenwelt abgeschlossen, und diese Außenwelt muß erst durch die Sinnestore in mein Bewußtsein eintreten. Ich bin gleichsam in meinem Bewußtsein gegenüber der übrigen Welt in der Lage, wie derjenige ist, der auf einer Wiese steht und nach allen Seiten hin einen Ausblick hat, und nun in ein kleines Haus einträte und von alledem, was auf dieser Wiese ist, nur durch die Fenster des kleinen Hauses Kenntnis nimmt. So ist die Weisheit der ganzen Natur, welche wir wahrnehmen in jedem Knochen, in jeder Pflanze, die vom Sternenhimmel bis zum mikroskopisch kleinsten Körperteilchen zum Vorschein kommt. Diese weise Natur ist gleichsam in unser Bewußtsein als in einen einzelnen Punkt eingetreten und hat um uns herum die Schale unserer Organe aufgerichtet mit ihren Sinnestoren. Unser Bewußtsein ist abgeschlossen von dieser Wesenheit draußen und kann nur durch die Sinnestore die Wesenheit draußen aufnehmen.

Schalten Sie aber das Bewußtsein aus, dann tritt der Kontakt ein, dann leben Sie tatsächlich wiederum in dieser Verbindung mit der Außenwelt; denn der Astralleib ist nicht so wie Ihr Ich, Ihr unmittelbares Bewußtsein von der ganzen übrigen Welt getrennt. Nein, da gehen überall astrale Fäden nach allen Seiten aus, so daß Sie das Leben der ganzen Außenwelt mitleben und nicht nur der physischen Natur, sondern auch jener astralen Vorgänge, die fortwährend um uns sind, der geistigen Vorgänge, die um uns sind. Die nehmen wir dann wahr, wenn unser Bewußtsein ausgeschaltet ist. Was wir erinnern, erdenken und kombinieren, tritt im somnambulen Zustande unmittelbar auf als eine Erscheinung, welche hereingeleitet wird von der äußeren Natur, von dem, was außer uns lebt. Wie Sie sozusagen während des Tages beim hellen Sonnenschein keinen Stern am Himmel sehen, während doch der ganze Himmel mit Sternen bedeckt ist, weil das Licht der Sterne gegenüber dem hellen Sonnenschein nicht aufkommt, ebenso ist es mit unserem hellen Tagesbewußtsein. Dasjenige, was in unseren Körpern, sei es im physischen, sei es im Astralkörper vorkommt, das ist gleichsam ein schwaches Licht, das sind schwache Vorgänge, die übertönt werden von dem hellen Tagesbewußtsein. Löschen wir das aus, so wird dasjenige, was in den unteren Körpern vorgeht, sichtbar, wie die Sterne sichtbar werden, wenn die Sonne nicht mehr scheint. In solchen Verhältnissen befinden sich somnambule Persönlichkeiten, und wir müssen uns deshalb klar sein darüber, daß der Mensch, wenn ein somnambuler Zustand eintritt, gleichsam in einer näheren, unmittelbareren Verbindung mit der übrigen Natur ist. Es ist so, um einen schönen Ausdruck des deutschen Denkers *Stilling* zu gebrauchen, der am Ende des 18. und Anfang des 19. Jahrhunderts dieses Verhältnis in wunderbarer Weise charakterisiert hat: «Wenn die Sonne des hellen Tagesbewußtseins untergeht, dann leuchten die Sterne im somnambulen Bewußtsein!»

Nun aber müssen wir uns doch fragen: Können wir uns auf diese Erscheinungen, die während des somnambulen Zustandes auftreten, verlassen? Wahre Erscheinungen sind es, eine Wirklichkeit ist es, um die es sich handelt; aber diese Wirklichkeit tritt an uns heran mit Ausschluß des Organs, welches der Mensch sich allmählich heraufentwickelt hat, damit er sich in der Welt orientieren kann, mit Ausschluß seines hellen Tagesbewußtseins. Dadurch wird im Menschen wirklich ein Zustand herbeigeführt, der ihm etwas offenbart, was sonst verborgen bleibt, der ihn aber selbst von einer Stufe, die er einmal erreicht hat, herunterdrängt. Denn wir wissen als Theosophen, daß die Zustände, die der Mensch auf diese Weise erreicht und die «höher» sein sollen, in Wahrheit Zustände sind, die er durchgemacht hat, bevor er sein jetziges volles Menschenbewußtsein erlangt hat. Ich kann Ihnen das heute nicht ausführen; aber ebenso wie uns die naturwissenschaftliche Entwickelungslehre die rein physischen Entwickelungsvorgänge zeigt, so zeigt uns die Theosophie, daß die Menschen die Stufe, die sie heute erklommen haben, allmählich erreicht haben. Dieses Bewußtsein, welches wir heute haben, wodurch wir uns orientieren in unserer Umwelt, trat erst auf, nachdem wir andere Bewußtseinszustände in Millionen Jahren langsamer Entwickelung durchgemacht hatten. Der Mensch hat, bevor er dieses helle Tagesbewußtsein in sich entwickelte, eine Art Traumbewußtsein gehabt. Damals war er wirklich ein Wesen, welches die Vorgänge um sich herum nicht in der Art wahrnahm, wie sie heute von uns wahrgenommen werden in unserem hellen Tagesbewußtsein, sondern symbolisiert wurde alles um uns herum, so wie der Traum heute noch symbolisiert. Eine große Anzahl von Sagen, die noch erhalten sind, rührt her aus solchen Zeiten, in denen die Menschen noch nahe diesem Traumbewußtsein waren und diese symbolischen Sagen ausgebildet haben. Darüber können Sie genaueren Aufschluß in einem sehr interessanten Buche meines verstorbenen Freundes *Ludwig Laistner* finden, der die verschiedenen Sagengebilde der Erde gesammelt hat und darin gezeigt hat, wie aus einem noch nicht zum Tagesbewußtsein erwachten, symbolisierenden Menschenbewußtsein diese Sagengebilde ausgearbeitet wurden. Da wird tatsächlich manche Sage zurückgeführt auf solche Zustände des somnambulen Bewußtseins.

Wenn wir noch weiter zurückgehen, so kommen wir auf immer noch tiefer und tiefer abgestufte Zustände, die aber gleichzeitig näher der Natur lagen und beim Ausgangspunkte der physischen Entwickelung. Als der Mensch zuerst als ein Wunsch der göttlichen Wesenheit begann, da war er überhaupt in einer Art tiefen Trance. Die ganze Menschheit war damals in einer Art tiefen Trancezustandes, in einem ähnlichen Trancezustande, in dem heute diejenigen Somnambulen sein können, die bei solcher Ausschaltung des hellen Tagesbewußtseins in die tiefsten, sogenannten magnetischen Schlafzustände versetzt werden können. Alle diese Zustände hat der Mensch früher durchgemacht, und jetzt sind wir in der Entwickelungsperiode des hellen Tagesbewußtseins. Das ist auch nur ein Durchgangspunkt; das ist der Durchgangspunkt, der uns dazu führt, innerhalb dieses hellen, wachen Tagesbewußtseins diejenige Fähigkeit aufs neue zu erwerben, welche der Mensch früher hatte, nur damals nicht bei hellem Tagesbewußtsein. Denn dieses war überhaupt noch nicht entwickelt.

Das ist der zukünftige Gang der Menschheitsentwickelung: wiederum unmittelbar den Geist auszugießen über die Natur, hellsehend zu werden bei vollem Tagesbewußtsein. Einzelne unter uns, welche durch gewisse Methoden, die die Theosophie angibt, ihre inneren Organe ausgebildet haben, sind bereits der Entwickelung vorangeeilt und sind heute imstande, bei vollem Tagesbewußtsein wirklich hineinzusehen in diese Welt der Wesenheiten und des geistigen

Lebens, die uns umgibt. Heute schon sind gewisse Individualitäten unter uns, welche sozusagen wieder frei sind von den Toren der Sinne, welche im unmittelbaren Kontakt sind mit der geistigen Umwelt, und aus dieser hellsehenden Betrachtung bei vollem Tagesbewußtsein durch die höheren Tatsachen, die dem gewöhnlichen Bewußtsein verschlossen sind, hindurchgehen, wie wir zwischen Tischen und Stühlen hindurchgehen, wo sie um sich herum die geistige Welt wahrnehmen, die uns ja in jedem Augenblick umgibt. Aus solchen Anschauungen sind die theosophischen Lehren geflossen. Das somnambule Bewußtsein liefert in gewisser Beziehung ähnliche Lehren, und dasjenige, was eine somnambule Persönlichkeit sehen kann mit Ausschaltung des hellen Tagesbewußtseins, ist oftmals dasselbe, was der Hellseher bei seinem hellen Tagesbewußtsein sieht. Aber die Somnambule kann das, was sie sieht, niemals kontrollieren; die Somnambule kann niemals dasjenige, was sie Ihnen erzählt über geistige Vorgänge in der Umwelt, was sie Ihnen erzählt über Wahrnehmungen, die durch die Tore der Sinne nicht geschaut werden, kontrollieren. Sie kann nicht einmal kontrollieren, ob dasjenige, was sie wahrnimmt, wirklich Wahrheit ist, so wie sie es wahrnimmt.

Es können der Somnambulen die merkwürdigsten Täuschungen passieren. Sie können als eine Persönlichkeit vor dieser Somnambulen stehen und können ihr sagen, sie seien, sagen wir, irgendeine ganz an einem anderen Orte lebende Persönlichkeit. Die Somnambule wird dieses durchaus glauben, wird den wahren Wahrnehmungseindruck haben, daß Sie das sind, als was Sie sich ausgeben. Die Somnambule glaubt es Ihnen, und das wird zur Gefahr. Denn wenn die Somnambule nicht nur solche leicht kontrollierbare Dinge uns mitteilt, sondern wenn die Somnambule uns Mitteilungen macht über die höhere Welt, die wir mit den Sinnen nicht wahrnehmen können, über die sogenannte astralische Welt oder über die höhere geistige Welt, wenn die Sonne unseres Tagesbewußtseins ausgelöscht ist und der Sternenhimmel der geistigen Welt aufgeht, da kann es passieren, daß die Somnambule Ihnen sagt, sie nehme irgendeinen verstorbenen Menschen wahr. Gewiß, die Somnambule nimmt eine geistige Tatsache wahr, sie nimmt eine Wesenheit wahr; aber es braucht nicht richtig zu sein, daß diese Wesenheit der betreffende verstorbene Mensch ist. Das kann eine andere Wesenheit sein, eine Wesenheit, die überhaupt gar nichts zu tun hat mit einer gewöhnlichen irdischen Wesenheit. Es kann eine Wesenheit sein, die in der astralischen Welt lebt und niemals in eine irdische Welt eingetreten ist. Kurz, die Somnambule kann sich dadurch, daß sie das kontrollierende Bewußtsein nicht hat, niemals überzeugen, ob der Eindruck, den sie hatte, der richtige ist.

Das ist für die Somnambule eine Gefahr, vor allen Dingen eine Gefahr, welche die astrale Welt sofort bietet, wenn man sie betritt. Diese astrale Welt hat nämlich – das kann ich ja nur andeutungsweise sagen – ganz andere Begriffe, zum Beispiel von Gut und Böse, wie unsere gewöhnliche irdische Welt. Unsere irdische Welt hat Begriffe von Gut und Böse, welche rein an unsere sinnlichen Zustände angepaßt sind. Die astrale Welt hat ein anderes Gut und Böse. Wenn nun die Somnambule Wahrnehmungen macht in der astralen Welt, dann werden sehr leicht ihre Begriffe von Gut und Böse erschüttert, und das ist der Grund, weshalb somnambule Medien, die Ihnen anfangs wirklich nur wahre Dinge aus diesem somnambulen Bewußtseinszustande mitteilen, mit der Zeit in Grund und Boden verdorben werden können, so daß sie später unmöglich Betrug von Wirklichkeit unterscheiden können.

Es ist für denjenigen, der diese höheren Gebiete kennt,

einfach selbstverständlich, daß er natürlich bei Prüfung des einzelnen Falles von einem Medium nicht ohne weiteres voraussetzt, daß es betrogen hat, wenn auch die Tatsachen, die vorliegen, nicht richtig sind. Das Medium kann zum Beispiel in den nächsten besten Krämerladen gehen – das ist ein Fall, von dessen Wahrheit ich mich selbst überzeugt habe –, es ist in einem solchen somnambulen Zustande, das heißt sein Ich-Bewußtsein, sein Wachbewußtsein ist ausgelöscht; es kauft dort ein Heiligenbildchen, das es zu sich steckt. Dann kommt es aus diesem somnambulen Zustande heraus und hat keine Ahnung davon, woher es das Bildchen bekommen hat. Später kommt es – die somnambulen Zustände sind ja sehr komplizierter Art – wieder in den Trancezustand und produziert Ihnen das Bildchen als etwas, was es aus dieser übersinnlichen Welt in diese Welt hineingebracht habe. Niemals hat die somnambule Persönlichkeit, das Medium, eine Ahnung davon, daß es selbst dieses Heiligenbildchen gekauft hat oder auf welchem Wege es dazu gekommen ist. Es ist durchaus im gewöhnlichen Sinne ehrlich, obwohl die Tatsache eine Vorspiegelung ist. So kann durch die Einflüsse, welche bei Ausschaltung des hellen Tagesbewußtseins auf eine solche Somnambule ausgeübt werden, der Fall eintreten, den man mit den Worten bezeichnen kann: die Tatsache, die vor uns sich abspielt, kann Betrug sein; das Medium braucht aber kein Betrüger zu sein, sondern es kann vollständig intakt und ehrlich sein.

Dies zeigt Ihnen, daß wir, wenn wir diese Frage des Somnambulismus betrachten, nicht anders können, als uns auf den theosophischen Standpunkt stellen. Die Theosophie und die theosophische Bewegung sind der bestimmten Anschauung, daß das Betreten der höheren geistigen Welt, das Betreten jener Welt, welche uns also auch zugänglich gemacht werden kann durch Somnambule, niemals stattfinden sollte ohne die Anwesenheit eines bei vollem Bewußtsein Hellsehenden, eines solchen, der sich in der geistigen Welt ganz zurechtzufinden weiß, der sich innerhalb der geistigen Welt ebenso voll auskennt wie in der physischen. Deshalb verlangt die Theosophie, daß dann, wenn Versuche mit Medien gemacht werden sollen – und es können gewiß Zustände eintreten, wo sich das empfiehlt –, sie nur im Beisein eines vollständig Kundigen, selbst mit hellem Tagesbewußtsein arbeitenden Hellsehers stattfinden, der alles dasjenige überschauen kann, was da wirklich geschieht, während das Medium und gewöhnlich auch diejenigen, die mit dem Medium ihre Experimente machen, nicht imstande sind, das zu überschauen. Es braucht ja nicht unter allen Umständen eine Gefahr mit solchen mediumistischen Erscheinungen verbunden sein; aber wir haben doch gesehen, daß diese Gefahr sich ergeben kann, weil das Orientierungsvermögen fehlt. Jeder, der ein bei vollem Tagesbewußtsein arbeitender Hellseher ist, weiß in jedem einzelnen Momente, was vorgeht, und weiß in jedem einzelnen Momente, was eine Somnambule wirklich sieht, trotzdem sie vorgibt, etwas ganz anderes zu sehen; er weiß, welche Einflüsse wirklich stattfinden, trotzdem die Somnambule vorgibt, daß dieser oder jener Einfluß stattfinde. Das ist eben der Unterschied zwischen Geisteswissenschaft und ähnlichen anderen Bestrebungen. Ich möchte die Wahrheit der anderen Bestrebungen nicht in irgendeiner Weise bezweifeln, sondern ihre Wirklichkeit gilt natürlich ebenso, wie sie für andere Bestrebungen gilt. Da derartige Erfahrungen nicht alle auf einmal erreicht werden können, da es unmöglich ist, daß ein volles Ideal in jedem Zeitpunkt sich verwirklicht, so betrachtet es die Theosophie nicht als ihre Aufgabe, etwa andere geistige Bestrebungen, wie das Experiment mit somnambulen Persönlichkeiten, zu bekämpfen, denn man weiß, daß aus diesen Experimenten sich zuletzt dieselben Resultate ergeben werden: die Überzeugung von einer geistigen Welt um uns herum.

Aber die theosophische Bewegung selbst wird nur unter dem Ideal des bewußten Hellsehertums dasjenige zu leisten versuchen, was ihr obliegt im Einklang mit anderen geistigen Bewegungen. Im Einklang mit anderen geistigen Bewegungen will sie arbeiten, die anderen geistigen Bewegungen will sie als ihre Bruderbewegungen betrachten. Sie ist jederzeit bereit, da, wo sie um Rat gefragt wird, ob das oder jenes in diesem oder jenem Sinne eine Wirklichkeit und Wahrheit ist, diesen Rat zu geben. Sie selbst aber wird alle geistigen Bestrebungen nur unter der Ägide des kundigen Hellsehertums vornehmen lassen. Das gilt sowohl gegenüber den spiritistischen wie anderen geistigen Bestrebungen. Okkulte Forschungen dürfen im Sinne der Theosophie nicht anders vorgenommen werden als unter dem Einfluß von Individualitäten, welche ganz genau, in bewußter Weise überschauen können, um was es sich handelt. Auch darf geistig nur so geheilt werden, wie physisch geheilt wird: bei vollem bewußtem Überschauen der Verhältnisse, um die es sich dabei handelt.

So sieht die Theosophie die somnambulen Erscheinungen an. Sie sehen, die Anschauung der Theosophie weicht sowohl etwas ab von der oberflächlichen äußeren Anschauung, welche in den somnambulen Erscheinungen nichts anderes sieht als krankhafte, abzuweisende, abnorme Erscheinungen, und sie hat auch etwas andere Anschauungen über diese Erscheinungen als diejenigen, welche nur durch sie glauben, das höhere Geistesleben kennenzulernen. Die Theosophie weiß, woher diese Erscheinungen kommen. Sie kann durch ihr Hellsehen diese Erscheinungen aufklären. Mit allen übrigen aber, welche sich zu diesen Erscheinungen verhalten in dem Sinne, daß sie in ihnen Kundgebungen des geistigen Lebens sehen, mit allen diesen verhält sie sich doch so, daß sie in ihnen Bruderbewegungen sieht, mit denen sie zu einem gleichen Ziele hinstrebt, zu einem großen Ziele: der heutigen materialistischen Menschheit wiederum eine geistige, eine echt idealistische Weltanschauung, ein wahres Wissen von der geistigen Welt zu bringen. Das ist eine tiefe Wahrheit, von der ein deutscher Seher, von dem man gewöhnlich nicht weiß, daß er ein Seher ist, nämlich *Goethe,* ausgesprochen hat, daß wir nicht durch unsere Instrumente, nicht durch mechanische, physische Werkzeuge die Geheimnisse der Natur entschleiern können, sondern daß der Geist es ist, der den Geist überall suchen muß:

Geheimnisvoll am lichten Tag,
Läßt sich Natur des Schleiers nicht berauben,
Und was sie deinem Geist nicht offenbaren mag,
Das zwingst du ihr nicht ab mit Hebeln und mit Schrauben.

Aber Goethe hat nicht an den Offenbarungen des Geistes um uns her gezweifelt; denn klar war ihm dasjenige, was er im «Faust» zum Ausdruck gebracht hat in den schönen Worten, von denen er gesagt hat, daß der Weise sie spräche:

Die Geisterwelt ist nicht verschlossen;
Dein Sinn ist zu, dein Herz ist tot!
Auf! bade, Schüler, unverdrossen
Die irdsche Brust im Morgenrot!

DIE GESCHICHTE DES SPIRITISMUS

Berlin, 30. Mai 1904

Heute obliegt es mir, über ein Thema zu Ihnen zu sprechen, das von der einen Seite, wir dürfen wohl sagen, Millionen von begeisterten Anhängern in der Welt hat, auf der anderen Seite die heftigsten Gegner gefunden hat; nicht nur Gegner, welche in schärfster Weise dieses Gebiet des sogenannten Spiritismus bekämpfen, sondern auch solche, die es ins Lächerliche ziehen, die es mit dem finstersten Aberglauben oder mit dem, was sie finsteren Aberglauben nennen, zusammenwerfen; Gegner, die sich bloß mit leeren Worten des Witzes und Hohnes darüber hinwegsetzen wollen.

Nun, es ist vielleicht nicht ganz leicht, gerade in unserer Gegenwart über ein solches Thema zu sprechen, wo in der Regel bei dem «Für und Wider» sich sogleich die heftigsten Leidenschaften entflammen. Und ich möchte auf der einen Seite diejenigen unter Ihnen bitten, welche vielleicht begeisterte Anhänger des Spiritismus sind, wenn Ihnen irgendeine der Ausführungen, die ich zu machen genötigt sein werde, nicht ganz Ihren Anschauungen zu entsprechen scheint, nicht gleich den Stab darüber zu brechen, eingedenk des Umstandes, daß wir Vertreter der Theosophie doch mit den Spiritisten jedenfalls in dem einen verbunden sind: in der Absicht der Erforschung der höheren geistigen Welten, jener Welten, die über das hinausgehen, was man im alltäglichen Leben mit Ohren hören, mit Augen sehen, mit Händen greifen kann. Darüber sind wir einig. Auf der anderen Seite möchte ich aber die Wissenschafter ebenso darum bitten, sich klar darüber zu sein, daß diejenige Bewegung, in deren Namen ich selbst spreche, nicht bloß wie ein Aushängeschild, als Phrase, sondern im allerernstesten Sinne des Wortes den Wahlspruch gewählt hat: Es geht keine menschliche Meinung über die Wahrheit. – Ich möchte zu bedenken geben, daß vielleicht auch der Wissenschafter etwas darauf Rücksicht nehmen sollte, wie auch die Anschauungen der Wissenschaft im Laufe der Zeiten der Wandlung unterworfen waren, und wie auch das, was heute als wissenschaftlich feststehend gilt, nicht für alle Zeiten als feststehend gelten kann.

So lassen Sie mich also, ohne Partei zu nehmen nach der einen oder anderen Seite, und dessen eingedenk, daß keine menschliche Meinung über die Wahrheit geht, in kurzen Zügen skizzenhaft über die Entwickelung der spiritistischen Bewegung sprechen.

Ich möchte vor allen Dingen betonen, daß die Begründer der theosophischen Bewegung, Frau *Helena Petrowna Blavatsky*, und der große Organisator, Colonel *Henry Steel Olcott*, selbst von der spiritistischen Bewegung ausgegangen sind, genaue Kenner der spiritistischen Bewegung waren und sich der theosophischen Bewegung erst zugewendet haben, nachdem sie vorher energisch die Wahrheit innerhalb der spiritistischen Bewegung gesucht, aber nicht gefunden hatten.

Es handelt sich für die Theosophie nicht darum, den Spiritismus bekämpfen zu wollen, sondern es handelt sich darum, die Wahrheit zu suchen, wo sie zu finden ist.

Noch etwas möchte ich hervorheben, was einige überraschen wird, was aber andere, die Bescheid wissen, wahrscheinlich gar nicht überraschen wird. Lassen Sie es mich aussprechen: Das letzte Wort über den Spiritismus und ähnliche Dinge können Sie von Menschen, die so wie ich darüber zu sprechen genötigt sind, niemals vernehmen. Sie wissen, es gibt in allen Wissenschaften ein Gebot, das einfach durch die wissenschaftlichen Methoden gerechtfertigt ist, und das ist das Gebot, daß man die Ergebnisse der Wissenschaft vor einem größeren Zuhörerkreise in populärer Weise darstellt. Will man intimere Bekanntschaft machen mit diesen Ergebnissen, will man die intimere Wahrheit kennenlernen, dann ist ein längerer Weg notwendig: ein Weg durch die verschiedenen Methoden hindurch in alle Einzelheiten hinein. In der Regel sind die Forscher nicht in der Lage, in populären Vorträgen vorzutragen, was im Inneren der Laboratorien, im Innersten der Sternwarten sich abspielt. Ist die Sache nun so für die physische Wissenschaft, so gibt es in den großen geistigen Bewegungen der Welt in bezug auf das, was sogenannte spirituelle Einsichten sind, bei dem Einsichtigen, bei dem, der die Worte aussprechen darf, das Gebot, das letzte Wort zurückzuhalten, da die letzten Worte noch ganz anderer Art sind. Sie sind von einer Natur, die sich öffentlich kaum erörtern läßt. Und so werden Sie niemals von demjenigen, der sich Okkultist nennt – wenn Sie nicht im Intimsten seine Wege mitzugehen in der Lage und willens sind –, das allerletzte Wort in dieser Sache hören können. Aber für diejenigen, die in der Sache selbst Bescheid wissen, wird sich aus der Art und Weise, wie eine Sache gesagt wird, auch etwas erhellen, was nicht allein zwischen den Zeilen, sondern vielleicht auch zwischen den Worten gesagt ist.

Nach dieser Einleitung lassen Sie mich zu dem Thema selbst übergehen, das zweifellos eine ungeheure kulturhistorische Bedeutung haben muß selbst für denjenigen, der die Sache lächerlich machen will. Lassen Sie mich über die Sache in einem Sinne sprechen, welcher wirklich lichtverbreitend ist, nämlich von dem Gesichtspunkt aus: Was sucht der Spiritismus von heute? Sucht er etwas Neues, oder ist es etwas Uraltes, was er sucht? Sind die Wege, auf denen er sucht, völlig neu, oder sind auch diese Wege von der Menschheit seit Jahrhunderten oder auch seit Jahrtausenden betreten worden? – Wenn man sich diese Fragen vorlegt, dann kommt man in bezug auf die Geschichte des Spiritismus am allerschnellsten zum Ziel. Das, was die Spiritisten suchen, ist zweifellos zunächst die Erkenntnis derjenigen Welten, welche über unsere Sinnenwelt hinausgehen, und zweitens die Bedeutung dieser Welten für das Ziel, für die Bestimmung unserer menschlichen Rasse.

Fragen wir uns einmal: Waren nicht diese Probleme die Aufgaben der Menschheit, seitdem sie auf unserer Erde strebt und etwas will? – so müssen wir uns sagen: Ja. – Und da sie zweifellos die höchsten der Aufgaben sind, so erschiene es schon von vornherein als etwas Widersinniges, wenn in bezug auf diese Fragen in der Weltgeschichte etwas völlig Neues aufgetaucht wäre. Es scheint, wenn wir uns umsehen in der spiritistischen Bewegung, bei der alten und bei der neuen, als ob wir es mit etwas völlig Neuem zu tun hätten. Die stärksten Gegner berufen sich darauf, daß sie etwas völlig Neues in die Welt gebracht hätte, und andere Gegner sagen, daß niemals die Menschen es so nötig gehabt hätten, diese Bewegung zu bekämpfen, wie heutzutage. Es muß in bezug auf die Art und Weise, die Sache anzusehen, in der Menschheit eine Änderung eingetreten sein. Blitzartig wird uns das erleuchtet, wenn wir uns klarmachen, daß sie sich in dreifach verschiedener Weise zu den Fragen, die wir heute als spiritistisch bezeichnen, verhalten hat.

Da haben wir die eine Art, welche im ganzen Altertum von uns gefunden werden kann, eine Art, welche erst in den christlichen Zeiten sich ändert. Dann haben wir eine zweite Art, sich zu diesen Fragen zu stellen, das ganze Mittelalter hindurch, bis in das 17. Jahrhundert herein. Erst im 17. Jahrhundert beginnt im Grunde genommen dasjenige eine bestimmte Gestalt anzunehmen, was man heute berechtigt ist, Spiritismus zu nennen.

Die Fragen, die der Spiritist heute beantworten will, waren das ganze Altertum hindurch Gegenstand der sogenannten Mysterien. Nur mit wenigen Strichen wollen wir versuchen uns klarzumachen, was man unter Mysterien zu verstehen hat. Es war im Altertum nicht der Brauch, die Weisheit öffentlich zu verkündigen. Man hatte eine ganz andere Ansicht über Weisheit und Wahrheit. Man glaubte das ganze Altertum hindurch, daß es nötig sei, zur Erkenntnis der übersinnlichen Wahrheiten sich übersinnliche Organe erst heranzubilden. Man war sich klar darüber, daß in jedem Menschen geistige Kräfte schlummern, welche beim Durchschnittsmenschen nicht ausgebildet sind, daß geistige Kräfte in der Menschennatur schlummern, die man durch lange Übungen, durch Entwickelungsstufen, die als sehr schwierig von den Anhängern der Mysterien beschrieben werden, erwecken und entwickeln kann. Wenn man solche Kräfte in sich entwickelt hatte und zum Wahrheitsforscher geworden war, dann war man der Ansicht, daß sich der Wahrheitsforscher zum gewöhnlichen Menschen so verhalte, wie ein Sehender zu einem Blindgeborenen sich verhält. Das war es, was man innerhalb der heiligen Mysterien auch bezweckte. Man bezweckte im geistigen Felde etwas Ähnliches, wie es heute der Arzt mit dem Blindgeborenen bezweckt, wenn er ihn operiert, um ihn sehend werden zu lassen. Man war sich klar darüber, daß, wie bei einem Blindgeborenen, der operiert wird, die Farben des Lichts und die Formen der Dinge auftauchen, bei dem, dessen innere Sinne erweckt werden, eine neue Welt auftauchen wird, die der gewöhnliche Verstand nicht wahrnehmen kann. So suchte der Anhänger der Mysterien aus einem Menschen niederer Art einen Menschen höherer Entwickelungsstufe, einen Eingeweihten zu machen. Und nur der Eingeweihte sollte in der Lage sein, über die übersinnlichen Wahrheiten durch unmittelbares Schauen, durch geistige Intuition etwas auszumachen. Der großen Masse konnten die Wahrheiten nur durch Bilder mitgeteilt werden. Die Mythen des Altertums, die Sagen über Götter und Weltentstehung, die uns heute – und zwar in gewissem Sinne mit Recht – einfach als kindliche Anschauungen der Menschheit erscheinen, sie sind nichts anderes als Verkleidungen übersinnlicher Wahrheiten. Im Bilde hat der Eingeweihte dem Volke mitgeteilt, was er innerhalb der Tempelgeheimnisse hat schauen können. Die ganzen morgenländischen Mythologien, die griechischen und römischen Mythologien, die germanische Mythologie und die Mythologien der wilden Völker sind nichts anderes als bildliche, symbolische Darstellungen übersinnlicher Wahrheiten. Das kann freilich in vollem Maße nur derjenige einsehen, der sich mit diesen Mythen nicht nur so beschäftigt, wie es in der Anthropologie oder Ethnologie üblich ist, sondern auch mit ihrem Geiste. Ein solcher sieht, daß eine Mythe wie die Herkulesmythe eine tiefe innere Wahrheit darstellt; er sieht, daß die Herbeiholung des Goldenen Vlieses durch Jason eine tiefe, in ihrer Wahrheit zu schauende Erkenntnis darstellt.

Dann kam mit unserer Zeitrechnung eine andere Art. Ich kann nur grob und roh die Umrisse dessen andeuten, was ich zu sagen habe. Ein gewisser Grundstock höherer, spiritueller Wahrheiten wurde festgelegt und zum Gegenstand der Religionsgemeinschaften, namentlich der christlichen, gemacht. Und dieser Grundstock spiritueller Wahrheiten wurde nun entrückt jeglicher Menschenforschung, entrückt dem unmittelbaren menschlichen Streben. Diejenigen, welche die Konzilsgeschichte von Nicäa studierten, werden wissen, was ich meine, und auch diejenigen, welche die Worte des heiligen *Augustinus* verstehen, der da sagt: Ich würde an die Wahrheit der göttlichen Offenbarung nicht glauben, wenn mich nicht die Autorität der Kirche dazu zwänge. – Der Glaube, der einen gewissen Grundstock der Wahrheiten festlegt, tritt an die Stelle der alten Mysterienwahrheiten, die sie im Bilde festhalten. Und nun folgt die Epoche, wo die große Masse nicht mehr in Bildern, sondern einfach durch Autorität diejenigen Wahrheiten vermittelt erhält, welche über die übersinnliche Welt Aufschluß geben sollten. Das ist die zweite Art, wie sich die große Masse und diejenigen, die sie zu führen hatten, gegenüber den höchsten Wahrheiten verhielten. Die Mysterien vermittelten sie der großen Masse durch Anschauung; durch Glauben vermittelt und festgehalten durch Autorität wurden sie im Mittelalter.

Aber neben denjenigen, welche die Aufgabe hatten, sie durch Glauben und Autorität in der großen Masse festzuhalten, gab es auch solche im 12. und 13. Jahrhundert – es gab sie zu allen Zeiten, aber sie traten nicht öffentlich auf –, welche durch unmittelbares eigenes Anschauen sich zur höchsten Wahrheit hinaufentwickeln wollten. Diese suchten sie auf denselben Wegen, auf welchen sie innerhalb der Mysterien gesucht worden waren. So finden wir im Mittelalter neben denjenigen, die bloß Priester sind, auch Mystiker, Theosophen und Okkultisten, solche, die für heutige Materialisten und Rationalisten in einer schwer verständlichen, fast unverständlichen Sprache reden. Wir finden solche, welche auf Wegen, die sich den Sinnen entziehen, zu den Geheimnissen vorgedrungen waren. Und in noch unverständlicherer Sprache sprachen diejenigen, welche als Mysterienpriester die Führung des Geistes in der Hand hielten. So hören wir von einem, daß er die Fähigkeit gehabt habe, seine Gedanken in meilenweite Entfernungen zu schicken; so rühmte sich ein anderer, daß er das ganze Meer – wenn es erlaubt wäre – in Gold verwandeln könnte. So hören wir, daß ein anderer davon spricht, ein Werkzeug, ein Fahrzeug konstruieren zu können, mit dem er sich durch die Luft zu bewegen vermöchte.

Es gab Zeiten, in denen man nichts anzufangen wußte mit solchen Aussprüchen, da man nicht eine Ahnung davon hatte, wie sie aufzufassen waren. Außerdem blühten Vorurteile gegen eine solche Art des Forschens seit den ältesten Zeiten. Es wird uns gleich verständlich werden, woher diese Vorurteile kamen. Als in den ersten Jahrhunderten unserer Zeitrechnung die christliche Kultur sich über die Länder des Mittelmeeres verbreitete, da zeigte es sich, daß die Kulthandlungen und die Zeremonien des Christentums und auch die meisten christlichen Dogmen übereinstimmten mit uralten heidnischen Überlieferungen, und nicht so sehr verschieden waren – wenn auch in einer verdünnten Art und Weise – von dem, was sich in den alten heidnischen Mithrastempeln vollzogen hatte. Da sagten diejenigen, welche den Beruf hatten, das Ansehen der Kirche zu verteidigen: Böse Geister hätten den Heiden diese Anschauungen eingegeben; sie hätten das, was Gott der christlichen Kirche geoffenbart hat, nachgeäfft innerhalb der heidnischen Welt. – Es ist aber doch eine sonderbare Nachäfferei, welche dem Original vorangeht! Das ganze Christentum ist in den heidnischen Mysterien – wenn wir das Wort der Ankläger anwenden – nachgeäfft worden, das also, was die Kirche später gefunden hat! Es ist begreiflich, daß jeder andere Weg als derjenige, der durch den autoritativen

Glauben, wie Augustinus es charakterisiert, durch das Christentum ging, als ein unrichtiger und mit der Zeit sogar als ein solcher angesehen worden ist, der nicht von guten Mächten eingegeben war; denn die guten Mächte hatte die Kirche zu vermitteln.

So setzten sich diese Traditionen durch das ganze Mittelalter fort. Diejenigen, welche auf ihren eigenen Wegen, unabhängig zu den höchsten übersinnlichen Wahrheiten kommen wollten, wurden als Zauberer, als Verbündete des Bösen oder der bösen Geister angesehen. Der Markstein ist die Faust-Sage. Faust ist der Repräsentant derer, die durch eigenes Wissen zu den Geheimnissen kommen wollen, der daher den bösen Mächten verfallen sein muß. Nur in den überlieferten Schriften sollte geforscht werden, nur der Autoritätsglaube sollte zu den übersinnlichen Mächten führen. Dessenungeachtet wurden eingeweihte Geister, wenn sie auch als Zauberer verlästert und verfolgt wurden, sich doch darüber klar, daß die Zeit wiederkommen müsse, wo auf eigenen, menschlichen Wegen zur Wahrheit fortgeschritten werden muß.

So sehen wir, daß von der Mitte des Mittelalters an in Europa geheime Gesellschaften wieder entstehen, welche ihre Mitglieder auf denselben Wegen, wie die alten Mysterien dies getan hatten, zur Entwickelung höherer intuitiver Kräfte führten. So daß innerhalb solcher geheimen Gesellschaften – ich nenne nur diejenige, welche die tiefste und bedeutsamste war, die der Rosenkreuzer, von *Christian Rosenkreutz* begründet – nach Mysterienart der Weg zu den höchsten Wahrheiten eingeschlagen wurde. Dieser Gang kann streng geschichtlich verfolgt werden bis ins 18. Jahrhundert hinein. Ich kann nicht im einzelnen ausführen, wie das geschehen ist; ich kann nur ein Beispiel anführen, den großen Repräsentanten der Geheimwissenschaft des

16. und 17. Jahrhunderts, *Robert Fludd*. Er zeigt für diejenigen, welche Einsicht in diese Gebiete haben, in allen seinen Schriften, daß er die Wege kennt, wie man zu den Wahrheiten kommt, daß er weiß, wie solche Kräfte entwickelt werden müssen, die ganz anderer Art sind als die Kräfte in uns, welche irgendeinen Lichtkörper vor sich sehen. Er zeigt, daß es geheimnisvolle Wege gibt, um zu den höchsten Wahrheiten zu kommen. Er spricht auch von der Rosenkreuzergesellschaft in einer Weise, daß für jeden Eingeweihten das Verhältnis klar ist.

Ich möchte nur drei Fragen Ihnen vorlegen, um Ihnen zu zeigen, wie verhüllt diese Fragen seinerzeit besprochen worden sind, von denen er sagt, daß sie jeder, der auf der untersten Stufe angekommen ist, mit Verständnis beantworten können muß. Den Rationalisten und Materialisten werden diese Fragen und auch ihre Antworten ziemlich sinnlos erscheinen. Die erste Frage, die derjenige beantworten muß, der sich in würdiger Weise zu höheren geistigen Sphären erheben will, ist: Wo wohnst du? – Und die Antwort darauf ist: Ich wohne im Tempel der Weisheit, auf dem Berge der Vernunft. – Diesen einzigen Satz wirklich zu verstehen, das innere Erlebnis davon haben, heißt bereits gewisse innere Sinne geöffnet haben.

Der zweite Satz war dieser: Woher kommt dir die Wahrheit? – Und die Antwort darauf ist: Sie kommt mir aus dem Produktiven –, und nun kommt ein Wort, das sich gar nicht im Deutschen übersetzen läßt: von dem Höchsten ..., gewaltigen Allgeist, der durch Salomo gesprochen hat und der mich unterrichten will in Alchimie, Magie und in der Kabbala ... – Das war die zweite Frage.

Und die dritte Frage ist die: Was wirst du bauen? – Und die Antwort darauf ist diese: Einen Tempel will ich bauen wie die Stiftshütte, wie Salomons Tempel, wie der Leib

Christi und ... wie noch etwas ist, was man nicht ausspricht.

Sie sehen – ich brauche und kann auch nicht auf diese Fragen weiter eingehen –, daß man für alle Nichteingeweihten in solchen Gesellschaften das, was man übersinnliche Wahrheiten nennt, in ein geheimnisvolles, mysteriöses Dunkel gehüllt hat, und daß der Nichteingeweihte sich erst würdig machen soll und einen moralischen und intellektuellen Höhepunkt erreicht haben muß. Wer nicht Proben davon abgelegt hatte, wer nicht die Kraft in sich hatte, im Inneren die Erlebnisse zu finden, der wurde nicht für würdig erachtet, wurde nicht zugelassen zur Einweihung. Es wurde für gefährlich erachtet, diese Wahrheiten zu kennen. Man wußte, daß die Erkenntnis verbunden ist mit einer ungeheuren Macht, mit einer Machtentwickelung, wie sie der Durchschnittsmensch gar nicht ahnt. Nur derjenige ist imstande, ohne Gefahr für die Menschheit im Besitze dieser Wahrheiten und dieser Macht zu sein, welcher jene moralische und intellektuelle Höhe erreicht hat. Sonst sagte man: Ohne daß er diese Höhe erreicht hat, nimmt er sich im Besitze dieser Wahrheiten und Macht aus wie ein Kind, das mit Streichhölzern in ein Pulvermagazin geschickt wird.

Nun betrachtete man in diesen ganzen Zeiten auch die Aufschlüsse über Erscheinungen, wie sie überall im Volksmunde erzählt werden und wie sie seit Jahrtausenden der Volksmund erzählt hat – Erscheinungen, wie sie der heutige Spiritismus wieder bietet –, nur möglich für denjenigen, der im Besitze der höchsten übersinnlichen Wahrheiten ist. Nichts Neues, sondern etwas Uraltes sind die Dinge, welche der Spiritismus heute anerkennt. In uralten Zeiten wurde davon gesprochen, daß der Mensch in solcher Weise auf die Menschen zu wirken imstande ist, wie es sonst nicht der Fall ist: gewisse Menschen bewirken, daß klopfende Töne in ihrer Umgebung zu hören sind, daß sich Gegenstände, entgegen den Gesetzen der Schwerkraft, mit oder ohne Berührung bewegen, daß Gegenstände durch die Luft fliegen ohne Anwendung von physischer Kraft und so weiter. Seit den ältesten Zeiten war es bekannt, daß es Menschen gibt, welche in gewisse Zustände versetzt werden können, heute nennt man diese Zustände Trancezustände, in denen sie sprechen von Dingen, von denen sie im wachen Bewußtsein niemals sprechen können, daß sie auch Mitteilungen machen über andere, nicht unsere Sinnenwelt angehende Gebiete. Man wußte, daß es Menschen gibt, welche sich durch Zeichen verständigen über dasjenige, was sie in solchen übersinnlichen Welten sehen. Man wußte auch, daß es Menschen gibt, die imstande sind, meilenweit entfernte Ereignisse zu sehen und auch darüber zu berichten; Menschen, welche Ereignisse der Zukunft durch ihre prophetische Gabe voraussehen und voraussagen können. Das alles – lassen Sie es uns heute nicht in bezug auf Wahrheit prüfen – ist uralte Überlieferung. Diejenigen, welche glauben, es als Wahrheit hinnehmen zu können, betrachten es als etwas Selbstverständliches. Solche nicht physikalischen, nichtsinnlichen Erscheinungen wurden das ganze Mittelalter hindurch für wahr gehalten. Sie wurden zwar von der Kirche des Mittelalters so angesehen, als ob sie hervorgerufen wären durch böse Künste, aber das soll uns hier nicht weiter berühren. Jedenfalls wurde in der Zeit vom 17. und 18. Jahrhundert der Weg zur übersinnlichen Welt nicht auf dem Wege dieser Erscheinungen gesucht. Nicht wurde bis in jene Zeiten hinein von irgend jemand behauptet, daß ein tanzender Tisch, ein irgendwie erscheinendes Gespenst, welches mit Augen oder sonstwie in Trance gesehen wird, irgend etwas verraten könne über eine übersinnliche Welt. Auch wenn jemand erzählte, daß er von hier aus eine Feuersbrunst in

Hannover sehe, so wurde es geglaubt; aber niemand sah darin etwas, was im Ernste über die übersinnliche Welt hätte Aufschluß geben können. Diejenigen, welche übersinnliche Wahrnehmungen machen wollten, suchten diese durch Entwickelung innerer Kräfte in geheimen Gesellschaften. Und bei den Einsichtigen galt es als selbstverständlich, daß auf jene Weise das Übersinnliche nicht gesucht werden kann.

Da kam eine andere Zeit in der Entwickelung des Abendlandes; es kam die Zeit, in der man anfing, alle Wahrheit auf dem Wege zu suchen, den wir heute den naturwissenschaftlichen nennen. Es kam die Kopernikanische Weltanschauung und die Forschungen der Physiologie; es kam die Technik, die Entdeckung des Blutkreislaufes, die Entdeckung der Eizelle und so weiter. Man erlangte Einblicke in die Natur auf dem Wege durch die Sinne. Derjenige, welcher nicht mit Vorurteilen an das Mittelalter herantritt, sondern die Weltanschauung des Mittelalters in ihrer wahren Gestalt kennenlernen will, wird sich bald überzeugen, daß dieses mittelalterliche Denken Himmel und Hölle nicht als Örtlichkeiten im Raume sich vorstellte, sondern daß sie ihm ein Geistiges waren. Keinem Menschen, der einsichtig war, fiel es im Mittelalter ein, jene Weltanschauung zu vertreten, die man heute den mittelalterlichen Gelehrten andichtet. Nicht in diesem Sinne ist der Kopernikanismus etwas Neues. Er ist neu in einem ganz anderen Sinne; in dem Sinne, daß seit dem 16. Jahrhundert das Ausschlaggebende für die Wahrheit die Sinnesanschauung wurde; dasjenige, was man sehen kann, was man mit den Sinnen wahrnehmen kann. Das Weltbild, das das Mittelalter hatte, war nicht in dem Sinne ein falsches, wie man es heute vielfach darstellt, sondern es war nur ein solches, welches nicht mit leiblichen Augen angesehen war. Die leibliche Versinnlichung war Symbol für etwas Geistiges. Auch *Dante* hat sich seine Hölle und seinen Himmel nicht im irdischen Sinne vorgestellt; sie waren geistig aufzufassen.

Mit diesem Gesichtspunkte wurde gebrochen. Das findet der wirkliche Psychologe der Menschheitsentwickelung heraus. Das Sinnliche wurde emporgehoben, und nun eroberte die Sinnlichkeit Stück um Stück die Welt. Der Mensch aber gewöhnte sich daran, ohne daß er es bemerkte. Nur der forschende, hinter der Entwickelung her eilende Psychologe ist imstande, sich ein Bild davon zu machen. Der Mensch gewöhnt sich an solche Veränderungen. Mit seinem Empfinden, mit seinen Sinnen schaut man alles an, und nur das Sinnliche läßt man nun als das Wahre gelten. Ohne daß man es wußte, wurde es ein Grundsatz der Menschennatur, nur dasjenige gelten zu lassen, was man auf irgendeine Weise sehen, wovon man sich überzeugen kann durch den sinnlichen Augenschein. Nichts hielt man von solchen Kreisen, die von einer Einweihung sprachen und zu übersinnlichen Wahrheiten führen auf geheimen Wegen; sinnlich mußte alles demonstriert werden.

Wie wurde es nun mit der übersinnlichen Anschauung der Welt? Wie konnte man in der Welt, in der man die Wahrheit nur in den Sinnenwirkungen suchen wollte, das Übersinnliche finden? Da waren es einzelne Erscheinungen, die für die bis dahin bekannten Naturkräfte nicht erklärbar waren, seltene, sogenannte abnorme Erscheinungen; Erscheinungen, die der Physiker, der Naturforscher nicht erklären konnte, und die man da, wo man nur das sinnlich Erklärbare gelten lassen wollte, einfach ableugnete. Da waren es jene Erscheinungen, die durch Jahrtausende überliefert worden sind, zu denen sich der Mensch nun flüchtete: jetzt suchte man sie auf. Gegenüber dem Drang, der sich nur an den äußeren Sinnenschein hält, nahm der Drang zum Übersinnlichen seine Zuflucht zu solchen Erscheinungen. Das, was für die wissenschaftliche Kritik nicht erklärbar war, das wollte man wissen; man wollte wissen, wie es sich damit verhält. Als man anfing, in diesen Dingen Zeugnisse einer anderen Welt zu suchen, da hatte die Geburtsstunde des modernen Spiritismus geschlagen. Wir können die Geburtsstunde angeben und den Ort, wo sie geschah. Es war im Jahre 1716, da erschien von einem Mitgliede der Royal Society ein Buch, eine Beschreibung der westlichen Inseln von Schottland. Darin war alles gesammelt, was über das «zweite Gesicht» zu erfahren war. Das ist also das, was man nicht mit den gewöhnlichen Augen wahrnehmen kann, sondern was man nur durch übersinnliche Forschung erfahren konnte. Hier haben Sie den Vorläufer alles dessen, was später von sogenannter wissenschaftlicher Seite zur Erforschung der spiritistischen Phänomene getan worden ist.

Und nun stehen wir auch bereits an der Eingangspforte der ganzen Spiritismusbewegung der neueren Zeit. Diejenige Persönlichkeit, von der die ganze spiritistische Bewegung ausgegangen ist, ist eine der merkwürdigsten der Welt: *Swedenborg*. Das ganze 18. Jahrhundert stand unter seinem Einfluß. Selbst *Kant* setzte sich mit ihm auseinander. So geartet, wie Swedenborg war, mußte diejenige Persönlichkeit sein, welche die moderne spiritistische Bewegung ins Leben rufen konnte. Er ist 1688 geboren und 1772 gestorben. In der ersten Hälfte seines Lebens war er ein Naturforscher, der an der Spitze der Naturwissenschaft seiner Zeit stand. Er umfaßte sie. Niemand hat ein Recht, Swedenborg anzugreifen als einen Ungelehrten. Wir wissen, daß er nicht nur ein vollgültiger Fachmann seiner Zeit war, sondern auch viele naturwissenschaftliche Wahrheiten vorausgenommen hat, welche man auf den Universitäten erst später entdeckte. So stand er in der ersten Hälfte seines Lebens nicht nur vollkommen auf dem naturwissenschaftlichen Standpunkte, der alles durch den Sinnenschein und durch mathematische Berechnungen erforschen wollte, sondern er eilte auch in dieser Beziehung seiner Zeit weit voraus. Dann wandte er sich ganz dem zu, was man die sogenannte Geisterseherei nennt. Dasjenige, was Swedenborg, nennen Sie ihn Seher oder Visionär, da erlebte, war eine ganz bestimmte Gruppe von Erscheinungen. Und derjenige, der auf diesem Gebiete nur einigermaßen eingeweiht ist, weiß, daß Swedenborg nur diese Gruppe von Erscheinungen erleben konnte.

Nur ein paar Beispiele seien hier angeführt. Swedenborg sah von einem Orte, der sechzig Meilen von Stockholm entfernt war, eine Feuersbrunst. Er teilte dies gleich der Gesellschaft mit, in der er sich befand, und einige Zeit nachher hörte man, daß sich der Brand so abgespielt hat, wie Swedenborg es erzählt hatte. Ein anderes Beispiel. Eine hochgestellte Persönlichkeit fragte nach einem Geheimnisse, welches ein Bruder vor dem Tode nicht ganz mitteilte, weil er vorher starb. Die Persönlichkeit wandte sich an Swedenborg mit dem Ansinnen, ob er ihn nicht auffinden und fragen könne, was er habe sagen wollen. Swedenborg entledigte sich des Auftrages so, daß die betreffende Persönlichkeit keinen Zweifel haben konnte, daß Swedenborg in dieses Geheimnis eingedrungen war.

Noch ein drittes Beispiel, um zu zeigen, wie Swedenborg sich in der übersinnlichen Welt bewegte. Ein Gelehrter und Freund besuchte Swedenborg. Der Diener sagte zu ihm: Sie müssen aber etwas warten. Der Gelehrte setzte sich nieder und hörte im Nebengemach ein Gespräch. Er hörte aber immer nur Swedenborg sprechen; antworten hörte er nicht. Noch auffälliger wird ihm die Sache, als er in einem wunderbaren klassischen Latein das Gespräch sich entwickeln hörte, und besonders, als er ihn in intimer Weise über Zustände des Kaisers Augustus sich unterhalten hörte. Dann ging Swedenborg zur Tür, machte einen Bückling und sprach mit einem, von dem der Freund gar nichts sah. Er kam dann zurück und sagte zu dem Freund: Entschuldigen Sie, daß ich Sie habe warten lassen. Ich hatte hohen Besuch – Virgil war bei mir.

Die Leute mögen über solche Dinge denken, wie sie wollen. Eines steht aber fest: Swedenborg hat an sie geglaubt, hielt sie für Realität. Ich sagte: nur eine Persönlichkeit wie Swedenborg konnte auf eine solche Art der Forschung kommen. Gerade der Umstand, daß er in der Naturwissenschaft seiner Zeit gefestigt war, hat ihn zu dieser Anschauung der übersinnlichen Natur geführt. Er war ein Mann, der in der Zeit der aufleuchtenden Naturwissenschaft sich daran gewöhnt hatte, nur das Sinnliche, das Schaubare gelten zu lassen, das weiß jeder, der ihn kennt; die Gründe dafür werden klar werden in dem Vortrage, den ich das nächste Mal hier halten werde über das Thema: «Hypnotismus und Somnambulismus» – und so war er auch darauf angewiesen als ein solcher, der das Geistige in der Welt sieht. Wie er darauf bestanden hat, das nur als richtig anzuerkennen, was er errechnen und mit Sinnen wahrnehmen konnte, so wurde auch das Übersinnliche von ihm in die Gestalt gebracht, die es für ihn haben mußte; es wurde die übersinnliche Welt unter dem Einflusse der Denkgewohnheiten der Naturwissenschaft in eine tiefere Sphäre hinuntergezogen. Dafür, daß sie in einer solchen Weise an uns herantritt, ähnlich den Anschauungen der Sinnenwelt, habe ich die Gründe angeführt. Wir werden das nächste Mal hören, wie solches zustande kommt. Die Vorbedingungen dazu aber sind gegeben durch die eigene geistige Entwickelung der an das Sinnlich-Schaubare gewohnten Menschen.

Nicht will ich jetzt sprechen über die Bedeutung und den Wahrheitskern dessen, was Swedenborg gesehen hat, sondern davon, daß man, sobald man in dieses Gebiet tritt, das den Swedenborgschen Anschauungen zugrunde liegt, in diesem Gebiete dasjenige sieht, wozu man selbst veranlagt ist; man sieht dasjenige, was man in sich selbst ausgebildet hat. Ein Beweis dafür kann ein einfaches Beispiel sein.

Als sich die spiritistische Woge in der zweiten Hälfte des 19. Jahrhunderts verbreitete, machte man auch in Bayern Versuche. Es stellte sich da heraus, daß bei Versuchen, bei denen auch Gelehrte anwesend waren und die an verschiedenen Orten stattfanden, ganz verschiedene geistige Kundgebungen stattgefunden haben. Bei einer solchen Veranstaltung fragte man, ob die menschliche Seele auf dem Wege der Vererbung von den Eltern erhalten wird, so daß auch die Seele sich vererbt, oder ob sie bei jedem Menschen neu geschaffen werde. In dieser spiritistischen Gesellschaft wurde geantwortet: Die Seelen werden neu geschaffen. Fast zu derselben Zeit wurde in einer anderen Gesellschaft dieselbe Frage gestellt. Die Antwort war diese: Die Seele wird nicht geschaffen, sondern vererbt sich von den Eltern auf die Kinder. – Man fand, daß bei der einen Gesellschaft Anhänger der sogenannten Kreationstheorie waren, und bei der anderen Gesellschaft waren einige Gelehrte gegenwärtig, welche Anhänger der anderen Theorie waren. In ihrem Sinne, im Sinne der Gedanken, die in ihnen lebten, wurden die Antworten gegeben. Mögen die Tatsachen welche auch immer sein, mögen die Gründe dieser Tatsachen welche auch immer sein, es hat sich gezeigt, daß, was der Mensch als Offenbarung erhält, dem entspricht, wie er diese Dinge ansieht. Ob es ihm nun bloß als intellektuelle Manifestation oder als Vision vor Augen tritt, das ist gleich; was der Mensch sieht, das ist begründet in seinen eigenen Anlagen.

So kam es dann, daß dieses Suchen nach sinnlich-übersinnlichen Beweisen gerade ein Kind der Naturwissenschaft der materialistischen Zeit wurde. Und tatsächlich wurde auch der Grundsatz aufgestellt, daß die übersinnliche Welt so zu suchen sei, wie man auch die sinnliche sucht. Ebenso wie man sich im Laboratorium von der Wirklichkeit magnetischer Kräfte oder der Lichtkräfte überzeugt, so wollte man sich durch den Sinnenschein, durch das, was vor den Augen sich abspielt, von der übersinnlichen Welt überzeugen. Die Menschen hatten verlernt, das Geistige auf rein geistige Art zu schauen. Sie hatten verlernt, den Glauben an übersinnliche Kräfte zu entwickeln und dasjenige erkennen zu lernen, was weder sinnlich noch analog dem Sinnlichen ist, sondern was nur durch geistige Intuition erfaßt werden kann. Sie hatten die Gewohnheit angenommen, alles sich auf dem sinnlichen Wege vermitteln zu lassen, und so wollten sie sich auch diese Dinge auf dem sinnlichen Wege vermitteln lassen. Die Forschung bewegte sich auf diesem Wege. So sehen wir, wie die Swedenborgsche Richtung sich fortsetzt. Nichts Neues bietet das, was sich uns zeigt; der Spiritismus bietet nichts Neues! Wir werden dieses später überblicken und dann auch besser durchschauen.

Alle Erscheinungen, die der Spiritismus kennt, wurden in dieser Art erklärt. Wir sehen da den Süddeutschen *Oetinger,* der die Theorie aufstellte, daß es einen übersinnlichen Stoff gibt, der als physische Erscheinung gesehen werden kann. Nur, sagt er, hat die übersinnliche Materie nicht die groben Eigenschaften der physischen Materie, nicht den undurchdringlichen Widerstand und die grobe Vermischung. Hier haben wir den Stoff, aus dem die Materialisationen genommen werden.

Dann haben wir noch einen, Dr. *Johann Heinrich Jung* genannt *Stilling*, der einen ausführlichen Bericht über Geister und Geistererscheinungen herausgegeben und alle diese Dinge darin beschrieben hat. Er hat da versucht, alles so zu begreifen, daß er als gläubiger Christ den Erscheinungen gerecht wurde. Weil er veranlagt war, christgläubig zu sein, so schien ihm die ganze Welt nichts anderes zu offenbaren als die Wahrheiten der christlichen Lehre. Und weil zu gleicher Zeit die Naturwissenschaft ihre Rechte geltend gemacht hat, so sehen wir bei seiner Darstellung eine Vermischung des rein christlichen Standpunktes mit dem Standpunkte der Naturwissenschaft. Auf dem Wege, den wir den okkulten nennen, werden die Phänomene durch das Hereinragen einer geistigen Welt in unsere Welt erklärt.

Sie sehen alle diese Erscheinungen verzeichnet in den Werken derjenigen, welche über Spiritismus, Dämonologie, Magie und so weiter geschrieben haben, in welchen Sie auch manches finden können, was über den Spiritismus hinausgeht, wie bei *Ennemoser* zum Beispiel. Wir sehen sogar sorgsam verzeichnet, wie ein Mensch sich in die Lage versetzen kann, die Gedanken anderer, die in fernen Zimmern stehen, wahrzunehmen. Solche Anweisungen finden Sie bei Ennemoser, auch bei anderen. Schon im 19. Jahrhundert finden Sie bei einem gewissen *Meyer,* der ein Buch geschrieben hat vom Standpunkte des Spiritismus über den Hades als einer Offenbarung spiritistischer Manipulationen, die sogenannte Reinkarnationslehre oder Wiederverkörperungslehre vertreten. Sie finden da eine Theorie, zu der uns die Theosophie wieder geführt hat, und die uns zeigt, daß die alten Märchen der für das Volk zubereitete Ausdruck für höhere Wahrheiten sind. Meyer ist dazu durch sinnliche Schaustellungen gekommen.

Bei *Justinus Kerner,* bedeutend durch das moralische Gewicht des Verfassers, finden wir alle Erscheinungen, die der Spiritismus kennt. Da finden wir zum Beispiel, daß in der Nähe der Seherin von Prevorst Dinge – Löffel und so weiter – von ihr abgestoßen werden; es wird da auch erzählt, wie diese Seherin mit Wesenheiten anderer Welten verkehrt. Justinus Kerner verzeichnet alle Mitteilungen, die ihm von ihr gemacht werden. Sie teilt ihm selbst mit, daß sie Wesen von anderen Welten sehe, die zwar durch sie durchgehen, aber die sie doch wahrnehmen kann, und daß sie sogar solche mit anderen Leuten hereingekommene Wesen sehen kann. Von solchen Dingen mögen manche sagen: Kerner hat phantasiert und sich vieles von seiner Seherin vormachen lassen. Nur das eine aber möchte ich sagen: Sie alle kennen *David Friedrich Strauß,* der mit Justinus Kerner befreundet war. Der wußte, wie es mit der Seherin von Prevorst steht. Sie wissen auch, daß das, was er geleistet hat, in einer Richtung geht, die der spiritistischen Strömung entgegenläuft. Er sagt, daß die Tatsachen, die die Seherin von Prevorst mitteilt, als Tatsachen wahr sind – darüber kann bei denen, die etwas davon wissen, nicht diskutiert werden –, er betrachtete die Sachen über allen Zweifel erhaben.

Wenn nun auch eine größere Anzahl von Menschen vorhanden war, die sich noch ein wenig für solche Sachen interessierte, so nahm doch das Interesse immer mehr ab. Das ging von dem Einfluß des Standpunktes aus, den die Wissenschaft einnahm. Sie lehnte es ab, solche Erscheinungen als wahre Aussagen anzusehen in der Zeit der vierziger Jahre, wo das Gesetz von der Erhaltung der Kraft entdeckt wurde und damit die Grundlage für unsere Physik gelegt worden ist, wo die Zellenlehre gefunden wurde, wo der Darwinismus sich vorbereitet hat. Was in dieser Zeit heraufkam, konnte den Pneumatologen nicht günstig sein. Sie wurden daher streng zurückgewiesen. So verlernte man alles, was diese zu sagen hatten.

Da kam ein Ereignis, welches für den Spiritismus Sieg bedeutete. Das Ereignis geschah nicht in Europa, sondern in dem Lande, wo der Materialismus in jener Zeit die größten Triumphe feierte, wo man sich im Geiste daran gewöhnt hatte, nur das als wahr anzusehen, was Hände greifen können. Das geschah in Amerika, in dem Lande, wo sich die von mir angedeutete materialistische Denkgewohnheit im großen ausgebildet hatte. Es ging aus von den Erscheinungen, die im gröbsten Sinne zu denen gehören, die man zwar abnorm, aber doch sinnlich nennen muß. Die bekannten Klopftöne, die Erscheinungen des Tischrückens und der dabei auftretenden Klopftöne, die Hörbarkeit von gewissen Stimmen, welche durch die Luft ertönten, begleitet von intelligenten Kundgebungen, für die kein sinnlicher Grund da war – sie waren es, welche in Amerika, in dem Lande, wo man viel auf den äußeren Schein hält, in so handgreiflicher Weise auf das Übersinnliche hindeuteten. Wie im Sturm eroberte sich die Anschauung Anerkennung, daß es eine übersinnliche Welt gibt, daß Wesenheiten, die nicht zu unserer Welt gehören, sich manifestieren, sich offenbaren können in unserer Sinnenwelt. Wie ein Sturm ging das durch die Welt.

Ein Mann, *Andrew Jackson Davis,* der sich mit diesen Erscheinungen befaßte, wurde aufgerufen, diese Dinge zu erklären. Er war, in ähnlicher Weise wie Swedenborg, ein Seher, nur hatte er nicht die Tiefe Swedenborgs. Er war ein als Farmerknabe herangewachsener ungelehrter Amerikaner und Swedenborg ein gelehrter Schwede. Er hat im Jahre 1848 ein Werk geschrieben: «Die Philosophie des geistigen Verkehrs.» In diesem Werke hat er eine Schrift gegeben, welche aus den modernsten Bedürfnissen hervorgegangen ist, die innerhalb des modernen Kampfes entstanden waren, in dem man nur das Sinnliche gelten lassen wollte, in dem jeder seinen persönlichen Egoismus ins Feld führen wollte, in dem jeder so viel sich erraffen, so glücklich werden wollte, als er nur konnte. In dieser Welt konnte man, nach den Denkgewohnheiten, die nur an das Materielle geheftet waren, keinen Sinn mehr haben für einen Glauben, der aus der Sinnenwelt hinausführt. Man wollte sehen und man wollte einen solchen Glauben haben, welcher die Bedürfnisse und Begierden der modernen Menschheit befriedigt. Vor allen Dingen sagt Davis klipp und klar, daß moderne Menschen es nicht glauben können, daß eine Anzahl von Menschen selig, eine andere Anzahl verdammt werde. Das war es, was die Modernen nicht vertragen konnten; da mußte eine Entwickelungsidee eingreifen. Und da ließ sich Davis eine Wahrheit mitteilen, die ein treues Abbild der sinnlichen Welt darstellt. Durch ein Beispiel sei sie charakterisiert.

Als Davis' erste Frau gestorben war, da hatte er den Gedanken, eine zweite Frau zu heiraten. Er hatte dagegen Bedenken, aber eine übersinnliche Kundgebung bewirkte, daß er sich die Erlaubnis dazu gab. In dieser Kundgebung sagte ihm nämlich seine erste Frau, daß sie sich im Sonnenlande wieder verheiratet hätte; so hielt er sich für berechtigt dazu, hier auch eine zweite Heirat einzugehen. Im Beginn des ersten Teiles seines Buches teilt er uns mit, daß er als Farmerknabe christlich erzogen war, aber bald dazu kam, einzusehen, daß der christliche Glaube keine Überzeugung liefern könne, denn der moderne Mensch müsse einsehen das Was und Warum, und wohin der Weg führt.

Ich wurde – so erzählt er – von meinen Eltern auf das Feld hinausgeschickt. Da kam eine Schlange. Ich ging mit der Heugabel auf sie los. Aber der Zinken brach ab. Ich nahm den Zinken und betete. Ich war überzeugt, daß das Gebet helfen müsse. Aber siehe [der weitere Text fehlt in der Nachschrift]. Wie kann ich an einen Gott glauben, der mich solches erleben läßt? – sagte er sich. Und da wurde er ein Ungläubiger. Durch spiritistische Sitzungen, die er mitmachte, wurde er dann zur Trance fähig und wurde einer der fruchtbarsten spiritistischen Schriftsteller. Er betont dabei, daß es in jener Welt ungefähr so aussehe wie in der Sinnenwelt. Es wäre ein Unglaube, daß ein guter Vater sich nicht um seine Kinder bekümmere, da doch der Vater zu diesem Zwecke weite Reisen mache und so weiter.

Sie sehen, die irdische Welt wird auf die andere Welt übertragen. Deshalb verbreitete sich diese Denkweise wie ein Lauffeuer durch die ganze Welt. In kurzer Zeit konnte man die Anhänger des Spiritismus nach Millionen zählen. Schon im Jahre 1850 konnte man in Boston Tausende von Medien finden, und man konnte auch in kurzer Zeit ein Kapital von 1 200 000 Mark aufbringen, um einen spiritistischen Tempel zu gründen. Daß solches eine große kulturhistorische Bedeutung hat, werden Sie nicht in Abrede stellen. Bei der modernen Denkweise hatte diese Bewegung aber nur Aussicht auf Erfolg, wenn sich die Wissenschaft ihrer bemächtigte, das heißt, wenn die Wissenschaft daran glaubte.

Würde ich einen Vortrag über Theosophie halten, so könnte ich ausführlich davon sprechen, daß noch ganz andere Mächte hinter der Inszenierung der spiritistischen Erscheinungen stehen. Hinter den Kulissen wirken tiefe okkulte Mächte. Aber das kann heute nicht meine Aufgabe sein. Ein anderes Mal werde ich davon sprechen, wer eigentlich der wahre Inszenator dieser Erscheinungen ist.

Aber das ist sicher: Wenn dieser okkulte Inszenator voraussetzen wollte, daß diese Erscheinungen die materialistisch denkende Menschheit von dem Dasein einer übersinnlichen Welt gründlich überzeugten, wenn an sie auf die Dauer geglaubt werden sollte, dann mußten die wissenschaftlichen Kreise erobert werden. Und diese wissenschaftlichen Kreise waren nicht so schwer zu erobern. Gerade unter den Einsichtsvollsten, unter denjenigen, welche gründlich und logisch zu denken vermochten, gab es viele, welche sich der spiritistischen Bewegung zuwandten. Es waren in Amerika *Lincoln, Edison,* in England *Gladstone,* der Naturforscher *Wallace,* der Mathematiker *Morgan.* Auch in Deutschland war eine große Anzahl hervorragender Gelehrter, die feststanden auf ihrem Gebiete, und die sich von den spiritistischen Erscheinungen durch Medien überzeugen ließen, wie *Weber* und *Gustav Theodor Fechner,* der Begründer der Psychophysik. Dazu gehört auch *Friedrich Zöllner,* von dem nur diejenigen sagen können, daß er dem Irrsinn verfallen sei, als er die berühmten Versuche mit Slade machte, welche nichts davon verstehen. Dann aber auch eine Persönlichkeit, die jetzt noch unterschätzt wird: das ist der im Jahre 1887 verstorbene Baron *Hellenbach.* Er hat in seinen zahlreichen Büchern, in seinem Buche über den biologischen Magnetismus und in dem Buche über die Magie der Zahlen, in so genialer Weise seine Erfahrungen auf spiritistischem Gebiete vorgebracht, daß diese Bücher eine wahre Fundgrube sein werden, um zu studieren, welchen Weg diese Bewegung, namentlich in erleuchteteren Köpfen in der zweiten Hälfte des 19. Jahrhunderts, genommen hat.

Es kam ein europäischer Anstoß zu der amerikanischen Bewegung und dieser ging aus von einem Manne, der in der europäischen Kultur darinnen stand, von einem Schüler

Pestalozzis, und er ging aus zu einer Zeit, die schon durch ihre sonstigen Entdeckungen bedeutsam ist. Dieser Geist ist *Allan Kardec,* der im Jahre 1858 seine «Theorie der Geisterwelt» schrieb, in demselben Jahre, in dem viele andere auf den verschiedensten Gebieten für die abendländische Bildung epochemachenden Werke erschienen. Einige von den Werken brauchen nur genannt zu werden, um das Bedeutungsvolle des geistigen Lebens in dieser Zeit anzudeuten. Das eine ist *Darwins* «Entstehung der Arten», das andere ist ein grundlegendes Werk über das psychophysische Gebiet von Fechner. Das dritte ist ein Werk von *Bunsen,* das uns mit der Spektralanalyse bekannt macht und die Möglichkeit gibt, zum ersten Male etwas von der stofflichen Beschaffenheit der Sterne zu entdecken. Das vierte war das Werk von *Karl Marx:* «Das Kapital.» Das fünfte war ein Werk von Kardec, ein spiritistisches Werk, aber von ganz anderer Art wie die amerikanischen Werke. Er vertrat die Idee der Reinkarnation, der Wiederverkörperung der Menschenseele. Dieser französische Spiritismus hatte in kurzer Zeit eine ebenso zahlreiche Anhängerschaft wie der amerikanische. Er verbreitete sich über Frankreich, Spanien und besonders auch über Österreich. Er war es, der im Einklang stand mit den uralten Weisheitslehren der Theosophie. Er war ein solcher, auf den sich auch Geister wie Hellenbach einlassen konnten. Und so vertrat der grundlegende Sozialpolitiker Hellenbach, der in wichtigen politischen Angelegenheiten Österreichs in den sechziger, siebziger Jahren eine führende Rolle spielte, die bei jedem einzelnen Schritte beweist, welch klarer und scharfer Denker er war, diese Form des Spiritismus, die Kardec begründet hat: den Spiritismus in wissenschaftlicher Gestalt. So kam es, daß in Deutschland der Spiritismus eine wissenschaftliche Gestalt bekam. Auch diejenigen, die nicht so wie Hellenbach oder wie Gladstone, Wallace, Crookes, welche Geister des alten Christentums in Engelart annahmen, sondern die nur sprechen wollten von dem sich wieder und wieder verkörpernden Menschenwesen und dem Hereinragen uns unbekannter Wesen, deren Gestalt Hellenbach dahingestellt sein läßt – auch solche Geister begründeten den wissenschaftlichen Spiritismus in Deutschland. Aber auch diejenigen, welche überhaupt nichts wissen wollen von einer jenseitigen Welt, konnten nicht mehr umhin, die Tatsachen als solche gelten zu lassen. Leute selbst wie *Eduard von Hartmann* wollten nichts wissen von den Theorien der Spiritisten, sagten aber, die Tatsachen ließen sich nicht ableugnen. Sie ließen sich auch nicht beirren durch die Periode der Entlarvungen. Die berühmteste war jene des Mediums Bastian durch den Kronprinzen Rudolf und den Erzherzog Johann von Österreich. Die Medien, die unsere wissenschaftlichen Kreise überzeugt hatten, wurden nämlich entlarvt mit dem Medium Bastian. Jeder, der auch nur einige Einsicht auf diesem Gebiet hat, weiß, wie recht Hellenbach hat, wenn er sagt: Es wird niemand behaupten, daß es keine Perücken gibt. Soll man deshalb auch glauben, daß es keine echten Haare gibt, weil man Perücken entdeckt hat? – Und für den auf okkultem Gebiete Arbeitenden gilt der Satz, daß man von mancher Bank sicher wird nachweisen können, daß sie eine Schwindelbank ist; ja, aber hat nicht diese Bank früher auch reelle Geschäfte gemacht? Die Beurteilung der spiritistischen Wahrheiten versteckt sich hinter solchen Vergleichen.

Wir haben gesehen, daß die naturwissenschaftlichen und materialistischen Denkgewohnheiten seit dem 18. Jahrhundert – wir können das Jahr 1716 als das Geburtsjahr des Spiritismus bezeichnen – sich völlig angepaßt haben dem modernen Denken, auch den materialistischen Anschauungen. Eine neue Form wurde gesucht, sich den höheren, übersinnlichen Wahrheiten nähern zu können, und jeder, der diesen Tatsachen entgegentrat, suchte sie in seiner Art zu begreifen. Der christliche Glaube fand darin eine Bestätigung seines uralten Kirchenglaubens; auch einige Orthodoxe haben sich darauf eingelassen, um darin günstige Beweise für ihre Sache zu finden. Andere wieder haben auch vom Standpunkte des materiellen Denkens, das alles nur nach den materiellen Verhältnissen beurteilt, ihre Rechnung dabei gefunden. Auch diejenigen, welche gründliche wissenschaftliche Forscher waren, wie Zöllner, Weber, Fechner und auch mehrere bekannte Mathematiker wie *Simony* und so weiter, suchten der Sache näherzukommen, indem sie aus dem Dreidimensionalen in das Vierdimensionale übergingen. Die philosophischen Individualisten, welche nicht glauben konnten, daß in der geistigen Welt ebenso eine individualistische Entwickelung vorhanden ist wie in der physischen, wurden durch gründliche Untersuchung dazu geführt, einzusehen, daß die menschliche Art, diese sinnliche Art, zu sein – mit leiblichen Augen zu sehen, mit leiblichen Ohren zu hören –, nur eine ist unter den vielen möglichen Arten, zu sein. Die Vertreter eines übersinnlichen Spiritismus wie Hellenbach, sie fanden ebenso ihre Ideen in den spiritistischen Tatsachen bestätigt. Und wenn Sie sich einen Menschen vorstellen, der auf die Eigenheiten jedes einzelnen Mediums einzugehen verstand, der sich den schwierigsten Verhältnissen anzupassen wußte, so daß es eine Wohltat war, ihm zu begegnen, so war es ein solcher Mann wie Hellenbach. Auch die, welche nur von einer psychischen Kraft sprachen, bei der man nicht viel denkt und nicht viel zu denken braucht, auch diese Anhänger einer psychischen Kraft, wie Eduard von Hartmann oder auch Geister wie *du Prel*, von dem ich das nächste Mal sprechen werde, sie alle legten die Tatsachen in ihrer Art aus. Theorien gab es viele, von den populären Auslegungen des Volkes an, das sich um die sich manifestierenden Geister, um Schreibmedien, Sprechmedien, Mitteilungen durch Klopflaute und so weiter kümmerte, von diesen gläubig Suchenden in alter Art, bis zu den erleuchtetsten Geistern: jeder legte in seiner Art diese Erscheinungen aus. Das war in der Zeit, in welcher diese Unklarheit auf allen Gebieten herrschte, in der Zeit, in welcher die Phänomene nicht mehr abgeleugnet werden konnten – aber die Geister der Menschen sich völlig unfähig erwiesen, der übersinnlichen Welt gerecht zu werden.

In dieser Zeit war auch der Grund gelegt worden zu einer Wiedererneuerung des mystischen Weges, zu einer Wiedererneuerung desjenigen Weges, der in den früheren Zeiten in der Geheimwissenschaft und in den Mysterien verfolgt worden ist, aber in einer solchen Weise, daß er jedem zugänglich ist, der ihn gehen will. Um ein Verständnis der Wege zu eröffnen, wurde die Theosophische Gesellschaft durch Frau Helena Petrowna Blavatsky gegründet. Die Erforschung der Weisheit, wie sie gepflegt worden ist in den Mysterien und bei den Rosenkreuzern im Mittelalter, hat man wieder aufleben lassen durch die theosophische Bewegung. Die theosophische Bewegung will verbreiten, was man in neuerer Zeit auf anderen Wegen gesucht hat. Sie fußt auf den alten Bewegungen, fußt aber auch auf den neuesten Forschungen.

Wer sich mit der theosophischen Bewegung näher bekannt macht, wird finden, daß der Weg der Theosophie oder Geisteswissenschaft, der zu den übersinnlichen Wahrheiten führt, auf der einen Seite wirklich spirituell ist, auf der anderen Seite die Fragen beantwortet: Woher kommt der Mensch, wohin geht er, was ist seine Bestimmung?

Wir wissen, daß man in der einen Weise sprechen mußte

zu den Menschen des Altertums, in anderer zu denen des Mittelalters, und wieder in anderer Weise zu den modernen Menschen. Die Tatsachen der Theosophie sind uralt. Aber Sie werden, wenn Sie auf dem Wege der Theosophie oder Geisteswissenschaft suchen, sich überzeugen, daß, wenn sie in ihrer ureigenen Gestalt verstanden, begriffen und durchdrungen wird, sie jeglicher Anforderung moderner Wissenschaftlichkeit Genüge leistet. Der wäre ein schlechter Theosoph, der irgendeine der wissenschaftlichen Wahrheiten um der Theosophie willen aufgeben wollte. Erkenntnis auf dem hellen, klaren Wege wahrer Wissenschaftlichkeit – ja, aber nicht eine Erkenntnis, welche sich auf sinnliche Dinge beschränkt, welche sich beschränkt auf das, was im Menschen vorgeht zwischen Geburt und Tod, sondern auch Erkenntnis und Wissen von dem, was jenseits von Geburt und Tod liegt. Ohne daß die Geisteswissenschaft die Berechtigung dazu hat, kann sie – gerade innerhalb eines materialistischen Zeitalters – das nicht tun. Sie ist sich bewußt, daß zuletzt alle geistigen Bewegungen zusammenlaufen müssen in einem großen Ziele, welches die Spiritisten zuletzt in der *Geisteswissenschaft* finden werden. Sie sucht aber auf anderen, umfassenderen Wegen die geistigen Pfade; sie weiß, daß nicht in der Sinnenwelt und auch nicht durch Veranstaltungen bloß sinnlicher Natur, vielleicht durch ein Schauen, das analog dem sinnlichen ist, das Geistige erreicht werden kann. Sie weiß, daß es eine Welt gibt, in die man erst einen Einblick erhält, wenn man eine Art geistige Operation durchmacht, die ähnlich ist der Operation eines Blindgeborenen, der sehend gemacht wird. Sie weiß, daß es nicht richtig ist, wenn der moderne Mensch sagt: Zeige mir sinnlich das Übersinnliche. – Sie weiß, daß die Antwort ist: Mensch, erhebe dich zu den höheren Sphären der geistigen Welt, indem du selbst immer geistiger und geistiger wirst, auf daß die Verbindung mit der geistigen Welt dann so sei, wie durch deine sinnlichen Augen und Ohren die Verbindung mit der sinnlichen Welt ist.

Die Theosophie oder Geisteswissenschaft hat jenen Gesichtspunkt, den ein Gläubiger des Mittelalters, ein tiefer Mystiker, Meister *Eckhart*, ausgesprochen hat, indem er charakterisierte, daß das wahrhaft Geistige nicht gesucht werden kann auf dieselbe Art wie das Sinnliche. Im 13., 14. Jahrhundert hat er es bedeutsam ausgesprochen, daß man nicht durch sinnliche Veranstaltungen, nicht durch etwas, was analog dem Sinnlichen ist, das Geistige erhalten kann. Deshalb sagt er die große, zum Übersinnlichen führende Leitwahrheit: Die Leute wollen Gott mit den Augen ansehen, als ob sie eine Kuh ansähen und lieben. Sie wollen Gott ansehen, als stünde er dort und hier. So ist es nicht. Gott und Ich sind eins im Erkennen.

Nicht durch Veranstaltungen, die uns als eine, zwar übersinnlich genannte, aber doch nach Art der sinnlichen Welt um uns herum, durch Klopftöne oder andere sinnliche Veranstaltungen wahrnehmbare Art, die höhere Welt vergegenwärtigen wollen – nicht durch solche scheinbar übersinnliche Veranstaltungen, die er kennzeichnet, indem er sagt: Solche Leute wollen Gott schauen, wie sie eine Kuh schauen –, sondern durch Entwickelung der geistigen Augen wollen wir das Geistige schauen, ähnlich wie die Natur uns leibliche Augen entwickelt hat, um uns das Physische sehen zu lassen. Die Natur hat uns mit äußeren Sinnen entlassen, um uns das Sinnliche wahrnehmbar zu machen. Den Weg aber, um uns im Sinnlichen weiter zu entwickeln zum Geistigen hinauf, um mit geistigen Augen das Geistige schauen zu können – diesen spirituellen Weg müssen wir in freier Entwickelung, auch im Sinne der modernen Entwickelung, selber gehen.

DIE GESCHICHTE DES HYPNOTISMUS
UND DES SOMNAMBULISMUS

Berlin, 6. Juni 1904

Heute habe ich Ihnen über ein Kapitel der neueren Geistesgeschichte zu sprechen, welches zwar eine alte Geschichte
in einer gewissen Form wiederholt, aber doch in einer so
eigenartigen, charakteristischen Weise, daß vielleicht nichts
mehr als dieses Kapitel geeignet ist, zu zeigen, wie schwierig
es ist, gewisse große Erscheinungen im Leben des Geistes,
im Leben des Menschen überhaupt, an das heranzubringen,
was man offizielle Gelehrsamkeit nennt. Es werden manche
scheinbar vielleicht etwas harte Worte in bezug auf dieses
Kapitel gerade heute notwendig sein. Nehmen Sie manches
Wort, welches in dieser Richtung gesagt wird, nicht so hin,
als wenn es von der Leidenschaft, als wenn es von der Empfindung diktiert wäre. Ich kann Ihnen die Versicherung
geben, daß ich vor manchem Gelehrten in bezug auf seine
Forschungen, in bezug auf seine wissenschaftliche Befähigung die allergrößte Hochachtung habe, und daß ihm gegenüber doch manches, ich möchte fast sagen, schmerzliche
Wort gesprochen werden muß, wenn von dem Kapitel die
Rede ist, von dem wir heute in einer kurzen geschichtlichen
Skizze sprechen wollen: von dem Kapitel des Hypnotismus.
Zugleich wollen wir damit einen kleinen Hinweis verbin-
den auf etwas mit ihm Verwandtes, auf den Somnambu-
lismus.

Viele haben heute den Glauben, daß der Hypnotismus
etwas ganz Neues sei, daß er etwas sei, was sich die Wissenschaft höchstens seit etwas mehr als einem halben Jahr-

hundert erobert habe. Nun, lassen Sie mich demgegenüber Ihnen ein Zeugnis aus dem 17. Jahrhundert anführen. Das Zeugnis, das ich Ihnen anführen möchte, ist aus einem Buche, das allerdings heute wenig gelesen wird, aus dem Buche des Jesuitenpaters *Athanasius Kircher*, und stammt aus dem Jahre 1646. Ich möchte Ihnen in einer einigermaßen modernen Sprache die Worte dieses Jesuitenpaters mitteilen. Sie stehen in einem Buche, das *Goethe* ausführlich behandelt hat in seiner Geschichte der Farbenlehre, weil dieser Pater auch in der Geschichte der Farbenlehre eine ganz wichtige Rolle spielt. In diesem Buche wird auch gesprochen von dem, was der Jesuitenpater Actinobolismus nennt. Das würde ungefähr heißen: die strahlende Phantasie. «Diese sehr große Kraft der Phantasie kommt sogar bei den Tieren zum Vorschein. Die Hühner erfreuen sich, wie ich finde, einer so starken Einbildungskraft, daß sie durch den bloßen Anblick eines Bindfadens bewegungslos und wie von einer eigentümlichen Benommenheit erfaßt werden. Die Wahrheit dieser Behauptung zeigt die folgende Erfahrung: Wunderbares Experiment über die Einbildungskraft des Huhnes. Lege ein Huhn, dessen Füße zusammengebunden sind, auf einen beliebigen Fußboden, so wird dasselbe anfangs, sich gefangen fühlend, durch Schlagen mit den Flügeln und Bewegung des ganzen Körpers die ihm angelegte Fessel in jeder Weise abzuschütteln sich anstrengen. Aber schließlich wird es nach vergeblichem Bemühen, gleichsam an dem Entkommen verzweifelnd, sich beruhigen und der Willkür des Siegers sich unterwerfen. Während nun das Huhn ruhig daliegt, ziehe vom Auge desselben an auf dem Boden einen geraden Strich von der Form des Bindfadens mit Kreide oder irgendeiner anderen Farbe, dann lasse es nach Lösung der Fesseln in Ruhe: so wird, sage ich, das Huhn, obwohl es von den Fesseln befreit ist, durchaus nicht fortfliegen, auch wenn man es zum Fort-fliegen reizt. Die Erklärung dieses Verhaltens beruht auf nichts anderem, als der lebhaften Einbildungskraft des Tieres, welches jenen auf den Boden gezeichneten Strich für seine Fessel hält, mit der es gebunden wird. Ich habe dieses Experiment oftmals zur Verwunderung der Zuschauer an-gestellt und zweifle nicht, daß dasselbe auch bei anderen Tieren gelinge. Darüber jedoch möge der wißbegierige Leser sich unterrichten.»

Eine ähnliche Mitteilung über diesen Zustand der Tiere hat ungefähr um dieselbe Zeit ein anderer deutscher Schrift-steller, *Caspar Schott,* gemacht in einem Buche, das er nennt: «Belustigung der menschlichen Einbildungskraft». Darin sagt uns der betreffende Schriftsteller, der ein Freund des Athanasius Kircher war, daß er die Angaben dieses Buches entnommen habe zahlreichen Versuchen eines fran-zösischen ärztlichen Schriftstellers. Was uns in diesem Buche mitgeteilt wird, ist nichts anderes, als was wir den Hypno-tismus an Tieren nennen. Ich habe bereits in einem früheren Vortrage über die Beziehungen von Hypnotismus und Somnambulismus gesprochen; daher darf ich heute dieses Kapitel nur kurz rekapitulieren.

Sie wissen, unter dem Hypnotismus versteht man einen schlafähnlichen Zustand, in den der Mensch auf künstliche Weise zu bringen ist durch die verschiedenen Mittel, auf die wir noch im Verlaufe des Vortrages hindeuten wollen. In diesem schlafähnlichen Zustand zeigt der Mensch ver-schiedene Eigenschaften, die ihm im Wachbewußtsein nicht zukommen, auch Eigenschaften, die ihm nicht im gewöhn-lichen Schlafe zukommen. So können Sie einen Menschen im hypnotischen Schlafe mit Nadeln stechen; er erweist sich als unempfindlich. Sie können einen Menschen, wenn er in einem gewissen Stadium des Schlafes ist, nur so hinstrecken, seine Glieder in die Länge ziehen; sie werden dann so starr und fest, daß Sie den Menschen über zwei Stühle legen können, und der schwerste Mann kann sich auf diesen starr gewordenen Körper noch daraufstellen.

Diejenigen, welche die Experimente des wirklich außerordentlichen Hypnotiseurs *Hansen* in den achtziger Jahren des 19. Jahrhunderts gesehen haben, die wissen, daß Hansen die Leute, nachdem er sie in hypnotischen Schlaf versetzt hatte, mit einer ganz geringen Unterfläche auf zwei Stühle legte und sich dann daraufstellte, dieser schwere Hansen! Wie ein Brett fast benahmen sich diese hypnotisierten Körper.

Weiter ist ja bekannt, daß derjenige, welcher den Menschen in einen solchen schlafähnlichen Zustand versetzt hat, ihm sogenannte suggestive Befehle geben kann. Wenn Sie einen Menschen in einen solchen Zustand versetzt haben, so können Sie zu ihm sagen: Du wirst jetzt aufstehen, in die Mitte des Zimmers gehen und wie festgebannt dort stehen bleiben; du wirst nicht weiter gehen, wirst dich nicht rühren können! – Er wird das alles ausführen und dann wie gebannt stehen bleiben. Ja, Sie können noch mehr. Sie können dem Betreffenden in einem mit Menschen angefüllten Raum sagen: Hier in diesem Raum ist nicht eine einzige Person außer mir und dir. – Er wird Ihnen sagen: Hier ist niemand, der Raum ist ganz leer. – Oder Sie können ihm auch sagen: Hier ist kein Licht – und er sieht keines. Das sind negative Halluzinationen. Sie können ihm aber auch Halluzinationen anderer Art eingeben. Sie können ihm sagen, indem Sie ihm eine Kartoffel in die Hand geben: Das ist eine Birne, nimm und iß! – und Sie können sehen, daß er meint eine Birne zu essen. Sie können ihm in ähnlicher Weise Wasser zu trinken geben, und er meint, es sei Sekt.

Noch vieles andere könnte ich anführen, aber ich will

nur noch einige besonders merkwürdige Dinge angeben. Wenn Sie bei einem solchen Hypnotisierten eine Gesichtshalluzination hervorrufen und ihm zum Beispiel sagen: Du siehst dort einen roten Kreis an der weißen Wand –, so wird er einen roten Kreis an einer weißen Wand sehen. Wenn Sie ihm dann, nachdem er diese Halluzination hatte, den roten Kreis durch ein Prisma zeigen, zeigt es sich, daß diese Halluzination, genau nach den Brechungsgesetzen des Prisma, gebrochen erscheint, also genau wie eine andere Erscheinung. Die bei den Hypnotisierten hervorgebrachten Gesichtshalluzinationen folgen den äußeren Brechungsgesetzen; sie folgen auch noch anderen optischen Gesetzen, aber es würde zu weit führen, wenn wir sie im einzelnen anführen wollten. Besonders wichtig ist zu wissen: Wenn wir einem solchen Hypnotisierten einen Befehl geben, den er nicht sogleich, sondern erst nach einiger Zeit ausführen soll, so kann das auch geschehen. Ich setze einen Menschen in Hypnose, sage ihm: Du wirst morgen zu mir kommen und mir guten Tag sagen und dann von mir ein Glas Wasser verlangen. – Wenn das Experiment so ausgeführt wird, daß alle Vorbedingungen erfüllt sind, so wird er nach dem Aufwachen nichts wissen von dem Experiment; aber er wird morgen in der Zeit, welche ich ihm gesagt habe, einen unwiderstehlichen Drang fühlen und das ausführen, was ich ihm aufgegeben habe. Das ist eine nachhypnotische Suggestion. Das kann sich auf merkwürdige Sachen erstrecken, namentlich auch auf Terminsuggestionen. Ich kann einen Hypnotisierten suggerieren, in dreimal zehn Tagen eine bestimmte Handlung zu vollziehen; es muß aber eine große Anzahl von Handlungen vorher vollzogen sein. Erschrekken Sie nicht darüber. Die Vorbedingungen zu übersehen, die notwendig sind, ist vielleicht nur dem Okkultisten möglich, nichtsdestoweniger wird der Betreffende den Befehl, der ihm erteilt worden ist, in dreimal zehn Tagen pünktlich ausführen.

Das sind Erscheinungen, die heute von den wenigsten, auch nicht von Gelehrten, die sich mit diesen Fragen beschäftigt haben, eigentlich abgeleugnet werden. Es ist kaum möglich für jemand, der die Dinge studiert hat, die Angaben, die ich gemacht habe, abzuleugnen. Was weiter geht, wird allerdings von vielen abgeleugnet. Aber wir haben ja auch gesehen, daß in den letzten Jahrzehnten eine solche Summe von Dingen von seiten der Physiologen und Psychologen zugegeben worden ist, daß man nicht wissen kann, wieviel noch zu dem Zugestandenen hinzukommt.

Nun, ich habe Ihnen gezeigt, daß solche abnorme Bewußtseinszustände sich auch im 17. Jahrhundert in den Büchern angedeutet finden, von denen ich gesprochen habe. Ich könnte auch in bezug auf andere Erscheinungen angeben, daß ein Wissen von dem, was wir den hypnotischen Zustand nennen, bei den Okkultisten, bei den Geheimforschern aller Zeiten bestanden hat. Der Beweis aber kann nicht erbracht werden, daß die alten ägyptischen, namentlich aber die alten indischen Priesterweisen, genau nur das gewußt haben, was ich Ihnen hier als die Erscheinungen des Hypnotismus – und es sind die elementarsten – mitgeteilt habe: diese Weisen wußten noch viel mehr. Und weil sie viel mehr wußten, so verhinderte sie das, ihre Weisheit den großen Massen mitzuteilen. Wir werden noch sehen, warum. Merkwürdig ist aber eines. Von jenem Jesuiten Kircher wird uns erzählt, daß er diese seine Weisheit auf einem Umweg aus Indien erhalten habe. Merken wir uns einmal diese Erzählung aus dem 17. Jahrhundert, daß aus Indien diese Weisheit vermittelt worden ist.

Die folgenden Jahrhunderte, seit dem 17. Jahrhundert waren für derlei Dinge in der äußeren Wissenschaft nicht besonders günstig. Diese äußere Wissenschaft machte namentlich auf den Gebieten der Physik, der Astronomie, der Erforschung der äußeren sinnenfälligen Tatsachen, große Fortschritte. Ich habe schon das letzte Mal ausgeführt, welche Bedeutung diese Fortschritte für das menschliche Denken hatten. Ich habe gezeigt, daß diese Fortschritte vor allen Dingen den Menschen daran gewöhnt haben, nur im sinnenfälligen Wirklichen das eigentliche Wißbare, die Wahrheit zu suchen, so daß sich der Mensch daran gewöhnt hat, das nicht gelten zu lassen, was nicht mit Augen gesehen, nicht mit den Händen ergriffen werden kann, was nicht mit dem kombinierenden Verstande erfaßt werden kann. Es ist ja das Zeitalter der Aufklärung, dem wir uns nähern, jenes Zeitalter, in dem der menschliche Durchschnittsverstand tonangebend wurde, in dem man alles auf die Art erkennen wollte, wie man die physikalischen Erscheinungen erkennt. Und bei physikalischen Erscheinungen, wenn nur die Voraussetzungen richtig hergestellt werden, müssen die Experimente gelingen. Diese Voraussetzungen kann jeder machen. Auf dem Gebiete des Hypnotismus aber ist noch etwas anderes notwendig. Da ist der unmittelbare Einfluß von Leben zu Leben notwendig, ja, der unmittelbare Einfluß von Mensch zu Mensch oder von Mensch zu lebendigem Wesen ist da notwendig. Die Hantierungen, die der Mensch zu vollziehen hat mit dem Huhn, wie in dem Experimente, das uns schon der Jesuitenpater Kircher im 17. Jahrhundert erzählt hat, diese Hantierungen mußten von dem Menschen ausgeführt werden. Und auch alle die anderen Dinge, von denen ich gesprochen habe, müssen von einem Menschen an einem anderen lebenden Menschen oder Wesen ausgeführt werden. Nun könnte es wohl sein – und hier liegt die wichtigste Frage –, weil die Menschen sehr voneinander verschieden sind, daß die Menschen so verschiedene Eigenschaften hätten, daß sie in ganz verschiedener Art auf andere Lebewesen, vor allen Dingen auf andere Menschen, einwirken. Und so könnte es wohl auch vorkommen, weil der Mensch notwendig ist, um Erscheinungen der Hypnose hervorzubringen, daß ein Mensch die Eigenschaften nicht hat, die notwendig sind, um einen Menschen zu hypnotisieren, während ein anderer Mensch diese Eigenschaften besitzt. Zu wundern brauchten wir uns nicht, wenn dieses so wäre. Wir alle wissen, daß eine Wechselwirkung stattfindet bei den Dingen, die da in Betracht kommen, vergleichbar derjenigen zwischen Magnet und Eisenfeilspänen. Die Eisenfeilspäne bleiben in Ruhe, wenn Sie Holz in dieselben hineinlegen; legen Sie aber einen Magnet hinein, so ordnen sich diese Späne in bestimmter Art und Weise.

Nun müssen wir voraussetzen, daß Mensch und Mensch so stark voneinander verschieden sind, daß der eine bestimmte Wirkungen hervorrufen kann, wie der Magnet, der andere keine Wirkung hervorrufen kann, wie das Holz. Eine solche Auffassung wird die rein verstandesmäßige Aufklärung niemals zugeben. Sie nimmt an, daß der eine Mensch wie der andere ist. Der Durchschnittsmaßstab wird an den Menschen angelegt, und man wird niemals zugeben, daß jemand ein bedeutender verstandesmäßiger Gelehrter sein kann, aber gar keine Befähigung hat, nicht die Eigenschaften hat, den hypnotischen Zustand hervorzubringen. Den Fall könnte es vielleicht doch geben, daß es weniger auf den Menschen ankommt, der hypnotisiert wird, sondern mehr auf den, der hypnotisiert, der tätig ist. Vielleicht können sogar künstlich in einem Menschen die Eigenschaften hervorgerufen werden, die auf den anderen eine so mächtige Gewalt ausüben, daß solche Erscheinungen eintreten, von denen wir gesprochen haben, ja, daß vielleicht noch viel bedeutungsvollere Erscheinungen eintreten. Die verstandesgemäße Aufklärung, die keinen Unterschied macht zwischen Mensch und Mensch, wird das nicht zugeben. Diejenigen aber, welche sich mit diesen Dingen befaßt haben, waren sich bis ins Zeitalter der Aufklärung herein darüber klar. Wer den Gang der Geschichte verfolgt, wird eine ganz andere Auffassung der Wissenschaft finden, als wir sie heute haben. Manchmal sind es nur mündliche Überlieferungen, die sich von Schule zu Schule fortgeerbt haben. In allem diesem wird uns niemals etwas gesagt von dem Zustande der Hypnotisierten, von dem Zustande derer, die hypnotisiert werden sollen; auf den kommt es gar nicht an. Dagegen werden uns Methoden angegeben, die einen anderen Menschen, den Hypnotiseur, befähigen, in sich solche Kräfte hervorzurufen, daß er einen solchen Einfluß auf seine Mitmenschen ausüben kann. Es werden dann in den Geheimschulen ganz bestimmte Methoden angegeben, durch die der Mensch eine solche Gewalt über seine Mitmenschen erhält. Es wird aber auch in allen Schulen gefordert, daß derjenige, der eine solche Gewalt in sich entwickelt, eine gewisse, den ganzen Menschen in Anspruch nehmende Entwickelung durchmachen muß. Da hilft nicht die bloße verstandesmäßige Gelehrsamkeit, da hilft nicht bloß Denken und Wissenschaft. Nur diejenigen, welche die geheimnisvollen Methoden kennen und üben, welche sich auf eine hohe moralische Entwickelungsstufe hinaufarbeiten, welche die verschiedensten Prüfungsstufen durchmachen in intellektueller, spiritueller und moralischer Beziehung, heben sich über ihre Mitmenschen hinauf und werden zu Priestern der Menschheit. Sie werden dadurch dahin geführt, daß es ihnen unmöglich wird, eine solche Macht anders als zum Wohle der Mitmenschen zu gebrauchen. Und weil ein solches Wissen die höchste Kraft verleiht, weil es durch eine Verwandlung des ganzen Menschen geschieht, deshalb wurde es geheim gehalten. Erst als andere Anschauungen sich Bahn brachen, da gewann man auch über diese Erscheinungen andere Ansichten, andere Absichten, andere Intentionen. Geheimwissenschaftliche Traditionen also liegen durch Jahrhunderte hindurch der Frage zugrunde, und nicht kommt es auf etwas anderes an, als darauf: Welche Anforderungen hat derjenige, dem eine solche Macht vermittelt wird, zu erfüllen, welche Methoden sind notwendig, damit ein Mensch sich einen solchen Einfluß auf seine Mitmenschen erwerben kann?

So stand diese Frage bis in das Zeitalter der Aufklärung. Nur in der Morgendämmerung der Aufklärung konnte von einer solchen Seite wie der des Jesuitenpaters, den ich angeführt habe, etwas in populär-wissenschaftlicher Form verraten werden über diese Erscheinungen. Niemals hätte sich früher jemand, der die Sache und die Art und Weise kennt, unterstanden, in öffentlichen Büchern über diese Erscheinungen zu sprechen. Nur durch Indiskretion konnte über diese Sache etwas in die Öffentlichkeit kommen. Erst als man nicht mehr wußte, was der Spruch: Wissen ist Macht –, für eine ungeheure Bedeutung hat, erst in diesem Zeitpunkte, als man sozusagen, wie das Kind mit dem Feuer, so mit einem unter Umständen recht verhängnisvollen Wissen spielte und nichts Rechtes damit anzufangen wußte, erst in einer solchen Zeit war es möglich, dieses Wissen, das nichts anderes bedeutet als Herrschaft des Geistes über den Geist, in populärer Art zu besprechen. Es ist daher nicht verwunderlich, daß die eigentliche offizielle Gelehrsamkeit, die ja in der Art und Weise, wie wir sie kennen, doch ein Kind der letzten Jahrhunderte ist, mit diesen Erscheinungen nichts anzufangen wußte.

Namentlich wußte sie nichts damit anzufangen, als ihr

diese Erscheinungen in einer merkwürdig überraschenden Art entgegentraten. Das war am Ende des 18. Jahrhunderts durch den auf der einen Seite viel verlästerten, auf der anderen Seite in den Himmel gehobenen *Mesmer*. Diese Persönlichkeit hat die Frage für die Gelehrsamkeit in Fluß gebracht. Der Name Mesmerismus kommt ja von ihm. Er war eine ganz eigentümliche Persönlichkeit, eine Persönlichkeit, wie sie vielleicht im 18. Jahrhundert in größerer Zahl aufgetreten sind, als das heute der Fall sein könnte; eine Persönlichkeit, die, wie wir sehen werden, notwendig von vielen verkannt werden mußte, die aber auf der anderen Seite durch eine Furchtlosigkeit – die freilich für den Außenstehenden wie Abenteuerlust, wie Scharlatanerie erscheint – imstande war, diese Frage in Fluß zu bringen. Im Jahre 1766 erschien eine Abhandlung von Mesmer über den «Einfluß der Planeten auf das menschliche Leben», die der heutige Gelehrte als eine ganz phantastische Sache ansehen muß. Der von mir hochgeschätzte – nehmen Sie dieses Wort ernst, denn es handelt sich nicht um ein Vorurteil, sondern um eine Charakteristik – *Preyer*, der Biograph Darwins, brachte eine ungeheure Vorurteilslosigkeit gerade dieser Frage entgegen, was ich wohl zu würdigen weiß, und ich wähle ihn daher insbesondere als Beispiel dafür, wie wenig die veränderte Wissenschaft des 19. Jahrhunderts demjenigen gerecht werden kann, was aus ganz anderen Voraussetzungen heraus im 18. Jahrhundert geschrieben worden ist. Preyer also nahm mit allem guten Willen die Werke Mesmers vor und konnte darin nichts anderes finden als hohle Worte. Wer nicht phantastisch, sondern mit Sachkenntnis solche Dinge beurteilt, wird das verstehen, und er wird sogar vielleicht mit Mißtrauen manchem anderen entgegenkommen, der da glaubt, Mesmer gegenüber Preyer in Schutz nehmen zu können. Will man richtig urteilen, so liegen die Vorbedingungen zu einem solchen Urteil viel tiefer als gewöhnlich geglaubt wird. Doch nicht diese erste Abhandlung soll uns beschäftigen, denn sie zeigt für den Tieferblickenden nichts weiter, als daß Mesmer von einem ziemlich hohen Gesichtspunkte aus und mit einem umfassenden Blick die Wissenschaft seiner Zeit zu beherrschen verstand. Das will ich hervorheben, damit nicht der Glaube auftaucht, daß er als Dilettant sich mit solchen Dingen befaßt habe. Also ein einwandfreier junger Gelehrter war Mesmer, als er seine Doktordissertation geschrieben hat, ganz zweifellos, und was er geschrieben hat, das können Sie in unzähligen Dissertationen finden, von Leuten, die ganz brave und tüchtige Gelehrte des 18. und noch des 19. Jahrhunderts geworden sind.

Dieser Mesmer trat im letzten Drittel des 18. Jahrhunderts in Wien auf mit den sogenannten magnetischen Kuren. Er bediente sich zu diesen magnetischen Kuren zunächst gewisser Methoden, die damals eigentlich schon gang und gäbe waren. Es war dazumal die Tradition, welche niemals ganz erstorben war, daß man durch Mittel, wie ich sie erwähnen werde, Heilungen bewirken könne. Diese Tradition ist in jener Zeit lebendig geworden. Er bediente sich einer Methode, die nichts Verfängliches hatte: es wurden mit Stahlmagneten, die auf die kranke Körperstelle gelegt oder in deren Nähe gebracht wurden, angeblich oder wahrhaftig Linderung oder Heilung von Schmerzen herbeigeführt. Solcher Magnete bediente sich Mesmer in dem Institut längere Zeit. Dann merkte er aber etwas ganz Besonderes. Vielleicht hat er das gar nicht einmal damals gemerkt, vielleicht hat er es auch schon gewußt und wollte nur eine gangbarere Methode als Deckmittel benützen. Er warf nämlich die Magnete beiseite und sagte, daß die Kraft lediglich von seinem eigenen Körper ausgehe, daß sie als heilende Kraft lediglich übertragen werde von seinem eigenen Körper auf den betreffenden kranken Körper, so daß die Heilung eine Wechselwirkung sei zwischen einer Kraft, die er in seinem Körper entwickle und einer anderen Kraft, die in dem kranken Körper des anderen ist. Diese Kraft nennt er den tierischen Magnetismus. Ich erzähle das grob und im rohen; im einzelnen und feiner ausgeführt würde es zuviel Zeit in Anspruch nehmen. Nun hatte er sehr bald – über die Erfolge seiner Kur wollen wir uns nicht unterhalten – in Wien Differenzen. Er mußte die Stadt verlassen und wandte sich darauf nach Paris. Zunächst hatte er da ganz außerordentliche Erfolge. Er hatte einen ungewöhnlichen Zulauf. Die Gelehrten konnten es aber doch nicht verwinden, daß Mesmer monatlich sechstausend Franken verdient hat, was ja etwas recht Mißliches ist vom Standpunkte des Arztes, wenn einer so viel verdient. Das war ja selbstverständlich von seiten der aufstrebenden, zum Materialismus hinneigenden Wissenschaft.

Sie wissen, daß wir im 18. Jahrhundert voll im Zeitalter der Aufklärung stehen, daß in Frankreich die Wogen hoch gingen und daß man nichts gelten lassen wollte, was man nicht mit Augen sehen, nicht mit Händen fassen, nicht mit dem Verstande kombinieren kann. Und Sie werden begreifen, daß man von seiten der offiziellen Wissenschaft, die mehr oder weniger unter dem Einfluß der materialistischen Denkrichtung stand, Anstoß nahm an Dingen, die man nicht begreifen konnte. Mesmers Heilungen wurden daher zu einem öffentlichen Skandal. Man sagte sich: das müssen keine wirklichen, sondern nur eingebildete Krankheiten sein, so daß Hysterische nur in der Phantasie geheilt werden, oder daß Kranke in der Phantasie von dem Schmerze befreit wurden. Jedenfalls leugnete man die Methode

Mesmers. Die Folge davon war, daß im Auftrage des Königs zwei Körperschaften aufgefordert wurden, Gutachten über den Mesmerismus abzugeben. Ich möchte sie Ihnen anführen, damit Sie sehen, wie dazumal die Wissenschaft wirklich diesen Dingen gegenüberstand; damit Sie sehen, daß man nicht mit Leidenschaft diese Dinge ansehen darf, aber zu gleicher Zeit auch sehen, wie man dazumal notwendigerweise den Standpunkt verkennen mußte, den man Mesmer gegenüber einzunehmen hatte.

Einer Frau wurden die Augen verbunden, und man sagte ihr, daß man Herrn d'Elon geholt habe, der sie magnetisieren würde. Drei von den Bevollmächtigten der Kommission waren zugegen: einer, um zu fragen, einer, um zu schreiben und einer, um zu mesmerisieren. Die Frau wurde nicht magnetisiert. Nach drei Minuten verspürte die Frau den Einfluß, wurde starr, richtete sich vom Stuhle auf und stampfte mit den Füßen. Nun war die Krisis da. Von dieser Krisis sprach man auch bei den Heilungen von Mesmer, ihr schrieb man den Erfolg zu.

Man brachte eine Hysterische vor die Tür. Man sagte ihr, daß der Magnetiseur darinnen sei. Sie fing an zu frösteln, zu frieren, und die Krisis kam.

Die Kommission hatte konstatiert, daß etwas Merkwürdiges vorliegt, etwas, was die Kommission nicht erwarten konnte. Und sie hatte etwas konstatiert, wonach sie kaum ein anderes Urteil hat fällen können, als daß die ganze Prozedur Mesmers Schwindel sei. Jeder, der etwas davon verstand, hätte voraussagen können, daß sie mit einer Wahrscheinlichkeit von fünfundneunzig zu hundert zu diesem Resultate kommen würden, und daß sie mit ihren Voraussetzungen zu keinen anderen Erklärungen kommen könnten. Aber zu anderen Resultaten hätte die Kommission doch kommen können! Ist das denn gar nichts, daß eine

Frau, die bloß den Gedanken an einen Menschen faßt, in all die Zustände kommt, die uns hier erzählt werden sowohl von der Frau drinnen im Zimmer wie von der Frau draußen? Vor allen Dingen müssen wir fragen, und das hätte sich dazumal diese Kommission auch ehrlich und aufrichtig fragen sollen: Hätten sie nach ihrem rationalistisch aufklärenden Standpunkte eine solche Wirkung des Gedankens erwarten können? Hätten sie mit ihren materialistischen Mitteln irgendwelche Möglichkeit gehabt, eine solche ungeheure Möglichkeit gehabt, die Wirkung des Gedankens auf die körperlichen Zustände zu erklären? Wenn wir der Kommission auch das Recht zugestehen, Mesmer zu verurteilen, so kann ihr aber nimmermehr das Recht zugestanden werden, daß sie diese Sache liegen ließ. Die Sache mußte weiter untersucht werden, gerade von der Kommission aus, denn es liegt ohne Zweifel eine ganz besondere wissenschaftliche Frage vor.

Eine Tatsache möchte ich noch hervorheben, die vielsagend ist für den, der Bescheid weiß, die aber nur in abfälligem Sinne beurteilt worden ist. Es wurde Mesmer eine große Summe angeboten, damit er sein Geheimnis an andere Menschen abgebe. Es wurde auch gesagt, die Summe sei ihm ausgezahlt worden, aber er hätte das Geheimnis für sich behalten und anderen nicht mitgeteilt. Das wird von vielen als Schwindel aufgefaßt. Aber kurze Zeit nachdem tauchten in ganz Frankreich sogenannte hermetische Gesellschaften auf, in welchen dieselben Künste in einem gewissen Grade auch ausgeübt wurden. Man sagte nicht, daß er das Geheimnis verraten habe, aber es fanden sich solche, welche seine Methoden ausgeübt haben. Wer etwas von diesen Dingen weiß, der versteht, daß er seine Geheimnisse nur an vertrauenswürdige Personen mitteilte. Es sagt gar nichts, daß er seine Geheimnisse nicht in den Zeitungen veröffentlichte. Bringen Sie den Satz damit in Zusammenhang, daß diejenigen, welche von solchen Dingen wirklich etwas wissen, diese Sachen nicht mitteilen, da es nicht darauf ankommt, mitzuteilen, sondern gewisse Eigenschaften zu entwickeln, die das hervorbringen.

Jetzt werden Sie begreifen, woher die Gesellschaften gekommen sind. Es kommt hierbei gar nicht auf die Experimente an; die Experimente sind sogar zu verbieten, wenn sie von Unberufenen angestellt werden. Es kommt lediglich darauf an, den Hypnotiseur zu entwickeln. Die Wissenschafter konnten sich eigentlich in der damaligen Zeit kaum irgendeine Erklärung dieser Erscheinungen geben. Daher wurden diese Erscheinungen, wie von der Französischen Akademie so auch von der ganzen Wissenschaft, zunächst zu den Toten geworfen. Sie tauchten aber immer wieder auf. Und selbst in Deutschland wurden fortwährend solche Erscheinungen besprochen. Zeitungen wurden extra dafür gegründet. Die Menschen, welche glauben, daß solch ein Einfluß von Mensch zu Mensch ausgeübt werden kann, erklären die Tatsache damit, daß sie annehmen, ein Fluidum, ein feiner Stoff gehe von dem Hypnotiseur auf den Hypnotisierten über und übe den Einfluß aus. Aber selbst diejenigen, welche den Einfluß nicht leugnen, können nicht über den Materialismus hinauskommen; sie sagen sich: Stoff bleibt Stoff, gleichgültig ob er grob oder fein ist. – Man konnte sich unter dem Geistig-Wirksamen nichts anderes als etwas Stoffliches denken. Daß damals diese Erscheinungen so gedeutet wurden, ist eine Folge des Umstandes, daß sie im materialistischen Zeitalter zu deuten versucht wurden.

Ich kann nun nicht die verschiedenen Jahrzehnte, die auf Mesmer folgten, ausführlich schildern. Ich will nur erwähnen, daß die Erscheinungen niemals ganz vergessen worden sind, ja daß sogar immer und immer wieder Leute aufgetreten sind, welche diese Erscheinungen sehr ernst genommen haben. Auch Universitätsprofessoren hat es gegeben, welche diese Erscheinungen ausführlich beschrieben haben und schon verschiedene Dinge wußten, die wir heute unter dem Begriffe: hypnotische Erscheinungen zusammenfassen. Sie wußten von dem, was wir Verbalsuggestion nennen. Sie behaupteten zum Beispiel recht viel mehr, als was die heutige Wissenschaft zugeben will. Es wurde von einem Gelehrten behauptet, daß er mit geschlossenen Augen ein Buch ganz gut lesen könnte; daß er mit der Herzgrube lesen könne und in einem solchen Zustande durch bloße Berührung einer Buchseite die Worte lesen könne. Man behauptete, daß man auch durch einen künstlichen Somnambulismus dazu kommen kann, ferne Ereignisse zu sehen, also Hellseher zu werden.

Nun wurden diese ganzen Erscheinungen wieder in Fluß gebracht – und es ist das Merkwürdige dabei, daß die Gelehrten des 19. Jahrhunderts mit der Nase darauf gestoßen werden mußten –, sie wurden erst in Fluß gebracht durch herumziehende Hypnotiseure wie Hansen, die in den vierziger Jahren in Amerika herumzogen, die Erscheinungen vor dem großen Publikum zeigten und sich dafür bezahlen ließen. Sie riefen oft ganz ungeheure Wirkungen bei ihren Zuschauern hervor. Man nannte sie Seelenbändiger. Namentlich *Justinus Kerner* nennt diese Leute Seelenbändiger, weil sie durch bloßes Anstarren, bloßes Anschauen, Seelenwirkungen hervorbrachten. Dieses auf die Erscheinungen mit der Nase stoßen, hat aber gefährliche Seiten, weil auf der einen Seite Gefahren für die Versuchspersonen vorhanden sind, auf der anderen Seite gewisse Schwindler das Publikum in der unglaublichsten Weise hinters Licht führen.

Ein Experiment möchte ich Ihnen anführen, das oft gemacht worden ist und von dem ich selbst persönlich überzeugt bin, daß es immer und immer wieder in großen Volksversammlungen Seelen perplex gemacht und betrogen hat. Das Experiment besteht in folgendem. Hier sitzt ein Medium mit verbundenen Augen. Es kann nichts sehen. Der betreffende Impresario geht im Publikum herum und sagt ganz hinten im Saal: Sagen Sie mir einmal etwas ins Ohr oder stellen Sie eine Frage, und wir wollen sehen, ob das Medium etwas davon wissen kann. Oder schreiben Sie mir auf einen Zettel ein Wort oder einen Satz auf. – Das eine oder das andere geschieht, und nach ganz kurzer Zeit wird das Medium vorn am Tisch, also sehr weit von dem Impresario entfernt, das Wort, das zugeflüstert oder aufgeschrieben ist, ansagen. Niemand als die zwei Menschen wissen etwas davon, und der betreffende Impresario kann den Zettel vorweisen oder den Betreffenden fragen lassen, ob die Mitteilung des Mediums stimmt. In Wahrheit war in vielen Fällen, wo ich dabei war, nichts anderes als das Folgende geschehen. Der Mann, der herumging, war ein sehr geschickter Bauchredner. Das Medium bewegte in dem Augenblicke, in dem es das Wort aussprechen sollte, die Lippen. Das ganze Publikum sah auf die Lippen des Mediums, und der Impresario sagte selbst das betreffende Wort oder den betreffenden Satz! Ich habe immer und immer wieder erlebt, daß jeweils kaum zwei Menschen im Saale waren, die eine Erklärung für dieses Experiment hatten. Solche Sachen wurden natürlich immer und immer wieder durcheinander gemischt mit einwandfreien Tatsachen. Man muß da Bescheid wissen, um nicht von herumziehenden Magnetiseuren hinters Licht geführt zu werden. Deshalb bezeichne ich es als bedauerlich, daß die Gelehrten auf diese Sache hingewiesen werden müssen. Es gibt Bauchredner, die ganze Melodien, Klavierspiel und so weiter durch Bauchreden hervorbringen können! Wer diese Dinge kennt und Bescheid weiß, der wird nicht leicht in diesen Fragen hinters Licht geführt werden können.

In den vierziger und fünfziger Jahren wurden durch herumziehende Seelenbändiger die Gelehrten wieder einmal mit der Nase darauf gestoßen. Namentlich war es ein gewisser *Stone,* der viel Aufsehen erregte und von sich reden machte. Schon früher aber hatte ein solcher Schausteller einen Gelehrten darauf gebracht, diese Erscheinungen wieder einmal genau zu studieren. Von diesem haben wir aus den vierziger Jahren Abhandlungen gelehrter Art über diese Erscheinungen. Sie bezogen sich hauptsächlich auf die Fixationsmethode, auf das Anstarren eines glänzenden Gegenstandes. Nun hat dieser Gelehrte sogleich darauf aufmerksam gemacht, daß es sich bei allen diesen Erscheinungen nicht darum handeln könne, daß von den Hypnotiseuren ein ganz besonderer, ein spezifischer Einfluß auf die zu hypnotisierenden Personen ausgehe. Und gerade dieses Experiment der Fixation war für ihn so maßgebend, weil er zeigen wollte, daß es sich bei diesen Erscheinungen um einen abnormen Zustand der betreffenden Versuchsperson handelt. Er wollte zeigen, daß keine Wechselwirkung stattfindet, sondern daß alles, was geschah, nichts als eine physiologisch aufzufassende, durch einen reinen Gehirnprozeß hervorgerufene Erscheinung war. Es kam ihm darauf an, zu zeigen, daß der Mesmerismus, bei dem der betreffende Mensch die besonderen Eigenschaften haben muß, ein Unding sei. Damit war der Ton im Grunde genommen angegeben, in dem fortan diese Fragen von der offiziellen Wissenschaft die ganze zweite Hälfte des 19. Jahrhunderts hindurch behandelt worden sind. Nur mit wenigen Ausnahmen wurde diese Frage so aufgefaßt, als ob sie sich behandeln ließe wie ein gewöhnliches naturwissenschaftliches Experiment, als ob es sich um nichts anderes handle als um eine Tatsache, die nur insofern Bedeutung hat, als sie wieder herbeigeführt werden kann wie ein anderes naturwissenschaftliches Experiment, das jederzeit angestellt und wiederholt werden kann. Diese Anforderung wurde nun auch an dieses Experiment gestellt. Unter dieser Anforderung ließ sich auch die Wissenschaft herbei, die Erscheinungen zu studieren. Das Studium fiel aber in ein recht ungünstiges Zeitalter. Um Ihnen zu charakterisieren, wie ungünstig das Zeitalter der fünfziger, sechziger Jahre war, will ich noch etwas anführen, das für den Prüfer des Entwickelungsganges des 19. Jahrhunderts das Bezeichnendste ist, das aber von der offiziellen Wissenschaft in der Regel überhaupt übersehen wird.

Lange vor Stone, lange vor der Kathedergelehrsamkeit, tauchte in Paris ein Mann auf, der vorher katholischer Priester war, dann zu den Brahmanen nach Indien gegangen war, und der in Paris nach den Methoden, die er in Indien kennengelernt hatte, den Hypnotismus und die Suggestion, also die Eingebung von Person zu Person, zu Heilungen verwandte. Dieser Mann, *Faria* hieß er, erklärte die ganzen Erscheinungen in einer wesentlich anderen Weise. Er sagte, es käme dabei nur auf eines an: es käme darauf an, daß der Hypnotiseur in dem zu Hypnotisierenden einen ganz bestimmten Geisteszustand hervorrufen könne, daß er imstande sei, die Vorstellungsmassen des zu Hypnotisierenden in einen Zustand der Konzentration, der Sammlung zu versetzen. Wenn diese Sammlung, diese Konzentration erreicht wird, wenn also die ganze Vorstellungsmasse des Betreffenden auf einen bestimmten Punkt konzentriert wird, so muß der betreffende Zustand eintreten. Und dann müssen auch die anderen Erscheinungen eintreten, und auch die noch viel komplizierteren, die Faria aufzeigt.

Da haben Sie einmal eine Erklärung und Auslegung in sachgemäßer Weise von jemand, der die Sache wirklich verstand. Aber er wurde nicht verstanden. Über ihn wird einfach hinweggegangen. Und das ist auch erklärlich. – Ich habe gesagt, daß der Jesuitenpater, der zuerst diese Sache besprochen hat, und der seine Weisheit auch aus Indien bezogen hatte, in der Überschrift die Erklärung andeutete. Von der verstanden aber die Gelehrten wenig, so daß der gelehrte Preyer noch im Jahre 1877 sagte, wenn die Kirche diese Erscheinungen auf Phantasie zurückführe, so zeige das nur, wieviel Phantasie die Kirche habe. Ausfallend sprach er sich über den zum Brahmanen gewordenen katholischen Priester aus. Immer aber findet sich, daß der Hypnotismus benutzt worden ist zu Heilungen und zum Schmerzstillen bei Operationen. Die, welche Beziehung zu Faria hatten, brachten es dahin, daß durch geistigen Einfluß ein Schmerz bei dem zu Operierenden nicht wahrzunehmen war. Im Jahre 1847 wurde das Chloroform entdeckt, ein Mittel, von dem die materialistischen Forscher glauben konnten, und auch mit Recht sagen, daß es geeignet sei, bei Operationen schmerzverhindernd zu wirken. Damit war für lange Zeit das Verständnis für das andere schmerzstillende Mittel verlorengegangen. Nur einzelne, wirklich denkende Forscher haben sich auch in der folgenden Zeit mit diesen Erscheinungen befaßt. Wer genauer zusieht, findet immer und immer wieder, daß die Ärzte sehr wohl bekannt sind mit den einschlägigen Methoden, aber da und dort lassen sie bemerken, daß hinter den Erscheinungen etwas stehe, was sie nicht verstehen. Und diejenigen, welche einsichtsvoller sind, warnen ausdrücklich davor, sich überhaupt mit diesen Erscheinungen zu befassen, mit diesem Gebiete, das der Täuschung so unterworfen ist, daß selbst große Gelehrte genasführt werden können; es könne daher nicht genug davor gewarnt werden.

Auf diesem Standpunkte standen gewisse Gelehrte, vor denen man sonst die höchste Achtung haben mußte. Ich nenne nur den in dieser Richtung von mir sehr geschätzten Wiener Forscher *Benedikt*, der auf diese Erscheinungen immer und immer wieder, schon in den siebziger Jahren, hingewiesen hat. Er ist derselbe Forscher, der die Idee von dem sogenannten moralischen Wahnsinn aufgestellt hat, die nur gewöhnlich nicht verstanden wird. Man braucht nicht mit der Theorie einverstanden zu sein, auch nicht mit dem, was er über Hypnotismus und Magnetismus spricht. Schon als junger Mann hat er sich mit dem Mesmerismus beschäftigt und gefunden, daß dahinter etwas steckt; aber er hat sich niemals in der Weise damit abgegeben wie etwa *Liébeault* und *Bernheim* von der Nancyer Schule. Es war Benedikt, der scharf opponierte und betonte, daß selbst *Charcot* gewarnt habe vor Deutungsversuchen dieser Erscheinungen. Nirgends können Sie bei diesem Benedikt einen plausiblen Grund für seine Opposition gegen die ganze Theorie der Hypnose finden, aber seine instinktiven Äußerungen sind in einer merkwürdig richtigen Linie sich bewegend. Er sagt immer nur: Wer Versuche anstellt auf diesem Gebiete, der muß sich klar darüber sein, daß die Personen, mit denen er solche Versuche anstellt, ihn ebenso gut, vielleicht ohne daß sie es wissen, hinters Licht führen können, wie sie ihm auch irgend etwas Wahres vermitteln können. – Er hat auf der anderen Seite betont, daß auf die Art und Weise, wie die Wissenschaft sich der Dinge bemächtigen will, zu gar keinem Resultat zu kommen ist.

Nun sehen wir, nachdem namentlich wieder ein herumziehender Hypnotiseur, Hansen, den Leuten die horrendesten Experimente vorgemacht hat, die von Gelehrten im Laboratorium nachgemacht wurden und zum Teil gelungen sind, wie Zeitschriften sich der Sache bemächtigen, wie dicke Bücher geschrieben werden, die vom Journalismus ausgeschlachtet werden, wie allmählich diese Dinge Tagesfragen werden und populäre Schriften geschrieben werden, damit jeder von diesen Dingen eine Anleitung in der Westentasche haben kann. Es waren namentlich die Gelehrten der Nancyer Schule, Liébeault und Bernheim, welche in einer der Wissenschaft gemäßen Weise diese Erscheinungen ausdeuteten. Es mußte diesen Erscheinungen eine Eigenschaft zugeschrieben werden, die sie den anderen wissenschaftlichen Erscheinungen entsprechend und gleichbedeutend macht. So sehen wir denn, daß das Äußerliche, das, was für die Materialisten nicht abzuleugnen ist, maßgebend sein soll für die Herbeiführung einer Hypnose. Bernheim hat es dahin gebracht, daß er alle Methoden ausschloß und nur die Verbalsuggestion zugab: Das Wort, das ich zu dem Betreffenden spreche, wirkt so, daß er in diesen Zustand kommt. Die Hypnose selbst ist eine Wirkung der Suggestion. Wenn ich sage: Sie schlafen! – oder: Sie senken die Augenlider! – und so weiter, so wird die entsprechende Vorstellung hervorgerufen und diese ruft die Wirkung hervor.

So hatte denn der Materialismus die Erscheinungen der Hypnose glücklich eingesargt; so war in den Hintergrund getreten das, was alle diejenigen wissen, die in diesen Dingen sich auskennen: daß es ankommt auf die Einwirkung einer Person auf die andere; daß eine Person entweder die Naturanlage dazu hat, oder sie ausbildet durch besondere Methoden und sich also so zu einer mächtigen, für ihre Mitmenschen bedeutungsvollen Persönlichkeit entwickelt.

Und gerade das, daß dieser persönliche Einfluß wirkte, war völlig außer acht gelassen worden. Es sollte der Standpunkt des Durchschnittsverstandes gelten, dem alle Menschen gleich sind, der eine Entwickelung des Menschen zu einer gewissen Höhe moralischer und intellektueller Durchbildung nicht gelten lassen will. Das, worauf es ankommt, ist eingesargt worden.

Von diesem Standpunkte aus ist die ganze moderne Literatur abgefaßt. Namentlich ist es der Philosoph *Wundt*, der gar nichts damit anzufangen weiß, der es erklärt aus dem Unwirksamwerden eines bestimmten Teiles des Gehirns. Auch mein Freund, den ich sehr schätze, Dr. *Hans Schmidkunz*, hat eine Psychologie der Suggestion geschrieben, worin er im einzelnen ausführt, daß diese Vorgänge nur eine Steigerung von im gewöhnlichen Leben zu beobachtenden Erscheinungen sind, die auf natürliche Weise herbeigeführt werden, daß man aber noch nicht weiß, wo die Erklärung gesucht werden muß.

Indem wir die Geschichte dieser Tatsache betrachtet haben, sind wir in eine Art von Sackgasse hineingeraten. Niemand wird etwas anderes in der zeitgenössischen Literatur über dieses Kapitel finden können als eine mehr oder weniger große Ansammlung von einfachen, elementaren Tatsachen. Die Einwirkung eines Menschen auf einen anderen verrät mehr oder weniger nichtssagende Erklärungsversuche ziemlich materialistischer Art. Aber man wird sich vor allen Dingen davon überzeugen, daß die offizielle Wissenschaft diesen Tatsachen nicht gewachsen war, und daß nichts unberechtigter ist, als wenn heute die Medizin sich anmaßt, diese Erscheinungen für sich einzusargen, wenn sie geradezu den Anspruch erhebt, daß es einzig und allein das Feld der Medizin sein soll, Vorrecht der Medizin sein soll, sich mit diesen Tatsachen zu befassen. Für jeden wirklich Einsichtigen ist es klar, daß die Medizin auf ihrem heutigen Standpunkt mit diesen Tatsachen nichts anzufangen weiß, und daß vor allem diejenigen recht haben, die auf die Gefahr dieser Dinge hinweisen. Nicht umsonst haben Leute wie *Moritz Benedikt* gewarnt vor einer im gewöhnlichen Sinne wissenschaftlichen Beschäftigung mit diesen Dingen. Nicht umsonst haben sie gesagt, daß selbst ein Charcot achtgeben müsse, weil diese Zustände, die er als objektiver Beobachter hervorrufe, ebensogut ihn subjektiv befallen könnten. Nicht umsonst haben sie die Wissenschaft schützen wollen vor der Behandlung, wie sie die Nancyer Schule gepflegt hat, die nichts zustande gebracht hat für den wirklich Einsichtigen als wertlose Registrierungs- oder Erklärungsversuche, die im Grunde genommen nichts besagen. Mit vollem Grund hat Benedikt darauf hingewiesen, daß in der ganzen Literatur der Nancyer Schule nicht zu unterscheiden ist, was oberflächliche und was positive Leistung ist, ob man sich der Selbsttäuschung hingegeben hat oder betrogen worden ist.

Das ist das instinktive Urteil eines Mannes, der von gewissen, namentlich tieferen medizinischen Geistern in der Gegenwart doch sehr geschätzt wird, das Urteil eben dieses Professor Benedikt. Dieses Urteil ist deshalb bezeichnend, weil es instinktiv den wahren Sachverhalt uns vorhält. Instinktiv weist Benedikt darauf hin, worauf es ankommt. Das erste ist, daß diese Dinge – und das drückt Benedikt mit deutlichen Worten aus – nicht mit anderen zusammengeworfen werden dürfen, um damit zu experimentieren. Daher untersucht er nur diejenigen Tatsachen, die ohne sein Zutun ihm entgegentreten. Wenn jemand in natürliche Hypnose kommt und keine Veränderung durch den Hypnotiseur erleidet, dann haben wir diese Erscheinungen wissenschaftlich untersucht. Sobald wir aber auf unsere Mitmenschen in diesem Zusammenhang einen Einfluß ausüben, dann tun wir es von Person zu Person, von der Kraft einer Person zu der der anderen, dann verändern wir den Zustand des anderen Menschen, und dann hängt es – das wissen die, welche die höheren Methoden kennen, welche die Wissenschaft noch gar nicht hat – davon ab, was an unserer Person haftet, wie diese Person beschaffen ist. Sind Sie ein schlechter Mensch, in einer gewissen Weise ein minderwertiger Mensch, und Sie üben in hypnotischer Weise einen Einfluß auf Ihre Mitmenschen aus, so schaden Sie ihnen. Wollen Sie einen solchen Einfluß in sachgemäßer Weise ausüben, daß damit umfassende kosmische Kräfte nicht in schädlicher Weise tingiert werden, dann müssen Sie mit den Geheimnissen des höheren Geisteslebens bekannt sein, und das können Sie nur, wenn Sie Ihre Kraft auf eine höhere Stufe hinaufentwickelt haben. Nicht darauf kommt es an, daß da und dort experimentiert wird. Diese Erscheinungen sind solche, die fortwährend um uns herum ausgeübt werden. Sie können nicht eine Räumlichkeit betreten, ohne daß in dieser Räumlichkeit, wenn andere Menschen darinnen sind, Wechselwirkungen stattfinden, die analog dem sind, was – aus anderen Verhältnissen heraus – in den hypnotischen Erscheinungen stattfindet. Sollen in bewußter Weise solche Einflüsse ausgeübt werden, dann muß man erst würdig und fähig sein, einen solchen Einfluß auszuüben.

Deshalb wird auf diesem Gebiete erst dann wieder ein gesundes Leben sein, wenn nicht die Forderung besteht, diese Erscheinungen im Sinne der Wissenschaft zu studieren, sondern wenn die alte Methode wieder erneuert wird, daß der, welcher die Macht in sich erweckt hat, der also Hypnotiseur sein kann, erst ganz bestimmte höhere Kräfte in sich entwickeln muß. Das wußte man früher. Man wußte, wie die Erscheinungen sind. Es kam darauf an, die Menschen darauf vorzubereiten, daß sie solche Erscheinungen ausführen durften. Erst wenn unsere ärztliche Ausbildung wieder eine ganz andere sein wird, wenn die ganze Menschheit wieder auf eine höhere moralische, spirituelle und intellektuelle Stufe geführt wird und der Mensch sich würdig erwiesen hat, erst wenn die Prüfung in diesem Sinne ausgeführt wird, kann von einer gedeihlichen Entwickelung dieses Gebietes gesprochen werden. Daher ist nichts zu hoffen von der heutigen akademischen Behandlung von Hypnotismus und Suggestion. Sie werden in einer ganz falschen Weise aufgefaßt. Sie müssen erst wieder in der richtigen Weise betrachtet werden. Wenn das geschehen wird, dann wird man sehen, daß diese Erscheinungen im Grunde genommen verbreiteter sind, als man gewöhnlich glaubt. Man wird dann so manches in unserer Umgebung verstehen. Dann wird man auch wissen, daß man über ein gewisses Maß hinaus diese Erscheinungen gar nicht popularisieren kann, weil über dieses Maß hinaus, diese Erscheinungen zur menschlichen Innenentwickelung gehören. Die höchste Macht wird nicht erworben durch lebendige Vivisektion des Geistes, sondern durch die Ausbildung tief in uns liegender Kräfte. Moralische, geistige, spirituelle Höherentwickelung, das wird es sein, was uns wieder würdig macht, auf diesen Gebieten ein deutliches und klares Wort zu sprechen.

Dann werden wir auch wieder unsere Vorfahren verstehen, die nichts davon wissen wollten, diese Dinge in ihrer tiefsten Bedeutung vor der profanen Welt zu zeigen. Nichts anderes wollte man sagen, wenn man von dem verschleierten Bild der Isis sprach, daß niemand den Schleier heben dürfe, wenn er schuldig ist. Damit wollte man andeuten, daß der Mensch die höchsten Wahrheiten nur dann erkennen kann, wenn er sich erst ihrer würdig macht. Das wird eine neue Bedeutung und ein neues Licht werfen auf den Spruch: Wissen ist Macht. – Jawohl, Wissen ist Macht. Und je höher das Wissen, desto größer ist die Macht. Die Führung der Weltgeschichte beruht auf solcher Macht. Die Karikatur davon ist es, die uns heute die Wissenschaft zeigen will. Aber ein solches Wissen, welches die Herzen weckt, eine solche Macht, die eingreifen darf in anderer Herzen und Freiheit, sie dürfen nur erworben werden durch eine Einsicht, welche zu gleicher Zeit für den Menschen ein Glück ist, wovor er ehrfürchtig dasteht. Daß unser Wissen unseren ganzen Menschen ergreift, daß wir vor den höchsten Wahrheiten stehen und erkennen, daß die Wahrheit, die in uns erlebt wird, göttliche Offenbarung ist, die wir als etwas Heiliges ansehen, das muß uns als Ideal vorschweben. Dann werden wir das Wissen wieder als Macht erleben, wenn das Wissen wieder eine Kommunion ist mit dem Göttlichen. Der, welcher sich im Wissen vereinigt mit dem Göttlichen, ist dazu berufen, den Spruch zu verwirklichen: Wissen ist Macht.

WAS FINDET DER HEUTIGE MENSCH IN DER THEOSOPHIE?

Berlin, 8. März 1904

Die theosophische Weltanschauung ist für diejenigen, welche eine festere Begründung ihrer Begriffe und ihrer Vorstellungen in bezug auf die übersinnliche Welt gebrauchen, und für diejenigen, die nach einer solchen tieferen Begründung des Wissens über Seele und Geist streben. Derer sind ja wahrhaftig in unserer Zeit nicht so wenig.

Wir sehen, daß die Kulturwissenschaft seit langem bestrebt ist, den Ursprung der Religionen zu erforschen. Den Ursprung der Religionen sucht die Kulturwissenschaft bei primitiven Völkerschaften, bei den sogenannten Urvölkern, um zu erkennen, wie sich die religiösen Vorstellungen im Laufe der Zeit gebildet haben, und in diesen religiösen Vorstellungen ist ja im Grunde genommen dasjenige enthalten, was sich in den verschiedenen Epochen der Mensch für Vorstellungen, für Ideen über die übersinnliche, seelische und geistige Welt gemacht hat. Da sehen wir, wie auf der einen Seite die Forscher bestrebt sind, alle Religionen zurückzuführen auf eine im einfachen, kindlichen, naiven Menschen entstehende Naturverehrung. Auf der anderen Seite sehen wir andere Forscher den Ursprung der Religionen darauf zurückzuführen, daß der einfache, naive Mensch sieht, wie sein Mitmensch aufhört zu leben, wie er aufhört zu atmen, wie der Tod über ihn kommt, und wie er sich nicht denken kann, daß nichts mehr bleiben soll; wie er von seinen verschiedenen Erfahrungen, die ja der primitive Mensch in höherem Maße als der Kulturmensch von der übersinnlichen Welt hat, von seinen Traum-erlebnissen und von spirituellen Erlebnissen sich die Vor-stellung bildet, daß der Ahne, der Vorfahre, der dahin-gestorben ist, eigentlich noch da ist, daß er wirksam sei als Seele, beschützend seine Hand ausbreite und dergleichen mehr. Auf den Ahnenkultus, auf den Seelenkultus wird also von einigen Forschern der Ursprung der Religionen zurückgeführt. Wir könnten noch eine ganze Reihe anderer derartiger Forschungen anführen, welche belehren sollen darüber, wie die Religion in die Welt gekommen ist. Da-durch sucht der Mensch heute eine feste Stütze für die Frage: Sind auch unsere Vorstellungen über ein Leben nach dem Tode, über ein jenseitiges Reich, das nicht innerhalb der Sinnenwelt beschlossen ist, sind unsere Vorstellungen über ein ewiges Leben fest begründet? Und wie kommt der Mensch zu solchen Vorstellungen? – Das ist die eine Art, wie heute der Mensch versucht, diese Vorstellungen vom Übersinnlichen zu begründen.

Nicht in gleicher Weise ist die theosophische Welt-anschauung bestrebt, diese Begründung der gegenwärtigen Menschheit zu bieten. Kommt die Kulturforschung auf die Erfahrung des primitiven, einfachen, naiven, kindlichen Menschen zurück, so fragt die theosophische Weltanschau-ung vielmehr nach der religiösen Erfahrung des vollkom-mensten Menschen, desjenigen, der zu einer höheren Stufe in der geistigen Anschauung gekommen ist, was der als seine Anschauung, als seine Erfahrungen, als seine Erleb-nisse über die übersinnliche Welt entwickeln kann. Das-jenige, was der Mensch, der sein Innenleben entwickelt hat, der gewisse Kräfte, gewisse Fähigkeiten, die dem heu-tigen Durchschnittsmenschen noch nicht zugänglich sind, erworben hat, was ein solcher Mensch imstande ist zu erfahren über die höhere Welt, das wird zur Grundlage dessen gemacht, was die theosophische Weltanschauung zur Begründung ihrer Anschauung beitragen will. Die Erfahrung, die über die sinnliche hinausgeht, die sich auf die sogenannte Selbsterkenntnis der Seele und des Geistes stützt, diese höhere Erfahrung ist es, welche der theosophischen Weltanschauung zugrunde liegt. Was ist diese höhere Erfahrung? Was heißt es, über die geistige und seelische Welt etwas zu erfahren? Das wird sogar von einem großen Teile der gegenwärtigen Menschheit einigermaßen schwer zu begreifen sein. Das war in früheren Zeiten nicht so. Heute aber ist der Mensch mit seinen Erfahrungen hingezogen zu dem, was wir die sinnliche Welt nennen, die Welt der äußeren Erscheinungen. In dieser Welt der äußeren Erscheinungen ist der heutige Mensch heimisch. Er fragt, wie sieht dies fürs Auge aus, wie nimmt sich jenes für die tastende Hand aus, wie kann man dies oder jenes mit dem Verstande begreifen. Er sieht nur die Welt der äußeren Erscheinungen. So liegt vor ihm aufgeschlossen diese Welt der sinnlichen Erfahrungen.

Sehen wir uns einmal an, was uns diese sinnliche Erfahrung geben kann. Wir wollen uns klarwerden, wie uns diese sinnliche Erfahrung entgegentritt. Betrachten wir irgend etwas, was diesen äußeren Erscheinungen angehört. Betrachten wir irgendein Wesen, irgendein Ding der Welt. Wir können an all diesen Dingen der Welt nachweisen, daß sie einmal entstanden sind; sie haben sich gebildet und waren einmal nicht da. Sie sind entweder von der Natur oder von Menschenhand aufgebaut, und nach einiger Zeit werden sie verschwunden sein. Das ist die Eigenschaft aller Dinge, welche der äußeren Erfahrung angehören, daß sie entstehen und vergehen. Das können wir nicht nur von den leblosen Dingen sagen, das können wir auch von allen lebendigen Dingen sagen, ja vom Menschen selbst. Er entsteht und vergeht, wenn wir ihn als äußere Erscheinung betrachten. Dasselbe können wir sagen von ganzen Völkerschaften. Man braucht nur einen kurzen Blick auf die Weltgeschichte zu werfen und man wird sehen, wie Völkerschaften, die durch Jahrhunderte tonangebend gewesen sind, große, gewaltige Taten verrichtet haben, wie auch sie aus der Weltgeschichte verschwunden sind, zum Beispiel die Ost- und Westgoten. Und gehen wir von da aus zu den Erscheinungen über, die man als menschliche Schöpfungen bezeichnet, zu demjenigen, was als Höchstes, als Herrlichstes im Gebiete der menschlichen Leistungen empfunden wird. Betrachten wir ein Werk Michelangelos oder eines Raffael, oder wir können irgend etwas anderes, ein bedeutendes Werk der Technik betrachten, so werden Sie sich sagen müssen: Jahrhunderte oder Jahrtausende hält ein solches Werk; und mögen sich menschliche Augen befriedigt fühlen beim Anblick der Werke eines Raffael oder Michelangelo, mögen menschliche Herzen entzückt sein beim Anblick solcher Werke – aber Sie können sich des Gedankens nicht verschließen, daß das, was hier in der äußeren Erscheinung erschlossen ist, einmal zugrunde geht und im Staub verschwindet. Nichts bleibt von dem, was äußere Erscheinung genannt werden soll. Ja, wir können noch weiter gehen. Heute lehrt uns die Naturwissenschaft, daß unsere Erde, daß unsere Sonne an einem bestimmten Punkte der Weltenentwickelung entstanden ist, und der Physiker behauptet bereits, daß man fast ausrechnen kann, wann jener Zeitpunkt eingetreten sein muß, an dem unsere Erde am Ende ihrer Entwickelung angelangt ist, an dem sie in einen Zustand von Starrheit verfällt, so daß sie sich unmöglich weiter entwickeln kann. Dann ist das Ende in der äußeren Erscheinung eingetreten. Dann wird alles dasjenige, was sinnlich wahrnehmbar gelebt hat, was jedenfalls gewirkt und geschafft hat, das wird verschwunden sein. Und so können Sie das ganze Reich dessen, was man äußere Gestalten, was man äußere Erscheinungen, Formen nennt, verfolgen – Sie werden überall in dieser Welt finden: Entstehen und Vergehen; oder wenn wir in das Reich des Lebendigen hinaufkommen, so nennen wir Entstehen und Vergehen: Geburt und Tod. Geburt und Tod herrschen im Reiche der Gestalten oder Formen, in jenem Reiche, das der sinnlichen Erfahrung zugänglich ist.

Wir fragen uns: Ist dieses Reich das einzige, das uns vorliegt? Wir fragen uns, ist das Reich, in dem Geburt und Tod unaufhörlich herrschen, das einzige, das den Menschen zugänglich ist? Für denjenigen, der nur die sinnliche Anschauung gelten läßt, der nichts wissen will von Selbsterkenntnis des Geistes, von Fähigkeiten, die hinausgehen können über die bloße Gestaltenbetrachtung, über die Betrachtung der äußeren Erscheinungen, für denjenigen mag es wohl so erscheinen, als ob alles im Aufundabfluten, im Entstehen und Vergehen, Geburt und Tod sei. Man kann auch nicht durch dasselbe Natur- und Geistbetrachten zu einer höheren Anschauung kommen, durch das man die äußere Erfahrung gewinnt. Man kann nicht auf dieselbe Weise, durch die Sinne, hinauskommen über Geburt und Tod. Dazu bedarf es der Vertiefung in höhere geistige Fähigkeiten; nicht in abnorme geistige Fähigkeiten, die nur besondere Menschen haben, nein, nur der Vertiefung in jene Seelenkräfte, die sozusagen beschlossen liegen unter der äußeren oberflächlichen Schicht. Wenn jemand sich in jene Seelenregion versetzt, dann wird er imstande sein, durch sinnige, tiefergehende Betrachtung, eine andere Anschauung zu gewinnen über die Dinge und Wesenheiten. Betrachten Sie das einfachste: das Pflanzenleben. Da sehen Sie ewig Geburt und Tod wechseln. Sie sehen eine Lilie aus dem Keim entstehen und sehen die Lilie wieder verschwinden, nachdem sie einige Zeit das Auge entzückt und das Herz erfreut hat. Wenn Sie nicht mehr mit dem Auge des Leibes, sondern mit dem Auge des Geistes sehen, dann sehen Sie noch mehr. Sie sehen, daß die Lilie sich aus dem Keim entwickelt, daß sie nach der Stufe der Entwickelung wiederum zum Keim wird, und daß dann eine neue Lilie entsteht, die wiederum einen Keim treibt. Betrachten Sie ein Samenkörnchen; da sehen Sie, wie in dieser Welt Gestalt entsteht und Gestalt vergeht, aber wie jede Gestalt bereits wiederum den Samen und den Keim zu einer neuen Gestalt enthält. Das ist die Natur des Lebendigen; das ist die Natur dessen, was man Kraft nennt, was hinausgeht über die bloße Form und die bloße Gestalt.

Da kommen wir in ein neues Reich, das wir nur mit den Augen des Geistes sehen können, das für das Auge des Geistes ebenso gewiß und wahrhaftig ist wie die äußere Form für das leibliche Auge. Die Formen entstehen und vergehen; was aber immer und immer wieder erscheint, was mit jeder neuen Gestalt immer wieder da ist, das ist das Leben selbst. Denn Leben können Sie mit keiner Naturwissenschaft, mit keiner äußeren Anschauung irgendwie verstandesmäßig fassen. Sie können es aber durch Anschauung des Geistes fließen sehen durch die entstehenden und vergehenden Gestalten hindurch. Welches ist der Charakter des Lebens? Es erscheint immer wieder. So wie Geburt und Tod die Eigenschaften der äußeren Erscheinungen, der Formen ist, so ist Wiedergeburt, fortwährende Erneuerung, die Eigenschaft des Lebens. Die Gestalt, die wir als lebendig bezeichnen, hat in sich eingeschlossen die Kraft, dieselbe Kraft, welche imstande ist, eine neue Gestalt in neuer Geburt anstelle der alten entstehen zu lassen. Wiedergeburt und abermals Wiedergeburt ist das Wesen, das Charakteristische im Reiche der Lebendigen, wie Geburt und Tod das Charakteristische im Reiche der Formen, der äußeren Gestalten ist. Und wenn wir hinaufsteigen zum Menschen, wenn der Mensch sich selbst betrachtet, einen Blick tut in seine Seele, dann wird er finden, daß in ihm etwas vorhanden ist, das eine höhere Stufe darstellt als das Leben, das wir bei der Pflanze verfolgt haben; daß dieses Leben aber dieselbe Eigenschaft haben muß wie das Leben in der Pflanze, das von Gestalt zu Gestalt hineilt.

Wir haben gesagt, die Kraft sei es, welche die neue Gestalt wiedergebären läßt aus der alten. Sehen Sie das Samenkörnchen an; es ist unscheinbar in seiner äußeren Erscheinung. Was Sie aber nicht sehen können, das ist die Kraft, und diese Kraft, nicht die äußere Erscheinung, ist der Schöpfer der neuen Pflanze. Aus dem unscheinbaren Samenkorn geht die neue Lilie hervor, weil im Samenkorn die Kraft zur neuen Lilie schlummert. Wenn Sie ein Samenkorn ansehen, dann sehen Sie für die äußere Anschauung etwas Unscheinbares, und aus der Art und Weise, wie es das Leben geformt hat, können Sie sich eine Vorstellung machen von der Kraft. Wenn Sie aber in Ihre eigene Seele sehen, dann können Sie die Kraft, durch welche diese Seele wirkt, durch welche diese Seele in der Welt der Formen sich betätigt, sehen, dann können Sie die Kraft in sich selbst mit den Augen des Geistes wahrnehmen.

Welches sind die Kräfte der Seele? Diese Kräfte, die durchaus sich nicht vergleichen lassen mit anderen Kräften, sondern auf höherer Stufe stehen, und nicht wesensgleich sind mit der sprossenden Lebenskraft der Pflanze, diese Kräfte sind – um in großen Zügen all das, was wir Seelenleben nennen, zusammenzufassen –: Sympathie und Antipathie. Dadurch betätigt sich die Seele im Leben und verrichtet Handlungen. Warum vollziehe ich eine Handlung? Weil mich irgendeine in meiner Seele befindliche Sympathie treibt. Und warum fühle ich Abscheu? Weil ich eine Kraft in mir fühle, die man als Antipathie bezeichnen kann. Versuchen Sie es, durch innere Anschauung dies fortwährend wogende Leben der Seele zu begreifen, so werden Sie diese zwei Kräfte in der Seele immer und immer wieder finden und können sie auf Sympathie und Antipathie zurückführen. Solches muß den sinnigen Seelenbetrachter dazu führen, zu fragen: Wie verhält es sich eigentlich mit dem? Was müssen da in der Seele für Kräfte walten? – Wenn Sie fragen: Woraus ist die Lilie entstanden – und würden sagen: Diese Lilie ist aus dem Nichts entstanden –, dann stellte man sich nicht vor, daß sie aus dem Samenkorn entstanden ist, in welches schon die Kraft gelegt war von der vorhanden gewesenen Pflanze; dann setzte man nicht voraus, daß aus dem Samenkorn eine neue Gestalt entstehen konnte. Die neue Gestalt verdankt ihr Dasein der alten, abgestorbenen, vergangenen Gestalt, welche nichts zurückgelassen hat als die Kraft zur Entstehung einer neuen. Wie wir es niemals begreifen, wie eine Lilie entsteht, wenn nicht eine andere Lilie die Kräfte hätte frei werden lassen zum Entstehen einer neuen, ebensowenig können wir begreifen, wie das Aufundabwogen des Seelenlebens, das sich aus Sympathie und Antipathie zusammensetzt, da sein könnte, wenn wir dies nicht auf den Ursprung hin verfolgen wollten. Ebenso wie wir uns klar sein müssen über die Frage, daß jede Pflanze in ihrer Gestalt auf eine vorhergehende zurückgeführt werden muß, ebenso müssen wir uns klar sein, daß die Kraft nicht aus dem Nichts entstanden sein kann. Und ebensowenig wie die Kraft der Lilie in nichts verschwinden kann, ebensowenig kann die Kraft der Seele in nichts verschwinden. Sie muß ihre Wirkung, ihre weitere Gestaltung in der äußeren Wirklichkeit finden. Wiedergeburt finden wir im Reiche des Lebendigen, finden wir auch bei einer innigen Seelenbetrachtung im Reiche des Seelischen. Wir brauchen uns nur diese Gedanken in der rechten Weise vorzuhalten. Wir brauchen uns nur jene unendliche Konsequenz vorzustellen, und wir werden von dem Gedanken der Wiedergeburt leicht übergehen können zu der Kraft, die die Seele beleben muß, ohne die die Seele gar nicht gedacht werden kann, wenn man sich nicht vorstellen will, daß eine Seele aus dem Nichts entstanden sein soll und in nichts verschwinden soll. Damit kommen wir auch im seelischen Leben zur Wiedergeburt, und wir brauchen uns nur zu fragen: Wie muß die Wiedergeburt im seelischen Leben beschaffen sein? – Hier handelt es sich darum, daß man sich nicht an die sinnliche Anschauung hält, sondern daß man in sich die Anschauung des geistigen Lebens entwickelt, um den ewigen Wandel der Gestalten im Zusammenhang mit dem gleichbleibenden Leben zu erfassen. Da brauchen Sie nur einen großen deutschen Geist recht auf sich wirken zu lassen, dann werden Sie eine Vorstellung bekommen, wie man mit dem Auge des Geistes das von Gestalt zu Gestalt fließende Leben betrachten kann. Da brauchen Sie nur *Goethes* naturwissenschaftliche Schriften, die so anmutig geschrieben sind, in die Hand zu nehmen, wo Sie in lebensvoller Weise, mit dem Auge des Geistes gesehen, Betrachtungen des Lebens haben, und Sie werden sehen, wie man das Leben betrachten muß. Und wenn man diese Betrachtungen überträgt auf die Anschauung des Seelenlebens, dann kommt man dazu zu sagen, daß unsere Sympathien und Antipathien entwickelt sind, daß sie hervorgegangen sind aus einem Keim, so wie die Pflanze aus einem Keim in bezug auf ihre Gestalt hervorgegangen ist. Das ist die erste primitive Vorstellung, die einem Hauptgedanken der theosophischen Weltanschauung zugrunde liegt, dem Gedanken der Wiederverkörperung des seelischen Lebens. Was wir uns fragen vom Standpunkt des sinnigen Nachdenkens, ist: Wie sollen wir uns das komplizierte Seelenleben vorstellen, wenn wir nicht an die Wiederverkörperung der Seele glauben wollen? – Man kann einwenden: Jawohl, es wäre ein seelisches Wunder, es wäre ein seelischer Aberglaube, wenn ich zugeben sollte, daß das in mir vorhandene Seelenleben auf einmal entstanden sein soll, und daß es auch seine Wirkung haben müsse. – Man könnte einwenden: Ja, aber die vorhergehende Gestalt der Seele braucht nicht auf unserer Erde gewesen zu sein, und ihre Wirkung braucht auch nicht irgendwie auf dieser Erde zu sein. – Doch auch da können Sie über die scheinbare Klippe mit ein wenig sinnigem Nachdenken wegkommen. Die Seele tritt in die Welt; die Seele hat eine Summe von Anlagen, diese sind entwickelt und sind nicht aus dem Nichts entstanden. So wenig ist Seelisches aus Körperlichem, so wenig ist Seelisches aus Materiellem entstanden, wie ein Regenwurm aus Schlamm entstanden sein kann. So wie das Leben nur aus Lebendigem, so kann die Seele nur aus Seelischem entstanden sein. Der Ursprung der Seele kann auch nicht woanders liegen als auf unserer Erde. Denn wenn die Fähigkeiten von fernen Welten herrührten, dann würden sie nicht hineinpassen in unsere Welt, dann wäre die Seele nicht angepaßt dem Leben der Erscheinungswelt. So wie jegliches Wesen an seine Umgebung angepaßt ist, so ist die Seele in ihrem Entstehen unmittelbar ihrer Umgebung angepaßt. Daher müssen Sie die Vorbedingungen für das gegenwärtige Seelenleben zunächst nicht irgendwo in einer unbekannten Welt suchen, sondern in dieser Welt. Damit haben wir den Gedanken der Wiederverkörperung gefaßt.

So kann jeder, wenn er sich nur wirklich vertiefen will, durch reines, sinniges Nachdenken zu dem Gedanken der

Wiederverkörperung der Seele kommen. Das, sehen Sie, ist es, was all die hervorragenden Geister, die die lebendige Natur zu erfassen verstanden, zu dem Gedanken der Seelenwanderung in diesem Sinne, gezwungen hat, in dem Sinne einer Seelenwanderung von Form zu Form, einer Seelenwanderung, die wir als Wiedergeburt, Reinkarnation oder Wiederverkörperung bezeichnen.

Ich will noch verweisen auf einen der hervorragendsten Geister der neueren Zeit, auf *Giordano Bruno,* der mit seiner Menschenbetrachtung die Wiederverkörperung des Seelischen als sein Glaubensbekenntnis ausgesprochen hat. Bruno hat den Märtyrertod erlitten dafür, daß er zuerst dem Vater der modernen Naturwissenschaft, Kopernikus, offen zustimmte. So werden Sie zugeben, daß er die äußere Gestalt in ihrer sinnlichen Erscheinung zu beurteilen verstand. Er verstand aber noch mehr. Er verstand, das von Gestalt zu Gestalt fließende Leben zu betrachten, und damit wurde er von selbst zur Wiederverkörperung geführt. – Und gehen wir weiter, so finden wir bei *Lessing* in der «Erziehung des Menschengeschlechts» diese Lehre von der Wiederverkörperung dargestellt. Auch bei *Herder* finden wir sie berührt. Wir finden sie endlich in mancherlei Gestalt bei *Goethe* angedeutet, wenn Goethe sich auch in seiner vorsichtigen Art nicht sehr deutlich ausgesprochen hat, *Jean Paul* und unzählige andere könnten noch angeführt werden. Was die modernen Geister, von denen unser ganzes Kulturleben abhängt, die auch die wichtigsten Vorstellungen beeinflußt haben, was diese Geister dazu geführt hat, das ist nicht nur das Bestreben, den Menschen zu befriedigen, sondern weil durch diese Lehre vor allem allein eine Vorstellung geschaffen ist, die die Welterklärung möglich macht. Die Seele ist fortwährend in Wiedergeburt begriffen. Sympathie und Antipathie sind dagewesen und werden immer dasein. Das ist dasjenige, was über die Seele zu sagen ist in der theosophischen Weltanschauung.

Und nun kehren wir einmal zu unserem Ausgangspunkt zurück. Sagen wir noch einmal, wir haben gesehen, daß Gestalt auf Gestalt, Form auf Form in unserer sinnlichen Welt wechselt, daß alles Entstehen und Vergehen, Geburt und Tod ist. Wir haben gesehen, daß auch die wunderbarsten Werke, die geschaffen werden, vergehen. Fragen wir uns aber: Ist an dem Werk nur das Werk beteiligt? Ist bei der Schöpfung eines Raffael oder Michelangelo oder bei den einfachsten, primitiven menschlichen Schöpfungen, ist da nichts anderes beteiligt als dieses Werk? – Wir müssen doch unterscheiden das Werk und die Tätigkeit, die der Mensch verwendet hat, die Tätigkeit, die irgendein Wesen verwendet hat, um eine Arbeit, ein Werk oder irgend etwas, was sich als Schöpfung bezeichnen läßt, um das zustande zu bringen. Der äußeren Welt der Gestalten und Formen ist das Werk hingegeben, und in dieser äußeren Gestalt ist das Werk auch dem Schicksal dieser äußeren Gestalten verfallen, dem Entstehen und Vergehen. Aber Tätigkeit, die Tätigkeit, die sich im Wesen selbst begibt, dasjenige, was dazumal vorging in der Seele eines Raffael oder eines Michelangelo, als er seine Werke schuf, diese Tätigkeit ist auch dasjenige, was die Seele sozusagen wiederum in ihr eigenes Wesen hinein zurückzieht, das ist die Tätigkeit, die in das Werk nicht ausgeflossen ist. Wie ein Siegelabdruck im Siegel, so ist diese Tätigkeit in der Seele geblieben; und damit kommen wir auf etwas, was in der Seele nicht nur für kurze Zeit bleibt, sondern was in der Seele unvergänglich bleibt. Denn betrachten wir den Michelangelo einige Zeit nachher. Ist an ihm seine Tätigkeit fruchtlos vorübergegangen? Nein! Diese Tätigkeit hat beigetragen zur Erhöhung seiner inneren Fähigkeiten, und tritt er an ein neues Werk heran, so schafft er nicht nur damit, was vorher in ihm war, sondern er schafft aus jener Kraft, die erst entstanden ist durch seine Tätigkeit an früheren Werken. Seine Kräfte sind erhöht, sind befestigt, bereichert worden durch seine erste Tätigkeit. So schafft die Tätigkeit der Seele neue Fähigkeiten, die wiederum im Werk sich umsetzen, wiederum tätig werden, wieder in die Seele sich zurückziehen und Kräfte zu neuer Betätigung geben. Keine Tätigkeit der Seele kann verlorengehen. Was die Seele als Tätigkeit entwickelt, ist immer der Ursprung, die Ursache zu einer Erhöhung des seelischen Wesens, zur Entfaltung neuer Tätigkeit.

Das ist dasjenige, was in der Seele liegt als Tätigkeit, als Leben, das ist das Unvergängliche, das ist dasjenige, was wirklich gestaltend ist, das ist nicht nur Gestalt, nicht nur Leben, das ist schaffende Kraft. Durch meine Tätigkeit schaffe ich nicht nur das Werk, sondern Ursache für neue Tätigkeit, und immer schaffe ich durch die vorangehende eine neue Tätigkeit.

Das liegt allen großen Weltanschauungen zugrunde. In einer sehr schönen Weise sagt eine alte indische Schrift, wie man sich diese Tätigkeit im Inneren eines Wesens vorzustellen hat. Da wird erzählt, wie alle Gestalten verschwinden in einer endlosen Gestaltenwelt, wie Geburt und Tod in der äußeren Welt der Formen herrscht, wie die Seele immer wieder geboren wird. Aber wenn auch Lilie auf Lilie entsteht, es wird eine Zeit kommen, wo keine neue Lilie mehr entsteht, es wird eine Zeit kommen, wo die Seele nicht mehr in Sympathie oder Antipathie lebt. Das Lebendige wird immer wieder und wieder geboren; was aber nicht aufhört, das ist die Tätigkeit, die sich immer erhöht, steigert, die unvergänglich ist.

Das ist die dritte Stufe des Daseins, die sich immer fort

und fort steigernde Tätigkeit, und diese Stufe des Daseins und das Charakteristische des Geistes ist zu gleicher Zeit dadurch gekennzeichnet, daß ihr weder das Vergängliche noch das immerfort Schaffende anhaftet. In der ersten Stufe ist unsere Gestalt ein sinnliches Wesen, es ist ein immer wieder geborenes Wesen als Seele, und es ist ein unvergängliches, ein höheres Wesen als Geist. Daß Sympathie und Antipathie ebenso entstehen und vergehen müssen, wenn auch ihre Daseinszeit eine viel längere ist als die der äußeren Gestalt, das geht hervor aus der Betrachtung des Geistigen selbst und seiner Forderungen. Was fordert von dem Menschen der Geist, wenn er sich in diesen Geist versenkt? Dieser Geist hat eines an sich, was er uns immer wieder vorhält, was er uns mit Energie und Stärke vorhält: daß er sich niemals befriedigt erklären kann mit der bloßen Seele, der Sympathie und Antipathie. Dieser Geist, der sagt uns, daß die eine Sympathie berechtigt, die andere unberechtigt ist. Dieser Geist ist unser Führer im Reiche der Sympathie und Antipathie, unser Führer bei der Betätigung im Reiche der Seele. Und wir sind, wenn wir uns als Mensch entwickeln wollen, berufen, unsere Sympathie und Antipathie einzurichten nach den Forderungen des Geisteslebens, das uns zu den Höhen der Entwickelung heraufführen soll. Damit ist von vornherein dem Geiste zugestanden die Überordnung über die bloße Welt der Sympathie und Antipathie, über das bloße Seelische, und wenn der Geist die Welt der unberechtigten, der niederen Sympathie und Antipathie immerfort überwindet, dann stellt dies einen Hinaufstieg dar der Seele zum Geiste. Es gibt Anfangszustände der Seele; da ist sie verstrickt in die Gestalten der äußeren Wirklichkeit. Da ging ihre Sympathie zu äußeren Formen hin. Aber die höher entwickelte Seele ist die, die auf die Forderung des Geistes hört, und so entwickelt sich die

Seele von der Neigung zum Sinnlichen hinauf zu ihrer Neigung zur Sympathie für den Geist selbst.

Sie können das noch in anderer Weise verfolgen. Die Seele ist zunächst ein verlangendes Wesen. Die Seele ist erfüllt von Sympathie und Antipathie, von der Begierdenwelt, von der Welt des Verlangens. Der Geist aber zeigt nach einiger Zeit der Seele, daß sie nicht bloß zu verlangen hat. Wenn die Seele durch den Entschluß des Geistes das Verlangen überwunden hat, dann ist sie nicht untätig, dann strömt ebenso wie aus der unentwickelten Seele das Verlangen strömt, aus der entwickelten Seele die Liebe. Verlangen und Liebe, das sind die beiden entgegengesetzten Kräfte, zwischen denen sich die Seele entwickelt. Die noch in Sinnlichkeit, in äußerer Gestalt verstrickte Seele ist die verlangende Seele; die ihren Zusammenhang, ihre Harmonie mit dem Geiste entwickelnde Seele ist diejenige, welche liebt. Das ist dasjenige, was die Seele in ihrem Laufe von Wiedergeburt zu Wiedergeburt führt, daß sie von einer begehrenden, verlangenden Seele zu einer liebenden Seele wird, daß ihre Werke Werke der Liebe werden.

Damit haben wir die dritte Form der Gefühle bezeichnet, und wir haben zu gleicher Zeit die Grundeigenschaften des Geistes entwickelt, seine Wirksamkeit im Menschen dargestellt und gezeigt, daß er der große Erzieher der Seele vom Verlangen zur Liebe ist, und daß er die Seele wie mit magnetischer Gewalt zu sich hinaufzieht. Nun, wir sehen auf der einen Seite die Welt der Gestalten und Formen, auf der anderen die Welt des unvergänglichen Geistes, und beide miteinander verbunden durch die Welt des Seelischen. Ich habe in dieser Auseinandersetzung lediglich Rücksicht genommen auf eine sinnige Selbstbetrachtung, die jeder Mensch, wenn er die nötige Ruhe in sich findet und nicht nur in äußerer Anschauung verstrickt ist, imstande ist, mit dem Auge des Geistes zu sehen. Derjenige aber, der in sich die höheren geistigen Fähigkeiten entwickelt hat, ein Okkultist, der lernt noch etwas ganz anderes. Der weiß nicht nur diese drei Welten mit der sinnigen Betrachtung zu erreichen, sondern er hat eine Anschauung vom Leben und vom Geist, ebenso wie das äußere Auge eine Anschauung der äußeren sinnlichen Wirklichkeit hat. Wie das Auge Licht und Finsternis unterscheidet, wie das Auge verschiedene Farben unterscheidet, so unterscheidet das geistige, das entwickelte, geöffnete Auge des Okkultisten das höhere, glänzende Licht des Geistes, das kein sinnliches Licht ist, das ein heller erstrahlendes Licht in höheren Welten, in höheren Sphären ist, und dieses strahlende Licht des Geistes, das ist für den Okkultisten ebenso Wirklichkeit, wie unser Sonnenlicht für unsere Betrachtung Wirklichkeit ist. Und wir sehen bei einzelnen Dingen, daß das Sonnenlicht zurückgestrahlt, reflektiert wird. So unterscheidet der Okkultist das strahlende Selbstleuchten des Geistes von dem eigentümlichen Glimmern des Lichtes, welches zurückgestrahlt wird von der Welt der Gestalten, als seelische Flamme. Seele heißt, zurückstrahlendes Geisteslicht, Geist heißt, ausstrahlendes schöpferisches Licht. Diese drei Gebiete sind Geisteswelt, Seelenwelt und Gestaltenwelt, denn so erscheinen sie dem Okkultisten. Nicht nur sind verschieden die Gebiete des Daseins. – Die äußere Gestalt ist für den Okkultisten die Leere, die Finsternis, dasjenige, was im Grunde genommen nichts ist, und die große, einzige Wirklichkeit ist das hehre, erstrahlende Licht des Geistes. Und dasjenige, was wir als glänzendes Licht fühlen, was sich um die Gestalten herumlegt und eingesogen wird, das ist die Welt des Seelischen, welches immer und immer wieder geboren wird, bis es erreicht wird von dem Geist, bis der es ganz zu sich hinaufgezogen hat und sich mit ihm vereint. Dieser Geist erscheint in mannigfaltiger Gestalt in der Welt, aber die Gestalt ist nur der äußere Ausdruck des Geistes. Den Geist haben wir erkannt in seiner Tätigkeit, in seiner sich immer steigernden Tätigkeit, und diese Tätigkeit haben wir Karma genannt.

Nun, was ist nun das eigentliche Bedeutungsvolle und Charakteristische dieser Tätigkeit des Geistes? Dieser Geist kann in seiner Tätigkeit nicht unbeeinflußt bleiben von der Tat, die er einmal verrichtet hat in der Stufe, die er einmal eingenommen hatte. Ich möchte Ihnen klarmachen, wie diese Tätigkeit des Geistes ihre Wirkung haben muß. Denken Sie einmal folgendes: Denken Sie, Sie haben vor sich stehen ein Gefäß mit Wasser und Sie werfen in dieses Gefäß eine warme Metallkugel. Diese Kugel erhitzt das Wasser; dieses ist also das Werk der Kugel. Durch dasselbe aber, was die Kugel verursacht hat, hat sie selber eine Veränderung erlitten. Die Veränderung haftet so lange, bis eine neue Veränderung eintritt. Wenn die Kugel das eine Werk verrichtet hat, dann hat sie das Gepräge dieses ihres Werkes, dann trägt sie dieses Gepräge mit sich. Wenn Sie die Kugel in ein zweites Gefäß versenken, dann wird sie als Folge ihrer ersten Tätigkeit dieses zweite Wasser nicht wieder erwärmen können. Kurz, wie sie das zweite Mal wirkt, ist eine Folge von dem, wie sie das erste Mal gewirkt hat. Durch dieses einfache Gleichnis kann man sich klarmachen, wie der Geist in seiner Tätigkeit wirkt. Wenn der Geist in seiner Tätigkeit ein bestimmtes Werk verrichtet, so ist nicht nur diesem Werk das Gepräge aufgedrückt, sondern der Tätigkeit des Geistes selbst ist derselbe Stempel aufgedrückt. Wie die Kugel sich abgekühlt und dadurch etwas Bleibendes erhalten hat, so hat der Geist bleibend seine Signatur, sein Gepräge erhalten von seiner Tat. Ob gute, ob schlechte Tat, die Taten gehen nicht spurlos an dem, was an der Seele bleibend ist, vorbei. So wie die Tat war, so ist auch der Stempel, den die Tat erhalten hat und den sie fortan trägt.

Das ist es, was uns dazu führt, zu erkennen, daß einer jeglichen Tat, wie der große Mystiker *Jakob Böhme* sagt, «aufgedrückt ist ein Kennzeichen, das von ihr fortan nicht zu nehmen ist, als wieder durch neue Tat, durch neues Erlebnis, daß der alte Stempel durch einen neuen ersetzt wird». Das ist das Karma, das der einzelne erlebt. Indem die Seele von Wiedergeburt zu Wiedergeburt schreitet, bleiben ihr die Taten aufgedrückt, die Signatur, die Prägung, die sie während der Taten erlangt hat, und in einem neuen Erlebnis kann nur Folge gegeben werden von alten Erlebnissen. Das ist die strenge, die Begriffe von Ursache und Wirkung entwickelnde Lehre von Karma, die sich in der theosophischen Weltanschauung uns bietet. Ich bin das Ergebnis meiner früheren Taten, und meine jetzigen Taten werden in ihrer Fortsetzung in zukünftigen Erlebnissen ihre Wirkung haben. Damit haben Sie für den Menschen das Gesetz des Karma ausgesprochen, und derjenige, der sich in seinen Taten vollständig als Geist betrachten will, der muß sich in diesem Sinne betrachten, der muß sich klar sein, daß eine jegliche Tat eine Wirkung hat, daß es in der moralischen Welt ebenso das Gesetz von Ursache und Wirkung gibt wie in der äußeren sinnlichen Welt der Gestalten.

Das sind die drei Grundgesetze der theosophischen Weltanschauung: Geburt und Tod herrscht nur in der Welt der Formen, Wiederverkörperung herrscht in der Welt des Lebens, und Karma, oder die sich ewig gestaltende und steigernde Tätigkeit, die herrscht im Reiche des Geistes. Die Gestalt, die Form ist vergänglich, das Leben gebiert sich immer wieder, der Geist ist aber ewig.

Das sind die drei Grundgesetze der theosophischen Weltanschauung, und damit haben Sie auch zugleich alles entgegengenommen, was die theosophische Weltanschauung in das menschliche Leben einführen kann. Der Geist erzieht die verlangende Seele zur Liebe. Der Geist ist dasjenige, was von allen innerhalb der menschlichen Natur empfunden wird, wenn diese menschliche Natur sich in ihr Inneres versenkt. Die einzelne Gestalt hat nur ein Interesse für dasjenige, was ihr als einzelne Gestalt zugehört. Diese einzelne Gestalt wirkt daher nur für sich, und dieses Wirken für sich ist das Wirken in Selbstsucht, das ist das Wirken in Egoismus. Und dieser Egoismus ist in der ganzen Welt der Gestalten, der äußeren Formen, das tonangebende Gesetz. Aber die Seele erschöpft sich nicht innerhalb der einzelnen Gestalt, sie geht von Gestalt zu Gestalt. Sie hat das Verlangen nach immer wiederkehrender Neugeburt. Der Geist hat aber das Streben, das sich immer und immer wieder neu Gestaltende immer höher zu entwickeln, von der unvollkommenen zur vollkommenen Gestalt zu formen. So führt die Seele in ihrem Verlangen von Geburt zu Geburt, so führt der Geist in seiner Erziehung der Seele vom Ungöttlichen zum Göttlichen; denn das Göttliche ist nichts anderes als das Vollkommene, zu dem der Geist die Seele erzieht. Die Erziehung der Seele durch den Geist vom Ungöttlichen zum Göttlichen, das ist die theosophische Weltbetrachtung. Und damit haben Sie auch die Ethik der theosophischen Weltanschauung gegeben. So wie der Geist nicht anders kann, als die Seele zur Liebe zu erziehen und das Verlangen in Liebe umzuwandeln, so hat die theosophische Weltanschauung als ihren ersten Grundsatz, eine menschliche Gemeinschaft zu gründen, die auf Liebe gebaut ist. Und damit ist die Sittenlehre der theosophischen Weltanschauung in Einklang gekommen mit den ewigen Gesetzen des Geistes. Nichts anderes, als was der Geist als sein innerstes Wesen anerkennen muß, die Umwandlung des

Verlangens in Liebe, hat zur Gründung einer die ganze Menschheit mit dem seelischen Feuer der Liebe umfassenden Theosophischen Gesellschaft geführt. Das ist es, was als ethische Weltanschauung der theosophischen Bewegung voranleuchtet. Und fragen wir uns: Findet der gegenwärtig nachdenkende Mensch seine Befriedigung in dieser Weltanschauung? – Der gegenwärtige Mensch ist gewöhnt, nicht mehr bloß auf äußere Traditionen, nicht mehr bloß auf äußere Anschauung hin und einer Autorität zu glauben, sondern immer mehr entwickelt sich der Mensch dahin, eine Weltanschauung zu suchen, welche seine Gedanken befriedigt, welche dasjenige befriedigt, was er die Selbsterkenntnis seines Geistes nennt. Wenn der moderne Mensch sich bestrebt, diese Selbsterkenntnis zu erlangen, dann gibt es für ihn nichts anderes als diese theosophische Anschauung, welche im Grunde genommen kein Bekenntnis ausschließt, alle aber einschließt. Denn diese theosophische Anschauung bietet wirklich der Seele das, was sie sucht. Unaufhörlich muß sich die Seele Fragen vorlegen über das menschliche Schicksal und seine Ungleichheit. Kann es die sinnige Seele ertragen, daß auf der einen Seite unschuldige Menschen in Bitternis und Elend leben, auf der anderen Seite scheinbar solche, die es nicht verdienen, im Glücke schwelgen? Das ist die große Frage, die die Menschenseele an das Schicksal stellen muß. Solange wir das Leben nur betrachten zwischen Geburt und Tod, so lange finden wir nimmermehr eine Antwort auf dieses Rätsel. Wir finden nimmermehr Trost für die Seele. Betrachten wir aber das Karmagesetz, dann wissen wir, daß alle Bitternisse, alles Elend die Ergebnisse von Ursachen sind, die in früheren Leben da waren. Dann werden wir auf der einen Seite sagen: Dasjenige, was die Seele heute als ihr Schicksal erlebt, das ist die Wirkung früherer Erlebnisse. Das kann nicht anders sein. Trost wird diese Erklärung sofort dann, wenn wir in die Zukunft sehen, weil wir sagen: Derjenige, der heute Schmerzliches erlebt, oder der Bitternis und Kummer erlebt, der kann sich über sein Schicksal nicht nur beklagen, sondern der muß sich sagen: Bitternis, Herzeleid, das hat Wirkung auf die Zukunft. Was heute dein Schmerz ist, das verhält sich für dein Leben in Zukunft so, wie sich der Schmerz eines Kindes verhält, wenn es hinfällt: dadurch lernt es gehen. So ist aller Kummer die Ursache zu einer Erhöhung des seelischen Lebens, und Trost findet die Seele sofort, wenn sie sich sagt: Nichts ist ohne Wirkung. Das Leben, das ich heute erfahre, das muß seine Frucht tragen für die Zukunft.

Nun will ich noch eine andere Erscheinung erwähnen, das ist die Erscheinung des Gewissens. Diese Erscheinung ist zunächst unerklärlich. Sie wird sofort verständlich, wenn wir sie erfassen in ihrem Werdegang. Wenn wir wissen, daß jede Seele eine bestimmte Stufe der Entwickelung darstellt, dann werden wir zugeben, daß in der unentwickelten Seele der Drang nach Gestalt lebt. Wenn sie aber der Geist zu sich gezogen hat, wenn der Geist sich immer mehr mit ihr vereinigt hat, dann spricht bei jeder Entwickelung von Sympathie und Antipathie der Geist, und dieses Sprechen des Geistes aus der Seele, das vernimmt der Mensch als Stimme des Gewissens. Stets nur auf einer bestimmten Stufe der menschlichen Entwickelung kann dieses Gewissen auftreten. Wir sehen bei primitiven Völkern niemals die Stimme des Gewissens. Erst später, wenn die Seele durch verschiedene Persönlichkeiten hindurchgegangen ist, dann spricht der Geist zur Seele.

Damit haben Sie die Hauptbegriffe der theosophischen Weltanschauung, und Sie haben gesehen, wie lichtvoll diese Anschauung für diejenige Welt ist, die uns als Welt der äußeren Formen erscheint. Ja, diese Welt der Gestaltungen würden wir niemals begreifen, wenn wir sie nicht aus dem Geist begreifen würden. Derjenige aber, der nur in der äußeren Gestalt lebt, der sich hinreißen läßt in der Welt der Formen, der ist auf der Stufe des Vergänglichen, der ist auf derjenigen Stufe, wo er die Selbstsucht und den Egoismus entwickelt, weil unsere äußere Form nur Interesse für die Form hat. Aber aus der Selbstsucht entwickelt er sich heraus, weil der Geist immer sprechender wird. Diesen Geist, der in allen Menschen derselbe ist, werden wir aber erst dann erkennen, wenn wir uns zur Betrachtung des ewig unvergänglichen, des innersten Wesenskernes im Menschen aufschwingen. Wir werden den Menschen erst dann in seinem innersten Wesen erkennen, wenn wir zu seinem Geiste vordringen. Erkennen wir den innersten Wesenskern im Menschen, dann erkennen wir den Geist in uns. Den Geist im anderen Menschen begreift aber nur der, der den anderen Menschen als Bruder ansieht; er begreift ihn erst dann, wenn er erst die Brüderlichkeit vollständig zu würdigen versteht.

Deshalb bezeichnet die theosophische Bewegung die Brüderlichkeit als das Ideal, das die geistige Entwickelung der Menschheit erreichen will unter dem Einfluß dieser Weltanschauung.

Das, verehrte Anwesende, findet der moderne Mensch in der theosophischen Bewegung. Weil diese Bewegung das dem modernen Menschen bietet, was er sucht, deshalb hat sie sich im Laufe der neunundzwanzig Jahre, die sie besteht, über alle Länder der Erde verbreitet. Wir finden sie in Indien, Australien, Amerika, in allen Ländern des westlichen Europa. Sie ist überall zu finden, weil sie diesem modernen Menschen nach und nach einleuchtende Vorstellungen bringt. Das bietet die Theosophie dem heutigen Menschen. Es ist etwas, was der heutige Mensch sucht, es ist etwas, was der heutige Mensch empfindet, etwas, was alle diejenigen klar und deutlich empfunden haben, die mit sinnigem Blick in Natur und Menschenleben zu schauen wußten und fanden, was sich dieser Anschauung des Geistes aufträgt und aufprägt das, was Befriedigung, Trost, Mut, was Leben gibt. Es ist die Anschauung, daß das Vergängliche, daß Geburt und Tod nicht das einzige sind, sondern daß in diesem vergänglichen, vorüberwandelnden Gestaltungsleben des äußeren Seins sich das innere Sein des Geistes auslebt. Dann blicken wir getrost in die Vergangenheit und mutvoll in die Zukunft, wenn diese Anschauung unsere Überzeugung geworden ist. Und dann sagen wir aus tiefster Seele heraus trostvoll und mutvoll dasjenige, was aus voller Überzeugung der Dichter ausgesprochen hat:

> Die Zeit ist eine blühende Flur,
> Ein großes Lebendiges ist die Natur,
> Und alles ist Frucht, und alles ist Samen.

Berlin, 28. April 1904

Wenn eine Geistesrichtung sich im Verlaufe der Menschheitsentwickelung durchsetzen soll, eine Geistesrichtung, welche nicht die Anerkennung oder vielleicht auch nicht einmal die Kenntnis der sogenannten maßgebenden Kreise, der herrschenden geistigen Kreise genießt, so muß sie immerzu kämpfen mit den widerstrebenden Gewalten, die sich da innerhalb der Menschheitskultur hervortun.

Wir brauchen, um das zu verstehen, nur zu erinnern an dasjenige, was sich abspielte, als das Christentum gegenüber alten Vorstellungsarten, gegenüber einer alten Geistesströmung sich durchzusetzen hatte in der Welt. Wir brauchten nur wieder daran zu erinnern, wie im Beginne der neuen Geistesrichtung *Galilei, Kopernikus, Giordano Bruno* zu kämpfen hatten gegen die sogenannten maßgebenden, herrschenden Kreise. Wir dürfen annehmen, daß die von Giordano Bruno inaugurierte Geistesrichtung zu kämpfen hatte gegen Althergebrachtes.

In einer ähnlichen Lage ist heute diejenige Geistesrichtung, die unter dem Namen Theosophie vertreten wird in der Literatur, in Vorträgen und auch sonst seit einer Reihe von Jahren. Wenn Sie sich erinnern an das Schicksal solcher zur Zeit ihres Auftretens mehr oder weniger unbekannten Geistesrichtungen, so werden Sie finden, daß die Art und Weise, wie man ihnen entgegentritt von seiten der herrschenden Parteien, von seiten der sogenannten maßgebenden Kreise, sich zwar ändert mit den Moden der Kultur, daß aber das Wesentliche, das Unverständnis, gepaart mit einer gewissen Art von Engherzigkeit, immer wieder und wieder auftreten. Es ist ja heute nicht mehr üblich, daß man Ketzer verbrennt und insbesondere würden sich diejenigen, welche sich liberale Kreise nennen, verwahren dagegen, zusammengeworfen zu werden mit solchen Leuten, welche Ketzer verbrannt haben. Aber vielleicht kommt es darauf weniger an. Das Ketzerverbrennen ist heute nicht mehr Mode. Aber wenn wir die Gesinnung prüfen, aus der hervorgegangen ist die Ketzerverfolgung und dasjenige, was damit zusammenhängt, wenn wir die Gründe für eine solche Verfolgung mit der menschlichen Seele prüfen und das, worauf wir da kommen, vergleichen mit dem, was in der Seele derjenigen sich auslebt, welche die theosophische Geistesrichtung heute mehr oder weniger bekämpfen oder sich ihr entgegenstellen, dann werden wir an Gesinnung und inneren Seelenvorgängen bei den Gegnern etwas ganz Ähnliches finden.

Freilich wollen wir heute uns nicht darauf einlassen, mit dem ganzen weiten Kreise der Gegner der theosophischen Weltauffassung uns auseinanderzusetzen. Wir wollen vielmehr uns beschränken auf dasjenige, was mit unserer zeitgenössischen Gelehrsamkeit zusammenhängt, wir wollen einmal das Verhältnis unserer zeitgenössischen Gelehrsamkeit zu derjenigen Weltauffassung, die hier vertreten wird, die man die theosophische nennt und die geisteswissenschaftliche, wie sie von mir seit einiger Zeit zu nennen versucht wird, wir wollen das Verhältnis der gelehrten Kreise zu dieser Weltanschauung einer Betrachtung unterziehen.

Es ist vielleicht doch nicht ganz so bedeutungslos, wenn man mit kleinen Symptomen diese Betrachtung anfängt. Ein sehr verbreitetes kleines Konversationslexikon, ein sogenanntes Taschenkonversationslexikon, das auf seinem Titelblatt oder wenigstens in seiner Vorrede sagt, daß es von den besten wissenschaftlichen Kräften zusammengestellt ist, soll den Anfang machen. Wenn wir es aufschlagen unter dem Schlagwort «Theosophie», finden wir als Erklärung nur zwei Worte: «Gottsucher, Schwärmer.» Nun ist natürlich eine solche Art gelehrter Betrachtung des Theosophen nicht in allen ähnlichen Nachschlagewerken mehr üblich. Aber viel gescheiter als aus dieser kurzen Bemerkung wird wohl derjenige, der über Theosophie etwas erfahren will, auch aus den anderen ähnlichen Nachschlagebüchern nicht werden.

Nun habe ich versucht, in den eigentlichen philosophischen Nachschlagebüchern einmal wenigstens so äußerlich zu prüfen, was denn da zu finden ist. Ich will Ihnen nicht etwa mit einer Blumenlese kommen aus solchen Nachschlagebüchern. Ich möchte nur zur Probe anführen, was in dem Wörterbuch der philosophischen Begriffe und Ausdrücke, quellenmäßig bearbeitet, erschienen zu Berlin 1900, zu finden ist. Also in einem der neuesten Werke, das tatsächlich auch die meisten theosophischen Begriffe aufführt, ist das Folgende enthalten: [Lücke im Stenogramm.]* Mit diesen Namen sind es etwa drei Zeilen, etwas darüber. Wer versuchen will, eine Vorstellung zu bekommen von Theosophie aus dieser Anführung, der wird sich sagen müssen: auch in solchen philosophischen Wörterbüchern finden wir nichts anderes, als eine noch nicht einmal zutreffende Übersetzung des Namens und dann ein paar Namen angeführt.

Auch sonst sieht es nicht besonders gut aus, wenn wir uns über dasjenige, was hier als Theosophie vertreten wird, orientieren wollen, was die zeitgenössische Gelehrsamkeit darüber weiß. Aber um so leichter – Sie werden das finden – wird diese zeitgenössische Gelehrsamkeit auf ein paar kleine Dinge hin, die sie aufgeschnappt hat aus irgendeiner theosophischen Broschüre, über dasjenige, was Theosophie

* Siehe Hinweis

ist, aburteilen wollen. Wir können die merkwürdige Erfahrung machen: Ein Achselzucken und die Bemerkung, «was die theosophische Literatur verbreitet, ist nichts anderes als ein Aufwärmen von ein paar buddhistischen Begriffen», oder, «es ist nichts anderes als etwas anders ausgedrückter spiritistischer Aberglaube». Solche Dinge werden Sie in Hülle und Fülle hören können. Was Sie aber wenig werden hören können, das wird sein eine wirkliche Antwort auf die Frage: Ja, was ist denn eigentlich Theosophie? – Es wird Ihnen begegnen können, vielleicht nicht bloß in Kaffeegesellschaften, dasjenige, was ja tatsächlich in einer Kaffeegesellschaft jüngst einmal vorgekommen ist, was aber gar nicht so unbezeichnend ist für die ganze Stellung unserer Zeitgenossen zur Theosophie. Da sagte eine Dame zu einer anderen: Wie kommt es, daß du Theosophin geworden bist? Das ist ja etwas Fürchterliches, etwas Schreckliches. Bedenke doch, was du deiner Familie antust, bedenke, wie du dich in Widerspruch setzest zu dem, was die anderen Menschen denken. – Sie schwieg dann ein paar Sekunden und sagte darauf: Du, was ist denn das eigentlich – Theosophie?

Das ist gerade nicht aus gelehrten Kreisen entsprossen, aber dem Typus nach könnten Sie es auch wirklich im gelehrten Kreise finden. Sie können immer und immer wieder das Urteil finden, daß die Theosophie etwas ganz und gar nichts Wissenschaftliches sei, daß sie nur eine Schwärmerei einiger phantastischer Menschen sei, daß sie vor allen Dingen Behauptungen vorbringe, die man nicht beweisen könne.

Es soll heute hier keineswegs, wo es sich um eine Charakteristik des Verhältnisses unserer Gelehrsamkeit zur Theosophie handelt, eine Kritik gegeben werden, nicht einmal eine Kritik unseres Verhältnisses zu den Gelehrtenkreisen. Denn niemand mehr als der, welcher vom theosophischen Gesichtspunkte aus unsere gegenwärtige Gelehrtenbildung überblickt, weiß besser, daß aus der heutigen Gelehrtenbildung heraus, aus den Vorstellungen, Begriffen und Ideen, welche herausgebildet wurden aus der heutigen Schulbildung, nichts anderes entspringen kann als ein übermütiges und etwas hochnäsiges Achselzucken über dasjenige, was die Theosophie behauptet und was wirklich jener Gelehrsamkeit – weil sie es nicht besser verstehen kann – nicht anders erscheinen kann denn als Schwärmerei und als ganz unwissenschaftliches Gerede.

Gerecht wollen wir wirklich sein gegen diese Gelehrsamkeit. Der Theosoph steht da wirklich auf einem Standpunkt und muß auf einem stehen, welchen ich an einem Beispiel zeigen will, das sich nicht auf theosophischem Boden zugetragen hat, das aber leicht sich auf theosophischem Boden hätte zutragen können. Der Theosoph ist in einer ähnlichen Lage der zeitgenössischen Gelehrsamkeit gegenüber, wenn er das Naserümpfen und den Vorwurf der Schwärmerei zurückweist, wie eben in dem Beispiel der vor kurzem verstorbene Philosoph *Eduard von Hartmann* gegenüber der materialistisch-darwinistischen Naturinterpretation. Es soll hiermit keine Partei ergriffen werden für die «Philosophie des Unbewußten» von Eduard von Hartmann. Aber immer wieder müßte man hinweisen auf die Art und Weise, wie er seinen Gegnern begegnet ist. – Im Jahre 1869 war es, da erschien die «Philosophie des Unbewußten», ein Buch, für das der Theosoph nicht gerade Partei ergreifen muß, ein Buch, welches aber damals eine kühne Tat war. Und gerade in dem Verhältnis dieses Buches zu der damaligen Gelehrsamkeit kann sich uns ein Beispiel ergeben für die Art und Weise, wie heute wiederum der Geisteswissenschafter oder Theosoph seinen Gegnern gegenübersteht. Diese «Philosophie des Unbewußten» war in einer gewissen Weise eine kühne Tat. Damals war es, wo die Wogen der materialistischen Wissenschaft hoch gingen, wo sich die materialistische Wissenschaft ausgewachsen hatte zu einer Art materialistischer Religion, Bücher wie «Kraft und Stoff» von *Büchner*, andere Bücher von *Vogt, Moleschott* und dergleichen, die in Kraft und Stoff, in dem rein sinnlichen materiellen Dasein das einzig Wirkliche gesehen haben, sie haben Aufsehen gemacht, viele Auflagen erlebt, Herzen und Seelen erobert. In jener Zeit galt jeder für einen Tropf und Dummkopf, welcher nicht einstimmte in diesen Chor des Materialismus, welcher von einem selbstschöpferischen Geist sprach. In diese Zeit hinein, in der man der Ansicht war, daß *Darwins* Werk die wissenschaftliche Denkweise liefere für den Materialismus, in dieser Zeit, wo Philosophie selbst ein Wort war, das man für etwas höchst Überwundenes ansah, in dieser Zeit ließ Eduard von Hartmann seine «Philosophie des Unbewußten» erscheinen, eine Philosophie, welche trotz ihrer großen Fehler den einen Vorzug hat, daß sie in einer rücksichtslosen Weise die Welt auf ein Geistiges zurückführt, überall, in allen Erscheinungen die Grundlage eines Geistigen sucht, wenn auch das Geistige als ein Unbewußtes angesehen wird, wenn es auch einen besonders hohen Rang einnimmt. Das eine ist sicher, der Geist ist da der materialistischen Richtung scharf entgegengehalten. Während damals die darwinistische Richtung die Natur ganz aus Kraft und Stoff heraus erklärte, suchte sie Eduard von Hartmann so aufzufassen, daß der Geist als die innere Zweckmäßigkeit eines geistigen Wirkens ersichtlich sein sollte. – Da kamen diejenigen, welche glaubten, achselzuckend auf alles herabsehen zu können, was von Geist sprach und urteilten: Solch etwas Dilettantisches hat es noch nicht gegeben wie diese «Philosophie des Unbewußten». Da spricht ein Mensch, der eigentlich gar nichts gelernt hat über all die Erscheinungen, die der Darwinismus nun so wissenschaftlich erklärt. –

Viele Gegenschriften gab es in der damaligen Zeit. Eine erschien auch von einem unbekannten Verfasser. Auf dem Titelblatt stand: «Das Unbewußte vom Standpunkte der Deszendenztheorie und des Darwinismus.» Es war eine gründliche Widerlegung der «Philosophie des Unbewußten». Der Verfasser zeigte, daß er mit dem Allerneusten in der Naturwissenschaft bekannt war. *Ernst Haeckel* sagte in einer Broschüre, es wäre schade, daß der Verfasser sich nicht genannt habe, da er selbst nichts Besseres gegen Eduard von Hartmann hätte vorbringen können, als was in dieser Schrift steht. *Oscar Schmidt* schrieb eine Broschüre und erklärte, kein Naturforscher hätte Besseres zu sagen vermocht gegen den grenzenlosen Dilettantismus des Eduard von Hartmann als der anonyme Verfasser dieser Broschüre. Er nenne sich uns und wir betrachten ihn als einen der Unsrigen. – Die Broschüre war schnell vergriffen und eine zweite Auflage erschien mit dem Namen des Verfassers. Und das genügte, um die Leute alle zum Schweigen zu bringen. Es war Eduard von Hartmann. Seit jener Zeit herrscht allgemeines Schweigen im Chorus derjenigen, welche über den Dilettantismus der «Philosophie des Unbewußten» nicht über Eduard von Hartmann, sondern in der ihnen eigenen Redseligkeit über die Broschüre, die ohne den Namen des Verfassers erschienen war, geschrieben hatten.

Man kann manches einwenden gegen ein solches Verfahren, aber man kann nicht leugnen, daß es gründlich wirksam war. Derjenige, welcher zunächst als Nichtwisser hingestellt worden war, hat den gelehrten Kreisen gezeigt, daß er so gescheit wie sie noch immer sein könne. Lassen Sie mich diesen trivialen Ausdruck gebrauchen, es wäre gut, wenn auch etwas anachronistisch, ein gleiches zu tun. Aber leicht, sehr leicht könnte derjenige, welcher auf der Höhe der theosophischen Weltanschauung steht, all das Zeug auch zusammenschreiben, das man heute gegen die Theosophie fabrizieren kann. Das muß vor allen Dingen betont werden: Die Theosophie ist nichts, was sich gegen die echte, wahre Wissenschaft richtet, wenn sie richtig verstanden wird. Die Theosophie wird jederzeit die wahre, echte Wissenschaft verstehen können, wie Eduard von Hartmann seine Gegner verstehen konnte. Das Umgekehrte ist in dem einen und anderen Fall nicht so leicht möglich. Wir müssen aber auch begreifen, woher das so hat kommen können.

Wenn ich Ihnen heute einen Vortrag bloß darüber hielte, was unsere Gelehrten wissen von der Theosophie, dann hätte der heutige Vortrag recht kurz werden können, und ich hätte kaum nötig gehabt, länger als ein paar Sekunden vor Ihnen zu stehen. Aber ich möchte weiter ausholen, ich möchte davon sprechen, warum und aus welchen Gründen unsere zeitgenössische Gelehrsamkeit so wenig wissen kann, was in der Theosophie als eine neue Vorstellungsart über die Dinge der Welt erschlossen werden soll.

Wenn wir uns heute umsehen in unserer zeitgenössischen gelehrten Literatur, so werden wir finden, daß sich diese Betrachtungen unterscheiden, schon ganz äußerlich, von aller Literatur vor zirka hundert Jahren. Wenn wir ein Buch in die Hand nehmen, das zum Beispiel den Titel trägt: Der Ursprung des Menschen, der Mensch und seine Stellung zur Welt –, dann werden wir finden, daß uns kaum viel anderes erzählt wird, als wie einmal der Mensch auf der Erde nicht gelebt hat, wie er dann sein Dasein auf der Erde begonnen hat in einem kindlichen, halb tierischen Zustand. Wir werden dann darauf hingewiesen, daß tierische Vorfahren vor dieser Zeit auf der Erde gelebt haben und daß diese sich allmählich heraufgestaltet haben zum heutigen Menschen. – Wenn wir ein anderes Buch in die Hand nehmen, das uns über die Geheimnisse des Kosmos unterrichten soll, dann werden wir finden, daß uns erzählt wird, was man sehen kann durch das Fernrohr und was man erreichen kann mit der Mathematik. Mit anderen Worten: überall tritt uns, selbst da, wo es sich um höchste Fragen handelt, entgegen das, was ich in meinem Buche über «Goethes Weltanschauung» mir zu nennen erlaubte – der Tatsachenfanatismus, jener Tatsachenfanatismus, der sich an die sinnlichen Tatsachen hält, an das, was unsere Sinne wahrnehmen können, höchstens noch an das, was die bewaffneten Sinne wahrnehmen können. Dazu gehört auch alles das, was heute in ausführlichster Weise dargeboten ist in allen möglichen populären Schriften, und was einzig und allein aus den festgestellten wissenschaftlichen Tatsachen heraus der Mensch beizubringen vermag über die Rätsel und Geheimnisse der Welt. Und wenn wir Umschau halten in den Kreisen, die nur aus solchen Büchern heraus schöpfen, dann werden wir finden, daß es eigentlich da alle möglichen Zwischenstufen gibt, daß aber doch diese Zwischenstufen zwischen zwei Extremen zu finden sind. Das eine Extrem sind die nüchternen Gelehrten. Die werden nichts als wissenschaftlich gelten lassen als das, was sie sehen und mit ihrem Verstand aus dem Gesehenen kombinieren können. Da wird mit Instrumenten die Welt nach allen Seiten durchforscht. Da wird nach schriftlichen Urkunden gesucht, da wird die Zeit und die Entwickelung der Menschheit nach reinen Tatsachen erforscht. Das eine soll Naturwissenschaft, das andere soll Geschichte sein.

In der Geschichte kommt man manchmal zu ganz merkwürdigen Dingen. Namentlich wenn es sich handelt um Erfahrungen der Geisteswissenschaft. Da findet man, daß es Leute gibt, die dicke Bücher schreiben über die alten Gnostiker zum Beispiel oder über irgendeinen Zweig alter Geistesweisheit, denen es aber gar nicht einfällt, irgend etwas von dieser Geistesweisheit selbst wissen zu wollen. Sie betrachten das rein historisch, sie registrieren rein die schriftlichen Urkunden und sind damit zufrieden. Man braucht heute kein Gnostiker zu sein, um über die Gnosis zu schreiben. Das gilt heute in gelehrten Kreisen geradezu als Grundsatz. Und als bester Grundsatz gilt, möglichst wenig eingenommen zu sein von den Dingen, über die man eigentlich schreibt. Wenn Sie diesen Tatsachenfanatismus auf der einen Seite nehmen, so haben Sie ungefähr dasjenige, was dazu führt, daß solche gelehrten Kreise sagen: Diese Dinge können wir feststellen, diese Dinge wissen wir; was darüber hinausgeht, ist Gegenstand des Glaubens. Darüber kann dann jeder glauben oder nicht glauben, was er will. – Das Resultat dieser Gesinnung ist eine gewisse Gleichgültigkeit gegenüber all den Gegenständen, Gedanken und Wesenheiten, die über die bloß sinnlichen Tatsachen hinausgehen. Man sagt dann: Wenn sie jemand für seinen Glauben braucht – wir lassen sie ihm, aber die Wissenschaft hat damit nichts zu tun. Eine dicke Scheidewand wird da aufgerichtet zwischen Wissenschaft und Glaube, und Wissenschaft soll nichts anderes sein als dasjenige, was rein mit dem Auge und mit dem Ohr wahrgenommen werden kann, nichts als Tatsachenbetrachtung und was man daraus abstrahiert. Etwas anderes soll nicht geprüft werden. – Etwas anderes tritt dann aber auf, das da etwa sagt: Es ist nicht richtig, daß da irgendwo die Wissenschaft aufhört, sondern das ist richtig, daß der Mensch sich immer mehr entwickelt und daß er im Schaffen immer mehr Kräfte ausbildet und entfaltet, so daß er dann alles wissen kann, daß es keine Grenzen gibt für das Wissen. Zwar sind die letzten Gegenstände des Wissens nur in unendlich weiter Ferne zu erreichen, aber sie sind so, daß wir uns ihnen immer mehr annähern können. Grenzen dürfen nirgends aufgerichtet werden. Es erscheint als ein

Gipfel der Anmaßung, wenn solche Vertreter auftreten, die behaupten, in jedem Menschen schlummere diese Fähigkeit. Entwickelt sie nur und ihr werdet sehen, daß die Gegenstände, die früher Gegenstände eures Glaubens waren, Gegenstände eures Wissens, eurer Weisheit werden können. Es ist mit den Gegenständen, die sich beziehen auf die Unsterblichkeit der Seele, auf die geistige Welt, auf die große und kleine Welt im Raume und auf die ganze Entwickelung des Menschen, es ist damit nicht anders als mit den Dingen, die uns auch in der gewöhnlichen Naturwissenschaft entgegentreten. – Oder was weiß ein Mensch, der ein populäres Buch über die Astronomie in die Hand nimmt, aus eigener Erfahrung über das, was ihm das Buch sagt? Ich frage Sie, wie viele Wissende sind unter denjenigen, die an die materialistische Schöpfungsgeschichte glauben? Wie viele sind unter denen, die schwören auf den materialistischen Geist, die jemals durch ein Mikroskop gesehen haben und wissen, wie man diese Dinge erforscht? Wie viele gibt es, die an Haeckel glauben und wie viele, die wissen auf diesem Gebiete? Die Forschung kann jeder ausbilden, wenn er die Zeit dazu aufwendet und die Energie. Ebenso ist es auch mit den geistigen Dingen.

Töricht ist es, wenn man sagt, die Dinge hören auf. Ebenso töricht ist es, wenn man sagt, was in Haeckels Schöpfungsgeschichte steht, muß man glauben, selber erforschen kann man das nicht. In keinem anderen Sinne spricht die Theosophie von Gegenständen und Dingen der höheren Welt. Man ist gewohnt geworden, für diese Geisteswissenschaft das Wort Theosophie zu gebrauchen. Nicht deshalb, weil sie einzig und allein Gott zum Gegenstande ihrer Betrachtung hat, sondern weil sie unterscheidet zwischen dem äußeren sinnlichen Menschen, der durch seine fünf Sinne sieht, hört, riecht, schmeckt, tastet und durch seinen an das

Gehirn gebundenen Verstand die Sinneswahrnehmungen kombiniert – und dem anderen Menschen, der in diesem leiblichen Menschen wohnt, der darin schlummert und erweckt werden kann und der ebensolche Geistesorgane, geistige Sinneswerkzeuge im Gebrauch hat, wie der Leib die physischen Sinneswerkzeuge hat. Wie der Leib mit dem physischen Auge sieht, so sieht der Geist mit dem geistigen Auge. Und wie der Leib hört mit dem physischen Ohr, so hört der Geist mit dem geistigen Ohr.

Wenn der Mensch seine geistige Entwickelung selbst in die Hand nimmt, so können diese geistigen Wahrnehmungsorgane ausgebildet werden, so daß der innere Mensch in eine geistige Welt hineinschauen kann. Weil man einen solchen inneren Menschen den göttlichen nennt, deshalb mache ich den Unterschied. Was der äußere sinnliche Mensch schaut, gibt Sinnesweisheit, und das, was der innere göttliche Mensch schaut, ist, im Gegensatz zur sinnlichen Weisheit, Theosophie, göttliche Weisheit. So ist es gemeint, wenn man von Theosophie spricht. Man spricht von Theosophie nicht deshalb, weil der Gegenstand der Forschung Gott ist, denn Gott ist etwas, was erst am Ende der Dinge, auf dem Gipfel der Vollkommenheit dem Okkultisten offenbar werden könnte. Gott zu erforschen, obgleich wir wissen, daß wir in ihm leben, weben und sind, das wird sich am wenigsten der Theosoph vermessen. Ebensowenig wie derjenige, der am Strande des Meeres sitzt und seine Hand in das Meer hineinsenkt, glauben wird, daß er das ganze Meer ausschöpfen kann, ebensowenig wird der Theosoph glauben, daß er Gott umfassen kann. Wie aber der, welcher am Strande des Meeres sitzt und eine Handvoll Wasser herausholt, weiß, daß das, was er herausnimmt, an Wassermasse von gleicher Wesenheit ist wie das ganze große umfassende Meer, so weiß auch der Theosoph, daß das, was er als göttlichen

Funken in sich trägt, von gleicher Art und Wesenheit ist wie die Gottheit. Nicht wird der Theosoph behaupten, daß seine Wesenheit die Gottheit umfassen könne, er wird auch nicht behaupten, daß in seiner menschlichen Seele die unendliche Gottheit wohne, oder daß der Mensch selbst der Gott sei. Niemals wird ihm solches einfallen. Was er aber sagt, was er erleben und erfahren kann, das ist etwas anderes, das ist eben das, daß im Menschen lebt ein Teil der Gottheit, der gleicher Art und Wesenheit ist mit der ganzen Gottheit, so wie gleicher Art und Wesenheit die Wassermasse ist in der Hand mit dem ganzen umfassenden Weltmeer. Wie das Wasser in der Hand und das Wasser im Meer von gleicher Art und Wesenheit ist, so ist auch das, was in der Seele wohnt, von gleicher Art und Wesenheit mit der Gottheit. Deshalb nennen wir das, was im Inneren des Menschen ist, göttlich, und die Weisheit, die der Mensch in seinem Innersten erforschen kann, die nennen wir göttliche Weisheit oder Theosophie.

Dies ist ein Gedankengang, den jeder zugeben müßte, wenn er nur logisch denken wollte. Oft wird der Theosophie entgegengehalten: Ihr verlangt, daß der Mensch eine Entwickelung durchmachen soll. Aber es ist doch so, daß nicht alle das prüfen können, was die Theosophie behauptet. – Es wird niemals derjenige, der die Dinge durchschaut, behaupten, daß nicht ein jeder Mensch, wenn er nur die nötige Geduld, Kraft und Ausdauer haben kann, nicht zu dem kommen könne, wozu einzelne im Laufe der Menschheitsentwickelung gekommen sind. Aber es liegt in den sogenannten Beweisen der theosophischen Wahrheiten noch etwas ganz anderes. Es ist manches in der theosophischen Literatur und in theosophischen Vorträgen zu finden, oder sonst irgendwo innerhalb der theosophischen Bewegung zu hören, wovon der, welcher sich aus unserem Zeitgeist heraus gebildet hat, sich sagt: Das sind Behauptungen. Die kann man hinnehmen, beweisen tut sie kein Theosoph; er behauptet sie eben. – Diese Redensart von den Beweisen, das ist etwas, was immer wieder auftaucht, was immer wieder der Theosophie entgegengehalten wird. Wie verhält es sich eigentlich damit? Es verhält sich damit so.

Dasjenige, was die Theosophie als höhere geistige Weisheit verbreitet, kann erforscht werden, wenn diejenigen Kräfte, die in jeder Menschenseele schlummern, erweckt werden. Diese Kräfte und Fähigkeiten, die wir die Kräfte und Fähigkeiten des Sehers, des geistigen Erschauens der Dinge nennen, sind notwendig, um die Dinge zu erforschen. Will man erforschen, will man auffinden die Tatsachen der geistigen Welt, dann braucht man diese Fähigkeiten und Kräfte. Etwas anderes ist es aber, zu verstehen dasjenige, was der geistige Erforscher gefunden hat. Also wohlgemerkt, zum Auffinden der geistigen Wahrheiten braucht man die Kräfte des Sehers, zum Verstehen braucht man nur den klaren, logischen, bis zu den letzten Konsequenzen gehenden Menschenverstand. Das ist es, worauf es ankommt. Derjenige, welcher behauptet, er könne nicht verstehen, was von der Theosophie behauptet wird, der hat noch nicht genügend darüber nachgedacht. Im Gegenteil, gerade dasjenige, was die Wissenschaft heute behauptet, werden wir besser verstehen können. Gerade das, was wir, wenn wir bei wahrer Wissenschaft stehenbleiben, heute über die Tatsachen der Natur, über die Dinge des scheinbar Leblosen und des lebendigen Naturgeschehens erfassen, auch wenn wir die Tatsachen der Kulturgeschichte nehmen – wenn wir sie verstehen wollen, wir können sie nimmermehr verstehen, wenn wir nur mit der materialistischen Gelehrsamkeit an sie herangehen, die nichts weiter als materialistische Phantastik ist. Verstehen können wir gerade das, was uns die wahre Wissenschaft liefert, wenn wir die wahre Wissenschaft der geistigen Welt kennen. Für denjenigen, der tiefer sieht, ist zum Beispiel die Wissenschaft, insofern sie von Ernst Haeckel dargeboten wird, erst verständlich, wenn man die Theosophie als Voraussetzung, als Grundlage hat.

Ein Vergleich soll es klarmachen, was ich sagen will. Denken Sie sich, Sie haben ein Bild vor sich, das Ihnen darstellt, sagen wir, irgendeine Szene, irgendeine Heiligenlegende. Sie können auf zweifache Weise dieses Bild zu verstehen suchen. Das eine Mal stellen Sie sich vor das Bild hin und versuchen, dasjenige, was in der Seele des Malers gelebt hat, in Ihrer Seele aufleben zu lassen. Sie versuchen das, was als geistigen Inhalt das Bild darstellt, in Ihrer Seele wachzurufen. Da lebt etwas darin, was Ihre Seele vielleicht innerlich erhebt, erhaben stimmt, etwas, was Ihre Seele innerlich belebt. Sie können aber noch anders sich zu diesem Bilde verhalten. Sie können hingehen und sagen, das interessiert mich nicht. Auch was der Maler sich dabei gedacht hat, interessiert mich nicht besonders. Ich will aber versuchen, herauszubringen, wie er die Farben gemischt hat, was für Stoffe in die Farbe gemischt sind, die er auf die Leinwand gemalt hat. Ich will prüfen, wie das da ist auf der Leinwand, wieviel an Gewicht von roter und grüner Farbe verwendet worden ist, wo gerade und wo krumme Linien angewendet worden sind.

Das sind zwei verschiedene Betrachtungsweisen eines Bildes. Töricht wäre es, zu sagen von dem einen: Du betrachtest etwas, was unwahr ist. – Nein, er betrachtet etwas, was durchaus wahr ist. Er betrachtet die Art, wie die Farbe an der Leinwand klebt und wie dieselbe zusammengestellt ist. Er betrachtet, ob und wie die Farben zersprungen sind und so weiter. Echte Wahrheiten können das sein. Da kommt nun der zweite und sagt zum ersten: Das ist nicht das Richtige, was du da denkst. Das ist ja nur ein Gedanke. Was ich erforsche, das kann man objektiv feststellen.

Ich will noch ein anderes Beispiel danebenstellen, damit wir uns ganz genau verstehen. Sagen wir, es kann jemand auf einem Klavier eine Sonate spielen. Sie hören sich mit musikalischem Ohr diese Sonate an, Sie schwelgen in dem herrlichen Reich der Töne, die Ihnen diese Sonate überliefert. Das ist eine Art, wie Sie das, was hier vorgeht, erforschen können. Eine andere Art aber könnte auch die folgende sein. Es kommt da einer und sagt, das interessiert mich nicht, was man mit dem musikalischen Ohre hört. Aber da steht ein Klavier, darin sind Saiten ausgespannt. Diese Saiten bewegen sich. Ich will nun einmal an diese Saiten anhängen das, was wir Papierreiterchen nennen. Die springen ab, wenn sich die Saite bewegt und dadurch kann ich studieren, wo die Saiten sich bewegen und wo sie in Ruhe sind. Von dem will ich ganz absehen, was du da mit deinem Ohre hörst. Das ist nicht objektiv festzustellen. – So wie dieser zweite Betrachter sich zu dem ersten Betrachter verhält, so verhalten sich die Ihnen charakterisierten Gelehrten zu den Theosophen. Keinem Theosophen wird es einfallen, die Gelehrsamkeit zu leugnen. Ebensowenig wie der, welcher über den geistigen Inhalt eines Bildes schwärmt, sagt, es ist nicht wahr, was du da von der Farbe erforschest, ebensowenig wie der, welcher ein musikalisches Ohr hat, sagen wird, das ist nicht wahr, was du mit den Papierreiterchen untersuchst – denn wahr ist es –, ebenso wahr ist es, was der Naturforscher an seinem Stoff erforscht. Nichts soll dagegen eingewendet werden. Aber dieser Naturwissenschaft entgeht dasjenige, worauf es ankommt im Weltprozeß. Ebenso wie dasjenige, worauf es ankommt, dem entgeht, der nur die Papierreiterchen betrachtet, und was auch dem entgeht, der nur die Farbe und vielleicht noch den Stoff, die Leinwand untersucht.

Da kommen nun einzelne und sagen, es gibt ein Subjektives, das lebt nur in der Seele und das kann nicht objektiv festgestellt werden. Man muß das, was tatsächlich festgestellt werden kann, untersuchen. Draußen lebt bloß die schwingende Äthermaterie, der schwingende Stoff. Gewiß. Als Theosoph erwidert man einem solchen: Wenn du bloß den Stoff untersuchst, da findest du draußen nur deinen Stoff, so wie derjenige, welcher sich die Ohren verstopft, nur dasjenige findet, was man an den Papierreiterchen sehen kann.

Es ist vor wenig Jahren noch ein großer Unfug getrieben worden mit dieser Objektivität der Naturforschung. Es ist dies die sogenannte atomistische Theorie, wo man dasjenige, was der Mensch wahrnimmt als Sinnesempfindung, was er wahrnimmt als Ton, Farbe und so weiter, subjektiv nennt und zurückführt auf objektive Vorgänge. Und diese Vorgänge sollten Schwingungen irgendeines Stoffes sein. Damals nannte man es – als Beispiel – immer bloß Rot. Rot, sagte man, ist nur in deinem Auge. Draußen im Raum ist nichts als eine Ätherschwingung von so und so viel Millionen Schwingungen. – So verwandelte diese Pseudowissenschaft, die nicht mehr Wissenschaft, sondern Religion ist, die Welt der Wahrnehmungen in eine Unsumme von Atomen, die alle in schwingenden Bewegungen sind. Dieser Unfug, alles dasjenige, was wir erleben an farbenfrischem und lebendigem Inhalt zu verwandeln in abstrakte Vorgänge, die nichts anderes sind als errechnete Dinge, nichts als ergrübelte und erspekulierte Dinge, dieser Unfug tritt in letzter Zeit etwas zurück. Wir sehen, wie schon das Atom und die schwingende Bewegung von einsichtigen Naturforschern nur noch als Rechnungsansatz angesehen werden und wie in den besseren Denkerkreisen man sich nicht mehr kümmert um die Ungenauigkeit der Atomhypothesen und so weiter. Aber es hat sich festgesetzt in den Gehirnen der Menschen, die Welt anzusehen als ein objektives Nichts, als bloß materialistische Schwingungsvorgänge, so daß es in den ersten Jahren der theosophischen Bewegung auch in diese eingedrungen ist und in die Theosophie selber. Wir haben es erleben müssen, daß die geistigste Bewegung vom Materialismus in der herbsten Weise angekränkelt worden ist. Wir haben es erleben müssen, daß man in den verschiedensten theosophischen Büchern immer wieder hat lesen können, das ist diese Vibration und das ist jene Vibration. Insbesondere die englischen Bücher wurden nicht müde, von Vibrationen zu reden.

Es ist ein Charakteristikon unserer Zeit, daß in die geistigste Bewegung diese materialistische Richtung hineinkommen konnte. Wir werden noch lange zu tun haben, um diese Kinderkrankheit der Theosophie zu überwinden. Erst dann aber, wenn die Zeit gekommen sein wird, wo innerhalb der Theosophie verschwunden sein werden alle Redereien von sich bewegenden Atomen, verschwunden sein wird jene ausgeklügelte Konstruktion von irgendwelchen Monaden, die sich herunterwirbeln von den Höhen und alles aufnehmen – eine groteske materialistische Idee. Erst wenn man erkennen wird, daß in der Theosophie es sich nur darum handeln kann, das Geistige als solches zu erkennen, wenn man klar darüber sein wird, daß man stehen läßt in der materialistischen Wissenschaft die schwingenden Papierreiterchen und die Untersuchung der Farben und der Leinwand und daß es sich bei der Theosophie handelt um die Ausbildung der höheren Sinne, um die Erkenntnis der höheren Sinne, daß es sich handelt um das, was der Mensch mit den höheren Seelenkräften sieht, zusammenfaßt, überblickt, was er mit dem musikalischen Ohr hört, also das, was die schwingende Saite räumlich ausdrückt, dann wird man einigermaßen verstehen können, was Theosophie ist.

Daher müssen wir auch verzichten, ganz und gar verzichten darauf, etwa zu glauben, daß eine Art Harmonie zwischen der heutigen Gelehrsamkeit und der Theosophie möglich sei. Die ist nicht möglich. – Diese Harmonie wird erst kommen, wenn die Gelehrsamkeit selbst so weit sein wird, daß sie Theosophie verstehen kann. Gewiß, wir haben es zu tun mit der Untersuchung der Farben – chemisch –, mit der Untersuchung der Linien, mit der Untersuchung der Leinwand, mit der Untersuchung der Papierreiterchen auf den bewegten Saiten, aber das schließt nicht aus, daß bei der höheren Entwickelung der geistigen Kräfte, in demselben, was wir äußerlich untersuchen, sich das Geistig-Höhere erschließt. Weit entfernt ist die heutige Gelehrsamkeit von dem Verstehen einer solchen Sache. Man wird milde gegenüber dieser Gelehrsamkeit, wenn man zum Beispiel sieht, wie gar nicht imstande ist derjenige, der herausgeboren ist aus dieser Gelehrsamkeit, zu begreifen etwas, was im tiefsten Sinne gelehrt und zugleich aus gewissen Geisteswissenschaften heraus entstanden ist. Ich weiß, daß ich für viele, die als physikalisch gebildet hier sitzen können, etwas höchst Anrüchiges sage. Aber es ist etwas, was symptomatisch bezeichnet, worüber ich zu sprechen habe. Welcher Physiker würde nicht geringschätzig sprechen über das, was man Goethes Farbenlehre nennt. Über diese zu sprechen, ist heute ein Ding der Unmöglichkeit, aber es werden Zeiten kommen – und sie liegen nicht gar zu fern –, wo man alles dasjenige, was heute als Einwände gegen Goethes Farbenlehre existiert, als veraltetes Vorurteil erkennen wird. Näheres über Goethes Farbenlehre können Sie in meinem Buch über «Goethes Weltanschauung» lesen.

Goethes Farbenlehre ist herausgeboren aus einer geistigen Weltanschauung und für den, der dies verstehen kann, ist diese Farbenlehre allein schon der Beweis dafür, wie tief Goethe dachte. Aber sie geht auch nicht aus von dem Vorurteil, daß die Farbe schwingender Äther sei. Sie steht vielmehr auf einem Boden, der sich so umschreiben läßt, wie ich es jetzt versuchen werde. Ich bitte Sie, mir zu folgen in meinem subtilen Gedankengang. Wenn derjenige, der da sieht, hinausschaut und die rote Farbe sieht, so erblickt sein Auge zunächst Rot. Da kommt nun der Physiker und sagt, dieses Rot ist nur subjektiv. Das ist ein Vorgang im Raum oder im Gehirn. Was aber draußen wirklich ist, das ist nichts als schwingende Ätherbewegung. Wenn nun jemand˙kommt, der da sagt, das, was du da siehst, das ist scheinbar, das ist nur schwingende Ätherbewegung, dann wende man einmal das Folgende ein. Versuche dir doch einmal diese schwingende Ätherbewegung vorzustellen. Ist dann das farblos? Farblos muß es ja sein, denn die Farbe willst du ja erklären aus den Schwingungen. Also muß das, was draußen ist, farblos sein. Frage ich, hat es vielleicht noch andere Eigenschaften, hat es vielleicht die Eigenschaft der Wärme? Da kommt der Physiker und sagt, die Wärme kommt auch nur von schwingender Bewegung. Am komischsten sind diese Leute aber, wenn sie sagen, sinnliche Eigenschaften haben diese Schwingungen nicht, sondern nur solche, die wir denken können. Wenn man nun aber dasjenige, was die Sinne sagen, als subjektiv ansieht, dann muß man doch auch das, was man denkt, als subjektiv annehmen. Und dann muß man ja auch sagen, das, was du da errechnet hast als schwingende Nebelmasse, das ist erst recht subjektiv, das ist nie wahrgenommen, sondern nur errechnet. Alles das ist subjektiv errechnet. Wer sich klar darüber ist, daß das, was wir in uns erleben, objektiv ist und daß das Objektive das Subjektivste werden kann, der hat ein Recht davon zu sprechen, daß auch das Errechnete ein objektives Dasein hat. Der wird auch nicht dazu kommen, Rot und Grün, Cis und G für bloß subjektive Erscheinungen zu halten.

Jetzt habe ich Ihnen eine ganze Reihe von Dingen gesagt, die für jeden naturwissenschaftlich Denkenden heute furchtbare Ketzereien sind. Nun, es wird viel geredet, daß die Zeiten anders geworden sind. Ja, die Zeiten sind anders geworden als zur Zeit des Giordano Bruno. Da galt noch nicht das Dogma der Unfehlbarkeit. Heute gilt, wie Sie wissen, in gewissen katholischen Kreisen das Dogma der Unfehlbarkeit. Aber dieses Dogma der Unfehlbarkeit ist nicht bloß aus dem Katholizismus heraus geboren. Da ist es geboren als äußeres Gesetz, als äußeres Dogma. Als Gesinnung lebt aber das Unfehlbarkeitsdogma auch im Geiste der materialistisch Denkenden, der monistischen Freigeister. Die halten sich – ich will nicht sagen, jeder für ein Päpstlein – aber doch für so unfehlbar, daß sie alles das für abergläubisch halten, was nicht ihren Kreisen entstammt. Und wenn sich einer diesen unfehlbaren Physikern und Psychiatern – sie werden es nicht aussprechen, daß sie unfehlbar sind, aber man fühlt es – gegenüberstellt, dann wird er abgetan. Er wird nicht mehr verbrannt, aber mit den Mitteln, die heute in der Mode sind, unmöglich gemacht.

Es kann sich bei den Theosophen nicht darum handeln, daß er Zustimmung findet. Der Wahrheit gegenüber ist die Zustimmung höchst gleichgültig. Dem, der die Wahrheit eines mathematischen Lehrsatzes begriffen hat, kann es ganz gleichgültig sein, ob eine Million Leute zustimmen oder nicht. Durch Majorität werden Wahrheiten nicht entschieden. Wer eine Wahrheit erkannt hat, der hat sie erkannt und braucht keine Zustimmung. So wird die theosophische Bewegung gerade die vorsichtigen Bekenner am liebsten haben. Nicht Kinder will sie haben, sondern solche Menschen, die mit aller Vorsicht, aus tiefster Prüfung heraus sich ein Urteil bilden. Die Aufforderung zur Vorsicht ist etwas, was mir tiefste Sympathie einflößt.

Von dem, was ich versucht habe darzustellen, werden Sie haben entnehmen können, daß die Theosophie weit entfernt ist, Kritik an der zeitgenössischen Gelehrsamkeit zu üben. Sollte der Theosoph sie bekämpfen? Er täte etwas sehr Törichtes, denn es wäre so, wie wenn derjenige, der ein Bild mit Mißbehagen betrachtet, den bekämpfen wollte, der die chemische Zusammensetzung der Farben studiert. Wenn von theosophischer Seite zum Beispiel eine Erscheinung wie Ernst Haeckel verteidigt wird, so braucht das nicht unrichtig zu sein. Man kann sie verteidigen, wenn man sie von einer höheren Warte herunter erkennt, sieht, wie sie da erscheint und weiß, wie die Dinge hineinzustellen sind in die Weltentwickelung. Der Theosoph wird der zeitgenössischen Entwickelung auf jedem Gebiete die richtige Stellung anzuweisen verstehen.

So ist das Verhältnis der neu aufsteigenden Geistesströmung, die versucht, die Welt so anzuschauen, wie sie von einzelnen auserlesenen Geistern immer angeschaut worden ist. Aber es war in den letzten Jahrhunderten nicht möglich, diese Geisteswissenschaft in der Weise zu geben, wie sie früher gegeben worden ist. Was man heute Theosophie nennt, ist ein kleiner Teil einer umfassenden Weltenweisheit, desjenigen, was man die Geheimwissenschaft nennt. Diese ist etwas, was bei auserlesenen Menschenindividualitäten seit Jahrtausenden, ja, seit es Menschen gibt, immer bestanden hat. In der Form aber, wie es einzelne große Geister besessen haben, konnte es der großen Menge nicht gegeben werden. Aber es wurde trotzdem der großen Menge nicht vorenthalten.

Wenn Sie die Sagen und Mythen der Völker prüfen, wenn Sie unbefangen prüfen, dann werden Sie sehen, daß diese Sagen und Mythen der bildliche Ausdruck einer Wissenschaft sind, die mehr Weisheit enthält, als die heutige Wissenschaft bietet. Die heutige Wissenschaft würde es als Phantastik ansehen, wenn man sagte, daß in diesen Märchen Weisheit steckt. Weiter ist diese Weltenweisheit in den verschiedensten Religionen verschieden verkündigt worden, je nachdem sie das eine oder das andere Volk nach Temperament und Klima so oder anders gebrauchte. Wenn wir alles das, was in den verschiedensten Formen so der Menschheit gegeben worden ist, überschauen, so führt uns das auf einen gemeinschaftlichen Kern, auf eine umfassende Weltenweisheit. Nicht alles kann heute schon der größeren Menschheit übergeben werden, denn derjenige, der sich zu dieser Weltenweisheit hinaufschwingt, hat bestimmte innere Prüfungen durchzumachen. Nur dem kann diese Weltenweisheit ausgeliefert werden, der diese Prüfungen durchmacht. Auch der elementare Teil war früher nur im engsten Kreise gut vorbereiteten Schülern mit den entsprechenden intellektuellen, moralischen und gemütlichen Eigenschaften überliefert. Es gibt heute noch Personen, die es als unrichtig ansehen, daß von der Theosophie der großen Masse der Menschen die okkulten Weisheiten überliefert werden. Der Vorwurf ist aber deshalb unbegründet, weil es heute eben nicht anders geht. Wer die Struktur des Zeitgeistes der Gegenwart versteht, der weiß, daß sich innere Wahrheit und Weisheit der religiösen Weltanschauung entfremdet fühlen, weil man sie nicht mehr verstehen kann. Früher war das anders. Da war die Weisheit, die heute von der Theosophie verkündigt wird, das Gut des einzelnen. Der großen Menge wurde in Bildern gegeben, was ihr an Weisheit gegeben werden sollte. Das Gemüt der großen Menge war geeignet, die Bilder aufzunehmen. Die große Menge konnte leben mit diesen Bildern allein. Wahrheit war in den Religionen, Wahrheit war in den religiösen Grundanschauungen. Das ist es, was die Theosophie uns erst wieder im Tiefsten klarmacht. Mit dem Gefühle konnte es der Mensch in den alten Zeiten erfassen. Heute erfordert es die Zeit, daß er auch begreifen kann, was in den Religionen enthalten ist. So ist das, was man Geheimwissenschaft nennt, gezwungen, etwas herauszutreten, etwas zur Bewahrheitung der Religionen beizutragen, das Elementare wenigstens aus der geistigen Wahrheit zu geben. Öde und leer würde eine Zeit sein, wenn die Menschheit allem Wissen von den geistigen Welten und allem Zusammenhang mit ihnen entfremdet wäre. Nur der, welcher die Sache nicht durchschaut, kann glauben, daß die Menschheit bestehen könnte ohne Zusammenhang mit dem Geistigen, ohne Glaube an Geist und Unsterblichkeit. Wie die Pflanze Nahrungssäfte braucht, so braucht die Seele das, was als Geistiges ihr zugrunde liegt. Die Theosophie will keine neue Religion gründen. Aber sie will die Wahrheit dem Menschen wieder nahebringen in einer Form, die für den heutigen Menschen geeignet ist, in der Form des denkenden Begreifens. So wird die Theosophie die alte Wahrheit in neuer Form an unsere Zeitgenossen heranbringen, unbeirrt um die, welche, vom materialistischen Aberglauben ausgehend, gegen diese Geistesströmung sich wenden.

Ebenso, wie sich die äußere Naturwissenschaft stützt auf das, was sie mit Hilfe des Mikroskops und Teleskops erforscht und errechnet, ebenso wird sich die Theosophie des bedeutendsten Instrumentes bedienen, von dem Goethe spricht: Was das geübte Ohr des Musikers ist, das ist die menschliche Seele gegenüber allen Werkzeugen –, und ferner:

Geheimnisvoll am lichten Tag
Läßt sich Natur des Schleiers nicht berauben,
Und was sie deinem Geist nicht offenbaren mag,
Das zwingst du ihr nicht ab mit Hebeln und mit
[Schrauben.

Wer die Welt durchschaut, der ist das vollkommenste Instrument, und gestützt auf das geistige Schauen wird die Theosophie immer mehr und mehr solcher Instrumente hervorbringen.

Die Antwort auf die Frage, was wissen unsere Gelehrten von dem eigentlichen Grundnerv der Theosophie, ist: nichts. – Sie können nichts wissen, weil alle ihre Denkgewohnheiten sie zu nichts anderem bringen können, als die Theosophie als phantastisches Zeug anzusehen. Wer aber begriffen hat, daß die Gelehrsamkeit sich noch nicht einlassen kann auf die Theosophie, die von ganz anderen Grundlagen ausgegangen ist, der wird auch begreifen, wie notwendig diese Gelehrsamkeit es haben wird, tiefer hineinzuleuchten in das Gefüge des Geistes. Was für Blüten bringt nicht diese Gelehrsamkeit hervor. Aber ein wirkliches Begreifen der Seele erst kann solche Dinge, wie sie die heutige Gelehrsamkeit kennt, begreiflich machen. Oder, was soll sich der, welcher Goethe, Schopenhauer, Conrad Ferdinand Meyer und so weiter für große Geister gehalten hat, was soll er sich denken, wenn diese materialistische Gelehrsamkeit es so weit gebracht hat, daß Sie in einem Büchelchen über Goethes Krankheit, über Schopenhauers Krankheit – auch in anderen Werken – finden können diese Krankheiten begründet vom Standpunkte der materialistischen Psychiatrie? Zirkuläres Irresein nennt man eine bestimmte Art von Geisteskrankheit. Dementia praecox eine andere, und Paranoia eine dritte. Diese drei Formen des Irreseins werden zugrunde gelegt, um zu zeigen, daß man auch bei großen

Geistern, die als Führer der Menschheit gelten, Symptome aufweisen kann, welche als Symptome von Geisteskrankheiten gelten. Bei Schopenhauer fand man die Symptome von zirkulärem Irresein, Paranoia bei Tasso, Rousseau und so weiter. Zwar hat derselbe Verfasser eine noch größere Anzahl, eine noch größere Menge von Menschen als schwachsinnig bezeichnet. Es ist nämlich der Verfasser des Buches über den physiologischen Schwachsinn des Weibes, der damit die zweite Hälfte der ganzen Menschheit trifft. Es wäre ein leichtes, den Verfasser unter seinem eigenen Gesichtspunkt zu betrachten und ihn gehörig unter die Lupe zu nehmen. – Über alle diese Dinge ist aber gar nicht zu lachen. Die materialistische Wissenschaft muß aber dazu kommen, weil es Teilwahrheiten sind. Man kann aber nur zu dem richtigen Licht kommen, wenn man den dahinter wirkenden Geist sieht. Dann sieht man, daß oft mit denselben Symptomen eine höhere geistige Entwickelung erkauft werden muß, wie auf der anderen Seite die Gesundheit mit anderen Symptomen. Man kann das nur, wenn man sie von oben herunter, das heißt, vom theosophischen Standpunkt aus erläutert, betrachtet.

Noch etwas möchte ich sagen. Sie wissen, daß ich hingewiesen habe auf alte Zeiten der Entwickelung, wo die Kultur von heute noch nicht vorhanden war, wo es einen Kontinent gegeben hat zwischen dem heutigen Europa und Amerika, den Kontinent der alten Atlantis. Ich habe schon darauf hingewiesen, daß diese Atlantis von den Naturforschern wiedergefunden wird. In der Zeitschrift «Kosmos», 10. Heft, spricht ein Naturforscher von Tieren und Pflanzen, die auf dieser Atlantis gelebt haben. Ein solcher Naturforscher wird dieses zwar zugeben, aber er wird nicht zugeben, daß andere Menschen dazumal gelebt haben. Er wird nicht zugeben, daß das alte atlantische Land bedeckt war von einem weiten Nebelmeer, daß der Boden von Atlantis nicht mit solch einer Luft bedeckt war, wie sie heute unsere Atmosphäre bildet, daß der Ausdruck, den die alten mittel-europäischen Völker in ihren Mythen haben: Nebelheim, auf etwas Reales, auf etwas Wirkliches hindeutet, daß unsere atlantischen Vorfahren in einem Nebellande lebten. Darauf habe ich öfter hingewiesen. – Vor wenigen Tagen wurde ein Vortrag gehalten in einer berühmten naturforschenden Gesellschaft, in dem darauf hingewiesen wurde, daß höchstwahrscheinlich in der Zeit unserer atlantischen Vorfahren auf der Erde sehr weite Ländermassen mit Nebel bedeckt waren. Aus verschiedenen anderen Erscheinungen wird das äußerlich, spekulativ gefolgert. Und vor allem wird darauf hingewiesen, daß die Pflanzen, welche Sonnenschein brauchen, die also in der Wüste wachsen, jüngeren Datums sind und damals noch nicht existierten, während diejenigen, welche wenig Sonnenschein brauchen, in Nebelheim existieren konnten, die älteren sind.

So sehen Sie hier, wie die Naturwissenschaft nachhinkend Ihnen das sagt, was die Theosophie schon früher gesagt hat. Die Zeit sehen wir vor uns, wo von dieser Naturwissenschaft auch die anderen Dinge nach und nach zugegeben werden müssen. Nicht so wird das Verhältnis in der Zukunft sein, daß sich die Theosophie wird anzubequemen haben den phantastischen, objektiven Atomtheorien, sondern so, daß die Tatsachen, die die Theosophie aus der höheren Schau heraus verkündigt, werden belegt werden durch die äußere Naturwissenschaft. Das wird der Gang sein, den die Zukunftsentwickelung annehmen wird. Wissen die heutigen Gelehrten auch noch nichts davon, ihre eigenen Fortschritte werden sie darauf hinweisen. – Keinem Denker sollte es einfallen zu bezweifeln, daß man mit einer entwickelten Seele mehr sehen, mehr schauen kann als mit den bloßen Sinnen und dem bloßen Verstande. Die Anerkennung des entwickelten Menschen als des höchsten, vollkommensten Instrumentes zur Erforschung der Welt – das ist es, was die Theosophie anerkannt haben will. Alles andere ergibt sich von selbst. Sagen Sie, der Mensch hat die höchsten Stufen erreicht und wird sich nicht weiterentwickeln, dann brauchen Sie keine Theosophie. Sagen Sie aber, die Gesetze, die in der Vergangenheit geherrscht haben, werden in der Zukunft auch herrschen, einzelne haben immer höher gestanden als andere der Umgebung – geben Sie das zu, dann sind Sie schon im Prinzip in der Gesinnung Theosoph. Theosoph wird man nicht darum, daß man die Worte Theosophie, Brüderlichkeit, Einheit und so weiter in den Mund nimmt. Brüderlichkeit ist dasjenige, was alle guten Menschen einsehen. – Wenn ich sehe, wie die Leute immer von Brüderlichkeit reden und dann auch sehe, wie sie eine innere Wollust fühlen, wenn sie von Brüderlichkeit, Harmonie, Einheit reden, dann fällt mir immer der Ofen ein und der erste Grundsatz der Theosophischen Gesellschaft, der verlangt, den Kern einer allgemeinen Menschenverbrüderung zu bilden. Umsonst ist es, wenn man dem Ofen sagt: Du, lieber Ofen, heize das Zimmer und mache es warm. – Wenn man will, daß der Ofen heizt, dann muß man Heizmaterial hineintun und es anzünden. Heizmaterial muß man hineintun. Das ist die geistige Kraft, die Fähigkeit zu sehen, zu übersehen durch die Erschließung der höheren Welten. Durch die Erschließung der geistigen Welt wird jene Wahrheit und Weisheit in den Menschenseelen Platz greifen, die als Weisheit und Erkenntnis von selbst zur allgemeinen Menschheits-Brüderschaft führen müssen. So werden wir dann das, was im ersten Grundsatz des theosophischen Programms ausgesprochen ist, erreichen, wenn der Mensch ein Instrument sein kann, das hineinschaut in die geistigen Wel-

ten. Wenn die im Menschen verborgenen Wahrnehmungsorgane herausgeholt werden aus der Seele, dann wird die
Theosophie ein Fortschritt sein, den man wird verfolgen
können. Wenn man diese Gesinnung, die sich aus der Theosophie ergibt, mit der Gesinnung von Theosophen, von großen, erhabenen Persönlichkeiten, die in der Vorzeit gelebt
haben, vergleicht, dann finden wir sie auch in einem Satz
aus Herders Feder: Unsere zarte, fühlbare und fein emp-
findliche Natur hat alle Sinne entwickelt, die ihr Gott gegeben hat. Sie kann keinen entbehren, denn das, was im
Gesamtgebrauch der Organe sich ergibt, leuchtet allen. Es
sind die Vokale des Lebens und so weiter.

Ist hier auch nur Rücksicht genommen auf die äußeren
physischen Sinne, so können wir im theosophischen Sinne
doch sagen: die körperlichen und geistigen Sinne müssen
erschlossen werden, denn aus der Harmonie der geistigen
und körperlichen Wahrnehmungsorgane werden sich entzünden die Vokale des Lebens nicht bloß, sondern auch des
ewigen, unendlichen, geistigen Lebens.

> Von der Gewalt, die alle Wesen bindet,
> Befreit der Mensch sich, der sich überwindet

steht in Goethes Gedicht «Die Geheimnisse». Der Mensch
ist weder frei noch unfrei, er ist in der Entwickelung begriffen.

Berlin, 6. Oktober 1904

Vor acht Tagen versuchte ich Ihnen zu zeigen, was der moderne Mensch innerhalb der Theosophie heute finden kann. Bevor ich den Zyklus dieser Vorträge fortsetze, ist die spezielle Frage der Theosophie zu besprechen und ihr Verhältnis zu den großen Kulturaufgaben der Gegenwart, zu den bedeutenden Geistesströmungen unserer Zeit. Und so möchte ich heute noch die so wichtige Frage behandeln, ob denn die Theosophie unwissenschaftlich sei.

Das ist ja derjenige Vorwurf, welcher die theosophische Bewegung am schwersten trifft in einer Zeit, in welcher die Wissenschaft die denkbar größte Autorität, ja vielleicht die einzig wirkliche Autorität innehat. In einer solchen Zeit wiegt dieses Mißverständnis allerdings sehr viel. Und so muß es den Theosophen besonders nahegehen, wenn von seiten der Wissenschaft, namentlich von seiten derjenigen, welche eine Welt- und Lebensgestaltung auf wissenschaftlicher Grundlage schaffen wollen, immer wieder der Vorwurf gemacht wird, daß die Theosophie unwissenschaftlich sei. Daß heute die Mehrheit der Menschen gerade nach dieser Autorität der Wissenschaft sucht, können wir an einer Erscheinung der letzten Jahre ermessen, die uns symptomatisch für die Interessen unserer Zeit sein muß. Genau allerdings wird die Frage, die ich jetzt nur berühren will, erst in dem Vortrage über die Wissenschaft besprochen werden. Dennoch aber möchte ich hinweisen auf das große Aufsehen, das *Haeckels* «Welträtsel» machten, um zu zeigen, daß gerade die Lehren dieses Buches dem, der ihren Wert so anerkennt wie ich selber, verraten, wo das Interesse liegt. Dieses Buch will auf der Grundlage der Naturwissenschaft ein ganzes Weltbild aufbauen. Über zehntausend Exemplare sind davon verkauft worden; dann ist eine billige Volksausgabe veranstaltet worden für eine Mark, und über hunderttausend Exemplare dieser Ausgabe sind in den wenigen Jahren seit ihrem Erscheinen abgesetzt worden. Fast in alle bedeutenden Kultursprachen ist das Buch übersetzt. Dies erscheint mir aber weniger bedeutend als das, was ich jetzt sagen werde. Haeckel hat mehr als fünftausend Briefe erhalten, die anknüpfen an naturwissenschaftliche Fragen. Die Briefe enthalten alle fast die gleichen Fragen, und so sehen wir, daß damit ein wichtiges zentrales Bedürfnis getroffen worden ist. Eine Ergänzung zu dem Buch «Die Welträtsel» ist das Buch «Die Lebenswunder». In der Einleitung dazu erzählt uns Haeckel das, was ich eben gesagt habe. In diesem Buche können Sie auch den Vorwurf lesen, der der Theosophie gemacht wird, den Vorwurf der Unwissenschaftlichkeit. Die Frage ist also eine brennende.

Wir müssen uns daher klarwerden, wie die ganze Stellung unserer theosophischen Geistesbewegung zu der Wissenschaft überhaupt ist. Wer nur die letzten Jahrhunderte überblickt, kann sich überhaupt nicht klarwerden darüber. Man muß viel weiter gehen, man muß an den Ursprung der menschlichen Erkenntnis zurückgehen, in eine Zeit, die unserer Zeitrechnung weit vorausliegt, in der Morgendämmerung der menschlichen Erkenntnis oder wenigstens dessen, was wir heute menschliche Erkenntnis nennen.

Um vollständig zu verstehen, wie gewaltig der Gegensatz ist zwischen der Auffassung der wissenschaftlichen Probleme heute und in jener Morgendämmerung der menschlichen Erkenntnis, müssen wir uns klarmachen, daß die heutige Wissenschaft selbst sich völlig unfähig erklärt, die großen Fragen des Daseins zu beantworten. In dem Vorwort zu den «Lebenswundern» finden Sie wiederholt, was Haeckel schon oftmals gesagt hat: er vertrete den Standpunkt der Wissenschaft gegenüber dem mittelalterlichen Aberglauben und der Offenbarung. Zwischen Wahrheit und Aberglaube gebe es keine Vermittlung, da sei nur ein Entweder-Oder möglich. Damit behauptet er, daß dasjenige, was er auf der Grundlage seiner naturwissenschaftlichen Studien errungen hat, die einzige Wahrheit sei und daß alles, was andere Jahrtausende hervorgebracht haben, Irrtum, Aberglaube und unwissenschaftlich sei, schon aus dem Grunde, weil ja die Forscher der früheren Jahrhunderte nichts gewußt haben von den großen Entdeckungen des 19. Jahrhunderts.

Nun erklärt sich aber die Naturwissenschaft unserer Zeit ganz bestimmten Fragen gegenüber für unfähig, sie zu beantworten. Gewiß, wie ich das auch schon im vorigen Vortrage angedeutet habe, diese Naturwissenschaft versucht uns zurückzuführen in längst vergangene Zeiten, sie sucht die vorweltlichen Tiere und Pflanzen auf und führt uns zurück bis zu dem Zeitpunkte, wo wahrscheinlich das erste Leben auf der Erde aufgekeimt ist. Aber die Fragen, diese wichtigen Zentralfragen, die *Du Bois-Reymond* aufgestellt und deren Beantwortung Haeckel in dem Buche «Die Welträtsel» versucht hat, die Fragen nach dem Ursprunge des Lebens finden in der Naturwissenschaft keine Antwort. Freilich versucht der Naturforscher heute eine Antwort auf diese Fragen zu geben, insbesondere versucht es Haeckel. Er zeigt, wie die Erde hervorgegangen ist aus einem feuerflüssigen Zustand, sich allmählich abgekühlt hat, fester geworden ist, wie dann Wasser sich bilden und sammeln konnte, und wie endlich die Bedingungen da waren, daß die Lebewesen entstanden. Er versucht zu zeigen, wie man sich vorstellen könnte, daß aus dem Leblosen Lebendiges hervorgesprossen ist. Das ist dasjenige, was er allen älteren Überzeugungen entgegenhalten wollte: daß das Lebendige einstmals aus dem Leblosen hervorgesprossen ist und daß alles das, was vom Leben abhängt – also auch der Mensch –, nichts anderes sei als ein Produkt der unorganischen Materie, daß es auf nichts anderem fuße als auf dem, was wir in der Physik und in der Chemie haben. Umsonst versucht aber Haeckel zu zeigen, daß der Mensch nichts anderes sei als das Ergebnis der wunderbaren Dynamik und Mechanik des menschlichen Organismus. Denn da kommt nun die große Frage. Da kommt der Naturforscher an den Zeitpunkt, wo auf unserer Erde die Bedingungen vorhanden gewesen sein sollen, daß das erste Lebewesen hervorgegangen ist aus der unlebendigen Materie. Und da findet sich bei den Forschern, selbst bei Haeckel, ein Zugeständnis: Wir können uns absolut keine Vorstellung machen von dem Zustand, in dem unsere Erde damals gewesen ist, als das erste Leben zuerst auf ihr auftrat. Wir wissen nicht, wie die äußere Naturbeschaffenheit damals war, und deshalb können wir unmöglich sagen, wie sich damals das Unlebendige in das Lebendige verwandelt hat.

Das ist die eine Gruppe der Forscher. Sie hatten viele Anhänger im ersten Drittel des 19. Jahrhunderts, wie auch heute noch. Wäre zum Beispiel der große englische Forscher *Darwin* in der ersten Zeit, als man gesagt hat, daß man das Leben aus der Materie begreifen müsse, nach seiner Meinung gefragt worden, so hätte er selber zugestanden, daß es unmöglich sei, Lebendiges aus Leblosem zu begreifen. *Huxley* hat, durch sein Studium der vergleichenden Anatomie, in der letzten Zeit seines Lebens selbst den Satz ausgesprochen, daß wir ja gerade innerhalb der Weltentwickelung sind, und warum sollten wir nicht denken können, daß das, was wir um uns herum sehen, sich nicht höher entwickeln könnte, daß wir das Reich der Wesen nicht für abgeschlossen erklären können, daß wir hinaufblicken müssen von den niederen Wesen bis zu den höheren Wesen, die uns aber nicht zugänglich sind, weil wir dafür keine Sinnesorgane haben. Solche Gedanken und Einwände haben sich die Einsichtigen unter den Naturforschern selbst gemacht.

Interessant ist es, daß der deutsche Biologe *Preyer* auf Grund seiner Studien, die selbst auf dem Darwinismus fußten, zu ganz anderen Anschauungen über das Leben gekommen ist. Er war nicht der Anschauung, daß das Leben sich aus dem Toten entwickelt habe, sondern er kam zu dem Ergebnis, daß damals, als die Erde das erste Lebewesen unserer Art entwickelte, die Erde nicht ein Totes war, sondern ein einziges Lebewesen, und daß damals überhaupt nichts Lebloses auf unserer Erde vorhanden war. Das Leblose hat sich erst aus dem Lebendigen entwickelt. So sehen Sie, hat der Darwinist Preyer die Anschauung, die andere naturforschende Philosophen vertreten haben, ins gerade Gegenteil umgewandelt, indem er die Erde als ein ganz großes lebendiges Wesen ansah. Das war, meint Preyer, vor Jahrmillionen. Ein großes lebendiges Wesen war unsere Erde, zu vergleichen mit einem Menschen- oder Tierorganismus von heute. Auch der Mensch hat heute in sich Lebendiges und scheinbar Lebloses. Unser Knochensystem ist scheinbar etwas Lebloses. Es hat sich ausgesondert aus dem Lebendigen als ein unlebendiger Teil. So stellt sich Preyer ungefähr vor, daß die Erde einstmals ein großes Lebewesen war, und daß die lebendige Erde dann das Leblose, das Tote, das Gestein und die Felsmassen herausgesetzt habe, wie der Mensch das Knochengerüst. Das ist ein Schritt, ein wichtiger Schritt, den die Naturforscher und die Philosophen in der letzten Zeit getan haben. Und dieser Schritt muß notwendig zu einem weiteren führen; er muß zu dem Schritte führen, daß nicht nur das Leblose sich aus dem Lebendigen entwickelt hat, sondern daß auch alles Physische, das Lebendige und das Leblose, sich aus dem Höheren, aus dem Geistigen entwickelt hat. So müssen die Forscher, wenn sie die Bahn verfolgen, die sie heute und ganz im Anfange einschlugen, zu dem Satze kommen: Nicht nur Lebloses hat sich aus dem Lebendigen entwickelt, sondern das Lebendige selbst hat sich aus dem Geistigen entwickelt. Das Geistige war zuerst, es hat zunächst Lebendiges abgesondert, und das Lebendige hat wieder das Leblose, das Tote abgesondert. Dies aber ist nichts anderes als die Grundlage der theosophischen Weltanschauung.

Die theosophische Weltanschauung unterscheidet sich von der gegenwärtigen, materialistisch-naturwissenschaftlichen Anschauung dadurch, daß sie den Geist zum Ersten und alles andere vom Geiste abhängig macht. Der Materialist macht die Materie zum Ersten und leitet alles von der Materie ab. Ich habe schon das letzte Mal angedeutet, daß die Lehre von den Sinnen im letzten Jahrhundert selbst hindeutet auf den Grund, warum der heutige Naturforscher bei seinem Satze beharren will, daß sich das Lebendige aus dem Unlebendigen, Geistlosen ableiten lasse. Ich habe hingedeutet auf den großen Satz, den zuerst der Physiologe *Johannes Müller* und andere bedeutende Physiologen ausgesprochen haben. *Helmholtz* und dann *Lotze* haben ihn in die Formel gebracht: Die Welt wäre um uns herum finster und stumm, wenn wir nicht Augen und Ohren hätten, welche die Schwingungen der Luft umwandeln in das, was für uns Farben und Töne sind. – So sagt uns die Naturwissenschaft selbst, daß alles, was wir in der physischen Welt um uns herum sehen, von uns abhängig ist. Hätten wir nicht in ganz bestimmter Weise eingerichtete Augen und

Ohren, dann könnten wir die Welt nicht in dieser bestimmten Weise sehen und hören. Der Physiologe kann uns die Gründe angeben, warum das Auge und das Ohr sich in ganz bestimmter Weise bilden. Das rührt davon her, daß wir in unseren Sinnesorganen selbst teilnehmen an der physischen Welt. Die Theosophie zeigt uns nun die Grundbegriffe, von denen ich in acht Tagen sprechen werde. Wir sehen ein Ding dadurch, daß wir das Auge in die richtige Lage bringen zu dem Dinge, das wir sehen wollen. Wir verstehen ein Ding dadurch, daß wir Verstand haben und ihn dazu anwenden, die Bilder der Gegenstände zu einem Weltbilde auszugestalten. Dadurch sind wir imstande, uns ein Weltbild zu machen. Die Theosophie spricht dies so aus: Der Mensch ist sich bewußt der physischen Welt.

Nun müssen wir aber die Frage stellen: Lebt der Mensch nur innerhalb der physischen Welt? Andeutungsweise können wir uns diese Fragestellung erläutern, wenn wir uns vorstellen, daß jemand keine Ohren hätte; er würde die Töne seiner Mitmenschen nicht hören. Sie könnten Töne und Worte hervorbringen, aber ohne die Einrichtung des Ohres würden Sie die tönenden Offenbarungen der äußeren physischen Welt nicht wahrnehmen. Sie müssen Ohren haben, um sich der physischen Welt bewußt zu werden. – Besteht nun aber der Mensch bloß aus solchen physischen Äußerungen? Nein, Sie alle wissen, daß innerhalb des Leibes, in den der Mensch und auch das Tier eingeschlossen ist, nicht nur physische Tätigkeiten vorhanden sind, sondern daß in dem menschlichen Wesen auch Gefühle, Triebe, Leidenschaften, Begierden und Wünsche vorhanden sind. Diese Begierden, Wünsche, Triebe und Leidenschaften sind ebensolche Wirklichkeiten wie die physischen Funktionen, die physischen Tätigkeiten. Ebenso wie Sie verdauen und sprechen, fühlen, wünschen und begehren Sie. Das Verdauen

und das Sprechen sind physische Äußerungen, und wir
können sie mit physischen Sinnen für unser physisches Bewußtsein wahrnehmen. Warum können wir die andere
Wirklichkeit, die auch in uns ist, die Wünsche, Begierden,
Gemütsbewegungen und Leidenschaften, nicht ebenso wahrnehmen? Ganz im Sinne der Naturwissenschaften ist es
gesprochen, wenn wir sagen: wir können sie nicht wahrnehmen, weil wir keine Sinnesorgane dafür haben.

Nun zeigt uns aber gerade die der theosophischen Bewegung zugrunde liegende Weltanschauung, daß sich der
Mensch bewußt werden kann nicht nur einer physischen,
sondern auch einer höheren Welt. Und wenn wir auf die
Äußerungen dieser höheren Welt sehen, dann sind die
Wünsche, Begierden, Leidenschaften und Triebe ebenso
wahrnehmbare Wirklichkeiten, wie es das physische Wahrnehmungsvermögen ist, wie die Sprache der physische Ausdruck ist für eine physische Tätigkeit. Man sagt dann, das
Bewußtsein der sogenannten astralischen Welt ist erwacht.
Dann steht der Mensch als Trieb-, Wunsch- und Leiden-
schaftswesen vor uns, wie er als physisches Wesen erwacht
und die Lichteindrücke zurückwerfen kann für unser physisches Auge. Wie diese höheren Sinne erwachen, wie der
Mensch das höhere Bewußtsein erwerben kann, das werden
wir in dem Vortragszyklus über «Die Grundbegriffe der
Theosophie» hören. Der Mensch lebt in dieser höheren
Welt, aber sein Bewußtsein, insofern er Durchschnitts-
mensch der Gegenwart ist, ist nicht erwacht für diese höhere
Welt.

Dann gibt es noch eine dritte Welt, eine Welt des Denkens, eine Welt des höheren geistigen Lebens, die über den
Leidenschaften, Begierden, Wünschen und Trieben liegt.
Diese Welt der Gedanken, die Welt der Spiritualität, ist
dem physischen Bewußtsein noch weniger zugänglich. Diese

Welt des reinen Geistes sollte derjenige nicht ableugnen, der auf dem Standpunkte der modernen Philosophie steht, sondern bedenken, daß vielleicht dem heutigen Menschen dafür nur die Organe fehlen, um sie wahrzunehmen. Auch in dieser dritten Welt lebt der Mensch. Er denkt in dieser Welt, nur wahrnehmen kann er sie nicht.

So müssen wir sagen: Der Mensch lebt heute in drei Welten. Diese drei Welten nennen wir in deutscher Sprache: die physische Welt, die seelische Welt und die geistige Welt. In der gebräuchlichen theosophischen Ausdrucksweise werden sie benannt: die physische Welt, die astrale Welt und die mentale Welt. Bewußt aber ist sich der Mensch nur der ersten, der physischen Welt, und er kann daher wissenschaftlich nur etwas ausmachen über die physische Welt. Über die anderen Welten kann er erst dann etwas ausmachen, wenn er in ihnen ebenso sehend, ebenso wahrnehmend, ebenso bewußt wird, wie er es heute in der physischen Welt ist.

So haben wir in dem Menschen ein dreigeteiltes Lebewesen vor uns, das ein Ganzes bildet aus Physis, Seele und Geist, das aber nur in der Physis sich bewußt ist. Deshalb aber kann der heute innerhalb der Physis forschende Forscher nur so weit zurückblicken, als die physische Welt diesem Forscherblick sich eröffnet. Auch dem Forscherblick, der ausgerüstet ist mit allen Mitteln der Wissenschaft, bietet sich keine andere Welt als die, welche sich dem gewöhnlichen Sinnenleben bietet. Wenn er auch um Jahrmillionen zurückblickt auf den Werdegang der Erde, so sieht er zurück auf den Punkt, wo aus der astralen Morgendämmerung – die leuchtender ist als je ein physisches Licht – allmählich das Physische sich verdichtet hat. Dahin, wo aus Astralem das Physische, und noch früher aus dem Geistigen das Astrale hervorgegangen ist; dahin, wo der Geist sich allmählich zum Lebendigen und später zum Leblosen verdichtet hat, dahin kann nur das Auge dringen, das sehend geworden ist. Daher verläßt den physischen Forscher seine Forschungsmethode an dem Punkt, wo gleichsam das Physische aufblitzt, wo es sich herausgebildet hat aus dem Seelisch-Geistigen. So kommt es, daß der Physiologe sich bis zur Peripherie erhebt, bis dahin, wo das Lebendige zum Geistigen wird. In noch frühere Vergangenheit erhebt sich der Geistesforscher, und damit schafft er sich ein umfassenderes Weltbild, ein Weltbild, das weit hinausreicht über das, was der physische Forscher kennt.

Damit haben wir gezeigt, daß die theosophische Weltanschauung deshalb nicht unwissenschaftlich zu sein braucht, weil sie ein etwas anderes Weltbild entwirft als die physische Forschung. Es liegen da andere Erfahrungen – das Erwachtsein auf dem geistigen Plane – zugrunde. Wie Sie in einem Zimmer, das finster ist, sich tastend fortbewegen müssen und tastend wahrnehmen, und wie ein ganz anderer Eindruck entsteht, wenn das finstere Zimmer beleuchtet wird, so erscheint für den Geistesforscher, für den, dessen Augen geöffnet sind, alles neu, in neuer Tätigkeit, in einem anderen Licht. Nicht unwissenschaftlich ist dieser Forscher deshalb geworden, weil seine Erfahrung sich bereichert hat. Die Logik des Theosophen ist ebenso sicher wie die Logik des besten Naturforschers. Nur bewegt sich diese Logik auf einem anderen Gebiet. Es ist eine seltsame Unkenntnis, wenn man die Wissenschaft unserer Forschung ablehnen will, bevor man sie geprüft hat. Wir denken in derselben Weise auf den höheren Planen, wie der physische Forscher auf dem physischen Plane denkt; das harmonisiert die theosophische Forschungsmethode und die physikalische.

Nun müssen wir eine Erklärung darüber haben, weshalb der moderne Forscher dieses harte Entweder-Oder ausspricht und alles ablehnt, was nicht physische Natur ist. Dem theosophischen Forscher wird es klar, warum es so sein muß: das hängt mit der Entwickelung der Menschheit zusammen. Weil der Theosoph die Entwickelung der Menschheit in einem höheren Lichte betrachtet und weil er sozusagen das Zubereiten auf dem geistigen Gebiete verfolgen kann, deshalb ist der Theosoph imstande, aus der Entwickelung heraus zu erkennen, warum der physischen Verstandeswissenschaft die alleinige Autorität zugesprochen wird. Was man heute Wissenschaft nennt, ist ja nicht immer dagewesen. Geradeso wie jede Pflanze, wie jedes Tier sich entwickelt hat, wie die Geschlechter und Menschenrassen sich entwickelt haben, genauso hat sich auch das geistige Leben entwickelt. Und selbst die Wissenschaft von heute ist nicht immer in demselben Stadium gewesen. Auch sie ist ein Entwickelungsprodukt. Es hat aber auch in den ältesten Zeiten eine Art und Weise des menschlichen Anschauens gegeben, wenn sie auch nicht wissenschaftlich in dem modernen Sinne war. Deshalb muß man zurückgehen in die Zeit, in der die Anfänge unseres menschlichen Lebens beginnen.

Alles ist in Entwickelung. Das Menschengeschlecht war vor Jahrmillionen verschiedener von dem heutigen, als man es sich vorstellt. Auch diese Verschiedenheit wird in den Vorträgen über die «Grundbegriffe der Theosophie» zur Sprache kommen. Dem Menschengeschlecht von heute ist ein anderes vorangegangen, das atlantische Menschengeschlecht. Von ihm erzählt *Plato* noch. Dieses Geschlecht ist für die Naturwissenschaft keine wegzuleugnende Tatsache. Es hat anders vorgestellt, anders gelebt, andere Kräfte ausgebildet als die heutige Menschheit. Wer sich davon näher unterrichten will, kann in meiner Zeitschrift «Luzifer» Weiteres über dieses Menschengeschlecht nachlesen. Nach dem Untergange dieses Menschengeschlechts, dieser «Wurzelrasse», entwickelte sich erst ein solches Vorstellen, ein solches Denken und Anschauen, wie es das heutige ist. Und auch innerhalb unserer gegenwärtigen Wurzelrasse unterscheiden wir nach theosophischer Auffassung wieder sieben Unterrassen, von denen unsere eigene die fünfte ist.

Langsam hat sich die heutige Menschheit entwickelt, langsam hat sich das Geistesleben entwickelt. Gehen wir zurück zu dem geistigen Leben der ersten Unterrasse unserer Wurzelrasse, dann stellt sich dieses geistige Leben schon ganz anders dar als unser heutiges geistiges Leben. Das Denken dieser Menschen war anders. Es war ein solches, das sich mit unserem heutigen kombinierenden Verstandeswissen gar nicht vergleichen läßt. Dieses Denken war ein spirituelles, ein solches, das durch Intuition, durch eine Art geistigen Instinkt – aber auch das ist nicht das richtige Wort, es ist mehr eine vergeistigte Art des Denkens – zustande kam. Diese vergeistigte Art des Denkens hatte wie im Keime alle anderen heute nebeneinanderliegenden menschlichen geistigen Tätigkeiten harmonisch in sich beschlossen. Was heute getrennt sich äußert als Phantasie, als religiöse Frömmigkeit, als sittliches Gefühl und zu gleicher Zeit als Wissenschaftlichkeit, das war dazumal eins. So wie die ganze Pflanze eingeschlossen ist in den Samen, in einer Einheit, so war das, was heute ausgeprägt ist in vielen geistigen Tätigkeiten, in einer Einheit eingeschlossen. Die Phantasie war nicht diejenige Phantasie, die wir als eine unwirkliche ansprechen. Die Phantasie war befruchtet von dem geistigen Inhalt der Welt, so daß sie die Wahrheit hervorbrachte. Sie war nicht, was wir heute die künstlerische Phantasie nennen, sie war diejenige, die in ihren Vorstellungen zugleich Wahrheit enthielt. Das Gefühl und der ethische Wille waren innig verbunden mit dieser Phantasie. Der ganze Mensch war eine Einheit, eine geistige Zelle. Wir können uns äußerlich eine Vorstellung davon machen, wenn wir das prüfen, was uns noch geblieben ist. Wenn Sie die alten Geistesprodukte, wie zum Beispiel die Veden der alten Inder studieren, finden Sie da Kunst, Dichtung und Geist wie aus einem Borne fließen. Wahrheit, Dichtung und Pflichtgefühl flossen damals wie aus einem einzigen Zentrum des Menschen, aus der gemeinsamen Intuition. Wir können auch die Vorstellungen, die historisch geblieben sind aus der ältesten Druidenzeit und die den unsrigen zugrunde liegen, studieren – und wir werden finden, daß die Tempelbauten, die Steinsetzungen der Druiden nachgebildet sind den kosmischen Weltenmaßen. Alles das zeigt uns eine frühere Entwickelung.

Dann kommen wir herauf zu den nächsten Unterrassen. Da sehen wir, wie sich die geistigen Tätigkeiten trennen, wie sie sich im Anfange wie die Äste eines Baumes ausgebreitet haben. Wir sehen, wie später, in der chaldäisch-ägyptischen Zeit, die Wissenschaft der Himmelskunde sich abtrennt von der rein praktischen Wissenschaft; wie Stück für Stück sich abtrennt von dem, was eine Einheitsanschauung war und zu Sonderbestrebungen wird. Und ein ganz bestimmtes Gesetz können wir dann verfolgen in unserer fünften Wurzelrasse: daß nämlich der Mensch dieser fünften Wurzelrasse sich allmählich gerade die physische Welt in allen ihren Gebieten erobert. Betrachten wir den eben geschilderten geistigen Menschen vom ersten Anfang unseres Zeitalters, so sehen wir, wie bei ihm noch alles Geist ist. Der alte Vedenpriester kennt noch nicht das Hängen am Physischen. Das Physische war ihm noch etwas Unwürdiges; sein Blick war nur gerichtet auf den ewigen Gang der Ereignisse; sein Blick war himmelwärts gerichtet, das Irdische berührte ihn kaum. In unserer Zeit nimmt sich diese Vedenanschauung wie ein Anachronismus aus; wir sehen, wie diese Anschauungen dem Physischen nicht mehr gewachsen sind, und wie gerade das indische Volk darunter leidet, daß sein innerer Blick zurückgedunkelt wird, zurückgedrängt wird von einer Welt, die diesen Blick nicht mehr verstehen kann. Der Mensch mußte sich mit seinem geistigen Blick die physische Welt erobern; der Mensch ist untergetaucht in die physische Welt und muß die physische Welt immer mehr bearbeiten. Erst war der Blick in das innere Selbst gerichtet, dann, bei den Chaldäern und Ägyptern, war er gerichtet nach den Sternen. Und schreiten wir zu den Griechen fort, dann sehen wir, wie bei ihnen allmählich das, was früher vereint war, Philosophie, Religion und Kunst, als drei ganz getrennte Geistestätigkeiten uns entgegentreten. Im alten Vedentum ist der Priester zu gleicher Zeit Dichter, Forscher und religiöser Prophet; schreiten wir vor zum Griechentum, so sehen wir den Philosophen, den Künstler, den Priester getrennt auftreten. Und was ist geschehen, nach dem Entwickelungsgesetze im alten Griechenland? Die physische Welt wurde zunächst durch eine der Geistestätigkeiten, durch die Phantasie erobert. Die Eroberung der physischen Welt mit dem Mittel der Phantasie, das ist die gewaltige griechische Kunst.

Gehen wir weiter in die erste christliche Zeit. Vorbereitet hat sich das schon im Alten Testament, im Altertum, aber das neue Gebiet ist erst erobert worden von der Spiritualität der christlichen Zeit. Es ist das Gebiet des ethischen, des sittlichen Lebens. Gehen Sie ins ältere Griechenland, so sehen Sie das Moralische nicht als gesondert erscheinen von der allgemeinen Weltanschauung. Erst bei Sokrates und Plato beginnt es, daß das sittliche Wesen sich heraussondert. Das Christentum erobert die sittliche Welt. So wie das alte Griechentum in der Kunst durch die Phantasie das Physische spirituell erobert hat, so hat das Christentum die physische Sittlichkeit, das sittliche Leben auf der Erde, spirituell erobert. Das ist eine zweite Phase der Entwickelung.

Und wiederum, wenn wir einige Zeit übergehen, so sehen wir um die Wende des 15. zum 16. Jahrhundert, wie sich das, was früher vereinigt war, noch einmal spaltet. Wir sehen, wie der Weltanschauungsmensch, der Philosoph, und der Forscher sich trennen. Vorher gab es noch keine Trennung zwischen Philosophen und naturwissenschaftlich-physischen Forschern. Sehen Sie zurück in die erste Zeit des Mittelalters, betrachten Sie *Scotus Erigena*, *Albertus Magnus*, alle diejenigen, welche das Geistesleben in der Welt besorgt haben, Sie werden sehen, daß da alles Hand in Hand geht. Zwischen geistig-philosophischen Forschern und rein physischen Forschern war keine Trennung. Noch bei *Cartesius* und *Spinoza* können Sie Anklänge der Verbundenheit von Philosophie und Wissenschaft finden. Das philosophische Denken ging früher Hand in Hand mit der Naturwissenschaft. Mit dem 15., 16. Jahrhundert kommt dann diese Abzweigung: die Wissenschaft sondert sich von der Philosophie; die Wissenschaft wird selbständig. Ein neues Gebiet des physischen Lebens wird erobert: das Gebiet, welches durch Physik, Astronomie und so weiter, kurz, durch die rein physische Verstandeswissenschaft zu erobern ist. So sehen wir jetzt das, was früher vereint war: Wissenschaft, Kunst, Philosophie, Religion, Ethik, getrennte Wege gehen.

Wiederholt sind später Versuche gemacht worden, das, was früher eine Einheit war, wieder zur Einheit zu bringen. Wir sehen dieses Bestreben auch bei Goethe. Wir sehen, wie er bemüht ist, eine geistige Naturwissenschaft zu schaffen und eine Brücke zu finden zwischen der Wissenschaft und der Kunst. Ein Wort von ihm zeigt das: «Das Schöne ist eine Manifestation geheimer Naturgesetze, die uns ohne dessen Erscheinung ewig wären verborgen geblieben.» So hat ferner *Richard Wagner* versucht, den Mythos der Religionen zu vereinigen in einer neuen Kunstform, die mehr sein sollte als die auf reine Phantasie gebaute Kunst.

Diese Bestrebungen erinnern an etwas, was zu allen Zeiten vorhanden war. Neben den getrennten Wegen, die Religion, Kunst, Wissenschaft und Ethik gegangen sind, gab es immer das, was man die große Einheit nennt. Neben Wissenschaft, Kunst und Philosophie gab es das Mysterienwesen. Das ganze Weltbild wurde dem Eingeweihten der Mysterien vorgeführt. Da wurde ihm nicht in wissenschaftlicher Weise erzählt, was einstmals war und wie die Weltgesetze sind: ein Abbild des Lebens wurde da geschaffen. In dem Drama des Dionysos wurde ihm enthüllt, wie der Mensch, der Geistesmensch, eingetaucht ist in die physische Materie, wie das Geistige sich verdichtet hat zur Materie, um sich in Zukunft wieder zu erheben zum Geistigen. In großen Bildern wurde dieses Kunstwerk, dieses Dionysosdrama, aufgeführt in den alten griechischen Mysterien. Es wurde gezeigt, wie Dionysos der Sohn ist von Zeus und Semele, wie er gerettet wird durch Pallas Athene und wie sein Herz gerettet wird von Zeus. Das ist die Aufführung eines großen menschlichen Dramas; es sollte nichts anderes darstellen als das Leben innerhalb unserer Erde. Gezeigt sollte werden, wie der Mensch untergetaucht ist in die physische Gestalt, wie er seine Seele gerettet hat durch das tiefste Geistige im Inneren und wie er sich selbst wieder hinaufentwickeln soll zu einem neuen göttlichen Dasein. – Äußerlich in der griechischen Kultur erscheint dann das getrennt, was in den Tiefen der Mysterientempel eine Einheit darstellt. Was Sokrates erzählt und was Plato darstellt in der Philosophie, das ist nichts anderes als ein äußeres Abbild, eine Abspaltung dessen, was in den Mysterien sich fand. Lesen Sie Plato, so werden Sie die philosophische Ausgestaltung des Mysteriendramas sehen; lesen Sie die tragischen Geschicke der Helden, so haben Sie in diesen Heldendramen einen schwachen Abglanz des Mysteriendramas. Herausgebildet hat sich die Philosophie aus der alten Kunst. In unserer neuen Zeit ist, wie gesagt, die letzte Abspaltung geschehen: die Verstandeswissenschaft, die auf die physische Welt beschränkt ist, sie hat die Welt erobert; das Mikroskop und das Teleskop haben die Welt erobert. Wie die christliche Kunst die innere Gefühlswelt, so hat die physische Wissenschaft die äußere Natur erobert. Das ist die Aufgabe, die große Weltenmission gewesen: das, was früher eine Einheit war, in einzelnen Partien getrennt zu erobern.

Die Einheit von allen vier, von Wissenschaft, Philosophie, Ethik und Kunst, anzubahnen, ist die Mission einer neuen anbrechenden Zeit; die Mission einer neuen Menschheit will die Theosophie vorbereiten. Deshalb trat auch das erste bedeutsame Werk, die «Geheimlehre» von *Helena Petrowna Blavatsky* auf mit dem Untertitel: Vereinigung von Wissenschaft, Religion und Philosophie. – So verhält sich die theosophische Weltanschauung zu den einzelnen Zweigen, die heute das geistige Leben verschütten. Sie sehen, warum sie sich nicht trösten kann, wenn uns die Weltanschauung der naturwissenschaftlichen Welt ein Entweder-Oder entgegenruft. Sie sehen, warum der Theosoph, der auf das Ganze blickt, versöhnend hinsehen kann auf die Wissenschaft, und geradezu von der Weiterentwickelung der Wissenschaft erhoffen kann einen weiteren Aufstieg in der wissenschaftlichen Sphäre. Das ist das Ideal der Theosophie. Weil die Menschheit in jedem einzelnen Menschen ein Ganzes ist, deshalb ist dieses Ideal das große

Menschheitsideal unserer Zeit. Auf getrennten Wegen mußten die Menschen innerhalb unserer Wurzelrasse ihr Ziel
erreichen. Nur eine Weile aber, so lautet das große Welten-
gesetz, gehen die Wege getrennt; dann müssen sie sich
wieder vereinigen. Jetzt ist die Zeit der Vereinigung.

Eine vereinigende Weltanschauung kann nur eine tolerante Weltanschauung sein. Deshalb steht der große
Grundsatz der Toleranz an der Spitze der Bewegung. Ein
Mißverständnis wäre es, wenn man die theosophische Bewegung auf irgendeine ausgesprochene Wahrheit hin beurteilen wollte. Nicht auf eine bestimmte einzelne Wahrheit
hin, nicht auf ein Dogma, nicht auf dasjenige, was dieser
oder jener Mensch erkannt hat oder zu erkennen glaubt,
vereinigen wir uns. Derjenige, welcher in der theosophischen Bewegung, wenn auch noch so bestimmt und noch so
energisch eine Wahrheit ausspricht, spricht sie nicht in dem
Sinne aus, wie andere das verlangen, daß man sich zu ihr
bekennen muß. Sehen Sie sich die einzelnen Bekenntnisse
an, auch die wissenschaftlichen Richtungen, Materialismus,
Monismus, Dualismus und so weiter, überall können Sie
eines wahrnehmen: der Anhänger einer solchen Richtung
glaubt einzig und allein die Wahrheit zu besitzen und
schaltet alles andere aus. Entweder-Oder heißt es hier.
Streit der Sekten, Streit in den Anschauungen ist die Folge.
Die Theosophie unterscheidet sich ganz fundamental davon. In jedem einzelnen Menschen muß sich die Wahrheit
entwickeln. Wer seine Erkenntnis ausspricht, spricht sie in
keinem anderen Sinne aus als zur Anregung der übrigen.
Zu nichts weiter. Der theosophische Lehrer ist sich bewußt,
daß in jedem Menschen die Wahrheit herausgeholt werden
muß. Dabei vereinigen sich gegenseitig völlig tolerante
Menschen in Brüderlichkeit zu einem gemeinschaftlichen
großen Ziel, sie vereinigen sich in der Theosophischen Ge-

sellschaft, in der geisteswissenschaftlichen Bewegung. Die toleranteste Gesinnung, Toleranz bis ins Gefühl und in den Gedanken hinein, ist in dieser Bewegung zu finden. Der Theosoph ist, gerade wenn er in seinem Erkenntnisweg vorangeschritten ist, sich klar darüber, daß in jedes Menschen eigener Brust der Wahrheitskern ruht, daß er nur umgeben zu werden braucht mit einer geistigen Atmosphäre, um sich zu entwickeln. Die Gesamtheit, das Zusammenwirken ist es, worauf es ankommt. Wo Theosophen sich vereinigen, da schaffen sie um sich herum jene Atmosphäre, in welcher der einzelne Menschenkeim gedeihen kann. In diesem Zusammenwirken sehen sie ihre eigentliche Aufgabe. Das ist dasjenige, was die theosophische Bewegung grundsätzlich von allen anderen unterscheidet. Andere bekämpfen sich – wir aber vereinigen uns. Andere sind Monisten und betrachten den Dualismus als falsch, wir aber wissen, daß der Dualismus und der Monismus eine Einheit in einer noch höheren Harmonie finden werden, wenn man geistig in sich weiter sucht.

Das haben die großen Geister ausgesprochen, auch Goethe – mit seinen Worten an alte Meister anknüpfend –, wie in dem Menschen selbst sich entwickeln muß die göttliche Wahrheit, wie sie herausquellen muß aus dem einzelnen menschlichen Herzen. Das hat er, wie zum Motto unserer theosophischen Bewegung, an die Spitze eines seiner wissenschaftlichen Werke geschrieben. Dieses Motto heißt:

> Wär nicht das Auge sonnenhaft,
> Wie könnten wir das Licht erblicken?
> Lebt' nicht in uns des Gottes eigne Kraft,
> Wie könnt' uns Göttliches entzücken?

IST DIE THEOSOPHIE BUDDHISTISCHE
PROPAGANDA?

Berlin, 8. Dezember 1904

Der heutige Vortrag ist dazu bestimmt, eines der verbreitetsten Vorurteile über die theosophische Bewegung zu besprechen: es ist dasjenige, als ob die Theosophie nichts anderes wäre als eine Propaganda für den Buddhismus. Man hat sogar das Wort geprägt für diese Bewegung: Neubuddhismus. Nun ist es ohne Zweifel, daß unsere Zeitgenossen manches gegen die theosophische Bewegung einzuwenden haben müßten, wenn das in diesem Vorurteile Ausgesprochene in irgendeiner Weise richtig wäre. Derjenige, welcher zum Beispiel auf dem christlichen Standpunkt steht, wird sich mit Recht fragen: Was soll dem, der das Christentum zu seinem Bekenntnis gemacht hat, oder der im Christentum erzogen ist, eine Religion, welche auf ganz andere Verhältnisse hin, für ein ganz anderes Volk, für ganz andere Zustände bestimmt war? Und derjenige, der auf dem Standpunkte der modernen Wissenschaft steht, der mag sich wiederum sagen: Was kann uns, die wir mit den wissenschaftlichen Begriffen leben, welche im Laufe der letzten Jahrhunderte gewonnen worden sind, der Buddhismus irgend etwas Bedeutungsvolles bringen, da doch alles, was er in sich befaßt, einem Gedankenkreise angehört, welcher viele Jahrhunderte vor unserer Zeitrechnung entstanden ist? – Wir wollen uns heute mit der Frage beschäftigen, wie dieses Urteil hat entstehen können, und welchen Wert es eigentlich hat.

Sie wissen, daß die theosophische Bewegung im Jahre

1875 durch Frau *Helena Petrowna Blavatsky* und Colonel *Olcott* ins Leben gerufen worden ist, daß sie sich seither verbreitet hat über alle gebildeten Länder der Erde, daß Tausende und aber Tausende von Leuten, welche nach den Lösungen der Fragen des Daseins suchen, im tiefsten Sinne in ihr Befriedigung gefunden haben, daß sie Forschungen gezeitigt hat, welche tief zu der Seele des modernen Menschen sprechen. Das alles ist nicht zu leugnen, und wir müssen uns fragen: Wie steht diese Bewegung, die eine reiche Literatur hat, die eine Anzahl von Männern und Frauen hervorgebracht hat, die in ihrem Sinne heute selbständig zu sprechen in der Lage sind, zu den Religionen des Ostens, zum Hinduismus, und namentlich zum Buddhismus?

Ein gutes Stück Schuld an diesem Vorurteil, das ich erwähnt habe, hat der Titel, den eines der verbreitetsten Bücher auf unserem Gebiet trägt. Es ist das Buch, durch welches unzählige Menschen für die Bewegung gewonnen worden sind, der «Esoterische Buddhismus», von *Sinnett*. Es ist ein merkwürdig unglücklicher Zufall, daß der Titel dieses Buches so gründlich mißverstanden werden konnte. Frau Blavatsky sagt über dieses Buch, es sei weder Buddhismus, noch sei es esoterisch, obwohl es «Esoterischer Buddhismus» heißt. Und dieses Urteil ist außerordentlich wichtig für die Beurteilung der theosophischen Bewegung. Buddhismus steht allerdings auf dem Titelblatt des Sinnettschen Buches, aber dieser Buddhismus müßte geschrieben werden nicht mit zwei d, als ob es von Buddha käme, sondern mit einem d, denn es kommt von Budhi, dem sechsten menschlichen Prinzip, dem Prinzip der Erleuchtung, der Erkenntnis. Budhi bedeutet nichts anderes, als was in den ersten christlichen Jahrhunderten Gnosis genannt wurde. Erkenntnis durch das innere Licht des Geistes, Weisheitslehre.

Wenn wir den Ausdruck «Budhismus» so auffassen, dann werden wir uns bald gestehen können, daß die Lehre des Buddha nichts anderes ist als eine der mannigfaltigen Formen, in denen diese Weisheitslehre in der Welt verbreitet ist. Nicht allein Buddha, sondern alle großen Weisheitslehrer haben diesen Budhismus verbreitet: der ägyptische Hermes, die alten indischen Rishis, Zarathustra, die chinesischen Weisheitslehrer Laotse und Konfuzius, die Eingeweihten der alten Juden, ferner Pythagoras und Plato, und endlich die Lehrer des Christentums selbst. Nichts anderes haben sie in diesem Sinne verbreitet als Budhismus, und esoterischer Buddhismus heißt nichts anderes als die innere Lehre, im Gegensatz zur äußeren Lehre. Alle großen Religionsbekenntnisse der Welt haben diesen Unterschied gemacht zwischen innerer und äußerer Lehre. Auch das Christentum kannte, namentlich in den ersten Jahrhunderten, diesen Unterschied zwischen esoterischem und exoterischem Gehalt.

Das Esoterische unterscheidet sich ganz wesentlich von dem Exoterischen. Das Exoterische ist dasjenige, was ein Lehrer verkündigt vor der Gemeinde, das, was durch das Wort, durch das Buch verbreitet wird. Es ist dasjenige, was jeder versteht, der auf einer gewissen Stufe der Bildung steht. Die esoterische Lehre wird nicht durch Bücher verbreitet; der esoterische Teil jeder Weisheitsreligion wird nur von Mund zu Ohr und noch auf ganz andere Weise verbreitet. Es gehört, um einen esoterischen Inhalt an einen Menschen heranzubringen, ein intimes Verhältnis des Lehrers, der zugleich Führer sein muß, zu seinem Schüler dazu; es gehört dazu, daß ein unmittelbares persönliches Band vorhanden ist zwischen Lehrer und Schüler; es gehört dazu, daß in diesem Verhältnis zwischen Lehrer und Schüler selbst ausgesprochen ist, was über die bloße Mitteilung, über das bloße Wort weit hinausgeht. Es muß in diesem Verhältnis zwischen Lehrer und Schüler etwas Spirituelles sein; es muß die Geisteskraft des Lehrers auf den Schüler wirken. Der in Weisheit geübte Wille muß etwas einströmen lassen, was unmittelbar auf den Schüler oder die kleine Gemeinde übergeht, welche einzig und allein als kleine Gemeinde einen esoterischen Unterricht genießen soll. Und weiter gehört zum esoterischen Unterricht, daß diese kleine Gemeinde stufenweise hinaufgeführt wird zu den höheren Stufen. Man kann nicht die dritte Stufe erkennen, wenn man sich die erste und zweite nicht völlig zu eigen gemacht hat. Was das Esoterische in sich schließt, ist nicht nur ein Lernen, sondern eine völlige Verwandlung des Menschen, eine Höherbildung und Zucht seiner ganzen Seelenkräfte. Der Mensch, der durch die esoterische Schule gegangen ist, hat nicht nur etwas gelernt, er ist ein anderer geworden nach Temperament, Gemüt und Charakter, nicht nur nach Einsicht und Wissen.

Dasjenige, was der äußeren Welt oder einem äußeren Buche anvertraut wird, kann nur ein schwacher Abglanz einer eigentlichen esoterischen Unterweisung sein. Daher sagt Frau Blavatsky mit Recht, daß Sinnetts Buch kein esoterischer Buddhismus sei, denn in dem Augenblicke, wo irgendeine Lehre überhaupt durch ein Buch, oder öffentlich, mitgeteilt wird, ist sie nicht mehr esoterisch; da ist sie exoterisch geworden, denn die eigentümliche Schattierung durch das Gemüt, die Schattierung durch die feineren Seelenkräfte, der ganze spirituelle Hauch, welcher durchströmen muß, durchwärmen muß dasjenige, was die Esoterik in sich schließt, das alles muß herausgeschwunden sein aus dem bloß durch ein Buch Mitgeteilten.

Eines ist allerdings möglich: es kann derjenige, dessen schlummernde Fähigkeiten leicht erweckt werden können, und der den Willen und die Neigung hat, nicht nur zwischen den Zeilen eines Buches zu lesen, sondern an den Worten gleichsam zu saugen, der kann das, was als Esoterik einem exoterischen Buche zugrunde liegt, aus diesem Buche heraussaugen. Man kann unter Umständen bis zu einem hohen Grad in die esoterischen Lehren hineinkommen, ohne daß man unmittelbaren persönlichen esoterischen Unterricht erhält. Aber das ändert nichts daran, daß ein gewaltiger Unterschied ist zwischen allem Esoterischen und Exoterischen. Die christlichen Gnostiker der ersten Jahrhunderte erzählen, wie in den Worten des Origenes, des Clemens von Alexandrien, wenn sie zu ihren intimen Schülern sprachen, das unmittelbare Seelenfeuer, die unmittelbare spirituelle Kraft wirkte, und wie diese Worte dann ein ganz anderes Leben hatten, als wenn sie vor einer großen Gemeinde gesprochen wurden. Diejenigen, die den intimen Unterricht dieser großen christlichen Lehrer genossen haben, wissen davon zu erzählen, wie ihre ganze Seele verwandelt worden ist, und wie ihre ganze Seele anders geworden ist.

Es war im letzten Drittel des 19. Jahrhunderts die Notwendigkeit heraufgezogen, in der Menschheit das spirituelle Leben zu wecken als Gegengewicht für die materialistische Weltanschauung, die nicht nur die wissenschaftlichen, sondern auch die religiösen Kreise ergriffen hat, denn die Religionen haben ein ganz materialistisches Gepräge angenommen. Es war notwendig geworden, das innere spirituelle Leben wieder zu erwecken. Dieses innere Leben kann nur von demjenigen erweckt werden, der in seinen Worten ausgeht von der Kraft, die in der Esoterik geschaffen wird. Es war notwendig geworden, daß wiederum einige von den Dingen sprachen, die nicht nur aus Büchern und Unterweisungen, sondern aus unmittelbarer persönlicher Anschauung etwas wußten von den Welten, die über dem physischen Plan liegen. Genau ebenso wie jemand ein Erfahrener auf dem Gebiete der Naturwissenschaft sein kann, so kann auch jemand ein Erfahrener sein auf dem Gebiete des Seelenlebens und des Geisteslebens. Man kann unmittelbare Erkenntnis von diesen Welten haben.

Zu allen Zeiten hat es solche Menschen gegeben, die geistige Erfahrungen hatten; und diejenigen, die solche Erfahrungen hatten, waren die wichtigen Lenker und Führer der Menschheit. Was an Religionsbekenntnissen eingeflossen ist in die Menschheit, ist hervorgegangen aus der geistigen und seelischen Erfahrung dieser Religionsstifter. Diese Religionsstifter waren nichts anderes als Abgesandte der großen Brüderschaften von Weisen, die die eigentliche Führung in der Menschheitsentwickelung haben. Sie senden ihre Weisheit, ihr spirituelles Wissen von Zeit zu Zeit in die Welt, um einen neuen Impuls, einen neuen Einschlag im Fortschritt der Menschheit zu geben. Für die große Menge der Menschen ist nicht sichtbar, woher diese Einströmungen in die Menschheit kommen. Diejenigen aber, welche eigene Erfahrungen machen können, die den Zusammenhang haben mit den fortgeschrittenen Brüdern der Menschheit, die eine Stufe erreicht haben, welche die Menschheit erst in fernen Zeiten erreichen wird, die wissen, woher diese Impulse kommen. Dieser Zusammenhang, durch welchen das Wort des Geistes zu den Mitbrüdern und Mitschwestern von innen spricht durch die fortgeschrittenen Brüder der Menschheit, ist selbst ein esoterischer, der nicht durch eine äußere Gesellschaft geknüpft werden kann, der unmittelbar durch die geistige Kraft geknüpft wird.

Von einer solchen Brüderschaft vorgerückter Individualitäten mußte wiederum ein Strom von Weisheit, eine neue spirituelle Welle im letzten Drittel des 19. Jahrhunderts in die Menschheit einfließen. Nichts anderes war Frau Blavatsky als ein Sendbote solcher höheren menschlichen Individualitäten, die einen hohen Grad von Weisheit und göttlichem Willen erlangt haben. Und von solcher Art, wie sie kommen von solchen vorgeschrittenen Menschenbrüdern, waren auch die Mitteilungen, die dem «Esoterischen Buddhismus» zugrunde liegen.

Nun kam es durch eine notwendige, aber noch nicht leicht überschaubare Verkettung von weltgeschichtlichen geistigen Ereignissen, daß die ersten Einflüsse der theosophischen Bewegung vom Orient, von orientalischen Meistern ausgingen. Aber schon als Helena Petrowna Blavatsky ihre «Geheimlehre» verfaßte, waren es nicht mehr solche orientalische Weisen allein, welche als große Eingeweihte die Lehren, welche Sie in der «Geheimlehre» finden können, an Frau Blavatsky vermittelten. Ein ägyptischer und ein ungarischer Eingeweihter hatten bereits dasjenige, was sie beizutragen hatten, zu dem neuen großen Einschlag hinzugegeben. Und seit jener Zeit ist noch manche neue Strömung in diese theosophische Bewegung eingeflossen, so daß für denjenigen, der aus eigenem Wissen weiß, was hinter den Kulissen vorgeht – notwendig hinter den Kulissen vorgeht, weil es nur langsam in die theosophische Strömung eindringen kann –, es heute keinen Sinn mehr hat, davon zu sprechen, daß in dieser theosophischen Bewegung nur ein Neubuddhismus enthalten sei.

Nicht nur der Durchschnittsmensch ist abhängig von seiner Umgebung, von seinem Zeitalter und seiner Nation, sondern selbst der höchstentwickelte Mensch. Auch der, welcher eine hohe Stufe von Weisheit und göttlichem Willen erlangt hat, ist noch in gewisser Weise abhängig von seiner Umgebung. Das haben gleich im Anfang der Bewegung die großen Weisen der Bewegung betont. Die großen Weisen waren hervorgegangen aus orientalischem Wissen, aus der orientalischen Welt. Sie gehörten einer Bruderschaft an, die ihre Wurzel hatte in dem, was man den tiefen Buddhismus des Orients nennt. Diese Bruderschaft hat ihre Wurzel nicht in dem sogenannten südlichen Buddhismus, den Sie namentlich auf Ceylon finden können, sondern in dem nördlichen Buddhismus, der nicht nur die reine und edle Morallehre und die Gerechtigkeitslehre des südlichen Buddhismus in sich schließt, sondern auch eine erhabene Lehre von dem Geistigen, dem spirituellen Leben der Welt. Dieser nördliche Buddhismus kann in gewissem Sinne als eine Art esoterische Lehre, im Gegensatz zu dem südlichen Buddhismus, betrachtet werden.

Warum mußte nun die Erneuerung des spirituellen Lebens angeregt werden von dieser Seite her? War das notwendig? Geben wir uns keiner Täuschung hin über die ganze Sachlage, die hier vorliegt, sondern sprechen wir sie so aus, wie sie sich dem unbefangenen Wissenden darstellt.

Alle großen Weltreligionen und alle großen Weltanschauungen stammen von Abgesandten dieser großen Brüderschaften vorgerückter Menschen. Aber indem diese großen Bekenntnisse dann ihre Wanderung durch die Welt machen, müssen sie sich anpassen an die verschiedenen Volksauffassungen, dem Verstande, den Zeiten und den Nationen. Unsere materialistische Zeit, namentlich seit dem 15., 16. Jahrhundert, hat nicht nur die Wissenschaft, sondern auch die Religionsbekenntnisse des Westens materialisiert. Sie hat das Verständnis für das Esoterische, für das Spirituelle, für das eigentliche Geistesleben immer mehr und mehr zurückgedrängt; und so kam es denn, daß im 19. Jahrhundert nur noch sehr, sehr wenig Verständnis vorhanden war für eine tiefere Weisheit. Bezüglich dessen, woraus auch die europäische Religion entstanden ist, müssen wir uns doch gestatten zu sagen, daß die, welche ein spirituelles Gewissen haben, suchten nach dem Geistigen, daß sie aber sehr wenig Anregung mehr fanden in dem protestantischen Religionsbekenntnis des 19. Jahrhunderts, daß sie unbefriedigt waren von dem, was sie von den Religionsbekenntnissen und Theologen hören konnten. Gerade diejenigen, welche die tiefsten Religionsbedürfnisse hatten, waren es, welche die geringste Befriedigung in den Religionsbekenntnissen des 19. Jahrhunderts fanden. Diese Religionsbekenntnisse des 19. Jahrhunderts sind im Innersten wieder belebt worden von dem esoterischen Kern der universellen Weisheitslehren. Unzählige, die früher durch die interessanten naturwissenschaftlichen Tatsachen dem Christentum abwendig gemacht worden waren, führte die Theosophie wieder zurück zum Christentum. Es ist also so, daß die theosophische Bewegung dieses Christentum wieder vertieft hat, daß sie die wahre, echte Gestalt des Christentums wieder gezeigt hat, und auch viele derjenigen zum Christentum wieder hingeführt hat, welche ihre Seelen und Herzen durch es nicht mehr hatten befriedigen können. Das kommt daher, weil die Theosophie nichts anderes tut gegenüber dem Christentum, als seinen inneren Kern wieder zu erneuern, und es in seiner wahren Gestalt aufzuzeigen. Dazu war aber notwendig, daß in dem kleinen Kreise des Orients, in dem sich noch eine fortlaufende Strömung erhalten hatte aus den Zeiten eines hochentwickelten spirituellen Lebens im Beginne unserer Wurzelrasse, daß von da die Anregung ausging.

Vom Mittelalter bis in die neue Zeit herein hat es auch in Europa große Weise gegeben; und auch solche Brüderschaften hat es gegeben. Die Rosenkreuzer muß ich da immer wieder erwähnen; aber das materialistische Jahrhundert konnte wenig mehr annehmen von dieser Rosenkreuzergesellschaft. Und so kam es, daß die letzten Rosenkreuzer sich schon im Beginne des 19. Jahrhunderts vereinigt hatten mit den orientalischen Brüdern, von denen dann die Anregungen ausgegangen sind. Es war der europäischen Kultur die spirituelle Kraft verlorengegangen, und die großen Anregungen mußten daher zunächst vom Orient kommen. Daher das Wort: Ex oriente lux. – Dann aber, als dieses Licht gekommen war, fand man wiederum den Funken, so daß auch in Europa die religiösen Bekenntnisse angefacht werden konnten.

Heute haben wir es nicht mehr im Entferntesten nötig, noch fortzupflanzen die Anklänge an den Buddhismus. Heute sind wir imstande, durchaus aus unserer europäischen Kultur, ja aus der christlichen Kultur heraus, ohne irgendwelche Hinweise auf buddhistische Quellen oder Ursprünge oder andere orientalischen Einflüsse, die Sache darzustellen. Es ist bemerkenswert, was einer der bedeutendsten Theosophen Indiens auf dem Religionskongreß in Chicago über den Weltberuf der theosophischen Bewegung sagte. *Chakravarti* hat damals eine Rede gehalten und gesagt: Auch im indischen Volke ist das alte spirituelle Leben verlorengegangen. Der Materialismus des Westens hat auch in Indien seinen Einzug gehalten. Man ist auch in Indien hochmütig und ablehnend geworden gegenüber den Lehren der alten Rishis, und die theosophische Bewegung hat sich das Verdienst erworben, die spirituelle Lehre auch nach Indien zu bringen. – So wenig ist es richtig, daß wir indische Weltanschauung verbreiten, daß gerade das Umgekehrte zutrifft: daß vielmehr die theosophische Bewegung die Weltanschauung, die sie zu vertreten hat, erst wieder nach Indien brachte.

Die Gelehrten, die sich im Laufe des 19. Jahrhunderts mit der Erforschung des Buddhismus befaßt haben, haben von ihrem Standpunkte aus etwas gegen das Wort «esoterischen Buddhismus» eingewendet. Sie haben gesagt: der Buddha hat niemals etwas gelehrt, was man mit Esoterik bezeichnen könnte. Er hat eine populäre Religion, die vorzugsweise auf das moralische Leben hinausging, gelehrt, und dabei Worte gesprochen, die von jedem verstanden werden können; von einer geheimen Lehre sei aber bei Buddha überhaupt nicht die Rede. Daher haben auch einige gesagt, einen Geheimbuddhismus könne es überhaupt nicht geben. Es ist viel Unzutreffendes über Buddha und den Buddhismus geschrieben worden. Das können Sie schon aus Stellen des Büchelchens, das bei Reclam erschienen ist, ersehen. Es heißt da: «So ist das viel mehr, was ich erkenne und nicht verkündige, als das, was ich euch verkündigt habe. Und wahrhaft habe ich euch dies nicht verkündigt, weil es euch keinen Gewinn bringt, weil es nicht den Wandel in Heiligkeit fördert, weil es nicht zur Abhärtung, nicht zu Unterdrückung der Lust, nicht zu Friede, Erkenntnis, Erleuchtung und Nirwana führt. Deshalb habe ich euch jenes nicht verkündigt. Und was habe ich euch verkündigt? Das ist das Leiden, das ist die Entstehung des Leidens, das ist die Aufhebung des Leidens, und das ist der Weg, der zur Aufhebung des Leidens führt. Das habe ich euch verkündigt.»

Eine solche Stelle zeigt uns sofort, daß wir es im Buddhismus auch mit einer Lehre zu tun haben, die nicht öffentlich verkündigt worden ist. Und aus welchem Grunde nicht öffentlich verkündigt worden ist? Weil eine esoterische Lehre überhaupt nicht öffentlich verkündigt werden kann! Was wollte Buddha anders als seinem Volke eine erhebende Sitten- und Morallehre verkündigen, durch die jeder einzelne reif werden kann, um in eine Schule der Weisheitswissenschaft aufgenommen zu werden, nachdem er sich die Tugend, das Temperament, die Charakteranlage herangebildet hat, die erforderlich sind, um in die Esoterik aufgenommen zu werden. Seinen intimsten Schülern hat Buddha verkündigt, was er über das Exoterische hinaus zu sagen hatte. Der nördliche Buddhismus hat nun in einer lebendigen Geistesströmung diese Geheimlehre des Buddhismus und aller großen Weisheitsreligionen bewahrt, und von ihnen konnte daher jener Einfluß ausgehen, welcher zur Begründung der Theosophischen Gesellschaft geführt hat.

Nun sträuben sich ja namentlich unsere Zeitgenossen auch dagegen, daß uns irgendein günstiger Einfluß hätte kommen können, sei es von dem Buddhismus, dem Hinduismus oder irgendeinem anderen orientalischen Religionsbekenntnis. Und wie wir da einem Vorurteil unglaublichster Art begegnen, so könnte man auch in bezug auf unzählige andere Punkte nachweisen, wie wenig die orientalischen Bekenntnisse in Europa verstanden worden sind, und wie über diese Bekenntnisse in Europa geredet wird von denjenigen, die niemals sich die Mühe gegeben haben, in dieselben einzudringen, und die sich so verhalten, als ob etwas für die abendländische Weisheit ganz Fremdes einfließen müßte in das Abendland. So wird gesagt, daß der Buddhismus zur Lebensflucht, zur Askese führe, daß er dazu führe, das Nichtsein höher zu schätzen als das Leben. Und man sagt ferner, daß eine solche Lebensflucht, eine solche Lebensfeindseligkeit etwas sei, was dem tätigen modernen Menschen nicht zieme. Was soll uns eine solche Lebensflucht, sagen sie. Man braucht nur eine einzige Stelle aus den buddhistischen Schriften mitzuteilen, um zu zeigen, wie wenig begründet der Vorwurf der Lebensfeindlichkeit ist, wenn man ihn dem Buddhismus macht. Der Ausdruck

«Bikschu» bedeutet einen Schüler im Buddhismus. Wenn irgendein Bikschu ein menschliches Wesen des Lebens beraubt, eine Lobrede auf das Sterben hält oder andere zum Selbstmord aufstachelt und sagt: Was nützt dir dieses Leben? Sterben wäre besser als Leben! – Und wenn er das Leben nach dem Tode auf diese Weise begründet, dann ist er abgefallen und gehört nicht länger der Gemeinschaft an. – So lautet ein strenges Gebot des Buddhismus, und ein Verbot, jemandem davon zu sprechen, daß der Tod wertvoller sei als das Leben: das ist eine der größten Sünden in dem wahren Buddhismus. Wenn Sie so etwas nehmen, so werden Sie, von da ausgehend, ermessen können, wie wenig zutreffend die Vorstellungen sind, die immer wieder von denjenigen verkündigt werden, welche sich mit der Sache selbst ungenügend befaßt haben.

Es ist schwer, Vorurteile, die sich so eingenistet haben, wieder aus der Welt zu schaffen. Man kann nur immer wieder auf die wahre Gestalt dieser Dinge hinweisen. Man hat dann zwar gesprochen, aber bald kommen dann doch wieder dieselben und wieder dieselben Einwände. Man kann hundertmal davon sprechen, daß das Nirwana nicht das Nichtsein sei, sondern Fülle und Reichtum des Seins, daß es der höchste Gipfel des Bewußtseins und Seins ist, daß es keine einzige Stelle gibt – auch nicht in den exoterischen Schriften –, aus welcher hervorgeht, daß sich ein wahrer Kenner unter dem Nirwana das Nichtsein vorstellt: man kann das hundertmal wiederholen, aber immer wieder wird von der Lebensflucht gesprochen. Nirwana ist genau dasselbe, wovon auch das Christentum spricht. Aber nur diejenigen, welche eingeweiht waren in die tieferen Geheimnisse des Christentums, können darauf hinweisen.

Es ist nicht zu bestreiten, daß die wahren Christen, daß die Scholastiker und Mystiker tief beeinflußt waren von dem *Dionysios Areopagita*. Bei ihm finden Sie, daß, wenn man von dem göttlichen Sein spricht, mit dem sich das Menschliche am Ende der Entwickelung vereinigen muß, so soll man diesem höchsten Sein kein Prädikat beilegen, das von unseren irdischen Vorstellungen hergenommen ist. Alles, was wir aussagen können von Eigenschaften, haben wir uns erworben in dieser Welt. Legen wir dem göttlichen Sein eine solche Eigenschaft bei – so sagt dieser christliche Esoteriker –, dann sagen wir von dem Göttlichen, daß es gleich sei dem Endlichen, gleich sei dem, was in der Welt ist. Dionysios Areopagita spricht daher in seinen Schriften davon, daß man nicht einmal Gott sagen solle, sondern Übergott, und daß man, um die ganze Heiligkeit dieses Begriffes anzudeuten, vor allen Dingen sich hüten soll, irgendein Merkmal, das aus der Welt geholt ist, diesem göttlichen Sein beizulegen; daß man sich also klar sein muß, daß die Eigenschaften, die wir in der Welt erfahren können, das göttliche Wesen nicht haben könne, sondern viel mehr.

Und wiederum hat diese Anschauung erneuert der große Kardinal *Nikolaus Cusanus* im 15. Jahrhundert, auch die christlichen Mystiker, Meister *Eckhart, Tauler, Jakob Böhme*, überhaupt alle Mystiker, welche aus unmittelbarer Erfahrung eine Einsicht bekommen haben in die großen Rätsel des Daseins. So sprachen von Nirwana auch die westlichen Buddhisten. Wir können uns vielleicht besser einen Begriff machen von Nirwana, wenn wir die europäischen, christlichen Worte dafür suchen.

Wer heute bei uns zurückgeht in das 16. Jahrhundert und die Worte der damaligen Zeit prüft, wird finden, daß es schwieriger ist, den Sinn derselben festzustellen. Daher ist es auch vollständig unzutreffend, was von philologischer Seite über Nirwana gesagt wird. Derjenige, welcher von der theosophischen Bewegung als von einer neubuddhistischen spricht, der wird vor allen Dingen von der buddhistischen Geistesrichtung nichts Zutreffendes sagen können. Diejenigen, welche das Vorurteil aufgebracht haben, wissen gewöhnlich gar nicht, von was sie reden. Denn es ist nicht nötig, zu den orientalischen Quellen Zuflucht zu nehmen. Nur die erste Anregung ist ausgegangen von dieser orientalischen Quelle. Was wir heute haben, strömt uns nicht zu aus dem Buddhismus heraus. Im Gegenteil, es ist seit den ersten Zeiten der theosophischen Bewegung das Leben, das unmittelbare spirituelle Leben in der theosophischen Geistesströmung immer reger und reger geworden. Und wenn heute derjenige, der die ursprüngliche theosophische Lehre verkündigen will, nur ein buddhistisches Bekenntnis verkündigen wollte, so wäre das gerade so, wie wenn jemand, der heute Mathematik lehren will, nicht dasjenige, was er selbst weiß, lehren würde, sondern den alten Euklid oder den alten Cartesius lehren wollte. Das ist ja das Bedeutungsvolle der theosophischen Bewegung, daß die ersten großen Lehrer nur die großen Anreger waren, und daß seitdem Männer und Frauen erstanden sind, die wirklich geistige Erfahrung haben, die das geistige Wissen mitzuteilen in der Lage sind. Was sind uns Zarathustra, Buddha, Hermes und so weiter? Sie sind uns die großen Anreger, vor denen wir in Verehrung und Bewunderung stehen, weil, wenn wir sie anblicken, in uns die Kräfte angeregt werden, welche wir brauchen. Das Wissen kann auch von den größten Weisen nicht auf Autorität hin übermittelt werden. Wenn wir noch in einem anderen Verhältnis zu Buddha, Zarathustra, Christus stehen als zu den großen Mathematiklehrern oder Physiklehrern, so hat das seinen guten Grund. Das, was als Weisheitsprinzip verkündigt wird, wird unmittelbares äußeres Leben im Menschen.

Nicht wie Mathematik oder Naturwissenschaft ist es äußeres Wissen, sondern es ist lebendiges Leben. Was die Weisheitswissenschaft übermittelt, spricht zum ganzen Menschen. Bis in die Fingerspitzen hinein durchrieselt es die ganze Persönlichkeit. Und wenn es der Persönlichkeit entströmt, so entströmt die Weisheit selbst, sie strömt über von einem Wesen in die anderen. Daher stehen wir allerdings zu Jesus, Hermes, Buddha nicht so, wie wir zur Wissenschaft stehen, sondern so, daß wir mit ihnen in einem gemeinschaftlichen Leben stehen, daß wir in ihnen leben und weben und sind. Aber in anderer Weise wieder sind sie doch nur die bloßen Anreger. Wenn die Weisheit unser eigen geworden ist, dann betrachten sie ihre Aufgabe als erfüllt. Daher kommt es nicht auf Dogmen, nicht auf Lehrsätze oder auf im Buche Stehendes an, sondern darauf, daß das lebendige Leben in Bewegung ist, pulsiert. Wer nicht im tiefsten Herzen weiß, daß ein lebendiges Leben jedes einzelne Glied, jede einzelne Persönlichkeit, die zur theosophischen Bewegung gehört, durchpulst, daß er durchströmt wird von lebendigen Geistesströmen, der faßt die theosophische Bewegung nicht in der richtigen Weise auf. Nicht ein Buch haben wir in der Hand und verkündigen die Lehrsätze des Buches, Leben sind wir, und Leben wollen wir mitteilen. Und soviel Leben wir mitteilen, soviel wird die Theosophie wirken.

Wenn wir das verstehen, dann werden wir uns auch darüber klar sein, daß es nicht auf den Wortlaut der Lehre ankommt, sondern auf die unmittelbare geistige Erfahrung, die jemand zu verkündigen hat, die er selbst zu sagen hat. Das ist das große Mißverständnis, daß man glaubt, man müsse nun wieder in der Theosophie auf irgendwelches Meisterwort schwören, oder man müsse diese oder jene Dogmen oder Lehrsätze, die von höheren Individualitäten herrühren, immer wiederholen, und das sei dann Theosophie. Man glaubt, man sei Theosoph, wenn man von der astralen Welt und von Devachan spricht, und das, was in den Büchern steht, verbreitet. Das macht jemand noch nicht zum Theosophen. Nicht darauf kommt es an, was verkündigt wird, sondern darauf, *wie* es verkündigt wird: daß es verkündigt wird als unmittelbares Leben. Daher wird derjenige, der das Leben, das aus diesen Büchern stammt, die Frau Blavatsky oder jemand anders geschrieben hat, in der richtigen Weise lebt, dieses Leben so leben, daß er es individuell lebt. Und das wird die beste Anregung sein, die jemand empfangen kann, die man auch von Blavatsky erlangen kann, wenn er in sich selbst Spirituelles zu empfangen und wiederum zu entsenden vermag. Wir brauchen Persönlichkeiten, die aus sich selbst heraus zu verkündigen wissen, was sie erfahren haben in den höheren Welten. Und dann ist es gleichgültig, ob es geschieht in Worten des Orients, in Worten des Christentums, oder mit den neugeprägten Worten. Im wahren Theosophen leben nicht Worte und nicht Begriffe, in ihm lebt der Geist. Und der Geist hat nicht Worte und nicht Begriffe, der hat unmittelbares Leben. Alle Begriffe und Worte sind nur äußere Form für diesen im Menschen lebenden Geist. Das wird der Fortschritt der theosophischen Bewegung sein. Und sie wird um so theosophischer werden, je mehr wir Männer und Frauen haben werden, die das theosophische Leben begreifen werden, die verstehen werden, daß es nicht darauf ankommt, über Karma zu sprechen und über Reinkarnation, sondern darauf: den Geist, der in ihnen lebt, zum Former, zum Gestalter der Worte zu machen. Dann werden wir vielleicht gar nicht in den Worten sprechen, die gültig waren in der theosophischen Bewegung, und wir sind doch bessere Theosophen. Rechtgläubige und Ketzer werden wir nicht wiederum haben in der theosophischen Bewegung. Wenn wir Rechtgläubige und Ketzer unterscheiden würden, so würden wir in demselben Augenblick die theosophische Bewegung nicht mehr begriffen haben. Und aus keinem anderen Grunde können wir weder ein hinduistisches noch ein buddhistisches Religionsbekenntnis haben. Wir sprechen zu jedem Menschen so, wie er es, durch seinen Fortschritt und durch die Zeitverhältnisse bedingt, verstehen kann.

Es ist also nicht richtig, wenn wir in buddhistischen Phrasen zu unseren Europäern sprechen, weil für unsere europäischen Herzen und Gemüter der Buddhismus in seiner Form etwas Fremdartiges ist. Wir haben uns wirklich hineinzuleben in die Gemüter, nicht aber ihnen etwas Fremdes aufzuoktroyieren. Es heißt geradezu dem Sinne der theosophischen Bewegung ins Gesicht schlagen, wenn wir ein fremdes Bekenntnis aufoktroyieren wollten, welches nicht im lebendigen Volksleben wurzelt. Das war gerade das Geheimnis der Weisheitslehrer, daß sie Worte und Begriffe fanden, um zu jedem zu sprechen, so daß er sie verstand. Unter den Weisheitslehrern zeigen uns dies Hermes, Moses, Pythagoras, Buddha, Jesus Christus. Sie verkündigten den Völkern das, was sie an ihren Orten und zu ihren Zeiten verstehen konnten. Niemals hätte Hermes etwas anderes gelehrt, als was für das ägyptische Herz geeignet war. Buddha hätte niemals etwas anderes gelehrt, als was für das indische Herz war. Und wir müssen das lehren, was für das abendländische Herz ist. Wir müssen uns anschmiegen an das, was schon im Volke lebt. Das war das Geheimnis der großen Lehrer aller Zeiten. Und so werden wir wiederum den Weisheitskern der großen Religionsbekenntnisse vertiefen, und vor allen Dingen den Zugang finden zu einem jeden Herzen. Wir müssen verlernen, auf Dogmen zu schwören, verlernen, in der Anerkennung eines Lehrsatzes das Richtige zu suchen. Wir müssen allein auf das Leben sehen. Dann werden wir nicht mehr Anlaß geben zu solchen Vorurteilen, als ob wir einen neuen Buddhismus verkündigen wollten, als ob wir buddhistische Propaganda machen wollten. Diejenigen, welche die Theosophie als eine neuzeitliche spirituelle Bewegung verstehen, werden zu dem Christen in christlichen Vorstellungen, zu dem Wissenschafter in wissenschaftlichen Formen sprechen. Der Mensch kann ja im einzelnen irren, aber in seinem tiefsten Inneren muß er die Wahrheit finden, in welcher Form sie sich auch ausspricht. Aber man redet, als ob man dem, der Brot sucht, Steine geben will, wenn man zu ihm in fremden Formen spricht.

Das gibt zu gleicher Zeit einen Fingerzeig dahin, wie falsch und unrichtig es ist, wenn wir irgendeine Dogmatik im Sinne einer alten Kirche wieder zu dem machen, worauf wir fußen. Wir haben keine solche Dogmatik. Diejenigen, welche wissen, wie es wirklich steht mit der theosophischen Bewegung, die schauen auf keine Dogmen. Das, was wir zu lehren haben, steht tief geschrieben in eines jeglichen Gemüt. Was der Theosoph zu verkündigen hat, das hat er nicht zu suchen in einem Buche oder in einer Überlieferung, das entspringt keinem Dogma, das entspringt lediglich seinem Herzen. Er hat nichts zu tun, als seine Zuhörer zum Lesen dessen zu bringen, was in ihrer eigenen Seele geschrieben steht. Der, welcher helfen will, muß Anreger sein.

So steht der Theosoph vor dem Leben jeder einzelnen Seele, und will nichts sein als der Anreger, der zur Selbsterkenntnis verhilft. Immer mehr und mehr Menschen werden die theosophische Bewegung so auffassen und dann durch positive Arbeit es dahin bringen, daß solch ein Vorurteil wie das, daß wir buddhistische Propaganda machen wollen, als ob wir dem Christentum etwas Fremdes einimpfen wollten, nicht mehr Platz greifen kann. Nein, tot ist das Vergangene, wenn es nicht zu neuem Leben erweckt wird. Nicht dasjenige hat Leben, was wir in den Büchern und Urkunden lesen, sondern das, was in unseren Herzen jeden Tag aufs neue entsteht. Wenn wir das verstehen, dann sind wir erst richtige Theosophen. Dann gibt es in unserer Gesellschaft theosophische Freiheit, theosophisches Selbststreben eines jeglichen, nicht einen Schwur auf irgendein Dogma, lediglich Forschung, lediglich Streben, lediglich Sehnsucht nach eigener Erkenntnis. Dann gibt es auch nicht irgendwelche Ketzerei, auch nicht irgend etwas, was als nicht erreichbar anerkannt werden könnte, nicht Kampf, sondern vereintes Streben zu immer vereintem spirituellem Leben! So haben es die Großen immer gehalten. So hat es auch Goethe gehalten und schön ausgedrückt in den Worten:

> Nur der verdient sich Freiheit wie das Leben,
> der täglich sie erobern muß.

Textgrundlagen: Die Vorträge wurden von Zuhörern mitgeschrieben: von Johanna Mücke (Vorträge I und II), von einem namentlich unbekannten Zuhörer (Vorträge XI, XII und XV) und von dem stenographiekundigen Franz Seiler (übrige Vorträge). Die Originalstenogramme und -notizen, die nur teilweise erhalten sind, wurden in Klartext übertragen. Diese Übertragungen liegen dem Druck zugrunde. Die Nachschriften sind stellenweise unzulänglich.

Für die 2. Auflage wurde dieser Band von David Hoffmann neu durchgesehen und mit zusätzlichen Hinweisen, einem Personenregister und ausführlichen Inhaltsangaben versehen.

Die *Titel der Vorträge* sind von Rudolf Steiner. Der *Titel des Bandes* wurde von den Herausgebern unter Anlehnung an den Titel der Vorträge VIII-X gewählt.

Da Rudolf Steiner zur Zeit dieser Vorträge noch innerhalb der Theosophischen Gesellschaft stand, gebrauchte er die Bezeichnungen «Theosophie» und «theosophisch», verstand sie jedoch von Anfang immer im Sinne seiner anthroposophisch orientierten Geisteswissenschaft (Anthroposophie). In diesem Band sind sie, um Verwechslungen zu vermeiden, an den sachlich in Betracht kommenden Stellen durch «Geisteswissenschaft» oder «geisteswissenschaftlich» bzw. «spirituell» ersetzt worden.

Einzelausgaben und frühere Veröffentlichungen:
Vortrag XIII: «Die Geschichte des Spiritismus», Basel 1941.
Vortrag XIV: «Die Geschichte des Hypnotismus und des Somnambulismus», Basel 1941.
Vorträge VIII-X in «Die Menschenschule», 30. Jg. 1956, Nrn. 1–3.
Vorträge XI-XIV: «Das Suchen nach übersinnlichen Erfahrungen», Dornach 1972.

Werke Rudolf Steiners innerhalb der Gesamtausgabe (GA) werden in den Hinweisen mit der Bibliographie-Nummer angegeben. Siehe auch die Übersicht am Schluß des Bandes.

14   *Ludwig Feuerbach:* «Gedanken über Tod und Unendlichkeit» (anonym), 1830. Hrsg. von Friedrich Jodl, Stuttgart 1903, S. 261: «Daß die Seele nach dem Tode übrigbleibt, ist gewiß erst geglaubt und dann bewiesen worden.»

Ernst Haeckel, «Die Welträtsel», Bonn 1899.

16   *«O Greis, hättest du geschwiegen . . .»:* Vergleiche hierzu die nachfolgende Darstellung in Willmanns «Geschichte des Idealismus», 1. Bd., 1894, S. 184, die dieser nach A. Franck, «Die Kabbala oder die Religionsphilosophie der Hebräer. Aus dem Französischen übers. v. A. Gellinek», 1881, S. 39, bringt: «Das kabbalistische Buch Sohar. d. i. Glanz, das die Form eines Kommentars der Genesis hat, läßt einen fremden Greis zu den Schülern Ben Jochai's sprechen: ‹Nichts geht in der Welt verloren, nichts fällt der Leere anheim, nicht einmal die Worte und die Stimme des Menschen; Alles hat seine Stelle und seine Bestimmung›. Darin erkannten die Hörer einen der Sätze der geheimen Lehre und unterbrachen ihn mit den Worten: ‹O Greis, was hast du getan? O daß du geschwiegen hättest! Du glaubst auf dem unermeßlichen Meere ohne Segel und Mast fahren zu können. Was unternimmst du? Willst du in die Höhe steigen? Du vermagst es nicht. Willst du dich in die Tiefe versenken? Da gähnt dir ein unermeßlicher Abgrund entgegen.›»

«Prüfet alles, und behaltet das Beste»: Nach 1. Thess. 5,21: «Prüfet aber alles, und behaltet das Beste.»

22   *«Vom Vater hab' ich die Statur . . .»:* In «Zahme Xenien VI».

24   *Die alten Weisen . . . waren sich dieser Tatsache voll bewußt:* Es wurde ein Zitat vorgelesen aus Philo von Alexandrien. Außer dem Namen fehlt jede Unterlage.

26   *Gotthold Ephraim Lessing,* «Die Erziehung des Menschengeschlechts», 1780.

27   *Seelenkunde ohne Seele:* Siehe Friedrich Albert Lange: «Geschichte des Materialismus», II. Buch, Dritter Abschnitt, III.

«Nach ewigen, ehernen . . . .» In dem Gedicht «Das Göttliche».

29   *Rudolf Virchow:* «Cellularpathologie», Berlin 1871, S. 4 u. 9.

31   *«Gefühl ist alles . . .»:* «Faust» I, Marthens Garten, Vers 3456.

33   *Aristoteles,* 384–322 v. Chr.

35   *Aus der Welt der Begierden, der Kamawelt oder dem Kamaloka:* Aus
     der Seelenwelt. Siehe die entsprechenden Ausführungen darüber in
     der «Theosophie», besonders in den Kapiteln «Die Seelenwelt» und
     «Die Seele in der Seelenwelt nach dem Tode».

38   *Giordano Bruno,* 1548–1600. Den erwähnten Buchtitel gibt es nicht
     in seinem Werk. Evtl. ist der Name verhört.

38/39 *Lemurier:* Die Bewohner des untergegangenen Kontinentes Lemu-
     rien zwischen Australien, Asien und Afrika. Siehe das Kapitel «Die
     lemurische Rasse» in «Aus der Akasha-Chronik» (1904–08), GA
     Bibl.-Nr. 11.

39   *soll in einem weiteren Vortrag erörtert werden:* Datum und Nach-
     schrift davon fehlen.

     Friedrich Wilhelm Schelling, 1775–1854. Es wurde ein Zitat vorgele-
     sen, zu dem jeglicher Hinweis fehlt.

44   *Goethe sagt:* Vielleicht bezieht sich Rudolf Steiner auf Goethes Un-
     terhaltung mit Eckermann (am 28. Februar 1831): «Goethe selbst
     aber ist weit entfernt zu glauben, daß er das höchste Wesen erkenne,
     wie es ist. Alle seine schriftlichen und mündlichen Äußerungen gehen
     darauf hin, daß es ein Unerforschliches sei, wovon der Mensch nur
     annähernde Spuren und Ahndungen habe.»

49   *«Wie einer ist, so ist sein Gott»:* «Zahme Xenien IV».

51   *Ludwig Feuerbach:* «Das Wesen des Christentums», Leipzig 1841,
     S. 12, 13, 405.

52   *«Ich würde an einen Weltenlenker glauben»:* Sinngemäßes Zitat aus
     Emil Du Bois-Reymond: «Über die Grenzen des Naturerkennens»,
     Vortrag gehalten zu Leipzig am 14. August 1872, 1. Auflage Leipzig
     1872, S. 32.

52/53 *«Wenn die gesunde Natur des Menschen als ein Ganzes wirkt . . .»:*
     In «Winckelmann und sein Jahrhundert. Skizze zu einer Schilderung
     Winckelmanns», Abschn. «Antikes».

56/57 *Schelling hat gesagt:* Siehe «F. W. J. Schellings Denkmal der Schrift
     von den göttlichen Dingen und des Herrn Friedrich Heinrich Jacobi
     und der ihm in derselben gemachten Beschuldigung eines absichtlich
     täuschenden, Lüge redenden Atheismus», Tübingen (Cotta) 1812.
     1. Das Geschichtliche, S. 38, 53. 2. Das Wissenschaftliche, S. 71, 76 f.
     Rudolf Steiners Zitat ist eine Zusammenfassung dieser Stellen.

57   *Cusanus, Nikolaus von Kues,* 1401–64; vgl. zu den hier angeführten
      Aussprüchen vor allem seine Schrift «De docta ignorantia», 1440.

60   *Baruch Spinoza,* 1632–77. Die besprochene Stelle der «Ethik» findet
      sich im 36. Lehrsatz und den Anmerkungen dazu.

61   *Keine Religion ist höher als die Wahrheit:* Wörtlich: «Die Weisheit ist
      nur in der Wahrheit». Goethe, «Maximen und Reflexionen» 78.

64   *David Friedrich Strauß,* «Das Leben Jesu, kritisch bearbeitet», 1835.

      Alles Vergängliche ist nur ein Gleichnis: «Faust» II, Vers 12104 f.

66   *der schlichte Mann aus Nazareth:* Siehe z. B. Heinrich Weinel, «Jesus
      im neunzehnten Jahrhundert», Tübingen und Leipzig 1903, S. 6 f.

67   *«Gesellschaft für ethische Kultur»:* Vgl. hierzu die Ausführungen Ru-
      dolf Steiners in «Mein Lebensgang» (1923–25), GA Bibl.-Nr. 28,
      Kap. XVII.

68   *«Im Urbeginne war das Wort»:* Joh. 1, 1–3.

69   *«Und in diesem Wort war das Leben»:* Joh. 1, 4–8.

      «Es war in der Welt»: Joh. 1, 10–13.

      *Hier haben Sie in einer . . . einigermaßen richtigen und sinngemäßen
      Übersetzung:* Die vollständige Übersetzung der Eingangsworte des
      Johannes-Evangeliums durch Rudolf Steiner findet sich im Zyklus
      «Das Johannes-Evangelium», Hamburg 1908; GA Bibl.-Nr. 103.

71   *Irenäus,* um 140–202. Rudolf Steiner bezieht sich hier auf die Darstel-
      lung Otto Willmanns in seiner «Geschichte des Idealismus», 2. Bd.
      1896, S. 5: «Durch das *Regeerhalten der Erinnerung* an die Personen
      der Apostel und durch die immer neue Auffrischung ihres Zeugnisses
      suchten die folgenden Generationen den Anschluß an die sichtbar-
      lebendige Gegenwart des Wandelns des Herrn auf Erden. So Irenäus,
      wenn er von Clemens, dem Römer, dem vierten der Päpste (92–101)
      erzählt, daß er die Apostel selbst noch sah und mit ihnen verkehrte
      und ihre Predigt noch in den Ohren und ihre Überlieferungen vor
      Augen hatte, nicht er allein, denn es waren damals noch viele Apostel-
      schüler am Leben.» (Ir. adv. haer. III, 3, 3.) Eine weitere Stelle findet
      sich in den «Fragmenten» des Irenäus: «Irenäus an seinen Schüler
      Florinus: ‹Denn ich habe dich, als ich noch ein Kind war, in Klein-
      asien bei Polykarp gesehen› (Florinus und Irenäus waren Schüler des
      Polykarp, der noch den alten Johannes in Ephesus erlebt hatte), ‹. . .
      und ich könnte dir noch den Platz zeigen, wo er saß, wenn er lehrte

und von seinem Umgang mit Johannes und mit den anderen, welche den Herrn gesehen haben, erzählte.»» (Fragm. 12, b. Migne VII, p. 1227.)

71 *«Ist Christus nicht auferstanden . . .»:* 1. Korinther 15, 14 u. 17 in freier Übersetzung.

72 *«Ich habe euch überliefert . . .»:* 1. Korinther 15, 3–8, in freier Übersetzung.

75 *Vor dem Volke sprach er in Gleichnissen . . .:* Siehe Matthäus 13, 11–13 und Markus 4, 33–34.

77 *Wir hören, daß der Christus:* Matth. 17, 1 ff. («Die Verklärung Jesu»).

78 *Aber sie sagen: Es steht doch geschrieben:* Matth. 17, 10–13.

   daß, bevor der Christus kommt, noch der Elias kommt: Mal. 4, 5.

   Und nun lesen Sie das Evangelium: Siehe Matth. 17, 1–13.

80 *Wir hören im Evangelium, daß der Christus vorbeikam an einem Blindgeborenen:* Johannes 9, 1–6, in freier Wiedergabe.

83 *«Selig sind, die da Bettler sind um Geist . . .»:* Matthäus 5, 3, in freier Übertragung.

   Dionysios der Areopagite: Vom Apostel Paulus zum Christentum bekehrt. Seine Schriften werden erst im 6. Jahrhundert erwähnt.

   Scotus Erigena, um 810 bis um 877, «Über die Einteilung der Natur».

84 *zu dem Worte . . ., welches Goethe ausgesprochen hat:* Siehe Eckermann, «Gespräche mit Goethe», 11. März 1832.

85 *Jesus kam mit seinen Jüngern:* Siehe Goethe, «West-östlicher Divan», Noten und Abhandlungen, Allgemeines.

86 *«Wird Christus tausendmal in Bethlehem geboren»:* Angelus Silesius (d.i. Johannes Scheffler) «Cherubinischer Wandersmann», Erstes Buch, Nr. 61.

   Zu Nikodemus sagte Jesus: Joh. 3, 17.

   «Im Fall du mehr willst lesen»: Angelus Silesius (d.i. Johannes Scheffler) «Cherubinischer Wandersmann», Sechstes Buch, Nr. 263.

   «Was von Anbeginn gewesen ist . . .»: Johannes 1, 1–3.

87 *«Ich bleibe bei euch . . .»:* Matthäus 28, 20.

87   *Er ist gekommen, er ist da . . .:* In Anlehnung an Matthäus 17, 12.

91   *Immanuel Kant,* Hauptwerke: «Kritik der reinen Vernunft», 1781,
        «Kritik der praktischen Vernunft», 1788 und «Kritik der Urteils-
        kraft», 1790.

92 f.   *lesen Sie Leadbeaters «Astral-Ebene»:* Charles Webster Leadbeater,
        «Die Astral-Ebene, ihre Szenerie, ihre Bewohner und ihre Phäno-
        mene», Leipzig 1903.

93   *Eduard von Hartmann,* «Kritische Grundlegung des transzendenta-
        len Realismus», 1875.

        Christian Wolff, Hauptwerke: «Philosophia rationalis sive Logica»,
        1728 und «Philosophia prima sive Ontologia», 1729.

95   *David Hume,* «Treatise on human nature», 1739 und «Enquiry con-
        cerning human understanding», 1748.

98 f.   *So fängt auch eine Stelle bei Kant mit dem Satze an:* Siehe «Kritik der
        reinen Vernunft», Einl. S. 1.

100   *«Anschauungen ohne Begriffe sind blind»:* Siehe «Kritik der reinen
        Vernunft», Einleitung zu: «Idee einer transcendentalen Logik», I.
        «Von der Logik überhaupt».

101   *Johannes Peter Müller,* 1801–58, Begründer der physikalisch-chemi-
        schen Richtung der neueren Physiologie. Über das Gesetz der spezi-
        fischen Sinnesenergien vgl. sein «Handbuch der Physiologie des
        Menschen», 1834, 3. Buch, IV. Abschn., I. Kap.: Von den Sinnesner-
        ven.

102   *Arthur Schopenhauer,* 1788–1860, «Die Welt als Wille und Vorstel-
        lung», 1819.

        Eduard von Hartmann sagt: Vgl. «Grundprobleme der Erkenntnis-
        theorie», 1889.

105   *Werk, das kurze Zeit vor der Begründung des Kantianismus geschrie-
        ben worden ist:* Es handelt sich um die satirische Schrift I. Kants
        «Träume eines Geistersehers erläutert durch Träume der Metaphy-
        sik», 1766. Rudolf Steiner zitiert davon aus: I. Teil, II. Hauptstück.

108   *Hermann von Helmholtz,* 1821–94, «Handbuch der physiologischen
        Optik», 2. Aufl. 1896.

110   *Johannes Peter Müller:* Siehe Hinweis zu S. 101.

131   *Robert Hamerling,* «Die Atomistik des Willens», 1891, 2 Bde.

       Friedrich von Schiller, 1759–1805. Wörtlich: «Denk' ich, so bin ich. Wohl! Doch wer wird immer auch denken. Oft schon war ich, und hab' wirklich an gar nichts gedacht.» Lehrling im Gedicht «Die Philosophen».

       Gustav Theodor Fechner, 1801–87, Naturwissenschafter und Philosoph.

132   *Jakob Frohschammer,* Philosoph und freisinniger katholischer Theologe, «Die Phantasie als Grundprinzip des Weltprozesses», 1877.

136   *Es gibt zwölf Bände Schopenhauer, die ich textkritisch herausgegeben habe:* Siehe «Arthur Schopenhauers Sämtliche Werke in 12 Bänden, herausgegeben von Dr. Rudolf Steiner», Cottasche Bibliothek der Weltliteratur, Stuttgart 1894.

       Julius Baumann: Siehe Hinweis zu S. 128.

140   *Johannes Scotus Erigena,* um 810 bis um 877, «De divisione naturae».

141   *Ernst Haeckel,* «Die Welträtsel», 1899.

142   *Bartholomäus von Carneri:* Siehe «Empfindung und Bewußtsein», Bonn 1893, IV. Empfindung, S. 15 f.

143   *Johannes Peter Müller:* Siehe Hinweis zu S. 101.

       Paul Heinrich Dietrich Baron von Holbach, «Système de la nature ou des lois du monde physique et du monde morale», 1770.

143 f. *von dem Goethe sagte:* Siehe Goethe, «Dichtung und Wahrheit», 11. Buch.

145   *Gespräch, das Sie in der buddhistischen Literatur finden:* Siehe «Milindapañha», deutsch von Otto Schrader; Die Fragen des Königs Menandros, Berlin 1905.

147   *Ilja Iljitsch Metschnikow,* 1845–1916, russischer Zoologe und Bakteriologe.

149   *Seelenlehre des Aristoteles:* Siehe Aristoteles, «De anima» («Über die Seele»).

152   *Lesen Sie die Schriften von Kepler:* Siehe hierzu bes. «Harmonices Mundi».

159   *Seelenwissenschaft ohne Seele:* Siehe Hinweis zu S. 27.

113 *Kant hat die Erkenntnistheorie zusammengefaßt:* Siehe Immanuel Kant, «Kritik der reinen Vernunft», Zweite Abteilung, Zweites Buch, 3. Hauptstück, 4. Abschnitt «Von der Unmöglichkeit eines ontologischen Beweises vom Dasein Gottes».

114 *Johann Gottlieb Fichte,* «Über die Bestimmung des Menschen», 1800.

115 *Christian Wolff:* Siehe Hinweis zu S. 93.

117 *Johann Friedrich Herbart,* wichtigste Schriften: «Lehrbuch zur Einleitung in die Philosophie», 1815, «Psychologie als Wissenschaft», 1824–25, und «Allgemeine Metaphysik», 1829.

118 *so sagt er:* Siehe Fichte «Die Bestimmung des Menschen», zweites Buch: Wissen.

124 *Eduard von Hartmann:* Sein Erstlingswerk trug den Titel «Die Philosophie des Unbewußten. Spekulative Resultate nach induktiv-naturwissenschaftlicher Methode», erschien 1869 und erregte großes Aufsehen. Die erste, anonyme Auflage der Schrift: «Das Unbewußte vom Standpunkt der Physiologie und Descendenztheorie» erschien 1872, die zweite Auflage unter seinem Namen und mit den «Allgemeinen Vorbemerkungen» und «Zusätzen» versehen im Jahre 1877.

   Karl Vogt, 1817–95, Naturforscher. Einer der Hauptvertreter des Materialismus.

   Ernst Haeckel, 1834–1919. Im Vorwort zur «Natürlichen Schöpfungsgeschichte», 4. Aufl., Berlin 1873, schrieb Haeckel: «Diese ausgezeichnete Schrift sagt im wesentlichen alles, was ich selbst über die Philosophie des Unbewußten den Lesern der Schöpfungsgeschichte hätte sagen können.»

   Ludwig Büchner, 1824–99, materialistischer Philosoph.

125 *Arthur Schopenhauer:* Siehe Hinweis zu S. 102.

127 *Herbart:* Siehe Hinweis zu S. 117.

   Gottfried Wilhelm Freiherr von Leibniz, 1646–1716.

128 *Julius Baumann,* Professor der Philosophie an der Universität Göttingen; vgl. hierzu «Realwissenschaftliche Begründung der Moral, des Rechts und der Gotteslehre», Leipzig 1898, S. 236 und «Unsterblichkeit und Seelenwanderung», Leipzig 1909, S. 52 ff.

129 *Johannes Kepler,* Zitat nach der Vorrede zum 5. Buch der «Weltharmonik» («Harmonices Mundi», 1619).

160   *«Système de la nature»:* Siehe Hinweis zu S. 143.

162   *«Des Menschen Seele»:* Goethe, «Gesang der Geister über den Wassern», erste Strophe.

164   *Ich war einstmals zugegen:* Siehe die Darstellung in Rudolf Steiner, «Mein Lebensgang», Kap. IV, GA Bibl.-Nr. 28.

174   *Aristoteles:* Siehe Hinweis zu S. 149.

176   *«Vom Vater hab ich die Statur»:* Siehe Hinweis zu S. 22.

177   *Gotthold Ephraim Lessing:* Siehe Hinweis zu S. 26.

180   *Professor Baumann in Göttingen:* Siehe Hinweis zu S. 128.

184   *Franz Brentano:* Philosoph; vgl. hierzu besonders den in Wien gehaltenen Vortrag «Das Genie», Leipzig 1892, S. 34–36.

       eine ganze Messe: Es handelt sich um eine Karfreitagsmusik, das «Miserere» von Gregorio Allegri, die Mozart 1770 in Rom gehört hatte und aus dem Gedächtnis aufschrieb.

187   *Julius Robert Mayer aber sagt:* Der angeführte Ausspruch konnte nicht nachgewiesen werden. Vgl. hierzu z. B. Eugen Dühring, «Robert Mayer, der Galilei des neunzehnten Jahrhunderts und die Gelehrtenuntaten gegen bahnbrechende Wissenschaftsgrößen», 1. Teil, Leipzig o. J., S. 158.

187 f. *Lyell, der große englische Geologe:* Siehe Sir Charles Lyell, «Geologie oder Entwicklungsgeschichte der Erde und ihre Bewohner» 1873, S. 527.

188   *Friedrich Wöhler,* deutscher Chemiker. Führte 1828 als erste Synthese einer organischen Verbindung die Umwandlung von Ammoniumzyanat in Harnstoff durch.

       Jöns Jacob Berzelius, 1779–1848, schwedischer Chemiker.

       Wilhelm Preyer, deutscher Philosoph. Möglicherweise bezieht sich Dr. Steiner mit der Äußerung: «Wilhelm Preyer hat über das Phänomen des Todes geschrieben» auf die Arbeit Preyers «Die Hypothesen über den Ursprung des Lebens. Nach Vorträgen aus den Jahren 1872 bis 1878», die in seinem Buche «Naturwissenschaftliche Tatsachen und Probleme», Berlin 1880, S. 33 ff. abgedruckt wurde. Dort heißt es auf S. 40: «Das Leben überhaupt erlischt nicht, aber es erscheint nur in vergänglichen Körpern, *in einzelnen Organismen, und dieses*

Einzelleben erlischt allerdings, um in anderen Organismen wieder zu erscheinen. *Nur die Körper sterben, nicht* die Bewegung.» (Hervorhebungen von W. Preyer.)

189 *Ausspruch Hamerlings:* Konnte bisher nicht nachgewiesen werden.

190 *«Wind ist der Welle lieblicher Buhler . . .»:* Die beiden letzten Strophen des Gedichtes «Gesang der Geister über den Wassern».

191 *Plato . . . was er über die Ewigkeit des Menschengeistes zu sagen hatte:* Siehe seinen Dialog «Phaidon».

195 *wir haben im ersten Vortrag gehört:* Siehe den Vortrag vom 16. März 1904, S. 138 ff. dieses Bandes.

201 *Mabel Collins* (Pseudonym für Mrs. Kenningale Cook), englische Theosophin und Schriftstellerin. Das Zitat ist wiedergegeben nach der 4. Aufl., Leipzig 1904.

216 *«Was ihr dem Geringsten meiner Brüder getan habt . . .»:* Siehe Matthäus 25, 40.

217 *«Bevor das Auge sehen kann»:* Siehe Hinweis zu S. 201.

220 *«Seelenlehre ohne Seele»:* Siehe Hinweis zu S. 27.

222 *Rudolf Wagner*, 1805–64, Anatom und Physiologe. Eifriger Bekämpfer der materialistischen Richtung.

   Karl Vogt, «Köhlerglaube und Wissenschaft», 1855 (Streitschrift gegen Rudolf Wagner).

   im Sinne von Webers echter Geisteswissenschaft: Vermutlich *Joseph Weber*, «Metaphysik des Sinnlichen und Übersinnlichen», 1802.

224 *der große englische Chemiker Crookes:* Siehe William Crookes, «Der Spiritualismus und die Wissenschaft», 2. Auflage 1898, ins Deutsche übersetzt von Gregor Constantin Wittig, hg. von Alexander Absakow, Oswald Mutze, Leipzig 1874.

225 *Alfred Russel Wallace.* Als Anhänger des Spiritualismus schrieb er: «On Miracles and Modern Spiritualism», 1874, deutsch 1875.

   Charles Darwin, 1809–82. Siehe auch Hinweis zu S. 299.

226 *theosophische Strömung seit 1875:* Die Theosophische Gesellschaft wurde am 17. Nov. 1875 durch Helena Petrowna Blavatsky und Colonel Henry Steel Olcott begründet.

228 *wie Schopenhauer gesagt hat:* Nicht wörtliches Zitat aus «Aus dem Nachlaß. Einleitung über das Studium der Philosophie» in: Sämtliche Werke in zwölf Bänden, herausgegeben von Dr. Rudolf Steiner, Stuttgart, Cotta 1894. Zwölfter Band, S. 170 u. 176.

238 *Bienenallegorie der Mysterienpriester:* Vgl. hierzu die Ausführungen Friedrich Creuzers (1771–1858) in seiner «Symbolik und Mythologie der alten Völker, insbesondere der Griechen», 4 Bde., 1810–1812.

240 *die theosophischen Grundwahrheiten:* Siehe hierzu die Darstellungen Rudolf Steiners in seiner «Theosophie. Einführung in übersinnliche Welterkenntnis und Menschenbestimmung» (1904) GA Bibl.-Nr. 9.

241 *die Johann Gottlieb Fichte ausgesprochen hat:* Das Zitat ist entnommen aus «Die Bestimmung des Menschen», 1800, 3. Buch: Glaube. Es ist vom Stenographen nicht mitgeschrieben worden. Der Zusammenhang läßt vermuten, daß es sich um das angegebene handelt, welches Rudolf Steiner auch sonst öfters heranzieht.

248 f. *Eine Bäuerin träumt:* Siehe Friedrich Theodor Vischer, «Altes und Neues», Stuttgart 1881–82, 1. Heft, «Der Traum, eine Studie zu der Schrift: Die Traumphantasie von Dr. Johannes Volkelt.», S. 203.

255 *Ätherdoppelkörper:* Von Rudolf Steiner später als Ätherleib oder Bildekräfteleib bezeichnet.

265 *der deutsche Denker Stilling:* Johann Heinrich Jung, genannt Stilling, 1740–1817; siehe auch Hinweis zu S. 293.

266 f. *Ludwig Laistner,* «Das Rätsel der Sphinx. Grundzüge einer Mythengeschichte», Berlin 1889, 2 Bde.

267 *Gewisse Methoden, die die Theosophie angibt:* Siehe Rudolf Steiner, «Theosophie»; Kap. «Der Pfad der Erkenntnis», und «Wie erlangt man Erkenntnisse der höheren Welten?» (1904/05), GA Bibl.-Nr. 10.

273 *«Geheimnisvoll am lichten Tag . . .»:* «Faust» I, Nacht.

«Die Geisterwelt ist nicht verschlossen . . .»: «Faust» I, Nacht.

275 *Es geht keine menschliche Meinung über die Wahrheit:* Wörtlich: «Die Weisheit ist nur in der Wahrheit.» Goethe, «Maximen und Reflexionen» 78.

Blavatsky, Olcott: Siehe Hinweis zu S. 226.

280 *Diejenigen, welche die Konzilsgeschichte von Nicäa studieren:* Auf dem ersten ökumenischen Konzil von Nicäa 325 wurde die arianische

Lehre verdammt und das Nicänische Glaubensbekenntnis festgesetzt. Siehe J. v. Hefele, «Konziliengeschichte», 1879 und Renate Riemeck: «Glaube, Dogma, Macht, Geschichte der Konzilien», Stuttgart 1985.

Augustinus, 354–430: «Evangelio non crederem, nisi me ecclesiae commoveret auctoritas.» Contr. epist. Manich. 5.

282   *Christian Rosenkreutz*, 1378–1484. Siehe die Vorträge Rudolf Steiners, gehalten in Neuchâtel am 27./28. Sept. 1911 und 18. Dez. 1912, abgedruckt in: «Das esoterische Christentum und die geistige Führung der Menschheit» (1911/12), GA Bibl.-Nr. 130.

283   *Robert Fludd,* Robertus de Fluctibus, 1574–1637, englischer Philosoph und Arzt, Rosenkreuzer; «Apologia Compendiaria Fraternitatem de Rosae Cruce . . .», 1616; «Microcosmi Historia», 1619, und «Clavis Philosophiae et Alchymiae Fluddanae», 1633.

287   *Dante, Alighieri*, 1265–1321, in «Divina Commedia» (Göttliche Komödie).

288   *Es war im Jahre 1716:* Vgl. hierzu W. Martin: «Description of the Western Islands of Scotland», London 1716.

Emanuel Swedenborg, 1688–1772; vgl. hierzu die anonyme Schrift «Emanuel Swedenborg, der geistige Columbus. Eine Skizze nach dem Englischen des A. S. E.», Zürich o. J.;
Hauptwerke: «Arcana coelestia: or heavenly mysteries contained in the sacred scriptures . . .», 1749/56, 8 Bde., ibid. 1784–1810, 13 Bde., deutsch 1833/42, 13 Bde., dass. 1842/70, 16 Bde.; «De coelo et inferno», 1758, deutsch 1830 etc.

Selbst Kant setzte sich mit ihm [Swedenborg] auseinander: «Briefe an Fräulein Charlotte von Knobloch über Swedenborg», 1763, und «Träume eines Geistersehers, erläutert durch Träume der Metaphysik», 1766 anonym erschienen.

289   *Swedenborg sah von einem Orte:* Der Ort, von welchem Swedenborg den Brand von Stockholm im Jahre 1759 gesehen hat, ist Göteborg, das 400 km von Stockholm entfernt liegt!

292   *Friedrich Christoph Oetinger*, 1702–82, schwäbischer Theologe und Philosoph. Neuausgabe seiner Schriften 1960 ff.

293   *Johann Heinrich Jung, genannt Stilling,* pietistisch-mystischer Schriftsteller: «Das Heimweh», 1794 f., «Szenen aus dem Geisterreiche», 1797–1801, «Der graue Mann», 1795–1816, «Theorie der Geisterkunde», 1808 etc.

293   *Joseph Ennemoser*, philosophisch-medizinischer Schriftsteller; «Der Magnetismus», 1919, «Der Magnetismus im Verhältnis zur Natur und Religion», 1842.

Johann Friedrich von Meyer, seine Hauptschrift: «Hades, ein Beitrag zur Theorie der Geisterkunde», 1810, ist zur Verteidigung Jung-Stillings geschrieben, mit dem er befreundet war.

294   *Justinus Andreas Kerner*, Dichter und medizinischer Schriftsteller; «Geschichte zweier Somnambülen», 1824, «Die Seherin von Prevorst», 2 Bde. 1828, «Blätter aus Prevorst», 12 Tle. 1831–39, «Die somnambulen Tische», 1853.

David Friedrich Strauß: Siehe «Gesammelte Werke», Bonn 1876, 1. Band, IV. Justinus Kerner.

295   *Andrew Jackson Davis*, 1826–1910, das Haupt der amerikanischen Spiritisten. Das Zitat konnte nicht nachgewiesen werden.

297   *Ein anderes Mal werde ich davon sprechen:* Siehe Rudolf Steiner, «Die okkulte Bewegung im neunzehnten Jahrhundert und ihre Beziehung zur Weltkultur», Gesamtausgabe Dornach 1969, Bibl.-Nr. 254 und «Innere Entwicklungsimpulse der Menschheit», Gesamtausgabe Dornach 1964, Bibl.-Nr. 171.

298   *Alfred Russel Wallace:* Siehe Hinweis zu S. 225.

der Mathematiker Morgan: Augustus De Morgan, namhafter englischer Mathematiker und Logiker, Professor in London, Verfasser erfolgreicher Lehrbücher und Abhandlungen.

Ernst Heinrich Weber: Physiologe und Anatom.

Johann Karl Friedrich Zöllner, Astrophysiker. Verteidigt eine vierdimensionale Raumanschauung und benutzt sie zur Erklärung spiritistischer Erscheinungen. Vgl. «Wissenschaftliche Abhandlungen», 4 Bde. 1878–81.

Versuche mit Slade: Mit Dr. Henry Slade, einem damals sehr bekannten amerikanischen Medium.

Baron Lazar von Hellenbach, österreichischer Sozialpolitiker; «Die neuesten Kundgebungen einer intelligibeln Welt», 1882, «Geburt und Tod als Wechsel der Anschauungsform», 1885, und «Die Magie der Zahlen als Grundlage aller Mannigfaltigkeit und das scheinbare Fatum», 1882.

299   *Allan Kardec,* Pseudonym für Léon Hippolyte Dénizart Rivail, 1803–69.

       Charles Robert Darwin, «Über die Entstehung der Arten durch natürliche Zuchtwahl», 1859.

       Ein grundlegendes Werk . . . von Fechner: «Elemente der Psychophysik», 1860.

       Robert Wilhelm Bunsen, Physiker und Chemiker; «Chemische Analyse durch Spektralbeobachtung», 1860.

       Karl Marx, «Das Kapital», 1. Bd. 1867.

300   *Eduard von Hartmann,* «Der Spiritismus», 1885.

       Erzherzog und Kronprinz Rudolf: Franz Karl Joseph von Österreich, 1858–89.

       Erzherzog Johann Nepomuk Salvator von Österreich, Prinz von Toscana, «Einblicke in den Spiritismus», 1885.

       wir können das Jahr 1716 als das Geburtsjahr des Spiritismus bezeichnen: Siehe Hinweis zu S. 288.

301   *Oskar Simony,* «Über spiritistische Manifestationen vom naturwissenschaftlichen Standpunkte», 1884.

       Karl Freiherr du Prel, okkult-philosophischer Schriftsteller. Vgl. hierzu bes.: «Der Spiritismus», 1886; «Ein Wort über den Spiritismus», 1887.

304   *Meister Eckhart,* um 1260–1327, Dominikaner in Köln: «Etliche Leute wollen Gott mit den Augen ansehen, als sie eine Kuh ansehen und lieben und wollen Gott lieb haben, als sie eine Kuh lieb haben . . . Einfältige Leute wähnen, sie sollen Gott ansehen, als stünde er dort und sie hier. So ist es nicht. Gott und ich sind eins im Erkennen.» In «Schriften und Predigten», hg. v. Franz Pfeiffer, 1857; 4. Aufl. Göttingen 1924, S. 206.
       Zum ersten Zitat siehe auch: «Meister Eckardt. Vom Wunder der Seele». Eine Auswahl aus Traktaten und Predigten, eingeleitet und herausgegeben von Friedrich Albert Schmid Noerr, Reclam-Verlag, Stuttgart o. J., S. 66.

306   *Athanasius Kircher,* «Ars magna lucis et umbrae», 1646. Goethe führt ihn und sein Buch an in den «Materialien zur Geschichte der Farbenlehre», Goethes Naturwissenschaftl. Schriften in Kürschners Deutscher National-Literatur, hg. v. Rudolf Steiner, 4. Band, 1. Abt.,

Berlin u. Stuttgart o. J. [1897] Das Kircher-Zitat ist wiedergegeben nach W. Preyers Vortrag: «Das Magnetisieren der Menschen und Tiere», gehalten in Jena am 12. Dez. 1877, abgedruckt in «Naturwissenschaftliche Tatsachen und Probleme», Berlin 1880, desselben Autors.

306 *Wunderbares Experiment über die Einbildungskraft des Huhnes:* Das hier geschilderte Experiment hat bereits zehn Jahre früher eine Darstellung erfahren. Wir zitieren nach dem oben genannten Vortrag W. Preyers: «Den Ausgangspunkt der physiologischen Experimente über das Magnetisieren der Tiere bildet eine wahrscheinlich uralte Beobachtung, die aber erst im Jahre 1636 von dem Professor der Mathematik und der orientalischen Sprachen an der Universität Altdorf, *Daniel Schwenter* [1585–1636], veröffentlicht wurde, und zwar in einem sehr interessanten Buche, den *Deliciae physico-mathematicae* oder Mathematische und philosophische Erquickstunden. Der Verfasser hat, wie der Titel besagt, ‹allen Kunstliebenden zu Ehren, Nütz, Ergötzung des Gemüths und sonderbaren Wolgefallen› eine große Zahl von ‹Aufgaben› einem ungenannten französischen Autor [Jean Leurechon, siehe Hinweis zu S. 307] entnommen, welcher als ‹vornehmer gelehrter Professor zu Paris› bezeichnet wird und *Recreationes mathematicae* herausgab. Außerdem aber sammelte Schwenter selbst und unter den von ihm neu hinzugefügten Stücken figuriert auch Seite 562 im 16. Teil

‹Die XIII. Auffgab.

Eine ganz wilde hennen so zaam zu machen, dasz sie von sich selbst, vnbeweglich still vnd in grossen forchten sitze.
Wilt du eine wunderliche Kurtzweil anfangen, so nimb eine Henne, sie sey beschaffen wie sie wolle, setze sie auf einen Tisch, halt jhr den Schnabel auff den Tisch, fahr jhr mit einer Kreyden über den Schnabel, hernach der Läng hinausz, dasz die Kreyde von dem Schnabel an einen starcken langen Strich auff den Tisch mache, lasz die Henne also ledig, so wird sie gantz erschrocken still sitzen, den Strich mit vnveränderten Augen ansehen, vnd wann nur die Vmbstehenden sich still halten, nicht leichtlich von dannen fliegen. Eben disz geschiehet auch, wann man sie auff einem Tisch hält, vnd jhr über die Augen einen Span leget.›»
(a. a. O. S. 179)

307 *Caspar Schott,* wie Kircher Jesuit, Mathematikprofessor am Gymnasium Würzburg, zuvor in gleicher Eigenschaft in Palermo, bedeutender Physiker; «Joco-Seriorum Naturae et Artis sive Magiae Naturalis Centuriae tres», o. O. u. J. und «Physica curiosa sive Mirabilia naturae et artis libri 12», Würzburg 1659–62.

439

307   *Eines französischen ärztlichen Schriftstellers:* Jean Leurechon, Professor der Mathematik und Philosophie, S. J., gab unter dem Pseudonym H. van Etten 1625 das Buch «Recreationes mathematicae» heraus.

    Ich habe bereits in einem früheren Vortrag: Siehe den Vortrag vom 7. März 1904 auf S. 242 dieses Buches.

308   *Karl Hansen,* um 1833–97, dänischer Hypnotiseur.

315   *Franz Anton Mesmer,* «Vom Einfluß der Planeten auf den menschlichen Körper», 1766.

    Wilhelm Preyer, 1841–97. Für die nachfolgenden Ausführungen siehe vor allem den in der Anmerkung zu S. 306 genannten Vortrag, daneben den Aufsatz «Die Entdeckung des Hypnotismus» in: «Biologische Zeitfragen», Berlin 1889 und die Studie «Die Entdeckung des Hypnotismus», Jena 1890.

316   *Nicht diese erste Abhandlung [von Mesmer] soll uns beschäftigen:* Gemeint ist seine Doktordissertation; siehe Hinweis zu S. 315.

318   *Gutachten über den Mesmerismus:* 1784 veranlaßte König Ludwig XVI. die Akademie der Wissenschaften und die medizinische Fakultät, «eine Prüfung der ganzen Angelegenheit vorzunehmen. Es wurde eine Kommission von fünf Mitgliedern der Akademie der Wissenschaften und vier Mitgliedern der medizinischen Fakultät ernannt und eine andere von vier Ärzten, Mitgliedern der Académie de médecine. Fünf Monate dauerte die Untersuchung, welche sich eingehend mit den magnetischen Wunderkuren und was damit zusammenhing, experimentell beschäftigte. Das Ergebnis war, daß nicht eine Tatsache sich zu Gunsten der neuen Lehre beibringen ließ, und so erschien der berühmte Bericht der neun Bevollmächtigten, in welchem Mesmers Lehre als Irrlehre bezeichnet wurde.» (Zitat nach dem in Hinweis zu S. 306 angegebenen Vortrag von W. Preyer.)

321   *Justinus Kerner:* Siehe Hinweis zu S. 294.

323   *Stone,* ein Amerikaner, machte im Jahre 1852 «in England viel Aufsehen durch öffentliche Hypnotisierungen, bei denen er Personen von Ansehen, welche sich dazu freiwillig hergaben, vorübergehend sprachlos, taub, blind machte . . .» (W. Preyer, a. a. O., S. 196).

    einen Gelehrten: Hier ist vermutlich der englische Arzt James Braid (1795–1860) gemeint. Sein Hauptwerk ist betitelt: «Neurypnology, or the rationale of nervous sleep, considered in relation with animal magnetism», 1843; der Hauptinhalt dieser Schrift ist von W. Preyer in der Schrift «Die Entdeckung des Hypnotismus», 1881 in: «Biologische Zeitfragen», Berlin 1889 veröffentlicht worden.

324 *Faria*, portugiesischer Abkunft, erst Abbé, dann in Indien zum Brahmanen geworden. Trat kurz vor Mesmers Tod in Paris auf. Er vollzog die Hypnose durch Befehl, «Einreden». Er schrieb: «De la cause du sommeil lucide ou étude de la nature de l'homme», 1819.

326 *Moritz Benedikt*, vgl. «Psychophysik der Moral», 1874 und «Hypnotismus und Suggestion. Eine klinisch-psychologische Studie», 1894.

326 *Ambroise Auguste Liébeault*, französischer Mediziner. Wurde mit Bernheim das Haupt der Nancyer Schule. Vgl. seine Schrift: «Vom Schlaf und analogen Zuständen», 1866.

Hippolyte-Marie Bernheim, 1840–1919, französischer Arzt.

Nancyer Schule: Seit 1866.

328 *Wilhelm Wundt:* «Hypnotismus und Suggestion», Leipzig, Verlag von W. Engelmann 1892, S. 61.

Hans Schmidkunz, 1863–?; «Psychologie der Suggestion in gemeinfaßlicher Darstellung», 1893.

343 *Bruno hat den Märtyrertod erlitten dafür, daß er zuerst . . . Kopernikus offen zustimmte:* Die beiden Hauptwerke, in denen er sich für Kopernikus einsetzte, heißen: «Das Aschermittwochsmahl» (La cena de le ceneri) und «Von dem unendlichen Universum und den Welten» (De l'infinito universo e mondi).

Gotthold Ephraim Lessing: Siehe Hinweis zu S. 26.

Johann Gottfried Herder, «Über die Seelenwanderung. Drei Gespräche», 1792.

Jean Paul, eigentl. J. P. Friedrich Richter, 1763–1825.

und unzählige andere könnten noch angeführt werden: Vgl. hierzu Emil Bock, «Wiederholte Erdenleben, die Wiederverkörperungsidee in der deutschen Geistesgeschichte», Stuttgart 1932.

350 *wie der große Mystiker Jakob Böhme sagt:* Das Zitat konnte bisher nicht nachgewiesen werden.

355 *«Die Zeit ist eine blühende Flur . . .»:* Friedrich Schiller, «Die Braut von Messina», 3. Aufzug, 5. Auftritt.

357   *Taschen-Konversations-Lexikon:* «Kürschners Taschen-Konversa-
        tions-Lexikon», 7. Aufl., Berlin u. Stuttgart o. J. [1889 od. 1890], Sp.
        1504.

358   *[Lücke im Stenogramm]:* In Rudolf Steiners Bibliothek befindet sich
        dieses «Wörterbuch der Philosophischen Begriffe und Ausdrücke,
        quellenmäßig bearbeitet von Dr. Rudolf Eisler», Berlin 1899 ff. Der
        zitierte Artikel lautet: «Theosophie: Gottesweisheit, unmittelbares,
        intuitives, speculatives Erkennen Gottes, Beziehung alles Erkennens
        und Handelns auf Gott (Plotin, Gnostiker, Mystiker, J. Böhme, V.
        Weigel, Swedenborg, Baader, Schelling).» S. 773.

360   *Eduard von Hartmann:* Siehe Hinweis zu S. 124.

362   *Ernst Haeckel:* Siehe Hinweis zu S. 124.

        Oscar Schmidt sagt in «Die naturwissenschaftlichen Grundlagen der
        Philosophie des Unbewußten», Leipzig 1877: Die Schrift des Anony-
        mus habe «alle, welche nicht auf das Unbewußte eingeschworen sind,
        in ihrer Überzeugung vollkommen bestätigt, daß der Darwinismus
        im Recht sei.»

374   *über Goethes Farbenlehre:* Siehe «Goethes Naturwissenschaftliche
        Schriften» in Kürschners «Deutscher National-Literatur», herausge-
        geben und kommentiert von Rudolf Steiner 1884–1897, 5 Bände,
        Nachdruck Dornach 1975, GA Bibl.-Nr. 1a–e, 3. und 4. Band, 1890
        u. 1897.

376   *und braucht keine Zustimmung:* Dr. Steiner bezog sich auf das Bei-
        spiel eines Zeitungsartikels. Zitat und Ausführungen sind so mangel-
        haft nachgeschrieben, daß die Stelle weggelassen werden mußte.

377   *Wenn von theosophischer Seite . . . Ernst Haeckel verteidigt wird:*
        Siehe Rudolf Steiner, «Haeckel und seine Gegner», Minden i. W.
        1900, jetzt in «Methodische Grundlagen der Anthroposophie 1884–
        1901», GA Bibl.-Nr. 30; und «Haeckel, die Welträtsel und die Theo-
        sophie», abgedruckt nach der Nachschrift eines Vortrages vom 5.
        Okt. 1905, Berlin 1908, jetzt in «Luzifer-Gnosis 1903–1908», GA
        Bibl.-Nr. 34.

379   *«Was das geübte Ohr des Musikers ist»:* Siehe Brief an Zelter vom 22.
        Juni 1808 und «Maximen und Reflexionen» 708.

380   *«Geheimnisvoll am lichten Tag»:* «Faust» I, Nacht, Verse, 672–675.

381   *Der Verfasser des Buches über den physiologischen Schwachsinn des
        Weibes:* Paul Möbius. Das angegebene Buch erschien im Jahre 1900
        in Leipzig.

381   *Ich habe schon darauf hingewiesen:* Siehe «Unsere atlantischen Vor-
        fahren», Berlin 1908, in «Aus der Akasha-Chronik», Gesamtausgabe
        Dornach 1969, Bibl.-Nr. 11.

        In der Zeitschrift «Kosmos», 10. Heft, spricht ein Naturforscher:
        Theodor Arldt in dem Aufsatz «Das Atlantisproblem».

384   *In einem Satz aus Herders Feder:* Konnte bisher nicht nachgewiesen
        werden.

386   *Ernst Haeckel:* Siehe «Die Welträtsel», Bonn 1899 und «Die Lebens-
        wunder. Biologische Philosophie», Stuttgart 1904, 3. Kapitel, Wun-
        der, Wunderglaube des Spiritismus und Okkultismus, S. 83 f.

388   *Thomas Henry Huxley,* englischer Zoologe und Philosoph; «Science
        and culture and other essays.»

389   *daß der deutsche Biologe Preyer . . . zu ganz anderen Anschauungen
        über das Leben gekommen ist:* Vgl. hierzu Preyers Ausführungen
        «Die Hypothesen über den Ursprung des Lebens» (nach Vorträgen
        aus den Jahren 1872/78) in «Naturwissenschaftliche Tatsachen und
        Probleme», Berlin 1880.

390   *Johannes Müller:* Siehe Hinweis zu S. 101.

        Helmholtz: Siehe Hinweis zu S. 108.

        Lotze: Siehe Rudolf Hermann Lotze, «Grundzüge der Psychologie»,
        Leipzig 1882, S. 15.

392   *In dem Vortragszyklus über «Die Grundbegriffe der Theosophie»:*
        Enthalten in «Ursprung und Ziel des Menschen. Grundbegriffe der
        Geisteswissenschaft», GA Bibl.-Nr. 53.

395   *Plato,* 427–347 v. Chr.; im «Timaios» und «Kritias».

        in meiner Zeitschrift «Luzifer»: Siehe die in dieser Zeitschrift vom
        Juli 1904 (Nr. 14) bis September 1904 (Nr. 16) erschienenen Ausfüh-
        rungen, die 1908 unter dem Titel «Unsere atlantischen Vorfahren»
        herausgegeben worden sind. Vgl. das gleichnamige Kapitel in «Aus
        der Akasha-Chronik» (1904–08), GA Bibl.-Nr. 11.

399   *«Das Schöne ist eine Manifestation»:* Goethe, «Maximen und Refle-
        xionen» 183.

400   *Richard Wagner,* 1813–83, schuf das Musikdrama als «Gesamtkunst-
        werk».

401 *Helena Petrowna Blavatsky,* «The Secret Doctrine», 1887; deutsch: «Die Geheimlehre», übers. von Dr. R. Froebe, Leipzig o.J. Siehe auch Hinweis zu S. 226.

403 *«Wär nicht das Auge sonnenhaft . . .»:* «Zur Farbenlehre. Didaktischer Teil.»

405 *Alfred Percy Sinnett:* «Esoteric Buddhism», 1883, deutsch: «Die esoterische Lehre oder Geheimbuddhismus», Leipzig 1884.

410 *Helena Petrowna Blavatsky:* Siehe Hinweis zu S. 401.

413 *G. N. Chakravarti:* Öffentliche Rede auf dem Religionskongreß am 11. Sept. 1893 in Chicago. Siehe auch die Ausführungen S. 62 dieses Bandes.

414 *Büchelchen, das bei Reclam erschienen ist:* Das von Rudolf Steiner erwähnte Reclam-Büchlein konnte nicht eruiert werden. Hingegen findet sich die zitierte Stelle, in einer anderen Übersetzung, in «Reden des Buddha. Lehre, Verse, Erzählungen» übersetzt und eingeleitet von Hermann Oldenberg, München, Kurt Wolff Verlag, o.J., S. 192.

417 *Dionysios Areopagita:* Siehe seine Schrift «Von den Namen Gottes».

423 *«Nur der verdient sich Freiheit wie das Leben»:* «Faust» II, 5. Akt, Großer Vorhof des Palastes, Verse 11575 f.

PERSONENREGISTER

(Die *kursiv* gesetzten Zahlen geben jeweils die Seiten an, zu welchen ein Hinweis besteht.)

Gliederung nach: Rudolf Steiner – Das literarische
und künstlerische Werk. Eine bibliographische Übersicht
(Bibliographie-Nrn. *kursiv* in Klammern)

A. SCHRIFTEN

I. Werke

Goethes Naturwissenschaftliche Schriften, eingeleitet und kommentiert von R. Steiner, 5 Bände, 1883–97, Neuausgabe 1975 *(1a–e)*; separate Ausgabe der Einleitungen, 1925 *(1)*

Grundlinien einer Erkenntnistheorie der Goetheschen Weltanschauung, 1886 *(2)*

Wahrheit und Wissenschaft. Vorspiel einer «Philosophie der Freiheit», 1892 *(3)*

Die Philosophie der Freiheit. Grundzüge einer modernen Weltanschauung, 1894 *(4)*

Friedrich Nietzsche, ein Kämpfer gegen seine Zeit, 1895 *(5)*

Goethes Weltanschauung, 1897 *(6)*

Die Mystik im Aufgange des neuzeitlichen Geisteslebens und ihr Verhältnis zur modernen Weltanschauung, 1901 *(7)*

Das Christentum als mystische Tatsache und die Mysterien des Altertums, 1902 *(8)*

Theosophie. Einführung in übersinnliche Welterkenntnis und Menschenbestimmung, 1904 *(9)*

Wie erlangt man Erkenntnisse der höheren Welten? 1904/05 *(10)*

Aus der Akasha-Chronik, 1904–08 *(11)*

Die Stufen der höheren Erkenntnis, 1905–08 *(12)*

Die Geheimwissenschaft im Umriß, 1910 *(13)*

Vier Mysteriendramen, 1910–13 *(14)*

Die geistige Führung des Menschen und der Menschheit, 1911 *(15)*

Anthroposophischer Seelenkalender, 1912 *(in 40)*

Ein Weg zur Selbsterkenntnis des Menschen, 1912 *(16)*

Die Schwelle der geistigen Welt, 1913 *(17)*

Die Rätsel der Philosophie in ihrer Geschichte als Umriß dargestellt, 1914 *(18)*

Vom Menschenrätsel, 1916 *(20)*

Von Seelenrätseln, 1917 *(21)*

Goethes Geistesart in ihrer Offenbarung durch seinen Faust und durch das Märchen von der Schlange und der Lilie, 1918 *(22)*

Die Kernpunkte der sozialen Frage in den Lebensnotwendigkeiten der Gegenwart und Zukunft, 1919 *(23)*

Aufsätze über die Dreigliederung des sozialen Organismus und zur Zeitlage 1915–1921 *(24)*

Kosmologie, Religion und Philosophie, 1922 *(25)*

Anthroposophische Leitsätze, 1924/25 *(26)*

Grundlegendes für eine Erweiterung der Heilkunst nach geisteswissenschaftlichen Erkenntnissen, 1925. Von Dr. R. Steiner und Dr. I. Wegman *(27)*

Mein Lebensgang, 1923–25 *(28)*

ÖSTLICHE WEISHEITEN

HEILEN MIT KOSMISCHEN KRÄFTEN

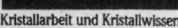

Wabun Wind/Anderson
Reed, Die Macht der heili-
gen Steine   12063
(Paperback)

Max Toth
Das Geheimnis der
Pyramid Power   11834

Edgardo L. Bieri
Spirituelle Medizin
11837

Barbara Ann Brennan
Licht-Arbeit
12054   (Paperback)

Lea Sanders
Die Farben Deiner Aura
11844

Ursula von Mangoldt
Das große Buch der Hand
11704

GOLDMANN

REINKARNATION

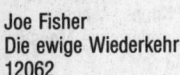

Spirituelles Erwachen

Darshan Singh
Spirituelles Erwachen
11809

Herman Weidelener
Die Götter in uns
11802

Eugene G. Jussek
Begegnung mit dem
Weisen in uns   11765

Dalai Lama
Ausgewählte Texte
11803

Herman Weidelener
Abendländische
Meditationen   11782

Satprem
Der Mensch hinter
dem Menschen   11754

GOLDMANN VERLAG

Der Weg zum positiven Denken

GRENZWISSENSCHAFTEN
ESOTERIK

GOLDMANN

ERHARD F.
FREITAG
Kraftzentrale
Unterbewußtsein

Der Weg zum positiven Denken
Mit einem Vorwort
von Dr. Joseph Murphy

Schon über 200.000
verkaufte Exemplare

11740

„Mit diesem Buch bietet der bekannte
Münchner Hypnosetherapeut Erhard F. Freitag
durch seine klare bildhafte Sprache
jedem die Möglichkeit, die fast unbegrenzten
Kräfte seines Unterbewußtseins zu nutzen,
um seine Lebensqualität zu erhöhen und
seine geistige Entwicklung zu erleichtern.''

Kurt Tepperwein